普通高校“十三五”规划教材·会计学系列

企业内部控制

（第2版）

刘胜强　陈新旭 ◎ 编著

清华大学出版社
北京

内容简介

内部控制是现代企业管理的重要组成部分，近年来，随着市场竞争的进一步加剧以及国内外腐败案例的不断增加，内部控制越来越被理论研究和实务工作者所重视。目前，国内绝大多数财经类高校已将企业内部控制作为经济管理专业学生的必修课程。本书以传统代理理论、组织行为理论为基础，根据财政部、证监会、银监会、保监会、审计署于2008年联合发布的《企业内部控制基本规范》和五部委2010年联合发布的《企业内部控制配套指引》及其解释来编写。本书以内部控制与风险管理的实践逻辑为主线，引进了新的概念和法规体系，注重讲述内部控制的基本理论和实施技巧。本书的特色在于既有理论探讨，也有案例解读，更有经验总结。

本书既适合会计学、财务管理、审计学、资产评估等专业的本科生使用，又适合这些专业的研究生以及工商管理、公共管理等专业硕士使用，还可作为企业内部控制培训的教材。

图书在版编目(CIP)数据

企业内部控制/刘胜强，陈新旭编著.—2版.—北京：清华大学出版社，2018 (2021.1重印)
(普通高校"十三五"规划教材·会计学系列)
ISBN 978-7-302-50505-1

Ⅰ.①企… Ⅱ.①刘… ②陈… Ⅲ.①企业内部管理－高等学校－教材 Ⅳ.①F272.3

中国版本图书馆CIP数据核字(2018)第134718号

责任编辑：张　伟
封面设计：汉风唐韵
责任校对：宋玉莲
责任印制：宋　林

出版发行：清华大学出版社
　　网　　址：http://www.tup.com.cn，http://www.wqbook.com
　　地　　址：北京清华大学学研大厦A座　　**邮　　编**：100084
　　社 总 机：010-62770175　　**邮　　购**：010-62786544
　　投稿与读者服务：010-62776969，c-service@tup.tsinghua.edu.cn
　　质量反馈：010-62772015，zhiliang@tup.tsinghua.edu.cn
　　课件下载：http://www.tup.com.cn，010-83470332
印 装 者：天津鑫丰华印务有限公司
经　　销：全国新华书店
开　　本：185mm×260mm　　**印　　张**：17.75　　**字　　数**：389千字
版　　次：2014年3月第1版　2018年8月第2版　　**印　　次**：2021年1月第5次印刷
印　　数：9001～11000
定　　价：43.00元

产品编号：077650-01

第 2 版前言

本书是在第 1 版的基础上,为适应企业内部控制理论发展与教学改革的需要,同时结合企业内部控制实务,在保持原教材基本特色和优点的前提下进行的修订。本书适合会计学、财务管理、审计学、资产评估等专业的本科生学习,同时也可作为这些专业研究生及工商管理、公共管理等专业硕士学习内部控制的参考教材,还可作为企业开展内部控制培训的教材使用。

本次修订主要体现在以下两个方面。

第一,进一步强化了第 1 版的特色。内容安排上,继续按照内部控制理论篇、内部控制实务篇和内部控制评价篇(含审计)进行编排;案例引入上,仍然分为问题导入式案例、百度自查式案例、知网下载式案例、制度学习式案例和补充阅读式案例;进一步突出实务操作和强化习题练习等。

第二,充实和完善了教学案例和习题。为了便于教师教学和学生学习,本次修订总结了第一版在使用过程中的经验,增加了一些新的案例,尤其是本书末尾增加了一些综合案例。这些案例,有利于教师对企业内部控制基本原理和方法的把控,同时也便于学生理解和学习。

除此以外,本次修订还针对第 1 版教材使用过程中发现的错误和问题进行了更正,使全书内容准确。

根据我们的教学体会,结合教材使用者的反馈意见,建议在本科教学阶段可侧重内部控制体系构架、基本概念与基本原理的学习,工商管理、会计等专业硕士重点关注企业内部控制建设实务,包括内部控制体系的设计、评价与审计等,学术型硕士重点关注内部控制理论研究等。

本书修订版由重庆工商大学刘胜强教授和重庆金翰会计师事务所陈新旭副所长共同完成。刘胜强教授主要负责对该书章节和理论的总体把握,陈新旭副所长主要从内部控制实务的角度对教材修订进行把控。黄颖、顾恒、何丹、姚佩、宋明泽、王鑫、罗诗怡负责资料的收集和整理。在此表示对他们的感谢。

由于作者水平有限,书中难免会有一些缺陷,恳请读者批评指正,以便我们在下次修订时加以完善。我的联系方式:lsqiangctbu@126.com。

刘胜强

2018 年 3 月 10 日

第 1 版前言

内部控制是现代企业管理的重要组成部分，近年来，随着市场竞争的进一步加剧以及国内外腐败案例的不断增加，内部控制越来越被理论研究和实务工作者所重视。国内外资本市场的一些知名大公司财务造假丑闻不仅严重打击了投资者的投资信心，也充分暴露了上市公司在内部控制方面存在的严重问题。在此背景下，2002 年 7 月，美国颁布并实施了《萨班斯-奥克斯利法案》。该法案规定了企业管理层对内部控制应承担的责任及注册会计师对内部的审计要求。2008 年，我国财政部、证监会、银监会、保监会、审计署联合发布了《企业内部控制基本规范》。2010 年，五部委又联合发布了《企业内部控制配套指引》(具体包括《企业内部控制应用指引》《企业内部控制评价指引》和《企业内部控制审计指引》)，作为实施《内部控制基本规范》的具体指引。并要求境内外同时上市的公司自 2011 年 1 月 1 日起实施；上海证券交易所、深圳证券交易所主板上市的公司自 2012 年 1 月 1 日开始实施；在此基础上，择机在中小板和创业板上市公司施行；同时鼓励非上市大型国有企业提前执行。至此，被誉为中国式的“萨班斯法案”的内部控制规范法规体系初步建成。

内部控制法规体系建成具有十分重要的学术价值和实践意义。它为内部控制的理论研究和实务工作提供了方向。目前，国内绝大多数财经类高校已将企业内部控制作为经济管理专业学生的必修课程，为了帮助学生深刻理解并领会我国内部控制法规体系的构成、内容及核心思想，作者根据最新的相关法规，并结合自己多年的教学经验编写了本书。

从整体看，本书具有如下几个方面的特色。

1. 内容安排科学

本书以传统的代理理论、组织行为理论为基础，根据财政部等五部委联合发布的《企业内部控制基本规范》和《企业内部控制配套指引》及其解释编写，以内部控制和风险管理的实践逻辑为主线，引进了最新的概念和法规体系，注重讲述内部控制的基本理论和实施技巧。本书由三部分内容构成。第一部分：内部控制理论篇(第一章～第三章)，主要介绍内部控制的科学发展，内部控制的基本理论以及我国内部控制基本框架的形成过程等；第二部分：内部控制实务篇(第四章～第七章)，主要介绍内部控制应用指引中的五个控制环境指引、九个控制活动指引和四个控制手段指引的相关内容；第三部分：内部控制评价篇(第八章、第九章)，主要介绍内部控制评价指引和内部控制审计指引的相关内容。

2. 注重案例引入

本书不仅介绍了传统的经典案例，如安然公司、法国巴林银行、中航油新加坡公司、德国最愚蠢的银行、巨人集团等，还介绍了：

(1) 问题导入式案例：为什么复式记账会在15世纪产生于意大利而不产生在其他国家？为什么企业内部控制制度建设要由财务部门负责？会计和内部控制之间存在什么关系？

(2) 百度自查式案例：螃蟹理论如何解释内部牵制的作用机理？囚徒困境如何解释内部牵制理论的固有缺陷？"水门事件"在内部控制理论发展中的历史地位是怎样的？高薪酬为什么能打垮通用汽车？马明哲为什么要搞6 600万元限薪令？

(3) 知网下载式案例：乔彦军看《潜伏》话内控、乔彦军品红楼说内控、李若山关于贾府内部控制的解读相关文献、朱荣恩关于内部控制方式的文献等。

(4) 制度学习式案例：西藏矿业(000762)募集资金使用管理制度、网宿科技(600507)对外投资管理制度、广弘控股(000529)资金管理办法、北京利尔(002392)防范控股股东及关联方占用上市公司资金管理制度、富临运业(002357)资金调拨支付审批权限及票据传递程序管理办法、精伦电子(600355)存货盘点与报废制度、四川圣达(000835)费用支出管理制度。

(5) 补充阅读式案例：食堂老板给北大教授上的MBA课、三个和尚吃水的故事、电梯招标的故事、论"成麻"中蕴含的行政管理理念。对于同一案例，不同的学者有不同的解读。例如，安然破产，有的学者从内部控制五要素的角度分析，认为安然破产的原因是内部控制失效；有的学者则认为，安然破产的前一天，员工和往常一样上班，供应商和以往一样供货，购买方和以往一样购买安然的产品，好像什么都不会发生一样，一切秩序井然，这说明尽管安然的内部控制出了问题，但安然的公司治理还是比较完善的，可见内部控制和公司治理不是一个概念；有的学者从会计记账的角度看安然是如何进行会计造假的，并联系到我国长期股权投资后续计量，会计准则为何将持股比例大于50%的长期股权投资从权益法变成成本法进行会计处理；有的学者从安然联系到安达信，从而联想到对有限责任制公司和合伙制公司的优缺点进行比较；还有的学者联想到和安然同一年发生的"9·11"事件，并比较这两件事情哪件对美国的经济影响更大来反思企业内部控制的重要性。而从"9·11"事件又能思考到，如果恐怖组织劫持第一架飞机撞向五角大楼打了美国一个措手不及，从而顺利实现撞楼结果可以理解的话，那么恐怖组织劫持的第二、第三架飞机为何仍能撞向五角大楼呢？就美国的国防科技来看，拦截后面两架飞机是一件非常轻而易举的事情，更何况这中间有充足的时间让美国人去准备，然而美国人没有做到，这说明美国的国防体系内部控制也有诸多问题。鉴于同一案例不同学者有不同的解读，同时由于篇幅的限制，本书只能对案例做简略介绍，详细细节还需读者通过网络进行自查来学习和理解。

3. 突出实务操作

本书第二部分内部控制实务篇侧重于内部控制制度的设计与操作。该篇详细介绍了内部控制十八个应用指引(资金活动、采购业务、资产管理、销售业务和财务报告、研究与开发活动、工程项目、担保业务、业务外包、全面预算、合同管理、内部信息传递和信息系统)所涉及的业务流程，并基于风险管理的思想，对内部控制进行制度设计。具体按照"业务流程描述"—"主要风险点分析"—"关键控制措施设计"的脉络进行。本书第三部分内部控制评价篇通过两章内容分别介绍了内部控制制度的自我评价和外部监督的步骤、方法和程序，并给出了评价报告及审计报告的范例，供读者参考。

4. 强化习题练习

本书精选了近年来注册会计师考试、高级会计师考试等国内重大考试中涉及内部控制的试题，并根据教材的篇章结构安排进行分门别类，将试题放在每章末尾，同时在书尾附上参考答案，供读者同步学习使用，相信会大大提高学习效果。

本书既有理论探讨，也有案例解读，更有经验总结。既适合会计学、财务管理、审计学、资产评估等专业的本科生使用，也适合这些专业的研究生以及工商管理、公共管理等专业硕士使用，还可作为企业内部控制培训的教材。

本书由刘胜强教授编写完成，常丹丹、刘美芸等同学参与了相关资料的收集及整理工作。清华大学出版社编辑为本书的出版付出了辛勤的劳动，在此表示感谢。

由于编者水平有限，本书难免存在不妥及疏漏之处，恳请各位学者、专家和广大读者批评指正，以便使本书得以不断充实和完善。

刘胜强

目录

第一部分　内部控制理论篇

第二部分　内部控制实务篇

第一部分

内部控制理论篇

第一章

企业内部控制导论

- 掌握企业内部控制的含义；
- 掌握西方内部控制的发展历程；
- 熟悉内部控制整合框架阶段的特点；
- 熟悉基于风险管理内部控制的特点；
- 了解企业内部控制的作用；
- 了解企业内部控制的分类。

百度思考题

生活中为什么需要会计？会计和内部控制之间存在什么关系？为什么复式记账会在15世纪产生于意大利而不是其他国家？为什么成本会计会在17世纪产生于英国而不是其他国家？为什么我们在讨论内部控制时离不开讨论美国的现行企业制度？为什么企业内部控制制度要由财务部门负责实施？

第一节　企业内部控制概述

关于企业内部控制的定义及其解释，有狭义和广义之分。其中，狭义的企业内部控制是只针对财务报告的内部控制，但是随着市场经济与企业的发展，内部控制从最初的针对企业管理需要演化到对投资者的保护上。

一、内部控制的含义

（一）狭义内部控制

人们普遍认为，内部控制概念最早是由审计师提出来的，“内部控制”第一次作为专业术语使用，是在1936年美国会计师协会文告中出现的。随后，美国证券交易委员会(SEC)发布的第5号审计准则《与财务报表审计协同进行的对财务报告内部控制审计》定义了“财务报告内部控制”。狭义的企业内部控制定义：由企业董事会、监事会、经理层和全体员工实施的，旨在实现与财务报告有关的内部控制目标的过程。其目标主要是合理保证企业财务报告及其相关信息的真实完整。与财务报告相关的内部控制包括以下三个方面的政策和程序：一是保存足够详细的记录，准确、公允地反映企业的交易和资产处置情况;二是合理保证按照企业会计准则和相关会计制度编制财务报表,按要求记录交易,企业发生的收入和支出已经过管理层和董事会的授权;三是合理保证及时防止或发现未经授权的、对财务报表有重大影响的取得、使用或处置企业资产。

我国重新修订实施的《中华人民共和国会计法》(以下简称《会计法》)规定,会计师事务所、财政、审计、税务、人民银行、证券监管、保险监督等部门有权依法"对有关单位的会计资料实施监督检查"。狭义内部控制概念的提出,主要是为了在注册会计师对财务报表和企业内部控制进行审计时专门针对财务报告领域的内部控制有效性发表审计意见。

(二)广义内部控制

20世纪90年代,由美国反虚假财务报告委员会(National Commission Fraudulent Reporting)所属的内部控制专门研究委员会发起机构委员会(Committee of Sponsoring Organization of the Tread Way Commission,COSO委员会)对内部控制做了如下描述:内部控制是由企业董事会、管理层和其他员工实施的,为营运的效率效果、财务报告的可靠性、相关法律法规的遵守等目标的实现提供合理保证的过程。内部控制应由控制环境、风险评估、控制活动、信息沟通、监督五个方面的内容构成。这是目前为止最为普遍接受的广义内部控制的定义,它包括财务、经营、遵循风险及其他风险管理的控制。

我国2008年制定的《企业内部控制基本规范》所称内部控制,是指由企业董事会、监事会、经理层和全体员工实施的、旨在实现控制目标的过程。内部控制的目标是合理保证企业经营管理合法合规、资产安全、财务报告及相关信息真实完整,提高经营效率和效果,促进企业实现发展战略。可见,我国《企业内部控制基本规范》基本采用了美国COSO委员会广义内部控制的定义,这为我国企业内部控制制度建设提供了基本标准。

百度自查

事实上,内部控制是建立在"经济人假设"基础上的,所谓"经济人假设"是把人当作"经济动物"来看待,认为人的一切行为都是为了最大限度地满足个人私利,工作的目的只是为了获得经济报酬。这也是古典管理理论的基础,现实中,人的行为并不总是只受经济支配,现实中的内部控制比理论更为复杂。

在理解内部控制概念内涵时,需要注意以下方面。

1. 内部控制是一个过程

内部控制是一个过程,是一个动态的过程,它包括一整套制度和一系列行为以及相应实施的各种管理活动。静态的流于形式的制度和僵硬的流程设计,会使内部控制的建设成为摆设,不能发挥作用。内部控制并不是一个事项或一种情形,而是渗透到主体活动之中的一系列行为,因此,"内部控制"与"制度"是两个不同性质的概念。一般对制度的定义是"约束人的行为的政策与程序",它并不是一个过程的概念,把"内部控制"简单理解成"制度"是不恰当的。

2. 内部控制需要企业全员参与

内部控制涉及企业各个经营方面、各个环节、各个流程、各个岗位。内部控制对象包括财务资源、人力资源、信息资源和客户关系资源等。强化内部控制,需要全员参与,多方配合，建立覆盖公司全部业务和运作流程的控制系统，确保所有员工理解和执行相关制度，切实履行职责，只有这样，才能真正建立完善有效的内部控制体系。内部控制的实施主体包括董事会、经理层和其他员工，不同层级的人员和机构在企业的内部控制中承担着各自的职责，上到董事会、管理层、监事会，下到各级员工，都需要参与进来。

3. 内部控制只能是合理保证

内部控制可以帮助企业实现其业绩和盈利目标，防止资源损失。它可以帮助保证财务报告的可靠性，而且有助于确保企业符合适用的法律和法规，避免对其声誉的损害及可能产生的其他后果。但是，内部控制只能就其主体目标的实现向管理层、董事会和股东等利益相关人提供合理保证，内部控制也存在着其自身的局限性。这种局限性主要表现为以下几个方面。

(1) 管理者滥用授权使控制形同虚设。内部控制作为企业管理的一部分，理应按照管理者的意图运行，如果管理者故意滥用职权或因为个人能力有限而作出错误决策，那么内部控制也就失去了应有的控制效能。

(2) 内部控制效果受人员素质影响。内部控制是由人建立与实施的，如果企业相关人员在心理上、技能上和行为方式上未达到实施内部控制的基本要求，对内部控制的程序或措施经常误解、误判，内部控制将难以发挥其应有的作用。

(3) 人员联合舞弊。内部控制的一个重要原则是不相容职务的分离。如果企业内部不相容职务的人员相互串通舞弊，相关的内部控制将失去作用。内部控制执行人员的责任感不强也会影响内部控制的成效。

(4) 成本效益问题。实施内部控制是有成本的，因此成本也是影响内部控制效果的因素。

二、企业内部控制的作用

内部控制主要是指内部管理控制和内部会计控制，内部控制系统有助于企业达到自身规定的经营目标。随着社会主义市场经济体制的建立，内部控制的作用会不断扩展。目前，它在经济管理和监督中主要有以下作用。

1. 提高会计信息资料的正确性和可靠性

企业决策层要想在瞬息万变的市场竞争中有效地管理经营企业，就必须及时掌握各种信息，以确保决策的正确性，并可以通过控制手段尽量提高所获信息的准确性和真实性。因此，建立内部控制系统可以提高会计信息的正确性和可靠性。

2. 保证生产和经营活动的顺利进行

内部控制系统通过确定职责分工，严格控制各种手续、制度、工艺流程、审批程序、检查监督手段等，可以有效地控制本企业生产和经营活动顺利进行，防止出现偏差，纠正失误和弊端，保证实现企业的经营目标。

3. 保护企业财产的安全完整

财产物资是企业从事生产经营活动的物质基础。内部控制可以通过适当的方法对货币资金的收入、支出、结余以及各项财产物资的采购、验收、保管、领用、销售等活动进行控制，防止贪污、盗窃、滥用、毁坏等不法行为，保证财产物资的安全完整。

4. 保证企业既定方针的贯彻执行

企业决策层不但要制定管理经营方针、政策、制度，而且要狠抓贯彻执行。内部控制则可以通过制定办法、审核批准、监督检查等手段促使全体职工贯彻和执行既定的方针、政策与制度，同时，可以促使企业领导和有关人员执行国家的方针、政策，在遵守国家法规纪律的前提下认真贯彻企业的既定方针。

5. 为审计工作提供良好基础

审计监督必须以真实可靠的会计信息为依据，检查错误，揭露弊端，评价经济责任和经济效益，而只有具备了完备的内部控制制度，才能保证信息的准确、资料的真实，并为审计工作提供良好的基础。总之，良好的内部控制系统可以有效地防止各项资源的浪费和错弊的发生，提高生产、经营和管理效率，降低企业成本费用，提高企业经济效益。

一年轻人不小心将酒店的地毯烧了三个小洞，退房时服务员说根据酒店规定，每个洞要赔偿 100 元。年轻人问道："确定是一个洞赔 100 元吗?"服务员回答："是。"于是年轻人点燃烟头将三个小洞烧成一大洞。这一小故事给我们的启示是：①考核标准在哪里，人们的行动就在哪里；②不要光站在自己的角度订立标准；③漏洞有时是致命的。

三、企业内部控制的分类

（一）根据企业组织架构，分为治理控制、管理控制和作业控制

治理控制是内部控制的最高层次，是指通过对所有权的适当配置，建立合适的委托代理关系，保证企业投资者和其他利益相关者的利益能够得到有效维护。治理控制主要是战略和风险控制，侧重于战略目标的制定，是决定组织目标和达到这些目标的过程，是形成企业战略的过程，主要是董事会和高层领导人员的职责。风险控制是创造企业价值的源泉，在这一过程中，企业需要进行事项识别和风险评估，并采取相应的风险应对策略。

管理控制是内部控制的第二层次，主要是企业经营层的职责，是管理者影响组织其他成员以落实组织战略的过程。当企业制定战略目标后，由于企业具有经营多元化和组织层级制的特点，就需要将战略目标逐步细化和层层分解，将其落实到企业内部的各个组织单元，还需要检查各部门和员工为达到目标所进行的各项生产经营活动的进展情况，评价监控所取得的效果，分析产生偏差的原因并采取措施纠正，使业务活动回到正确的轨道上来。所以，管理控制是企业管理的直接控制，直接影响到企业利润目标的实现，从而影响企业价值。

作业控制是内部控制的第三层次，主要是企业各种具体岗位的职责，侧重于某项具体业务或者某项具体任务的完成，是基层的控制。许多具体的业务活动项目，如货币资金、存货、固定资产等，就属于作业控制的层级。对这种日常业务的有效控制减少了不必要的损失，使企业价值得到提升。

（二）根据控制对象，分为人事控制、财务控制、会计控制、生产控制等

人事控制是指通过对人员的录用、调动、考评、晋升、培训、解聘、辞退等形式来保证企业目标的实现和利益的维护。

财务控制对企业的财务资源及其利用状态所进行的控制。其内容包括资本结构控制、债权债务控制、财务风险控制、存货控制、现金流控制、成本费用控制和利润控制，其目的是保证企业经营的安全性、效率性和营利性，其手段包括编制和执行财务预算。

会计控制是对企业会计信息系统的控制，其目的是保证企业会计信息的真实完整。我国现行《会计法》对企业会计系统的责任人及其责任、会计人员从业资格、会计流程、会计内容、会计信息质量标准等均做了明确规定，它是企业实施内部会计控制的法律依据。

生产控制是对企业产品制造过程的控制。其目的是保证企业生产部门按时按质按量地加工出合格产品，并保证生产的均衡性和配套性，其内容有生产工艺和流程安排、投产批量决策、人员、设备、物资调度等。

材料采购控制是对企业供应环节员工行为与物流的控制，其目的是保证生产原料的质量、数量和时效，降低采购成本。

营销控制是对企业销售环节员工行为和物流的控制。其目的是保证提供客户所需的公司产品，扩大市场份额，获取营业利润，其内容包括客户资源控制、销售渠道控制。

质量控制亦称全面质量控制，是从企业产品的研制开发设计环节开始，通过对产品设计、工艺设计、设备安排、人员培训、原材料供应、制造加工和售后服务全过程的质量预防与检验，来保证企业产品服务的质量。

（三）根据控制依据，分为制度控制和预算控制

制度控制是指通过制定企业内部控制制度和有关规章，并以此为依据约束企业和各责任中心财务收支的一种控制形式。内部控制制度包括组织机构设计和企业内部采取的所有相互协调的方法和措施，这些方法和措施用于保护企业的财产，检查企业会计信息的准确性和可靠性，提高经营效率，促使有关人员遵循既定的管理方针。围绕财务预算的执行，也应建立相应的保证措施或制度，如人事制度、奖罚制度等。

预算控制是指以全面预算为依据，对预算主体的财务收支活动进行监管、协调的一种控制形式。预算表明了其执行主体的责任和奋斗目标，规定了预算执行主体的行为。预算控制手段可分为定额控制和定率控制等。

与预算控制相比较，制度控制更具有规范性、自律性和防护性的特征，带有更多的强制性；而预算控制则主要具有目标性、约束性和激励性的特征，可以涉及企业管理的方方面面，更具有综合性。制度控制和预算控制各有所长，相得益彰。

（四）根据控制进程和时序，分为事前控制、事中控制和事后控制

事前控制也称原因控制，是指企业为防止财务资源在质量上发生偏差，而在行为发生之前所实施的控制，如财务收支活动发生之前的内部牵制制度、授权审批制度和费用报销制度。事前控制内容主要包括成本企划、标准制定、预算编制和规章制度的制定与颁布等。

事中控制也称过程控制，是指对企业财务收支活动发生过程中所进行的控制，如监督财务预算的执行过程，对各项收入的去向和支出的用途进行监督，对产品生产过程中发生的成本进行限额约束。事中控制的主要内容有偏差揭示、差异分析和采取措施等。

事后控制也称结果控制，是指对企业财务收支活动的结果所进行的考核及相应的惩罚，事后控制侧重于分析原因、考核评价和落实奖惩，为管理当局提供制定未来计划标准的依据。例如，按财务预算的要求对各责任中心的财务收支结果进行评价并据此实施奖罚，在产品成本形成之后进行综合分析与考核，以确定各责任中心的成本责任，等等。

理想的内部控制应更注重事前控制和事中控制，在采取行动之前或当时，就能起到引导匡正和防错纠偏的作用。因此，内部控制的作用大小与企业的预算、目标制度的制定和落实，与事先的设想、规划和控制点的分布与安排有着密切的关系。

(五) 根据控制范围，分为战略控制和经营控制

战略控制是对企业经营范围、经营模式、组织架构、激励制度、重要人事调动和长期投资所进行的具有全局性、长期性特点的控制。经营控制是对企业日常经营行为所进行的控制，其特点是局部性、短期性，如广告宣传、销售渠道建设、品种和价格调整、物流调度和人员调度等。

第二节 国外内部控制的演进历程

内部控制是在内部牵制(internal check)的基础上，由企业管理人员在经营管理实践中创造并经审计人员理论总结而逐步完善的自我监督和自行调整体系。

内部控制在长期的经营实践过程中，由企业管理人员(尤其是审计人员)在经营管理实践中创造并不断总结、逐步完善的自我监督和自行调整体系。其中凝聚了世界上古往今来的管理思想和实践经验。内部控制的发展经历了漫长的历史过程，但现代意义上的内部控制却是伴随着近代产业革命的发展应运而生的。在其产生和发展的过程中，经历了内部牵制、内部控制制度、内部控制结构、内部控制整体框架和基于风险管理的企业内部控制这5个不同的阶段。

一、内部牵制阶段

从原始组织诞生至20世纪40年代，内部控制的发展基本上停留在内部牵制阶段。这是内部控制的萌芽阶段。内部牵制是以“查错防弊”为目的，以职务分离和账目核对为手段，以钱物和账目等会计事项为主要控制对象的初级控制措施。其特点是以账户核对和职务分工为主要内容从而进行交叉检查或交叉控制。在古罗马，会计账簿实施的“双人记账制”就是内部牵制的典型。一项经济业务发生之后，由两名记账人员同时在各自的账簿上加以登记，然后定期核对双方账簿记录，以检查有无记账差错或舞弊行为，进而达到控制财务收支的目的。根据《柯氏会计辞典》的解释，内部牵制是“为提供有效的组织和经营，并防止错误和其他非法业务发生而制定的业务流程，其主要特点是任何个人或部门不能以单独控制任何一次或一部分业务权利的方式进行组织上的责任分工，每项业务通过正常发挥其他个人或部门的功能进行交叉检查或交叉控制”。

百度自查

有学者认为，内部牵制理论是以螃蟹理论为基础的。螃蟹理论讲的是在篓子里的螃蟹比较少的情况下，螃蟹很容易爬出来逃掉。随着螃蟹的增加，在达到一定数量之后，当其中一只快要爬出来时，总会被其他螃蟹拉下去。随着螃蟹数量的进一步增多，所有螃蟹相互制约，动弹不得。螃蟹理论从一个侧面说明，内部控制过弱，将起不到有效的控制作用；内部控制过强，又会使企业丧失生机活力。内部控制在某种程度上是一种控制学上的"度"的把握。

螃蟹理论还有一种解释是篓子装的螃蟹多了就不用盖盖子了。原因是螃蟹多了，螃蟹们就会互相踩踏，扒来扒去，而螃蟹们为了自我保护，个个把自己弄成个坚硬圆滑的外壳，浑身不受力。因此，就会有"三只螃蟹，篓子就不用加盖"的说法。管理学中用这一现象来形容集体中的个体自私组织现象，即混乱的螃蟹组织。这类组织中的个体往往都是能力比较强，但管理方式不得当，管理手段较弱，集体主义意识淡薄，利益趋向个体化、私有化，因而形成一种人人争利、互相踩踏、互相掣肘的现象。

内部牵制机制的提出主要是基于以下两个设想：其一，因为有了相互制衡，在经办一项交易或事项时，两个或两个以上人员或部门无意识地犯同样错误的概率要远小于一个人或部门犯错误的概率；其二，两个或两个以上人员或部门有意识地合伙舞弊的可能性要远低于一个人或部门舞弊的可能性。由此可见，内部牵制是以不相容职务分离为主要内容的流程设计，是内部控制的最初形式和基本形态。

百度自查

"囚徒困境"讲的是两个嫌疑犯被抓后进行隔离审查时，嫌疑犯各自为了自己的利益最大化而最终选择了承认作案这一不利选择，这一理论有效地解释了内部牵制理论的作用机理。"囚徒困境"所反映出的深刻问题是，人类过度追求个人利益最大化时，往往会适得其反。个人理性有时能导致集体的非理性——聪明的人类会因自己的聪明而作茧自缚。

一般而言，内部牵制制度的执行可通过以下 4 种方式进行。无论是哪一种方式的牵制，其立足点都在于增设核对点和平衡点，以加强上下、左右的制约。

1. 实物牵制

实物牵制即由两个以上人员共同掌管必要的实物工具，共同完成一定程序的牵制。例如，将保险柜的钥匙交由两个或两个以上的工作人员保管，不同时使用这两把或两把以上的钥匙，保险柜就无法打开，以防止一个人作弊。

2. 机械牵制

机械牵制即只有按照正确的程序操作机械，才能完成一定过程的操作。它采用的是程序牵制。即将单位各项业务的处理过程，用文字说明或流程图的方式表示出来，以形成制度，颁发执行。它属典型的事前控制法，即要按牵制的原则进行程序设置，而且要求所有的业务活动都要建立切实可行的办理程序。程序控制的关键是实行以内部牵制为核心的不相容职务分离原则。

3. 体制牵制

体制牵制即为防止错误和舞弊,对于每一项经济业务的处理,都要求有两个或两个以上人员共同分工负责,以相互牵制、互相制约的机制。这主要通过组织分工来实现。它不仅要求划分职责,明确各部门或个人的职责和应有的权限,同时还要规定相互配合与制约的方法。因为,恰当的组织分工是内部牵制最重要、最有效的方法。

4. 簿记牵制

簿记牵制又称会计系统牵制,是指通过簿记内在的控制职能而实现的牵制。复式簿记体系对于所有的业务和事项,都要以原始凭证为基础,进行序时和分类的记录,这就在账证、账账、账表、账实之间形成了严密的勾稽核对关系,因而可以用它们来实施对业务事项、财产物资等的有效控制。

二、内部控制制度阶段

百度自查

上市公司年报对外报出之前没有被查出会计作假到底是因为公司故意隐匿重大会计信息,还是因为注册会计师只拿钱不做事?如果是因为公司故意隐匿重大会计信息,那么责任在公司自己;如果公司没有隐匿重大会计信息,但注册会计师没有尽职尽责,那么责任在注册会计师。现实中大多数情况很难界定责任到底由谁承担,内部控制制度在很大程度上就是为了界定这一责任的需要而提出的。

20 世纪 40 年代末至 70 年代初,在内部牵制思想的基础上,产生了内部控制制度的概念,这是现代意义上内部控制产生的阶段。工业革命极大地推动了生产关系的重大变革,股份制公司逐渐成为西方各国主要的企业组织形式,为了适应当时社会经济关系的要求,保护投资者和债权人的经济利益,西方各国纷纷以法律的形式要求强化对企业财务会计资料以及这种经济活动的内部管理。

在 1934 年美国政府出台的《证券交易法》中首次提出了“内部会计控制”(internal accounting control system)的概念,推行一般与特殊授权、交易记录、账面记录与实物资产对比等差异补救措施。

1949 年,美国注册会计师协会(AICPA)所属的审计程序委员会(CAP)在《内部控制:系统协调的要素及其对管理部门和独立注册会计师的重要性》的报告中,首次正式提出了内部控制的定义:“内部控制包括组织机构的设计和企业内部采取的所有互相协调的方法和措施。这些方法和措施都用于保护企业的财产,检查会计信息的准确性,提高经营效率,推动企业坚持执行既定的管理方针。”该定义提出了从制定与完善内部控制的组织、计划、方法与措施等规章制度来实现内部控制,突破了与财务会计部门直接有关的控制的局限,明确了内部控制的 4 个目标,即企业在商业活动中保护资产、检查财务数据的准确性和可靠性、提高工作效率以及促进遵守既定管理规章。该定义的积极意义在于有助于管理当局加强其管理工作,但局限性是涉及的范围过于宽广。

1958 年,该委员会发布的第 29 号审计程序公报《独立审计人员评价内部控制的范围》中,根据审计责任的要求,将内部控制分为两个方面进行,即内部会计控制(internal accounting control)和内部管理控制(internal administrative control)。前者主要涉及内部控制的前两个目标，后者主要涉及内部控制的后两个目标。这就是内部控制“制度二分法”的由来。由于管理控制的概念比较空泛和模糊，在实际业务中内部管理控制与内部会计控制的界限难以明确划清。为了明确两者之间的关系，1972 年美国注册会计师协会在《审计准则公告第 1 号》中重新阐述了内部管理控制和内部会计控制的定义：“内部管理控制包括，但不仅仅只限于组织机构的计划，以及与管理部门授权核准经济业务决策步骤上的有关程序和记录。这种对事项核准的授权活动是管理部门的职责，它直接与管理部门执行该组织的经营目标有关，是对经济业务进行会计控制的起点。”同时，明确了内部会计控制制度的重要内容包括与保护资产、保证财务记录可信性相关的机构计划、程序和记录。经过一系列的修改和重新定义，内部控制的含义较以前更为明晰和规范，涵盖范围日趋广泛，并引入了内部审计的理念，得到了世界范围内的认可和引用，内部控制制度由此而生。

三、内部控制结构阶段

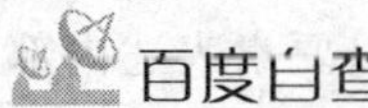

由《华盛顿邮报》两名记者鲍伯·伍德沃德和卡尔·伯恩斯坦的坚持不懈所引发的震惊世界的“水门事件”最终导致尼克松于 1974 年 8 月辞去美国总统职务，尼克松也成为美国历史上第一位辞职的总统。然而“水门事件”带给全世界的影响并没有因尼克松的辞职而止步，在美国进一步调查支持尼克松竞选总统的“大财团”企业的财务报告时，却发现这些“大财团”企业几乎清一色地都是将这些拿不上台面的竞选费用，通过复杂的会计处理转移到海外的子公司去了。为了解决这一问题，美国 1977 年颁布了更为严格的《反海外贿赂法》，1979 年颁布了《反国家贿赂法》。这些事件不仅促进内部控制理论的发展，也对今天的世界经济及政治产生了深远的影响。

内部控制结构理论形成于 20 世纪 80 年代至 90 年代初期，这一阶段西方会计审计界对内部控制的研究重点逐步从一般含义向具体内容深化。在这一时期，系统管理理论成为新的管理理念，它认为：世界上任何实物都是由要素构成的系统，由于要素之间存在着复杂的非线性关系，系统必然具有要素所不具有的新特性，因此，应立足于整体来认识要素之间的关系。系统管理理论将企业组织当作一个由子系统组成的有机系统进行管理，注重各子系统间的协调及与环境的互动关系。在现代公司制和系统管理理论的理念下，前期的内部控制制度已经不能满足需要。1988 年，美国注册会计师协会发布《审计准则公告第 55 号》，在该公告中，首次以“内部控制结构”(internal control structure)一词取代原有的“内部控制”一词，并指出“企业的内部控制结构包括为提供取得企业特定目标的合理保证而建立的各种政策和程序”。该公告认为，内部控制结构由“控制环境、会计系统(会计制度)、控制程序”三个要素组成，将内部控制看作由这三个要素组成的有机整体，提高了对内部控制环境的重视。

1. 控制环境

控制环境(control environment)反映董事会、管理者、业主和其他人员对控制的态度和行为。具体包括管理哲学和经营作风、组织结构、董事会及审计委员会的职能、人事政策和程序、确定职权和责任的方法、管理者监控和检查工作时所用的控制方法,包括经营计划、预算、预测、利润计划、责任会计和内部审计等。

2. 会计系统

会计系统(accounting system)规定各项经济业务的确认、归集、分类、分析、登记和编报方法。一个有效的会计制度包括以下内容:鉴定和登记一切合法的经济业务;对各项经济业务适当进行分类,作为编制报表的依据;计量经济业务的价值以使其货币价值能在财务报表中记录;确定经济业务发生的事件,以确保它记录在适当的会计期间;在财务报表中恰当地表述经济业务及有关的揭示内容。

3. 控制程序

控制程序(control procedures)指管理当局制定的政策和程序,以保证达到一定的目的。它包括:经济业务和活动批准权;明确各员工的职责分工;充分的凭证、账单设置和记录;资产和记录的接触控制;业务的独立审核等。内部结构控制以系统管理理论为主要控制思想,重视环境的因素视其为内部控制的重要组成部分,将控制环境、会计制度、控制程序三个要素纳入内部控制范畴;不再区分会计控制与管理控制,而统一以要素表述内部控制,认为两者是不可分割、相互联系的。

四、内部控制整体框架阶段

进入20世纪90年代后,对内部控制的研究进入一个新的阶段。随着企业公司治理机构的完善、电子化信息技术的发展,为了适应新的经济和组织形式,运用新的管理思想,"内部控制结构"发展为"内部控制整体框架"。1992年,美国著名的内部控制研究机构"发起组织委员会"(COSO)发布了具有里程碑意义的专题报告——《内部控制——整体框架(*Internal Control Integrated Framework*)》,也称COSO报告,制定了内部控制制度的统一框架。该报告于1994年进行了增补,得到了国际社会和各种职业团体的广泛承认,具有广泛的适用性。COSO报告是内部控制理论研究的历史性突破,它首次提出内部控制体系概念将内部控制由原来的平面结构发展为立体框架模式,代表着当时国际上内部控制研究方面的最高水平。

COSO报告将内部控制定义为:"由企业的管理人员设计的,为实现营业的效果和效率、财务报告的可靠及合法合规目标提供合理保证,通过董事会、管理人员和其他职员实施的一种过程。"通过定义可以看出,COSO报告认为内部控制是一个过程,会受到企业不同人员的影响;同时,内部控制也是一个为实现该组织经营目标提供合理保障所设计并实施的程序。COSO报告提出了内部控制的三大目标和五大要素。三大目标是合规目标、经营目标和报告目标。其中,合规目标是指内部控制要遵守相应的法律法规和企业的规章制度;经营目标是指内部控制要确保企业经营的效率和有效性;报告目标是指内部控制要保证企业财务报告的可靠性。

COSO报告认为,内部控制由五个相互联系的要素组成并构成了一个系统,这五个组成要素是:控制环境、风险评估、控制活动、信息与沟通、监控。

1. 控制环境

控制环境(control environment)是指职员履行其控制责任、开展业务活动所处的氛围。包括员工的诚实性和道德观、员工的胜任能力、董事会或审计委员会、管理哲学和经营方式、组织结构、授予权利和责任的方式、人力资源政策和实施。

2. 风险评估

风险评估(risk assessment)是指管理层识别并采取相应行动来管理对经营、财务报告、符合性目标有影响的内部或外部风险,包括风险识别和风险分析。风险识别包括对外部因素(如技术开发、竞争、经济变化)和内部因素(如员工素质、公司活动性质、信息系统处理的特点)进行检查。风险分析涉及估计风险的重大程度、评估风险发生的可能性、考虑如何管理风险等。

3. 控制活动

控制活动(control activities)是指企业制定并予以执行的政策和程序,对所确认的风险采取必要措施,以保证企业目标得以实现。实践中,控制活动形式多样,通常有以下几类:业绩评价、信息处理、实物控制、职责分离。

4. 信息与沟通

信息与沟通(information and communication)是指为了使员工能执行其职责,为员工提供在执行、管理和控制作业过程中所需的信息以及信息的交换和传递,企业必须识别、捕捉、交流外部和内部的信息。外部信息包括市场份额、法规要求和客户投诉等信息。内部信息包括会计制度,即由管理当局建立的记录和报告经济业务与事项,维护资产、负债和业主权益的方法与记录。沟通是使员工了解其职责,保持对财务报告的控制。沟通的方式有政策手册、财务报告手册、备查簿,以及口头交流或管理示例等。

5. 监控

监控(monitoring)是指评估内部控制运作质量的过程,即对内部控制改革、运行及改进活动评价。包括内部审计和外部审计、外部交流等。

在这五个要素中,各个要素有其不同的功能,内部控制并非五个要素的简单相加,而是由这些相互联系、相互制约、相辅相成的要素,按照一定的结构组成的完整的、能对变化的环境作出反应的系统。如图 1-1 所示,控制环境是其他控制要素实施的基础;控制活动必须建立在对企业可能面临的风险有细致的了解和评估的基础之上;而风险评估和控制活动必须借助企业内部信息的有效沟通;最后,有效的监控是保障内部控制实施质量的手段。三大目标与五大要素为内部控制系统理论的形成和发展奠定了基础,其指导思想充分体现了现代企业的管理思想,即安全是系统管理的结果。COSO 报告强调内部控制是由五大要素组成的整合框架和体系,为内部控制体系框架的建立、运行和维护奠定了基础。

此时期内部控制具有如下特点。

(1) 强调人与环境的关系,并提出人在控制中的重要性。

(2) 强调内部控制应该与企业的经营管理过程相结合,糅合了管理与控制的界限,认为控制是一个动态过程。

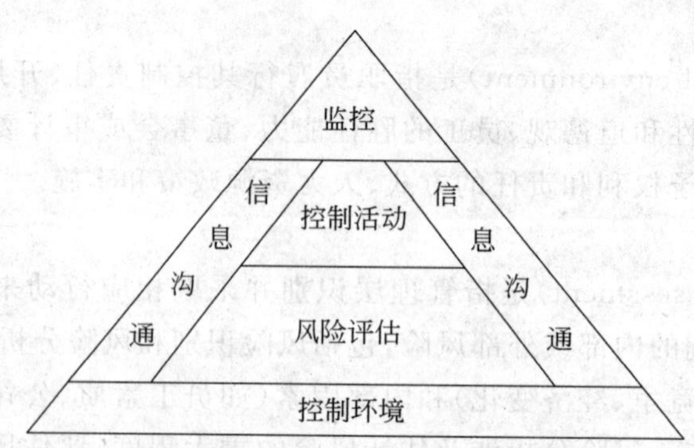

图 1-1 内部控制五要素之间的关系

(3) 强调内部控制的目标及为实现目标而发生的成本与效益的关系。

(4) 强调风险意识。

(5) 强调信息沟通在内部控制中的作用,强调监督仍然是控制的组成部分。

百度自查

2017 年,COSO 公布了一个针对 2004 年 ERM 框架的修改草案,草案全称为《企业风险管理——通过策略与绩效调整风险》。

最新的框架草案主要内容涉及以下诸多方面。

(1) 由 23 条原则支撑 5 个主要部分(自成注:原 ERM 框架包含 8 个主要组成部分)。新的 5 个组成部分分别是:风险治理与文化;风险、策略与目标制定;执行中的风险;风险信息、沟通与报告;监测 ERM 的绩效。

(2) ERM 的新定义。

(3) 强调了风险与价值的关系。

(4) 重申了对于 ERM 整体贯穿于管理的关注,并将它联系到决策过程中去。

(5) 检查组织文化的作用。

(6) 战略的重点在于关注任务,展望以及价值的潜在误差;所选政策可能引发的后果;以及执行此政策的风险。

(7) 阐明 ERM 与内部控制的关系。COSO 在 2013 年已经更新了其内部控制框架,以此反映了科技与商业环境的变化。这个新的 ERM 的框架草案并没有计划取代或废除内部控制文件,内部控制框架反映了 5 个主要部分的 17 条原则之间的联系。

(8) 改善了风险偏好与绩效中可接受的变化。风险与绩效并不被视为是静止与分离的,它们时刻在发生变化并且互相影响。

(9) 从 2004 年的框架中更新了"COSO cube"。

COSO 是由包括 AICPA 协会和 IMA 协会在内的 5 个发起组织所组成的专门委员会,这些组织定期会面并给 ERM、内部控制、防范欺诈提供思想指引。

比较 2004 年的旧版,新版改动较大,包括双向性的风险定义,风险管理在战略选择中的决定作用,全面风险管理框架的新结构,弃用了熟悉的"立方体"结构。

五、基于风险管理的企业内部控制阶段

百度自查

查一查"安然事件"是怎么回事？看一看"9·11"事件讲的是什么？想一想"安然事件"和"9·11"事件哪个对美国的经济影响更大？它们对内控理论发展的贡献在哪里？为什么美国国会会在2002年把民间五大协会的权利进行回收并制定《萨班斯-奥克斯利法案》(*Sarbanes-Oxley Act*)？

内部控制的发展经过了内部牵制、内部控制制度、内部控制结构与内部控制整体框架等几个不同的阶段。1992年COSO《内部控制——整体框架》报告受到理论界与实务界的广泛关注，被世界上许多企业采纳。同时，理论界与实务界对内部控制框架也提出了改进建议，强调内部控制框架与企业风险管理相结合。应企业风险管理的迫切需要，结合《萨班斯-奥克斯利法案》(Sarbanes-Oxley Act，SOX法案)，2004年9月29日COSO委员会正式颁布了《企业风险管理——总体框架》(Enterprise Risk Management-Integrated Framework，ERM框架)。

COSO对基于风险管理的内部控制进行了明确的定义："企业风险管理是一个过程，它由一个主体的董事会、管理当局和其他人员实施，应用于战略制定并贯穿于企业之中，旨在识别可能会影响主体的潜在事项，管理风险以使其在该主体的风险容量之内，并为主体目标的实现提供合理的保证。"

百度自查

内部控制与风险管理是一个事情的两个方面，正因为有风险才需要控制。

为了引导企业进一步加强内部控制，我国1999年修订的《会计法》第一次以法律的形式对建立健全内部控制提出了具体原则和要求。但从现实情况看，许多企业管理松弛、内控弱化、风险频发，资产流失、营私舞弊、损失浪费等问题还是比较突出的。随着市场经济的发展和企业环境的变化，单纯依赖会计控制已难以应对企业面对的市场风险，会计控制必须向风险控制发展。

以史为鉴——英国议会曾否决将电力、煤气引入伦敦的千家万户。否决引入电力的理由是："当把电通到千家万户之后，每一户人家至少都得有一个电插头，那个电插头的杀伤力绝对不可低估，简直就是现代化的杀伤性武器。如果在全伦敦、全英国普及用电，就等于是给每一个英国人，包括所有的老人、小孩、坏人、精神病患者等，都发了一把使他们每个人都具备了把别人或者自己随便杀死的武器和能力。这实在是太可怕了！"

否决引入煤气的理由是："如果千家万户都用煤气，肯定需要储存煤气的巨大煤气罐。把那么多个大煤气罐摆放在伦敦，那就等于放了数个巨大的'包'。任何一个国家总有一些坏人，如果这些坏人自己不想活了，一旦把巨大的'包'点着，两千多年的文明古城岂不是毁于一旦了吗？难道有谁能承担得了这个责任吗？"

教训：内部控制的宗旨是兴利除弊，兴利是要做"天使"，除弊则是要驱除"魔鬼"，但切忌"好心办坏事"。

英国历史上的决策失误——曾否决将电力、煤气引入伦敦的千家万户，就是真理走向

谬误、控制变成桎梏的反面例子。

与内部控制整体框架相比,基于风险管理的内部控制存在如下创新及特点。

1. 提出了一个新的观念——风险组合观

基于风险管理的内部控制要求企业管理者以风险组合的观点看待风险,对相关的风险进行识别并采取措施使企业所承担的风险在风险偏好的范围内。对企业内每个部门而言,其风险可能落在该部门的风险容忍度范围内,但从企业总体来看,总风险可以超过企业总体的风险偏好范围。因此,应从企业总体的风险组合的观点来看待风险。

2. 增加了一类目标——战略目标,并扩大了报告目标的范畴

基于风险管理的内部控制将企业的目标分为经营、财务报告和合规性三类目标。基于风险管理的内部控制也包含三个类似的目标,但是其中只有两个目标与内部控制架构中的定义相同,财务报告目标的界定则有所区别。内部控制架构中的财务报告目标只与公开披露的财务报表的可靠性相关,而基于风险管理的内部控制中报告目标的范围有很大的扩展,该目标覆盖了企业编制的所有报告,既包括内部报告,也包括外部报告;既包括企业内部管理者使用的报告,也包括向外部提供的报告;既包括法定报告,也包括向其他利益相关者提供的非法定报告;既包括财务信息,也包括非财务信息。此外,基于风险管理的内部控制比内部控制架构增加了一类新的目标——战略目标。该目标的层次比其他三个目标更高。企业的风险管理既应用于实现企业其他三类目标的过程中,也应用于企业的战略制定阶段。

3. 提出了两个新概念——“风险偏好”和“风险容忍度”

从广义上看,风险偏好是指企业在实现其目标的过程中愿意接受的风险的数量。企业的风险偏好与企业的战略直接相关,企业在制定战略时,应考虑将该战略的既定收益与企业的风险偏好结合起来。风险容忍度的概念是建立在风险偏好概念基础上的,是指在企业目标实现的过程中对差异的可接受程度,是企业在风险偏好的基础上设定的对相关目标实现过程中所出现的差异的可容忍限度。在确定各目标的风险容忍度时,企业应考虑相关目标的重要性,并将其与企业风险偏好联系起来。

4. 增加了三个风险管理要素,对其他要素的分析更加深入,范围上也有所扩大

基于风险管理的内部控制新增了三个风险管理要素:“目标制定”“事项识别”和“风险反应”。此外,基于风险管理的内部控制更加深入地阐述了其他要素的内涵,并扩大了相关要素的范围。在控制环境要素上,基于风险管理的内部控制将“控制环境”扩展为“内部环境”,更加直接、广泛地关注风险是如何影响企业的风险文化。在风险评估方面,基于风险管理的内部控制建议从固有风险和控制风险的角度来看待风险;还要求注意相互关联的风险,确定单一的事项如何为企业带来多重的风险。在信息与沟通方面,基于风险管理的内部控制扩大了企业信息和沟通的构成内容,认为企业的信息应包括来自过去、现在和未来潜在事项的数据。

总的来讲,基于风险管理的内部控制强调在整个企业范围内识别和管理风险的重要性。强调风险管理框架必须和内部控制框架相一致,把内部控制目标和要素整合到企业全面风险管理过程中。因此,基于风险管理的内部控制是对内部控制整体框架的扩展和延伸,它涵盖了内部控制整体框架的内涵,同时也更完整、更有效。

2008 年 12 月，西门子(Siemens AG)同意支付 4.448 5 亿美元，其三个子公司委内瑞拉、阿根廷及孟加拉国子公司各愿支付 50 万美元，以换取美国司法部免予依据《反国外贿赂法案(Foreign Corrupt Practice Act，FCPA)》进行起诉。同时，西门子还同美国证券交易委员会(SEC)和德国监管当局达成和解，向前者上缴 3.5 亿美元因违规而赚取的利润，向后者支付 3.95 亿欧元(约合 5.45 亿美元)因自己未有效监管公司运营的罚金，处罚总金额达到 13.45 亿美元。这是美国《反国外贿赂法案》1977 年生效以来，单家公司支付的最高金额罚款。

西门子是世界上最大的电子和电气工程公司之一，以卓越的技术成就、不懈的创新追求、出众的品质、令人信赖的可靠性和广泛的国际性，在业界独树一帜，号称"企业家的摇篮"。公司迄今已有 160 多年的历史(1847 年创建于柏林)，拥有大约 40.5 万名员工，业务遍及 190 多个国家，是世界上最大的上市公司之一。

创建于德国、具有质量和技术优势的一家百年老店和跨国公司，缘何会走上国外贿赂之路？美国的《反国外贿赂法案》约束力何来？巨额罚单对我国企业内部控制建设有何启示？

1. 美国《反国外贿赂法案》的适用性

1977 年，美国正式出台了《反国外贿赂法案》(Foreign Corrupt Practices Act，FCPA)，该法的制定起源于美国 20 世纪 70 年代的"水门事件"，其后 COSO 委员会发布的内部控制框架以及美国国会通过的 SOX 法案都可以找到 FCPA 的影子。该法旨在限制美国公司利用个人关系贿赂国外政府官员的行为，并对在美国上市公司的财会制度作出了相关规定。

美国认为，商业贿赂违背诚实商业原则，腐蚀自由市场制度，损坏美国公司的海外形象，影响对财务真实的预期和资本市场的配置功能。美国颁布的 FCPA 意在防止跨国企业在外国行贿，从而使该法具有了某种程度上的域外效力。根据该法案，在美国上市或有业务的外国公司，如果在商业活动中向外国官员行贿，其行为将被定性为犯罪。2001 年 3 月 12 日，西门子股票在美国纽约证券交易所(NYSE)挂牌交易，自然要适用《反国外贿赂法案》。

美国司法部和 SEC 有权调查与处罚西门子在外国的商业行为，虽然具体执行可能需要双边司法协作，但至少可以禁止其在美国获得项目。考虑到美国司法部若要直接处罚西门子第一线负责销售的行贿人员，操作上将非常困难；而西门子如果不接受和解，就很难在美国继续开展业务，因此和解是双方所能共同接受的结果。

2. 西门子的行贿路线图

从 1998 年 9 月开始，西门子股份公司和西门子阿根廷公司使用各种方法，直接或间接地向阿根廷官员行贿，从而与形成良好关系，拿到了总计约 10 亿美元的认可的项目。而 2001—2007 年，西门子用于行贿阿根廷各部门要员的总金额约为 3 126.3 万美元。这些腐败案的特点是，费用均以"咨询费"和"法律费用"记在阿根廷子公司的账簿上。而这些虚假的账目内容,又记录在了西门子总部(西门子股份公司)的账簿上。在此期间,其委内瑞拉子公司实际上也贿赂了委内瑞拉官员,行贿总额至少为187.83万美元。其方式是通过聘请这些官员担任所谓的"商业顾问",以换取两个大城市的轨道交通项目业务,行贿方法也是通过美国的银行账户向这些"商业顾问"支付款项。其孟加拉国子公司对官员行贿至少53.19万美元,同样使用"商业顾问"之类的名义。

震惊海内外的西门子全球腐败案,也牵涉到西门子中国公司包括地铁列车和信号设备、高压传输线路、医疗设备在内的各个业务领域。西门子交通、西门子中国输变电集团和西门子医疗集团,在华皆有广泛而隐蔽的行贿行为。

美国哥伦比亚特区地方法院公布的SEC诉讼书显示,2002—2007年,西门子交通支付了约2 200万美元,给设在香港的商业咨询公司和相关机构,并通过这些机构对中国官员行贿,以得到总额逾10亿美元的7个地铁列车和信号设备项目。

西门子先和这些咨询公司达成口头协议,表示在事成之后,将支付项目总价值一定百分比的金额给咨询公司;其在得到项目合同后,又再与咨询公司签订书面协议。这些非法行径均由西门子交通中国区的市场销售总监安排,并得到更高一级主管的认可,这位市场销售总监后来被提升为西门子交通中国区的副总裁。

美国的法庭文件称,西门子明显没有遵守法律,且绕过了现有的内部控制规定。由于西门子明知在内控审查中可能会暴露问题,从20世纪90年代中期开始,一直在做一系列系统性的工作,以伪造公司的账簿和相关记录,并通过各种方式躲避监管。

练 习 题

1. 内部控制的基本概念是从早期(　　)思想的基础上逐步发展起来的。

   A. 科学管理　　B. 内部牵制　　C. 内部审计　　D. 管理控制

2. 下列有关内部控制的说法中错误的是(　　)。

   A. 内部控制的思想是以风险为导向的控制

   B. 内部控制是控制的一个过程,这个过程是需要全员的参与,包括董事会、管理层、监事会都需要参与进来,但不包括员工

   C. 内部控制是一种管理,是对风险的管理

   D. 内部控制是一种合理保证

3. 下列COSO报告对内部控制研究的突破不包含(　　)。

   A. 强调控制环境在内部控制中居于基础环节

   B. 强调风险评估在内部控制中的重要作用

   C. 强调信息与沟通是强化内部控制的重要途径

   D. 强调监督是内部控制发挥作用的关键环节

4. 下列各项中,属于导致内部控制固有局限原因的有(　　)。

   A. 控制的有效性会受到决策过程中人为判断的影响

   B. 内部控制只能为控制目标的实现提供合理保证

   C. 管理人员可能会凌驾于内部控制之上

D. 内部控制的设计与实施需要考虑成本与效益

5. 根据功能分类,可以将控制分为预防性控制和(　　)。

A. 发现性控制　B. 反馈性控制　C. 矫正性控制　D. 系统性控制

6. 一天夜里,某企业的铁路专用车辆运进一批原料,但因无人通知卸货,第二天货物又被原封运走,这一内部控制失范行为与内部控制中的(　　)要素最相关。

A. 控制环境　B. 控制活动　C. 信息与沟通　D. 监督

7. 在2007年的邯郸农行盗窃案中,犯罪嫌疑人张强于2007年3月20日起已经不是管库员,但当天查库登记簿"管库员"一栏仍有张强的签章。同年3月29日的查库登记簿"管库员"栏没有任何人签章,这些内部控制失范行为与内部控制中的(　　)要素最相关。

A. 控制环境　B. 控制活动　C. 风险评估　D. 监督

8. 在2007年的邯郸农行盗窃案中,管库员之间钥匙、密码的交接混乱,库房钥匙登记簿与实际情况不符,这些内部控制失范行为与内部控制中的(　　)要素最相关。

A. 控制环境　B. 控制活动　C. 风险评估　D. 监督

9. 内部牵制的形式有(　　)。

A. 实物牵制　B. 机械牵制　C. 体制牵制　D. 簿记牵制

10. 下列项目中,属于内部控制基本要素的项目有(　　)。

A. 内部环境　B. 风险评估　C. 财务报告　D. 信息与沟通

11. 下列有关企业内部控制目标的表述中,正确的有(　　)。

A. 企业经营管理合法合规　B. 追求利润最大化

C. 财务报告真实完整　D. 促进企业实现发展战略

12. 下列有关企业内部控制的表述中,正确的有(　　)。

A. 内部控制是一个过程

B. 内部控制是由企业的董事会和管理层实施的

C. 有效的内部控制可以绝对保证控制目标的实现

D. 内部控制不仅仅是制度和手册,还是渗透到企业活动之中的一系列行为

13. 企业内部控制的实施主体包括(　　)。

A. 全体员工　B. 监事会　C. 经理层　D. 董事会

14. 关于COSO内部控制的概念,下列说法正确的有(　　)。

A. 内部控制是一个实现目标的程序及方法,而其本身并非目标

B. 内部控制可以确保企业目标的实现

C. 内部控制要由企业中各级人员的实施与配合

D. 内部控制存在资源受限的问题

第二章

内部控制基本理论

- 掌握公司治理的含义；
- 掌握公司治理与内部控制的关系；
- 熟悉企业内部控制方法；
- 理解委托代理理论；
- 了解利益相关者理论；
- 了解受托责任理论。

百度思考题

(1)《水浒传》中水泊梁山上的财务总监是谁？梁山的内部控制做得怎么样？

(2)《红楼梦》中贾府的财务总监是谁？贾府的内部控制做得怎么样？

(3) 电影《潜伏》中天津特务站的内部控制做得怎么样？存在哪些问题？

(4) 怎样理解《闯关东 1》和《让子弹飞》两部电影？

第一节　内部控制假设

在进行理论研究时，首先要建立一些必要的研究假设，然后在此基础上提出一些经济现象并构建经济理论。内部控制也不例外，内部控制这门学科也是建立在一定假设基础之上的，内部控制的基本假设有控制实体假设、可控性假设、复杂人性假设和不串通假设。

1. 控制实体假设

控制实体是指内部控制为之服务的特定单位或部门。控制实体假设是对内部控制活动的空间范围所作的限定。它要求内部控制应当以特定单位或部门的人、财、物及其在经营过程中所形成的一系列组合关系和组合形式进行控制。控制实体由于控制主体的不同而不同，可以是企事业单位，也可以是单位内部某个部门。控制实体假设即是对内部控制活动空间范围所作的界定，并直接影响着控制对象的确定、控制目标的制定、控制责任主体的明确和控制绩效的评价等。

2. 可控性假设

在确定各级控制主体的控制范围时，只有主体能够控制的对象，才能够纳入内部控制体系。各项内部控制制度都是在这一前提的基础上建立起来的。内部控制是控制主体对控制客体所实施的控制。相对于控制主体而言，控制客体必须是可以控制的。否则，内部控制将形同虚设,因此提出了可控性假设。当然,要使内部控制系统真正可控还是要基于一定的前提。由于组织结构的变化将直接影响成员的行为,因此,控制实体或者控制实体所在的组织结构的相对稳定成为内部控制系统可控的必备条件之一。此外,控制主体是否拥有相应的控制权、所确立的控制目标是否正确、所选取的控制手段是否恰当等也会对可控性产生影响。

可控性假设为内部控制系统有效发挥作用规定了前提,直接影响内部控制要素的确定,如控制环境中的组织结构设计和权责划分,风险评估中的目标设定,信息与沟通和监控等。同时,它也为内部控制活动适用性原则和有效性原则的制定奠定了基础。

3. 复杂人性假设

内部控制的实质是对人进行约束和激励的一种机制。这种机制必须建立在对人性假设的基础之上。人性假设就是关于人的本质是什么的假设。1965年,薛恩(E H Sein)将此前关于人性方面的观点归为三类,即理性——经济人假设、社会人假设、自我实现假设。薛恩在分析了这些人性假设理论之后提出复杂人性假设,他认为,人性是复杂的,人们的需要与潜在欲望是多种多样的,而且这些需要会随着各种条件的变动而不断改变。

复杂人性假设认为,人是有限理性的,因此他们都具有双重人格,经济的一面导致其具有最大化白身利益的动机和机会主义倾向,道德的一面又使其具有能导致其有意识地克制私欲、纠正行为偏差的倾向。前者解释了内部控制存在的必要性,后者解释了内部控制能有效发挥作用的原因。

4. 不串通假设

内部控制的核心是内部牵制,即不相容职务恰当分离。这样可以避免或减少一人单独从事和隐瞒不合规行为的机会。但是,如果两个或更多的人串通舞弊,则可以逃避控制,使内部控制形同虚设。这既是内部控制的局限之一,也是其建立的基本前提或假设。离开了这一假设,内部控制(特别是内部牵制)根本无法建立。

不串通假设认为,除非存在反证,任何控制实体的相关人员都不会合谋,这是对复杂人性假设的补充,是对内部控制固有缺陷的解释和补充。不串通假设为内部控制的有效性奠定了基础。因为不串通,所以两个或两个以上的人或部门无意识地犯同样错误的可能性很小,两个或两个以上的人或部门有意识地协同舞弊的可能性也大大降低,所以通过机构、岗位设置和权责分配能发挥积极的作用。

上述四个假设并不是孤立的,而是相互联系的。控制实体假设界定了内部控制活动的空间范围,可控性假设和不串通假设规定了内部控制有效发挥作用的前提,复杂人性假设解释了内部控制存在的必然性和合理性,它们共同对内部控制主体、客体和媒介产生作用,从而为内部控制理论研究提供支持并推动实践的发展。

第二节 内部控制方法

百度小故事

1. 合格率检查制度

第二次世界大战期间,某公司为美国空军生产的降落伞合格率为99.9%,并认为这已是极限水平,但军方要求合格率必须达到100%。于是军方改变检查制度,每次交货前从中随机挑出几个,让厂家负责人亲自跳伞检测。从此以后,降落伞的合格率果然达到了100%。

2. 付款方式

英国将澳洲变为自己的殖民地后,开始将大量的罪犯送往澳洲,这样既可以解决英国本土监狱人满为患的问题,也可以缓解澳洲劳动力不足。然而,英国政府雇用的私人船只运送犯人,其罪犯死亡率非常高。英国政府想了很多办法,都无济于事。后有人提议,将运费支付方式由根据上船人数付费改为根据下船人数支付。新政策一出炉,死亡率立刻大幅下降。

3. 粥的分配制度

7个人住在一起,每天分一桶粥,粥每天都不够吃。一开始,他们抓阄决定谁来分粥,每天轮一次。结果每个人每周中只有自己分粥的那天能吃饱。后来推选出一个公认道德高尚的人来分,结果大家挖空心思去讨好他,互相勾结,搞得整个小团体乌烟瘴气。再后来,大家推选分粥委员会及评选委员会,结果大家互相攻击,扯皮现象盛行,粥还未吃到嘴里就全凉了。最后,他们想出一个方法:轮流分粥,但分粥的人要等其他人都分完后拿最后一碗。为了不让自己吃到的最少,每个人分粥时都尽量分得平均。

4. 笔记本电脑管理

在华为公司,曾经因办公电脑携带方便而长期被过度私用,结果导致使用寿命大幅减少。为了避免过度使用,华为公司想到一个办法:笔记本电脑配发4年后赠送给员工。这样一来,员工知道电脑4年后是自己的,使用时都很爱惜。

内部控制是形成一系列具有控制职能的方法、措施、程序并予以规范化和系统化,使之成为一个严密的、较为完整的体系。内部控制的基本方法主要有不相容职务分离控制、授权审批控制、会计系统控制、财产保护控制、预算控制、运营分析控制等。

1. 不相容职务分离控制

所谓不相容职务,是指那些如果由一个人担任既可能发生错误和舞弊行为,又可能掩盖其错误和舞弊行为的职务。不相容职务一般包括:授权批准与业务经办、业务经办与会计记录、会计记录与财产保管、业务经办与稽核检查、授权批准与监督检查等。对于不相容的职务如果不实行相互分离的措施,就容易发生舞弊等行为。不相容职务分离的核心是"内部牵制",因此,单位在设计、建立内部控制制度时,首先应确定哪些岗位和职务是不相容的;其次要明确规定各个机构和岗位的职责权限,使不相容岗位和职务之间能够相互监督、相互制约,形成有效的制衡机制。

2. 授权审批控制

授权审批是指单位在办理各项经济业务时,必须经过规定程序的授权批准。授权审批形式通常有常规授权和特别授权之分。常规授权是指单位在日常经营管理活动中按照既定的职责和程序进行的授权,用于规范经济业务的权力、条件和有关责任者,其时效性一般较长。特别授权是指单位对办理例外的、非常规性交易事件的权力、条件和责任的应急性授权。单位必须建立授权审批体系,明确以下几个方面。

(1) 授权审批的范围。

(2) 授权审批的层次。

(3) 授权审批的程序。

(4) 授权审批的责任。

单位对于重大业务和事项,应当实行集体决策审批或者联签制度,任何个人不得单独进行决策或者擅自改变集体意见。

3. 会计系统控制

会计作为一个信息系统,对内能够向管理层提供经营管理的诸多信息,对外可以向投资者、债权人等提供用于投资等决策的信息。会计系统控制主要是通过对会计主体所发生的各项能用货币计量的经济业务进行记录、归集、分类、编报等而进行的控制。其内容主要包括以下几个方面。

(1) 依法设置会计机构,配备会计从业人员。从事会计工作的人员,必须取得会计从业资格证书,会计机构负责人应当具备会计师以上专业技术职务资格。大中型企业应当设置总会计师或者财务总监。设置总会计师或者财务总监的单位,不得设置与其职权重叠的副职。

(2) 建立会计工作的岗位责任制,对会计人员进行科学合理的分工,使之相互监督和制约。

(3) 按照规定取得和填制原始凭证。

(4) 设计良好的凭证格式。

(5) 对凭证进行连续编号。

(6) 规定合理的凭证传递程序。

(7) 明确凭证的装订和保管手续责任。

(8) 合理设置账户,登记会计账簿,进行复式记账。

(9) 按照《会计法》和国家统一的会计准则制度的要求编制、报送、保管财务报告。

4. 财产保护控制

财产保护控制主要包括以下几方面。

(1) 财产记录和实物保管。关键是要妥善保管涉及资产的各种文件资料,避免记录受损、被盗、被毁。对重要的文件资料,应当留有备份,以便在遭受意外损失或毁坏时重新恢复,这在计算机处理条件下尤为重要。

(2) 定期盘点和账实核对。它是指定期对实物资产进行盘点,并将盘点结果与会计记录进行比较。盘点结果与会计记录如不一致,可能说明资产管理上出现错误、浪费、损失或其他不正常现象,应当分析原因、查明责任、完善管理制度。

(3) 限制接近。它是指严格限制未经授权的人员对资产的直接接触,只有经过授权批准的人员才能接触该资产。限制接近包括限制对资产本身的接触和通过文件批准方式对资产使用或分配的间接接触。一般情况下,对货币资金、有价证券、存货等变现能力强的资产必须限制无关人员的直接接触。

5. 预算控制

预算控制的内容涵盖了单位经营活动的全过程,单位通过预算的编制和检查预算的执行情况,可以比较、分析内部各单位未完成预算的原因,并对未完成预算的不良后果采取改进措施,确保各项预算的严格执行。在实际工作中,预算编制不论采用自上而下或自下而上的方法,其决策权都应落实在内部管理的最高层,由这一权威层次进行决策、指挥和协调。预算确定后由各预算单位组织实施,并辅之以对等的权、责、利关系,由内部审计部门等负责监督预算的执行。预算控制的主要环节有以下几个。

(1) 确定预算的项目、标准和程序。

(2) 编制和审定预算。

(3) 预算指标的下达和责任人的落实。

(4) 预算执行的授权。

(5) 预算执行过程的监控。

(6) 预算差异的分析和调整。

(7) 预算业绩的考核和奖惩。

6. 运营分析控制

运营分析控制要求单位建立运营情况分析制度,管理层应当综合运用生产、购销、投资、融资、财务等方面的信息,通过因素分析、对比分析、趋势分析等方法,定期开展运营情况分析,发现存在的问题,及时查明原因并加以改进。

百度自查

请在网上自查中央财经大学刘姝威老师与蓝田股份(600709)的故事,蓝田股份的流动比率0.77,速动比率0.35,净营运资金−1.27亿元;流动资产占资产之比为同业平均值的1/3,而存货与流动资产之比高于同业平均值约3倍,固定资产占资产之比高……请继续查阅电子科技大学钟朝宏老师与长经开(122958)的故事,长经开的其他应收款占总资产一半以上……小小财务指标,揭示出了大的问题。然而,它们却在我国资本市场上上演精彩的闹剧。

7. 绩效考评控制

绩效考评控制要求单位科学设置考核指标体系,对单位内部各职能部门和全体员工的业绩进行定期考核和客观评价,并将考评结果作为确定员工薪酬以及职务晋升、评优、降级、调岗和辞退等的依据。

此外,常用的控制方法还有内部报告控制、复核控制、人员素质控制等。

知网下载

(1) 乔彦军发表在《财会学习》上的序列"看《潜伏》话内控:莫把家法当儿戏、吃饭算什么任务、那不是露水红颜、这枪号挂在哪儿、我不认识李海丰、会背保密守则吗"。

(2) 乔彦军发表在《审计与理财》上的序列"品红楼说内控:事无专执多推诿、运筹谋划保永全、心中眼中尽职责、南院马棚走了水、万不可如此奢靡、寅年用了卯年的、钱费两起丢一半、秦家婆偷仓盗库、她卖了可以度日、我替妹妹配丸药、多少工夫筑始成、王子腾累上保本、园子有人包了去、命彩明定造簿册、拿钱来另买另添、按例写了文约来、把账留下细看看"。

(3) 五篇文章"《红楼梦》中的内部控制思想初探""浅析《红楼梦》中的内部控制现象""从红楼梦中学习企业内部控制和公司治理""从《红楼梦》的兴衰看企业内部控制""从内部控制角度看贾府的衰败——《红楼梦》所反映的内控思想探析"。

(4) 朱荣恩发表在《中国审计》上的序列关于"内部控制方式"的文章。

第三节　公司治理下的内部控制

百度思考题

(1) 俗话说："一个和尚挑水喝，两个和尚抬水喝，三个和尚没水喝"，请问：三个和尚在什么情况下才有水喝？

(2) 富兄弟为什么烦恼？穷兄弟为什么快乐？"富兄弟的烦恼和穷兄弟的快乐"告诉我们什么道理？为什么现实中大家都能"共患难"，而不能"共富贵"？

一、公司治理理论

公司治理有狭义和广义之分，狭义的公司治理，是指所有者（主要是股东）对经营者的一种监督与制衡机制，即通过一种制度安排，来合理地界定和配置所有者与经营者之间的权利与责任关系。公司治理的目标是保证股东利益的最大化，防止经营者与所有者利益的背离。其主要特点是通过股东大会、董事会、监事会及经理层所构成的公司治理结构的内部治理。广义的公司治理是指通过一整套包括正式或非正式的、内部的或外部的制度来协调公司与所有利益相关者之间（股东、债权人、职工、潜在的投资者等）的利益关系，以保证公司决策的科学性、有效性，从而最终维护公司各方面的利益。

百度自查

智猪模型讲的是，在一个长方形猪圈里有两头猪，一头是大猪，一头是小猪，猪圈一边有个猪槽，另一边有个按钮，只有按一下另一边的按钮，这边的猪槽才会有食物，现在的问题是大猪去按还是小猪去按，还是一起去按？智猪模型借助博弈论分析了该决策，分析结论有力地解释了公司治理的大股东监督、小股东"搭便车"的行为现象。

常见的公司治理理论有如下几种。

1. 委托代理理论

委托代理关系是企业内部分工的具体体现形式，现代企业有两个层次的委托代理关系。第一个层次是资本所有者与经营管理者之间的委托代理关系，主要表现为股东大会与董事会间的委托代理关系，以及董事会与高层管理者间的委托代理关系；第二个层次是经营管理者与员工的委托代理关系，主要表现为高层管理者将具体的生产经营活动委托给中层管理人员和一线员工来操作与执行。

由于代理人的投机和自利心理，与此同时委托人与代理人之间存在信息不对称，代理问题无法回避。为了提高企业运营效率，更好地实现企业的目标，现代企业运用公司治理与内部控制两个工具来克服代理问题，以减少代理成本。公司治理解决资本所有者与经营管理者间的代理问题，如董事会、监事会以及对高层管理者的约束和激励，内部控制解决高层管理者与中层管理者、员工之间的代理问题，如组织结构控制、授权审批控制等。因此，在委托代理理论下，公司治理与内部控制具有相同的性质，都是企业为了克服委托代理问题而形成的制度安排。

2. 不完全契约理论

委托代理理论有两个前提：第一，契约是完全的；第二，契约的签订和执行不需要支付费用。但是在实际中，契约不仅是不完备的，还存在交易成本。

现代公司由一系列不完全契约构成，这些契约约束着企业的各种交易行为。例如，公司治理概括地规定了股东大会的召开、职责，董事会、监事会的职能、权责，及其与高层管理者的关系，但是却没有关注可能发生的各种情况，更不用说情况出现后应如何处理的问题。现代企业面临的政治经济环境日益复杂，生产经营方式日益多样，企业内部的各个行为人常会遇到契约未曾约定的事项，这就需要制定各种补充契约来明确不同具体情况下行为人的权利、责任，来解决突发情况。如果公司治理是一种不完全契约，那么内部控制可以看成补充契约，旨在弥补契约的不完备性，实现公司节约交易成本的比较优势。因此，内部控制和公司治理存在着互补的关系。

3. 利益相关者理论

企业的目的不能仅限于股东权益最大化，而应同时考虑企业其他参与人包括职工、经理、债权人、供应商、用户以及所在社区的利益。

首先，高管在公司治理层面下，作为人力资本所有者承担了一定的风险，在有股权激励的情况下作为资本所有者更拥有了一定的风险报酬，因此高管的利益与企业的利益密切关联。作为领导策划者，高管在内部控制层面下，便有动力去加强、去完善，以保证企业价值的保值增值。其次，员工在公司治理层面下，投入自己专用的、通用的劳动力，企业一旦破产就将面临失业，他们的利益与企业息息相关。作为实施监督者，员工在内部控制层面下，便有动力去维护有效的内部控制，保证企业正常运转。最后，债权人、政府、潜在投资者等，为了作出正确的决策，需要了解企业运营的真实情况。有效的内部控制保证了企业对外报告的真实性，因此，其他利益相关者也有动力督促企业完善内部控制。公司治理好的企业，各相关利益者一定要求企业拥有有效的内部控制。

4. 受托责任理论

受托责任是内部控制产生的动因之一。当某人接受委托代表其他人管理其财产或进行商业交易时，则认为他与财产受益人或商业受益人建立了受托关系，承担了受托责任。

在内部控制层面下，高层管理者不可能亲自作出所有的决策，他会把某些权力下放给下属，下属再进一步授权，从而形成了一个受托责任链条，链条上的每个控制点，构成了庞大的内部控制体系。在公司治理层面下，一方面，资本所有者将财产授权给经营管理者运营，并授予其使用、处置财产的权限；另一方面，经营管理者作为合法的受托人，自主支配财产，对日常运营活动实施决策和领导，并直接对资本所有者承担受托责任，保护资产的安全与完整，加强经营管理，提高经济效益，向所有者提出业绩报告。可以说，内部控制本身体现了受托责任理论，而且经营管理者在公司治理的约束下，必然会运用内部控制的这个工具来承担对资本所有者的受托责任。

百度自查

黄光裕身边的女人的故事：台前三个女人的明争暗斗(大妹的渗透、小妹的回归、老婆的沉默),台后母亲的垂帘听政,反映出中国家族企业公司治理中的许多常见问题和无奈。

二、公司治理与内部控制的关系

内部控制和公司治理存在差异,又相互影响、相互促进。内部控制是管理当局为履行管理目标而建立的一系列规则、政策和程序,与公司治理密不可分。理论、实践界普遍的观点是:内部控制是内部管理的重要组成部分,公司治理是公司制度的核心内容。有效的内部控制制度是实现公司经营和发展目标的有效保障,合理的公司治理结构是提高经营效率和效果的基本前提。

(一)内部控制与公司治理的区别

内部控制是由董事会、经理层和其他员工实施的,为经营的效率与效果、财务报告的可靠性、相关法令的遵循性等目标达成而提供合理保证的过程。建立并维持恰当的内部控制,是管理当局受托责任的重要部分。内部公司治理或法人治理结构,内部监控机制,由股东大会、监事会和经理层等组成,用于约束和管理经营者行为的控制制度,治理机制有董事会选举规则及程序、代理人之争、外部董事、报酬激励机制、董事会与经理层的权利分配等;外部公司治理或外部监控机制,是通过竞争的资本、经理、产品、兼并等外部市场和管理体制对企业管理行为实施约束的控制制度。

1. 所处层面和解决的问题各不相同

内部控制是管理当局建立的为确保财产安全完整提高会计信息质量、实现经营管理目标,建立并实施的具有控制职能的措施与程序。内部管理制度,是对生产经营和财务报告产生过程的控制,是内部管理问题,用于解决管理当局与下属的管理控制关系。目标是保证会计信息真实可靠,防止舞弊行为发生。内部控制是在公司治理解决股东、董事会、监事会、经理层的权责利划分后,管理当局为保证履行受托责任,作出的面向次级管理人员和员工的控制。内部公司治理是由所有者、董事会、监事会和经理层组成的制衡关系,用于约束经营者行为的控制制度。公司治理解决的是股东、董事会、经理层及监事会权责利划分的制度安排问题,多为法律层面的问题。

2. 委托代理层次各有不同

内部控制,基于管理当局、管理人员和一般员工的分层委托代理关系而产生,主要防止导致经营无效率和无效果的行为;公司治理,基于所有者与管理者的委托代理关系而产生。当前,公司治理虽无最佳规则,一些公司治理机制实际是公司自身行为。但在某种程度,公司治理受到公司法及证券监管法规等制约。法律只原则性规定应建立健全内部控制制度,未作具体规定。建立内部控制制度并保障顺利运行是管理当局的责任,并对具体控制方法和程序仅提出指南。

3. 目标各有不同

内部控制的目标是实现企业目标,提高经营效率和效果是内部控制的基本目标,预防错弊是为保障企业目标的实现。内部控制的根本作用在于衡量和纠正人员活动,保证事态发展符合计划。内部控制要求按目标和计划评价业绩,找出消极偏差,采取改进措施,提高经营效率和效果,保证实现企业既定目标。公司治理的目标是在股东大会、董事会、监事会和经理层合理配置权限,公平分配利益和职责,建立激励、监督和制衡机制,实现所有者、管理者和其他利益相关者的制衡。

(二)内部控制和公司治理的联系

公司治理是促使内部控制有效运行、保证内部控制功能发挥的前提和基础,是实行内部控制的制度环境;内部控制则在公司治理中担当内部管理监控系统的角色。健全的内部控制是完善公司治理的重要保证,有利于保护投资者和其他利害相关者利益;完善的公司治理,是内部控制有效运行的保证。内部控制能否有效运行,与公司治理完善程度直接相关。只有在完善的公司治理环境中,良好的内部控制系统才能发挥作用。

1. 内部控制框架和公司治理是内部管理监控系统与制度环境的关系

内部控制作为公司治理系统的制约机制,建立在整个公司治理环境内,并随环境变化不断完善。公司治理结构是内部控制的环境和前提,建立内部控制的首要因素,即控制环境是内部控制系统的基石,法人治理结构不健全,必然缺乏有效的监督机制,内部控制制度形同虚设;法人治理结构完善,内部控制制度则对实现既定的经营和发展目标具有积极的推动作用。

2. 产生的基础都是委托代理关系

公司治理结构是在所有权和经营权分离基础上产生的委托代理关系契约;内部控制作为系统的制约机制,实施所有者对经营者及经营者对经营过程的控制,根源是所有者与经营者及上、下级的代理行为。目标是降低代理成本,提高经营效率和效果。有效的委托代理关系,实现所有权和经营权分离,指经理层在董事会授权范围内自主决策,管理经营活动。为此,健全公司治理结构,实现经营目标,保障所有者利益,降低代理成本;形成对经理层的有效监督和激励机制,保障所有者利益,减少投资者因经理层的自利行为而蒙受损失。

3. 都重视权责利分配和组织结构建设

公司治理结构内涵显示:健全完善的治理结构关键在于股东大会、董事会、经理层和监事会,即法人治理结构的健全,相互间的权力、责任和利益明确,以形成有效制衡的机制。而组织结构建设和权责利分配是内部控制中控制环境的重要内容,关键是职责划分和授权控制,明确各部门、岗位员工职责与公司治理结构要求相一致。

4. 都遵循相互牵制、相互制衡的原则

内部牵制是内部控制的基本原则,也是内部控制的基本内容。事实上,早期的内部控制概念就是内部牵制。完善公司治理目标,就是建立董事会、监事会、经理层等利益相关者相互牵制、相互制衡的关系。因此,法人治理也可视为广义的内部控制机制,即从管理者角度出发,对生产经营过程实施控制;从所有者角度出发,对包括管理者在内实施监控的控制体系。

5. 都统一于实现企业目标

内部控制目标在于:建立有效的内部组织结构,形成科学的决策、执行和监督机制,确保实现经营目标;建立有效的风险控制系统,强化风险管理;堵塞漏洞、消除隐患,防止并及时发现和纠正欺诈、舞弊行为；规范会计行为，提高会计信息质量；贯彻执行国家有关法律和企业内部规章制度。公司治理目标在于：确保公司正常运行和恰当经营；防止董事、经理等代理人损害股东利益，使董事会能提供真实公平的财务业绩；实现公司利润和股东利益的最大化。

三、公司治理下的内部控制相关角色

基于公司治理下的内部控制角色主要如下。

1. 董事会

董事会是公司的常设权力机构，向股东大会负责，实行集体领导，是股份公司的权力机构和领导管理、经营决策机构，是股东大会闭会期间行使股东大会职权的权力机构。对外是公司进行经济活动的全权代表，对内是公司的组织、管理的领导机构。董事会由股东大会选出的董事组成。董事一般由本公司的股东担任，也有的国家允许有管理专长的专家担任董事，以有利于提高管理水平。

董事会在内部控制中的重要职责表现为：科学选择恰当的管理层并对其进行监督；清晰了解管理层实施有效的风险管理和内部控制的范围；知道并同意单位的最大风险承受能力；及时知悉最重大的风险以及管理层是否恰当地予以应对。董事会负责单位内部控制的建立健全和有效实施。

2. 审计委员会

审计委员会是董事会设立的专门工作机构，主要负责公司内、外部审计的沟通、监督和核查工作。审计委员会的主要职责包括：审核及监督外部审计机构是否独立客观及审计程序是否有效；就外部审计机构提供非审计服务制定政策并执行；审核公司的财务信息及其披露；监督公司的内部审计制度及其实施；负责内部审计与外部审计之间的沟通；审查公司内部控制制度，对重大关联交易进行审计。

审计委员会的主要目标是督促提供有效的财务报告，并控制、识别与管理许多因素对公司财务状况带来的风险。公司面临的风险涉及竞争、环境、财务、法律、运营、监管、战略与技术等方面。审计委员会本身无法监管所有这些风险，应该由各方(包括董事会及其他委员会)共同合作。

审计委员会负责人应当具备相应的独立性、良好的职业操守和专业胜任能力。

3. 管理层

管理层直接对一个单位的经营管理活动负责。总经理在内部控制中承担重要责任，其职责包括：为高级管理人员提供领导和指引；定期与主要职能部门(营销、生产、采购、财务、人力资源等部门)的高级管理人员进行会谈，以便对他们的职责，包括他们如何管理风险等进行核查。管理层负责组织领导单位内部控制的日常运行。

4. 风险管理部门

风险管理部门及其人员的职责包括：建立风险管理政策；确定各业务单元对于风险管理的权利和义务；提高整个单位的风险管理能力；指导风险管理与其他经营计划和管理活动的整合；建立一套通用的风险管理语言；帮助管理人员制定风险管理报告规程；向董事会或管理层等报告单位风险管理的进展和暴露的问题。

5. 财务部门

单位的财务活动应当贯穿单位经营管理全过程。财务部门负责人在制订目标、确定战略、分析风险和作出管理等决策时应扮演一个关键的角色。管理层应当赋予财务部门及其负责人参与决策的权力,并支持其关注经营管理的更广范畴,局限财务负责人的关注领域和知悉范围,会削弱、制约单位的管理能力。

6. 内部审计部门

内部审计部门及其人员在评价内部控制的有效性,以及提出改进建议方面起着关键作用。单位应当授予内部审计部门适当的权力以确保其审计职责的履行;对内部审计部门负责人的任免应当慎重;内部审计部门负责人与董事会及其审计委员会应保持畅通沟通;应当赋予内部审计部门追查异常情况的权力和提出处理处罚建议的权力。

7. 单位员工

所有员工都在实现内部控制中承担相应职责并发挥积极作用。管理层应当重视员工的作用,并为员工反映诉求提供信息通道。

四、公司治理下的内部控制制度建设

百度思考题

(1) 党的十四届三中全会将建立现代企业制度凝练为16个字,即"产权清晰、权责明确、政企分开、管理科学",请问什么是现代企业制度?

(2) 公司治理和内部控制是一个概念吗?它们之间有何区别?

安然在破产的前一天,员工和以往一样上班,供应商和以往一样供货,客户和以往一样购买安然的产品,这一奇怪现象说明了什么?

(3) 怎样理解"治理是'神仙打仗',内控解决不了公司治理的问题"这一命题?

(一) 完善公司治理

公司治理是内部控制的重要影响因素,从公司治理的角度完善内部控制制度,需要从如下几个方面进行。

1. 加强董事会建设

完善公司治理的核心,是建立股东大会、董事会、监事会与经理层间相互制衡的关系。其中建立健全董事会功能是内部控制的关键;董事会连接所有者和经营者,是内部控制的最高层次。完善董事会,应做到董事长与总经理分设、董事会与总经理层分设,提高董事会成员中外部董事比例,减少内部人和大股东控制现象。只有真正完善董事会功能,才能切实健全公司治理结构、增强董事会的独立性,维护股东权益,降低代理成本,同时,在董事会下设主要由外部董事组成的审计委员会,对内部控制、会计信息质量和注册会计师使用等进行评估和监督。

2. 控制"内部人控制"现象

保证所有者在位是控制"内部人控制"的根本措施,关键是使董事会成员真正代表股东利益,而不是"内部人"的一分子。从完善公司治理出发,完善内部控制环境,防止少数人操纵公司经营和财务报告系统。

3. 推进内部控制外化进程

内部控制不仅靠公司内部治理来完善，也要靠公司外部治理来提高独立性和透明度。在外部治理机制中，财政部等五部委发布的《企业内部控制基本规范》，从政府角度规范内部控制系统，体现了政府对内部控制的外化要求。在国有企业，因国有资产所有者缺位问题的普遍存在，由经营者实际控制企业，经营层内部控制有效，但股东大会、董事会或监事会对经营者的监控未必有效，处于"内部人"控制下的内部控制更倾向于维护内部人利益，损害国家所有者利益。因此，应尽快推进内部控制外化进程。

（二）完善内部控制

1. 以"信息"为治理控制手段

早期经济控制理论，以信息和控制的观点来系统分析经济领域。当前，企业虽存在针对信息的规章制度和审计检查，却尚无系统、完整地建立基于信息的内部控制，信息的阻塞与滞后屡致执行力不足、决策失误。应建立畅通的信息通道，实现上、下级和各部门间的交互控制，使企业获得整体流畅的管理与控制。

2. 确保内部审计的独立性

内部会计控制制度要切实得到执行，取得良好效果，应施以恰当监督，而内部审计则是最主要的监督方式。因此，应确立内部审计在监督、检查内部会计控制的独立地位，实现由事后监督向事中、事前监督的转变，加强日常、过程监督，及时回馈监督、评价结果，协助制定内部控制制度。

3. 建立有效的激励机制

为保证内部控制制度有效实施并不断完善，应定期对内部控制制度执行情况进行检查与考核，评价执行过程与效果，进而调整有关控制环节与措施。对严格执行内部控制制度的，应予鼓励和奖励；对违规违章的，坚决予以处分和处罚。

4. 着力强化外部监督

因种种原因，内部审计的独立性较弱，需借助财政税务等外部力量，形成监督合力。注重监督内部控制制度，加强执法力度、发挥注册会计师作用，独立、客观、公正地评价内部控制体系，监督企业设计、实施内部控制制度。建立健全内部控制，提高经营效率和效果，防止舞弊行为。尤其应当加强权责分派和授权控制、内部报告、内部审计和预算控制制度，促进公司治理。

中国航油（新加坡）股份有限公司（China Aviation Oil，以下简称"中航油新加坡公司"）成立于1993年，是中央直属大型国企中国航空油料控股公司（以下简称"集团公司"）的海外子公司，因成功进行海外收购被赞誉为"买来个石油帝国"。2003年峰值时，公司净资产超过1亿美元、总资产近30亿元。公司净资产从1997年起步时的21.9万美元，增长了700多倍，一跃成为资本市场的明星。

2003年下半年，中航油新加坡公司取得集团公司授权，开始做油品套期保值业务。公司总裁陈久霖擅自扩大业务范围，从事石油衍生品期权交易。2003年年底至2004年，中航油错误判断了油价的走势，调整交易策略，卖出看涨期权，并买入看跌期权，致使最终造成5.54亿美元的巨额亏损。

一家在新加坡被誉为最具透明度的上市公司，却因从事投机业务造成5.54亿美元的巨额亏损；一个被评为2003年度"亚洲经济新领袖"的"奇才"，却沦为千夫所指的罪魁祸首。

普华永道认为，导致中航油新加坡公司深陷巨额亏损的根本原因是其内部控制制度存在缺陷，具体表现为以下几个方面。

1. 内部人控制

尽管中航油新加坡公司聘请了国际著名的安永会计师事务所为其制定了一系列内部控制制度及风险管理制度，但在"强人治理"的文化氛围中，内控制度的威力荡然无存，这是中航油新加坡公司事件发生的根本原因。从公司股权结构看，集团公司"一股独大"，股东会中没有对集团公司决策有约束力的大股东，众多分散的小股东只是为了获取短期投资收益，对重大决策基本没有话语权；绝大多数董事是中航油新加坡公司和集团公司的高管，而董事边缘化，缺乏对重大决策的制约。对期货交易这一重大事项，向投资者隐瞒交易损失并虚报盈利、擅自扩大期货交易范围等欺诈违规行为，以及与期货交易相关的内部控制形同虚设等问题，中航油新加坡公司的董事和审计委员会没有向董事会与交易所提出报告，监事会不过是装饰性的"花瓶"。

2. 法治观念淡薄

2004年10月10日，中航油新加坡公司向集团公司报告期货交易将会产生重大损失，中航油新加坡公司、集团公司和董事会没有向董事、外部审计师、新加坡证券交易所和社会机构投资者及小股东披露这一重大信息，反而在11月12日公布的第三季度财报中仍然谎称盈利。

3. 管理者素质较低

管理者素质不仅仅指知识与技能，还包括操守、道德观、价值观、世界观等管理者素质直接影响到企业的行为，进而影响到企业内部控制的效率和效果。陈久霖的最大弱点首先就是赌性太重，花了太多的时间和精力在投机交易的博弈上，把现货交易看得淡如水；其次就是盲目自大，对衍生产品的潜在金融风险认识不足。

4. 另类企业文化严重

从表面上看，中航油新加坡公司有符合国际惯例的治理结构和内部控制制度，但缺乏使治理结构和内部控制制度良性运行的现代法治精神。外部监管乏力、内部治理结构不健全，尤其是以董事会虚置、国企管理人过度集权为特征的国企组织控制不足问题，并最终导致制度流于形式，其管理还是"一把手"一个人说了算。

中航油新加坡公司采用了世界最先进的风险管理软件系统，通过环环相扣、层层把关的制衡措施，来强化公司的风险管理，使风险管理日常化、制度化。内部的《风险管理手册》规定了各级管理人员的权限和相应的审批程序，通过联签的方式降低使用的风险。但在如何保证制度实施方面，却缺乏应有的措施，也没有及时的事后补救机制，最终沦为中看不中用的摆设。

练　习　题

1. 企业内部控制监督检查，针对业务相关岗位及人员的设置情况应重点检查的是(　　)。

A. 是否存在岗位设置不合理现象

B. 是否存在从业人员专业技能不合格现象

C. 是否存在在岗人员业务素质不过关现象

D. 是否存在不相容职务混岗的现象

2. 建立健全和有效实施内部控制，评价内部控制的有效性的责任人是(　　)。

A. 企业股东大会　　B. 企业监事会

C. 企业董事会　　D. 注册会计师

3. 下列有关审计委员会的监察角色说法不正确的是(　　)。

A. 审计委员会是董事会下辖的委员会，全部由独立、非行政董事组成

B. 审计委员会批准对内部审计主管的任命和解聘

C. 审计委员会应承担就任命、重新任命或解聘外聘审计师的责任

D. 审计委员会应制定一项政策，明确外聘审计师不得提供的服务类型

4. 非执行董事的(　　)是指非执行董事是董事会的正式成员，有权利也有责任为企业的战略成功作出贡献，从而保护股东的利益。

A. 战略角色　　B. 监督或绩效角色

C. 风险角色　　D. 人事管理角色

5. 2016 年，甲公司针对各类资金支出的审批权限和程序建立了专门的制度。2017 年，甲公司对组织机构和岗位设置进行了调整，但甲公司没有及时对该制度进行修订，导致该制度规定与公司的实际操作并不相符。这种情形表明该公司内部控制存在(　　)缺陷。

A. 设计缺陷

B. 运行缺陷

C. 既不属于设计缺陷也不属于运行缺陷

D. 制度缺陷和运行缺陷

6. 下列项目中，哪些属于不相容职务应当考虑的内容(　　)。

A. 可行性研究与决策审批　　B. 可行性调查与报告编写

C. 执行与监督检查　　D. 决策审批与执行

7. 下列说法中正确的有(　　)。

A. 内部控制的设置和运行受制于成本效益原则

B. 内部控制可能因有关人员相互勾结、内外串通而失败

C. 内部控制一般仅针对常规业务活动设计的

D. 内部控制可能因经营环境、业务性质的改变而削弱或失败

E. 即使是设置完善的内部控制,也可能因有关人员的疏忽、误解和判断错误而失败

8. 表明内部控制可能存在重大缺陷的迹象,主要包括( )。

A. 注册会计师发现董事、监事和高级管理人员舞弊

B. 企业更正已经公布的财务报表

C. 注册会计师发现当期财务报表存在重大错报,而内部控制在运行过程中未能发现该错报

D. 企业审计委员会和内部审计机构对内部控制的监督无效

9. 企业在确定职权和岗位分工过程中,应当体现不相容职务相互分离的要求。下列各项中属于不相容职务的有( )。

A. 可行性研究与决策审批　　B. 执行与监督检查

C. 决策审批与执行　　D. 决策审批与监督检查

10. 审计委员会负责审查企业内部控制,监督内部控制的有效实施和内部控制自我评价情况,协调内部控制审计及其他相关事宜等。审计委员会负责人应当具备相应的( )。

A. 沟通能力　　B. 专业胜任能力

C. 良好的职业操守　　D. 独立性

11. 甲公司董事会主要由7位董事组成(包括董事会主席),大多都是非独立董事,该董事会要求公司CEO(首席执行官)负责任免和批准财务总监等职位人选,并报董事会备案。企业的主要资本支出由CEO根据企业实际状况决定,但最终的财务报告必须经董事会批准。根据以上信息可以判断,下列选项中描述较为合理的有( )。

A. 公司CEO负责任免和批准财务总监等职位人选的做法错误

B. 企业的主要资本支出由CEO根据企业实际状况决定的做法错误

C. 最终的财务报告必须经董事会批准的要求正确

D. 董事会大多都是非独立董事正确

12. 甲公司管理层为了改进完善内部控制,正在重新检查本公司现有的职责、岗位设置的合理性。下列各项中,属于兼任不相容岗位的情况有( )。

A. 财务部主任同时担任采购部的审批主管

B. 记录存货明细账的会计人员同时负责存货的实物管理

C. 行政部经理兼任工会主席

D. 销售部经理同时负责客户信用的调查评估与销售合同的审批签订

13. 企业应当建立规范的公司治理结构和议事规则,明确决策、执行、监督等方面的职责权限,形成科学有效的职责分工和制衡机制。下列选项中,属于股东(大)会主要职责的有( )。

A. 依法行使企业的经营决策权

B. 监督企业董事、经理和其他高级管理人员依法履行职责

C. 依法行使企业经营方针、筹资、投资、利润分配等重大事项的表决权

D. 审议批准监事会或监事的报告

14. 审计委员会的职责包括(　　)。

A. 负责聘请注册的会计师事务所,给事务所支付报酬并监督其工作

B. 受聘的会计师事务所应直接向审计委员会报告

C. 可以接受并处理本公司会计、内部控制或审计方面的投诉

D. 有权雇用独立的法律顾问或其他咨询顾问

第三章

我国企业内部控制基本框架

- 掌握我国企业内部控制的目标；
- 掌握我国企业内部控制的原则；
- 熟悉我国企业内部控制规范的框架体系；
- 熟悉企业内部控制基本规范的主要内容；
- 了解我国内部控制基本规范的出台背景；
- 了解我国"三重一大"的来由。

百度自查

吴晓波的《大败局》一书讲述了改革开放后，国内那些一夜之间壮大起来的企业，面对各种挑战，纷纷摔倒在冲锋路上的血泪史。19家赫赫有名的企业的失败有些固然是咎由自取，但更多的是让人扼腕痛惜的。"健力宝""三株""三九"，史玉柱、牟其中，这些响彻中国乃至世界的名字，曾是成功和智慧的象征，终也逃不过"三十年河东，三十年河西"的宿命。仰融无法控制华晨，唐万新无法控制德隆，顾雏军无法控制科龙，宋如华无法控制托普，李经纬和赵新先无法控制他们一手创办的"健力宝"和"三九"等等，一切悲剧都潜伏着惊人一致的逻辑。

10年前，有人是败在了英雄主义上，诗人气质带来了无限的创业激情，而泛滥的热情却使得企业策略过分感性；10年后，有人败在了集权制度上，个人能力的强大使企业被治理得完美无瑕，但疏忽与不信任却导致没有人能够继任。10年前，有人败在了营销策略上，简单直接的理念一针见血，以朴素的商品瞬间席卷大江南北，可是缺乏深度的思考与过度的自信却让这种成功无以为继。10年后，有人败在了资本运作上，弹指间上亿资本的入账，建立了一座座光芒万丈的帝国。不过由于没有实业的积淀，又是弹指间这些帝国就成为让人咋舌的烂账。

"成也萧何，败也萧何。"我们在艳羡他们得天独厚的历史机遇时，却也越发认识到"来得快，去得也快"的朴素真理。容易做不成大事情，修身做人尚且如此，何况治国平天下。

1981年，当有点口吃的杰克·韦尔奇被任命为GE新总裁后，他跑到洛杉矶附近的一个小城市去拜访当世最伟大的管理学家彼得·德鲁克，他问的第一个问题就是："我怎么控制GE下面的上千家公司？"

一切伟大的治理都是从学习内部控制开始。

第一节　我国企业内部控制的建设历程

百度自查

为什么领导不愿意举荐你？可能因为你不懂感恩、能力平平、人品欠缺等。毕竟，在辨人识人中，领导往往比常人更具慧眼，更能清晰地知晓感恩图报、出类拔萃、尊长爱幼等因素在衡量一个人时的重要性。不管你在体制内还是体制外，要想深得上级赏识，实现自我价值，都必须注重全面发展，让领导放心、让大家满意，才能让自己成功！

百度思考题

大家都知道，单位内部控制制度繁多且复杂，审批制度是内部控制制度中不可或缺的一部分，如“一支笔”审批、集体联签制度，“三重一大”制度及“单位主要负责人不能直接管财务”等。请分析这些控制制度各自的优缺点。

我国内部控制制度首先正式应用于银行的管理系统。随着证券市场的发展，上市公司内部控制制度成为我国企业内部控制的关注点，但企业内部会计控制一直是我国内部控制的核心。在我国经济建设过程中，注册会计师审计服务对加强企业内部控制具有审核和指导作用。财政部会同证监会、审计署、银监会、保监会五部委联合发布了《企业内部控制基本规范》以及相关配套指引，标志着我国“以防范风险和控制舞弊为中心、以控制标准和评价标准为主体，结构合理、层次分明、衔接有序、方法科学、体系完备”的企业内部控制标准体系建设目标基本实现。

一、我国内部控制理论和实务的发展

我国内部控制制度的发展源于 20 世纪 90 年代，主要由政府、证券监督管理机构和行业监督机构等制定的有关法律法规、指引等所推动。这些法律法规指引可分为以下三个层次。

第一个层次是全国人大和财政部颁布的一些法律法规。1996 年颁布的《独立审计具体准则第 9 号——内部控制与审计风险》，2000 年修订的《会计法》和财政部在 2001 年以后陆续发布的有关规范文件《内部会计控制规范——基本规范（试行）》《内部会计控制规范——货币资金（试行）》《内部会计控制规范——采购与付款（试行）》《内部会计控制规范——销售与收款（试行）》等都属于这一层次。这些法律法规的出台对于中国企业关于内部控制概念的植入起到了一定的积极作用。

第二个层次是中国证监会的有关规定。作为证券公司、投资基金公司的监管机构，中国证监会出台了《公开发行证券的公司信息披露编报规则》，要求商业银行、保险公司、证券公司必须建立健全内部控制，并对内部控制的完整性、合理性和有效性作出说明。并于 2001 年发布《证券公司内部控制指引》，要求证券公司健全内部控制机制，完善内部控制，以规范公司经营行为。而在 2006 年又发布的《首次公开发行股票并上市管理办法》第 29 条规定，发行人由 CPA 出具无保留的内部控制报告，证监会首次对上市公司内部控制提出具体要求。这一层面虽然针对的只是以证券类公司为主,但已经将内控的概念逐步完善,已经和国际内控框架的概念趋同。

第三个层次是各行业的监管机构对本行业颁布的内控文件。如中国人民银行于 1997 年发布《加强金融机构内部控制的指导原则》,国资委于 2006 年发布《中央企业全面风险管理指引》。同样在 2006 年,沪深两地的证交所都发布了《上市公司内部控制指引》来规范上市公司内部控制的制定和实际操作。

我国内部控制理论及法规建设历程大致可以分为改革开放引导下的起步阶段、亚洲金融危机影响下的调整提高阶段和 SOX 法案推动下的系统完善阶段三个阶段。

(一)改革开放引导下的起步阶段

改革开放初期,我国经历了内部控制的缺失时期。在以"放权让利"为重点的改革中,企业经营自主性空前提高。改革释放出巨大的生产力,使政府和企业将注意力集中在调动员工积极性和企业利润的增长上,管理层没有进行企业内部控制的意识,也无暇制定内部控制制度。

改革开放后,经济模式由传统的计划经济向市场经济转变,企业开始实行自主经营、自负盈亏。人们开始将注意力从外部转向企业内部,内部控制逐渐走进了管理层的视野里。我国对内部控制规定的起步始于 1985 年 1 月颁布的《会计法》。其中规定:"会计机构内部应当建立稽核制度。出纳人员不得兼管稽核、会计档案保管和收入、费用、债权债务账目的登记工作。"1985 年《会计法》对会计稽核所作出的规定,是我国首次在法律文件上对内部牵制提出的明确要求。随着改革的深入和我国经济的迅猛发展,企业会计工作已经脱离了计划经济时代的模式。为适应企业会计的需要,加强会计基础工作,建立规范的会计工作秩序,1996 年 6 月,财政部颁发了《会计基础工作规范》,对会计基础工作的管理、会计机构和会计人员、会计人员职业道德、会计核算、会计监督、单位内部会计管理制度建设等问题作出了全面规范。其中对会计监督的要求,可以算是我国企业早期的内部控制。

1996 年 12 月,中国注册会计师协会发布了第二批《中国注册会计师独立审计准则》,其中《独立审计具体准则第 8 号——错误与舞弊》要求被审计单位建立健全内部控制制度,《独立审计具体准则第 9 号——内部控制与审计风险》对内部控制的定义和内容都有具体规定,并要求注册会计师从制度基础审计的角度审查企业的内部控制,进行企业内部控制评价。《独立审计实务公告第 2 号——管理建议书》中指出:"注册会计师对审计过程中发现的内部控制重大缺陷应当告知被审计单位管理层,必要时,可出具管理建议书。"《中国注册会计师独立审计准则》中有关内部控制的描述和要求,既是注册会计师执业基准的一部分,又是对企业内部控制工作的推动。这种间接的推动力,提高了我国企业对内部控制的关注程度,促进了我国企业内部控制制度的初步建设。

1997 年 5 月,我国专门针对内部控制的第一个行政规定出台,中国人民银行颁布了《加强金融机构内部控制的指导原则》,其中要求金融机构建立健全有效的内部控制运行机制。金融机构的内部控制指导原则先于非金融行业的内部控制要求出台,向金融机构发出了这样的信号:我国对金融机构内部控制的要求高于对非金融机构企业的要求。该指导原则对于金融机构内部控制的建设意义重大，为我国金融机构的内部控制制度建设和发展奠定了基础。

（二）亚洲金融危机影响下的调整提高阶段

1997 年 6 月，亚洲金融危机爆发，泰国、菲律宾、马来西亚、印尼、韩国、日本、俄罗斯等国家和我国香港地区金融业陆续遭受重创，欧美各国的股市和汇市也产生大幅波动，直到 1999 年，金融危机波及的各国才逐渐摆脱困境。在亚洲金融危机的背景下，我国借鉴亚洲各国在金融危机中的经验教训，积极推进企业管理制度改革和会计监督制度建设。

1999 年 6 月，证监会颁布的《关于上市公司做好各项资产减值准备等有关事项的通知》对资产减值的内部控制做了要求，在一定程度上起到了防范企业资产损失风险的作用。

1999 年 10 月，新修订的《会计法》颁布，将会计监督写入法律中，在我国内部控制制度建设历程中是一个重大的突破。

2000 年 4 月，证监会发布了《关于加强期货经纪公司内部控制的指导原则》，该原则对期货经纪公司内部控制的目标和原则、具体要求以及监督等方面作出了指导，以清理期货经纪公司中内部控制的薄弱环节。

2000 年 11 月，证监会发布了《公开发行证券的公司信息披露编报规则》，其中《公开发行证券公司信息披露编报规则第 7 号——商业银行年度报告内容与格式特别规定》和《公开发行证券公司信息披露编报规则第 8 号——证券公司年度报告内容与格式特别规定》，要求公开发行证券的商业银行、保险公司、证券公司建立健全内部控制制度，并在招股说明书正文中说明内部控制制度的完整性、合理性、有效性，同时要求注册会计师对被审计单位的内部控制制度及风险管理的“三性”进行评价和报告。

2001 年 1 月，替代 1996 年《中华人民共和国国家审计基本准则》的新审计基本准则发布实施。

2001 年 1 月，证监会发布了《证券公司内部控制指引》，要求所有的证券公司建立和完善内部控制机制与内部控制制度。该指引是对《加强金融机构内部控制的指导原则》的补充，对证券公司建立健全内部控制制度有着重大意义。

2001 年 6 月，财政部发布了《内部会计控制——基本规范（试行）》和《内部会计控制基本规范——货币资金（试行）》。

2002 年 2 月，中国注册会计师协会发布了《内部控制审核指导意见》，该意见对内部控制审核进行了界定，并界定了被审核单位和注册会计师的责任，明确了内部控制审核业务的工作要求。

2004 年 12 月，中国人民银行发布《商业银行内部控制评价试行办法》，以指导商业银行的内部控制评价。该办法是对《商业银行内部控制指引》的补充，使我国商业银行内部控制制度体系更加完整。

(三) SOX法案推动下的系统完善阶段

在SOX法案的推动下,我国的内部控制制度建设的步伐明显加快,相关的法规和文告密集出台,并且逐渐形成了内部控制制度的组织配套和保障机制。

2004年年底和2005年6月,国务院领导就强化我国企业内部控制问题作出重要批示,要求"由财政部牵头,联合有关部委,积极研究制定一套完整公认的企业内部控制指引"。

2005年6月,国务院领导在财政部、国务院国有资产监督管理委员会和证监会联合上报的《关于借鉴〈萨班斯-奥克斯利法案〉完善我国上市公司内部控制制度的报告》上作出批示,同意"由财政牵头,联合证监会及国资委,积极研究制定一套完整公认的企业内部控制指引"。

2005年10月,国务院批转了证监会发布的《关于提高上市公司质量意见》要求上市公司对内部控制制度的完整性、合理性及其实施的有效性进行定期检查和评估,同时要通过外部审计对公司的内部控制制度以及公司的自我评估报告进行核实评价,并披露相关信息。

2006年1月,保监会发布了《寿险公司内部控制评价办法(试行)》,并在附件中提供了《寿险公司内部控制评估表——法人机构》和《寿险公司内部控制评估表——分支机构》。在此评价方法中,对寿险公司的内部控制评价作出了详尽的要求,并对内部控制缺陷作出了定义。

2006年2月,财政部发布的《中国注册会计师审计准则第1211号——了解被审计单位及其环境并评估重大错报风险》中,对内部控制的内涵和要素作出了详细的说明。

2006年5月,证监会发布的《首次公开发行股票并上市管理办法》规定:"发行人的内部控制在所有重大方面是有效的,并由注册会计师出具了无保留结论的内部控制鉴证报告。"

2006年6月,国务院国资委发布《中央企业全面风险管理指引》。证监会出台了《证券公司融资融券业务试点内部控制指引》,对融资融券业务管理、各类费率的公示等方面的内部控制进行了指导。

2006年7月,受国务院委托,财政部牵头,由财政部、国资委、证监会、审计署、银监会和保监会联合发起成立了企业内部控制标准委员会。在监管部门、大中型企业、行业组织和科研院所等机构领导和专家的积极参与和大力支持下,我国企业内部控制标准体系的机制保障和组织配套形成了。

二、我国企业内部控制标准体系的完善

2007年3月2日,财政部草拟了《企业内部控制规范——基本规范》《企业内部控制具体规范——货币资金》《企业内部控制具体规范——采购与付款》等17项具体规范征求意见稿,公开发布征求意见。

2008年5月,财政部会同证监会、审计署、银监会、保监会五部委联合发布了《企业内部控制基本规范》,要求2009年7月1日起在上市公司内施行,并且鼓励非上市的大中型

企业也执行基本规范。

2008 年 6 月 12 日，财政部会同国务院有关部门草拟了《企业内部控制评价指引》（意见征求稿），公开发布征求意见。

2008 年 6 月 28 日，财政部、证监会、审计署、银监会、保监会在北京联合召开企业内部控制基本规范发布会暨首届企业内部控制高层论坛，发布了《企业内部控制基本规范》，标志着我国企业内部控制规范体系建设取得了重大的突破。

2008 年 6 月 28 日，我国财政部、证监会、审计署、银监会、保监会联合发布了《企业内部控制基本规范》。在基本规范中，内部控制定义为：由董事会、监事会、经理层和全体员工实施的、旨在实现控制目标的过程；内部控制的目标确定会合理保证企业经营管理合法合规、资产安全、财务报告及相关信息真实完整、提高经营效率和效果，促进企业实现发展战略。基本规范共七章 50 条，包括总则、内部环境、风险评估、控制活动、信息与沟通、内部监督和附则。基本规范坚持立足我国国情、借鉴国际惯例，确立了我国企业建立和实施内部控制的基本框架，并取得了重大突破。

2009 年 1 月 8 日，企业内部控制标准委员会秘书处发布了《关于征求〈企业内部控制应用指引——组织架构〉等 10 项内部控制应用指引意见的通知》，在新增组织架构、发展战略等五个应用指引项目并征求意见的基础上，又调整修改了资金、采购、资产、销售、研发五个应用指引。

2010 年 4 月 15 日，财政部等五部委出台了《企业内部控制应用指引第 1 号——组织架构》等 18 项应用指引、《企业内部控制评价指引》和《企业内部控制审计指引》，要求 2011 年 1 月 1 日起在境内外同时上市的公司实行，在上海证券交易所、深圳证券交易所主板上市公司 2012 年 1 月 1 日起施行，并择机在中小板和创业板上市公司施行，同时也鼓励非上市大中型企业提前执行。18 项应用指引不仅包括了有关业务活动控制的实务指南，而且增加了对内部环境、风险评估、信息沟通、内部监督等控制要素的操作性指引，涵盖了企业的组织架构、发展战略、人力资源、销售业务、工程项目、担保业务、业务外包、合同管理等具体业务中内部控制的应用，还指导了企业进行财务报告、内部信息传递和信息系统等方面的内部控制行为。《企业内部控制评价指引》对企业内部控制评价的内容、程序、内部控制缺陷的认定和内部控制评价报告都进行了清晰的阐述，为企业内部控制评价提供了详尽的依据。《企业内部控制审计指引》对注册会计师执行企业内部控制审计业务进行了规范，并给出了内部控制审计报告的参考格式，使我国注册会计师对企业内部控制进行审计时有章可循。《企业内部控制应用指引》《企业内部控制评价指引》和《企业内部控制审计指引》的发布标志着我国的内部控制规范体系已基本建成。

第二节　我国企业内部控制规范的框架体系

我国企业内部控制标准是一个完备的体系，包括基本规范和基本指引两个层次，基本指引又分应用指引、评价指引和审计指引三个类型。整个内部控制标准体系，以基本规范为统领，以应用指引、评价指引和审计指引等配套办法为补充，以法制为推动，以企业为实施主体,以政府监督和社会评价为保障,以各方面积极参与为促进,共同构成我国企业内部控制的标准体系。

一、我国企业内部控制的标准体系

2008年5月22日,财政部会同证监会、审计署、银监会、保监会出台《企业内部控制基本规范》(以下简称"基本规范")。2010年4月15日,财政部会同证监会、审计署、银监会、保监会又发布了《企业内部控制应用指引第1号——组织框架》等18项应用指引、《企业内部控制评价指引》和《内部控制审计指引》(以下简称"配套指引")。基本规范和配套指引的发布,标志着我国内部控制规范体系的形成,是我国内部控制制度发展的里程碑。

基本规范是内部控制体系的最高层次,起统驭作用。应用指引是对企业按照内部控制原则和内部控制五要素建立健全企业内部控制所提供的指引,在配套指引乃至整个内部控制规范体系中占据主体地位;内控评价指引是为企业管理层对本企业内部控制有效性进行自我评价提供的指引;内控审计指引是注册会计师和会计师事务所执行内部控制审计业务的指引。三者相互独立,又相互联系,构成一个有机整体。

二、企业内部控制基本规范

(一)《企业内部控制基本规范》的重要地位

2008年6月,由财政部、证监会、审计署、银监会、保监会五部委联合颁布的《企业内部控制基本规范》被人们赞誉为"中国版的萨班斯-奥克斯利法案"。它强调内部控制的"过程观",其核心内容可以概括为五个目标、五个原则和五个要素。基本规范全文由总则、内部环境、风险评估、控制活动、信息与沟通、内部监督、附则七章组成,一共50条,是我国第一部全面规范企业内部控制的规章制度,也是我国企业内部控制的总体框架。

内部控制基本规范明确了内部控制的目标、原则和要素,描述了建立与实施内部控制体系必须建立的框架结构,是制定应用指引、评价指引、审计指引和内部控制制度的基本依据。

内部控制目标规定了5个方面。

(1) 合理保证企业经营管理合法合规。经营管理合法合规目标是指内部控制要合理保证企业在国家法律法规允许的范围内开展经营活动,严禁违法经营。

(2) 资产安全。资产安全目标是指防止资产流失,保护企业资产的安全和完整是企业开展经营活动的物质前提。

(3) 财务报告及相关信息真实完整。财务报告及相关信息的真实完整目标是指内部控制要合理保证企业提供了真实可靠的财务信息及其他相关信息。

(4) 提高经营效率和效果。提高经营效率和效果目标是内部控制要达到的最直接也是最根本的目标。企业存在的根本目的在于获利,而企业能否获利往往直接取决于经营的效率和效果如何。

(5) 促进企业实现发展战略。促进企业实现发展战略是内部控制的最高目标,也是终极目标。战略目标是企业管理层为实现企业价值最大化的根本目标而针对环境作出的一种反应和选择。

内部控制五原则具体如下。

(1) 全面性原则。内部控制应当贯穿决策、执行和监督全过程,覆盖企业及其所属单位的各种业务和事项。

(2) 重要性原则。内部控制应当在全面控制的基础上,关注重要业务事项和高风险领域。

(3) 制衡性原则。内部控制应当在治理结构、机构设置及权责分配、业务流程等方面相互制约、相互监督,同时兼顾运营效率。

(4) 适应性原则。内部控制应当与企业经营规模、业务范围、竞争状况和风险水平等相适应,并随着情况的变化及时加以调整。

(5) 成本效益原则。内部控制应当权衡实施成本与预期效益,以适当的成本实现有效控制。

内部控制五要素具体如下。

(1) 内部环境。内部环境是企业实施内部控制的基础,一般包括治理结构、机构设置及权责分配、内部审计、人力资源政策、企业文化等。

(2) 风险评估。风险评估是企业及时识别、系统分析经营活动中与实现内部控制目标相关的风险,合理确定风险应对策略。

(3) 控制活动。控制活动是企业根据风险评估结果,采用相应的控制措施,将风险控制在可承受度之内。

(4) 信息与沟通。信息与沟通是企业及时、准确地收集、传递与内部控制相关的信息,确保信息在企业内部、企业与外部之间进行有效沟通。

(5) 内部监督。内部监督是企业对内部控制建立与实施情况进行监督检查,评价内部控制的有效性,对发现内部控制缺陷,应当及时加以改进。

(二)《企业内部控制基本规范》的科学内涵

《企业内部控制基本规范》的第三条强调:内部控制是由企业董事会、监事会、经理层和全体员工实施的、旨在实现控制目标的过程。

企业内部控制实施主体:一是董事会,二是监事会,三是经理层,四是全体员工。第一,董事会应是加强企业内部控制的第一责任人;第二,监事会有对董事、经理执行公司职务时违反法律法规或者公司章程的行为进行监督的权利;第三,经理层直接对一个企业的经营管理活动负责,尤其是企业总经理;第四,全体员工都应在实施内部控制中承担相应职责并发挥积极作用。管理层应当重视员工的作用,并为员工反映诉求提供信息通道。

三、企业内部控制应用指引

《企业内部控制基本规范》是我国企业建设内部控制的总体框架,在内部控制体系中具有统驭作用,但是内部控制体系的有效实施,还需要一些具有可操作性的具体应用规范。《企业内部控制应用指引》基本涵盖了企业资金流、实物流、人力资源流和信息流等各项业务和事项。其中,2010年发布了18项,涉及银行、证券和保险等特殊行业或业务的3项指引暂未发布。

《企业内部控制应用指引》可以划分为三类:内部环境类指引、控制活动类指引、控制手段类指引。

(一)内部环境类指引

内部环境类指引是企业实施内部控制的基础,支配着企业全体员工的内控意识,影响着全体员工实施控制活动和履行控制责任的态度、认识和行为。

内部环境类指引有5项,包括组织架构、发展战略、人力资源、企业文化和社会责任。

(二)控制活动类指引

控制活动类指引企业在改进和完善内部环境控制的同时,还应对各项具体业务活动实施相应的控制。控制活动类指引包括资金活动、采购业务、资产管理、销售业务、研究与开发、工程项目、担保业务、业务外包、财务报告9个指引。

(三)控制手段类指引

控制手段类指引偏重于"工具"性质,往往涉及企业整体业务或管理。此类指引有4项,包括全面预算、合同管理、内部信息传递和信息系统指引。

四、企业内部控制评价指引

《企业内部控制评价指引》旨在为企业董事会和管理层对企业内部控制有效性进行评价,提供专业规范与指导。内部控制应用规范在企业的执行运用情况如何,是否还存在缺陷,如何改进以确保内部控制的有效运行,客观上需要进行有效的评价。企业应当结合内部监督情况,定期对内部控制的有效性进行自我评价,出具内部控制自我评价报告。

《企业内部控制评价指引》包括评价的原则和组织、评价的内容和标准、评价的程序和方法、缺陷认定和评价报告等。根据指引规定,企业应当对与实现整体内控目标相关的内部环境、风险评估、控制活动、信息与沟通、内部监督等内部控制要素进行全面系统、有针对性的评价。应用信息系统加强内部控制的企业,应当对信息系统的有效性进行评价,包括信息系统一般控制评价和信息系统应用控制评价。

企业对内部控制评价过程中发现的问题,应当从定量和定性方面进行分析,对内部控制进行分类,从缺陷来源看,可分为设计缺陷和执行缺陷;按严重性可将缺陷分为一般缺陷、重要缺陷和重大缺陷(也称实质性缺陷)。企业对于内部控制评价报告中列示的问题,应当采取适当的措施进行改进,并追究相关人员的责任。

五、企业内部控制审计指引

《企业内部控制审计指引》旨在为注册会计师执行企业内部控制审计业务提供专业规范和指导。国内外一系列公司财务报表舞弊事件发生后,人们认识到健全有效的内部控制对于预防舞弊事件发生至关重要。随着我国法律法规对上市公司和金融机构内部控制建设提出新要求,聘请注册会计师对企业内部控制进行审计成为保证内部控制有效性的关键环节。《企业内部控制基本规范》第10条规定,接受企业委托从事内部控制审计的会计师事务所,应当根据本规范及其配套办法和相关执业准则,对企业内部控制的有效性进行审计,出具审计报告。会计师事务所及其签字的从业人员应当对发表的内部控制审计意见负责。

《企业内部控制审计指引》规定,注册会计师在制定审计计划时,应当评价下列事项对企业财务报表和内部控制是否具有重要影响,以及对注册会计师程序的影响。

(1) 注册会计师执行其他业务时了解的内部控制情况。

(2) 影响企业所在行业的事项,包括财务报告、经济状况、法律法规和技术革新。

(3) 与企业业务相关的事项,包括组织结构、经营特征和资本结构。

(4) 企业经营活动或企业内部控制最近发生的变化。

(5) 注册会计师对重要性、风险以及与确定重大缺陷相关的其他因素所作的初步判断。

(6) 以前与审计委员会或管理层沟通的控制缺陷。

(7) 企业注意到的法律法规事项。

(8) 针对内部控制可获得的相关证据的类型和范围。

(9) 对内部控制有效性作出初步判断。

(10) 评价财务报表发生重大错报的可能性和内部控制有效性的公共信息。

(11) 注册会计师对客户和业务的接受与保持进行评估时了解的与企业相关的风险情况。

(12) 经营活动的相对复杂程度。在进行风险评估以及确定必要的审计程序时,注册会计师应当考虑企业组织结构、经营单位或流程的复杂程度可能产生的重要影响和作用。

雷曼兄弟破产对企业财务管理目标选择的启示

2008年9月15日,拥有158年悠久历史的美国第四大投资银行——雷曼兄弟(Lehman Brothers)公司正式申请依据以重建为前提的美国《联邦破产法》第11章所规定的程序破产,即所谓破产保护。雷曼兄弟公司,作为曾经在美国金融界中叱咤风云的巨人,在此次爆发的金融危机中也无奈破产,这不仅与过度的金融创新和乏力的金融监管等外部环境有关,也与雷曼公司本身的财务管理目标有着某种内在的联系。本文将从公司内部财务的角度深入剖析雷曼兄弟公司破产的原因。

1. 股东财富最大化:雷曼兄弟财务管理目标的现实选择

雷曼兄弟公司正式成立于1850年,在成立初期,公司主要从事利润比较丰厚的棉花等商品的贸易,公司性质为家族企业,且规模相对较小,其财务管理目标自然是利润最大化。在雷曼兄弟公司从经营干洗、兼营小件寄存的小店逐渐转型为金融投资公司的同时,公司的性质也从一个地道的家族企业逐渐成长为在美国乃至世界都名声显赫的上市公司。由于公司性质的变化,其财务管理目标也随之由利润最大化转变为股东财富最大化。其原因至少有以下几个方面。

(1) 美国是一个市场经济比较成熟的国家,建立了完善的市场经济制度和资本市场体系,因此,以股东财富最大化为财务管理目标能够获得更好的企业外部环境支持。

(2) 与利润最大化的财务管理目标相比,股东财富最大化考虑了不确定性、时间价值和股东资金的成本,无疑更为科学和合理。

(3) 与企业价值最大化的财务管理目标相比,股东财富最大化可以直接通过资本市场股价来确定,比较容易量化,操作上显得更为便捷。因此,从某种意义上讲,股东财富最大化是雷曼兄弟公司财务管理目标的现实选择。

2. 雷曼兄弟破产的内在原因:股东财富最大化

股东财富最大化是通过财务上的合理经营,为股东带来最多的财富。当雷曼兄弟公司选择股东财富最大化为其财务管理目标之后,公司迅速从一个名不见经传的小店发展成闻名于世界的华尔街金融巨头,但同时,由于股东财富最大化的财务管理目标利益主体单一(仅强调了股东的利益)、适用范围狭窄(仅适用于上市公司)、目标导向错位(仅关注现实的股价)等原因,雷曼兄弟最终也无法在此次百年一遇的金融危机中幸免于难。股东财富最大化对于雷曼兄弟公司来说,颇有“成也萧何,败也萧何”的意味。

(1) 股东财富最大化过度追求利润而忽视经营风险控制是雷曼兄弟破产的直接原因。

在利润最大化的财务管理目标指引之下,雷曼兄弟公司开始转型经营美国当时最有利可图的大宗商品期货交易,其后,公司又开始涉足股票承销、证券交易、金融投资等业务。1899年至1906年的7年间,雷曼兄弟公司从一个金融门外汉成长为纽约当时最有影响力的股票承销商之一。其每一次业务转型都是资本追逐利润的结果,然而,由于公司在过度追求利润的同时忽视了对经营风险的控制,从而最终为其破产埋下了伏笔。雷曼兄弟公司破产的原因,从表面上看是美国过度的金融创新和乏力的金融监管所导致的全球性的金融危机,但从实质上看,则是由于公司一味地追求股东财富最大化,而忽视了对经营风险进行有效控制的结果。对合成CDO(担保债务凭证)和CDS(信用违约互换)市场的深度参与,而忽视了CDS市场相当于4倍美国GDP(国内生产总值)的巨大风险,是雷曼兄弟轰然倒塌的直接原因。

(2) 股东财富最大化过多关注股价而使其偏离了经营重心是雷曼兄弟破产的推进剂。

股东财富最大化认为,股东是企业的所有者,其创办企业的目的是扩大财富,因此,企业的发展理所当然应该追求股东财富最大化。在股份制经济条件下,股东财富由其所拥有的股票数量和股票市场价格两方面决定,而在股票数量一定的前提下,股东财富最大化就表现为股票价格最高化,即当股票价格达到最高时,股东财富达到最大。为了使本公司的股票在一个比较高的价位上运行,雷曼兄弟公司自2000年开始连续7年将公司税后利润的92%用于购买自己的股票,此举虽然对抬高公司的股价有所帮助,但同时也减少了公司的现金持有量,降低了其应对风险的能力。另外,将税后利润的92%全部用于购买自己公司而不是其他公司的股票，无疑是选择了“把鸡蛋放在同一个篮子里”的投资决策，不利于分散公司的投资风险；过多关注公司股价短期的涨和跌，也必将使公司在实务经营上的精力投入不足，经营重心发生偏移，使股价失去高位运行的经济基础。因此，因股东财富最大化过多关注股价而使公司偏离了经营重心是雷曼兄弟公司破产的推进剂。

(3) 股东财富最大化仅强调股东的利益而忽视其他利益相关者的利益是雷曼兄弟破产的内在原因。

雷曼兄弟自1984年上市以来，公司的所有权和经营权实现了分离，所有者与经营者之间形成委托代理关系。同时，在公司中形成了股东阶层(所有者)与职业经理阶层(经营者)。股东委托职业经理人代为经营企业，其财务管理目标是为达到股东财富最大化，并通过会计报表获取相关信息，了解受托者的受托责任履行情况以及理财目标的实现程度。上市之后的雷曼兄弟公司，实现了14年连续盈利的显著经营业绩和10年间高达1 103%的股东回报率。然而，现代企业是多种契约关系的集合体，不仅包括股东，还包括债权人、经理层、职工、顾客、政府等利益主体。股东财富最大化片面强调了股东利益的至上性，而忽视了其他利益相关者的利益，导致雷曼兄弟公司内部各利益主体的矛盾冲突频繁爆发，公司员工的积极性不高，虽然其员工持股比例高达37%，但主人翁意识淡薄。另外，雷曼兄弟公司选择股东财富最大化，导致公司过多关注股东利益，而忽视了一些公司应该承担的社会责任，加剧了其与社会之间的矛盾，也是雷曼兄弟破产的原因之一。

(4) 股东财富最大化仅适用于上市公司是雷曼兄弟破产的又一原因。

为了提高集团公司的整体竞争力，1993年，雷曼兄弟公司进行了战略重组，改革了管理体制。和中国大多企业上市一样，雷曼兄弟的母公司(美国运通公司)为了支持其上市，将有盈利能力的优质资产剥离后注入上市公司，而将大量不良资产甚至可以说是包袱留给了集团公司，在业务上实行核心业务和非核心业务分开，上市公司和非上市公司分立运行。这种上市方式注定了其上市之后无论是在内部公司治理，还是外部市场运作，都无法彻底地与集团公司保持独立。因此，在考核和评价其业绩时，必须站在整个集团公司的高度，而不能仅从上市公司这一个子公司甚至是孙公司的角度来分析和评价其财务状况与经营成果。由于只有上市公司才有股价，因此股东财富最大化的财务管理目标只适用于上市公司，而集团公司中的母公司及其他子公司并没有上市，因而，股东财富最大化财务管理目标也无法引导整个集团公司进行正确的财务决策，还可能导致集团公司中非上市公司的财务管理目标缺失、财务管理活动混乱等事件。因此，股东财富最大化仅适用于上市公司是雷曼兄弟破产的又一原因。

3. 启示

(1) 关于财务管理目标的重要性。

企业财务管理目标是企业从事财务管理活动的根本指导，是企业财务管理活动所要达到的根本目的，是企业财务管理活动的出发点和归宿点。财务管理目标决定了企业建立什么样的财务管理组织、遵循什么样的财务管理原则，运用什么样的财务管理方法和建立什么样的财务指标体系。财务管理目标是财务决策的基本准则，每一项财务管理活动都是为了实现财务管理的目标，因此，无论从理论意义还是从实践需要的角度看，制定并选择合适的财务管理目标都是十分重要的。

(2) 关于财务管理目标的制定原则。

雷曼兄弟破产给我们的第二个启示是,企业在制定财务管理目标时,需遵循如下原则。

① 价值导向和风险控制原则。财务管理目标首先必须激发企业创造更多的利润和价值,但同时也必须时刻提醒经营者要控制经营风险。

② 兼顾更多利益相关者的利益而不偏袒少数人利益的原则。企业是一个多方利益相关者利益的载体,财务管理的过程就是一个协调各方利益关系的过程,而不是激发矛盾的过程。

③ 兼顾适宜性和普遍性原则。既要考虑财务管理目标的可操作性,又要考虑财务管理目标的适用范围。

④ 绝对稳定和相对变化原则。财务管理目标既要保持绝对的稳定,以便制定企业的长期发展战略,同时又要考虑对目标的及时调整,以适应环境的变化。

(3) 关于财务管理目标选择的启示。

无论是雷曼兄弟公司奉行的股东财富最大化,还是其他的财务管理目标,如产值最大化、利润最大化、企业价值最大化,甚至包括非主流财务管理目标——相关者利益最大化,存在诸多优点的同时,也都存在一些自身无法克服的缺点。因此,在选择财务管理目标时,可以同时选择两个以上的目标,以便克服各目标的不足,在确定具体选择哪几个组合财务管理目标时可遵循以下原则。

① 组合后的财务管理目标必须有利于企业提高经济效益;有利于企业提高"三个能力"(营运能力、偿债能力和盈利能力);有利于维护社会的整体利益。

② 组合后的财务管理目标之间必须要有主次之分,以便克服各财务管理目标之间的矛盾和冲突。

资料来源:刘胜强,卢凯,程惠峰. 雷曼兄弟破产对企业财务管理目标选择的启示[J]财务与会计,2009,23:18-19.

练习题

1. 1999年修订的(　　)第一次以法律的形式对建立健全内部控制提出原则要求。
   A.《会计法》
   B.《注册会计师法》
   C.《内部会计控制规范——基本规范》
   D.《商业银行内部控制指引》
2. 2008年7月颁布的内部控制规范适用于(　　)。
   A. 上市公司　　B. 国有大型企业
   C. 中国境内的大中型企业　　D. 所有企业
3. 内部控制的目标是(　　)。
   A. 绝对保证财务报表是公允的,是合法的
   B. 合理保证财务报表是公允的,是合法的

C. 绝对保证经营合规、资产安全、财务报告及相关信息真实完整、经营有效性，促进企业实现发展

D. 合理保证经营合规、资产安全、财务报告及相关信息真实完整、经营有效性，促进企业实现发展

4. 下列哪个部委没有参与《企业内部控制基本规范》的制定？（　　）

A. 财政部　　B. 审计署　　C. 银监会　　D. 国资委

5.《企业内部控制基本规范》发布之后，财政部在广泛调研和充分听取各方面意见的基础上，制定了由（　　）构成的企业内部配套指引体系。

A. 16 项应用指南、2 项评价指引和 2 项审计指引

B. 17 项应用指南、2 项评价指引和 1 项审计指引

C. 17 项应用指南、1 项评价指引和 2 项审计指引

D. 18 项应用指南、1 项评价指引和 1 项审计指引

6. 下列关于《企业内部控制基本规范》的说法正确的有（　　）。

A. 内部控制的目标是合理保证企业经营管理合法合规、资产安全、财务报告及相关信息真实完整，提高经营效率和效果，促进企业实现发展战略

B. 基本规范要求企业根据国家有关法律法规和企业章程，建立规范的公司治理结构和议事规则，明确股东大会、董事会、监事会和经理层在决策、执行、监督等方面的职责权限

C. 基本规范要求股份公司应对本公司内部控制的有效性进行自我评价，披露年度自我评价报告，但提供的内部控制规范可以不审计

D. 内部控制主要是规范企业"三高"的文件，对于公司一般员工来说，意义不大

7. 内部控制基本规范和具体应用指引由（　　）联合制定。

A. 财政部　　B. 证监会　　C. 审计署

D. 银监会　　E. 保监会

8. 下列说法中正确的有（　　）。

A. 内部控制的设置和运行受制于成本效益原则

B. 内部控制可能因有关人员相互勾结、内外串通而失败

C. 内部控制一般仅针对常规业务活动设计

D. 内部控制可能因经营环境、业务性质的改变而削弱或失败

E. 即使是设置完善的内部控制，也可能因有关人员的疏忽、误解和判断错误而失败

9.《企业内部控制规范——基本规范》中的重要性原则是指（　　）。

A. 该事项频繁出现　　B. 该事项影响到关键管理层人员

C. 该事项涉及法律和法规问题　　D. 该事项额度大且涉及高风险领域

10. 甲公司是一家非上市大型企业，为了提前实施《企业内部控制基本规范》，正在考虑设立审计委员会。下列各项关于甲公司设立审计委员会的具体方案内容中，正确的有（　　）。

A. 在董事会下设立审计委员会

B. 审计委员会的主要活动之一是核查对外报告规定的遵守情况

C. 确保充分有效的内部控制是审计委员会的义务,其中包括负责监督内部审计部门的工作

D. 审计委员会应当每两年对其权限及其有效性进行复核,并就必要的人员变更向董事会报告

11. 下列关于中央企业实施企业内部控制规范体系的要求正确的有( )。

A. 中央企业应当按照《企业内部控制基本规范》和配套指引的要求,建立规范、完善的内部控制体系

B. 中央企业在开展内部控制自我评价的同时,必须聘请会计师事务所对财务报告内部控制的有效性进行审计并出具审计报告

C. 中央企业应当建立内部控制重大缺陷追究制度,内部控制评价和审计结果要与履职评估或绩效考核相互结合

D. 中央企业应当自2013年起,于每年4月30日前向国资委报送内部控制评价报告,同时抄送派驻本企业监事会

12. 下列关于上市公司分类分批实施企业内部控制规范体系的要求,正确的有( )。

A. 中央和地方国有控股上市公司,应于2012年全面实施企业内部控制规范体系,并在披露2012年公司年报的同时,披露董事会对公司内部控制的自我评价报告以及注册会计师出具的内部控制审计报告

B. 非国有控股主板上市公司,且于2011年12月31日公司总市值(证监会算法)在50亿元以上,同时2009年至2011年平均净利润在3 000万元以上的,应在披露2013年公司年报的同时,披露董事会对公司内部控制的自我评价报告以及注册会计师出具的内部控制审计报告

C. 选项A和B范围之外的其他主板上市公司,应在披露2014年公司年报的同时,披露董事会对公司内部控制的自我评价报告以及注册会计师出具的内部控制审计报告

D. 新上市的主板上市公司应于上市当年开始建设内控体系,并在上市的下一年度年报披露的同时,披露内部控制自我评价报告和审计报告

第二部分

内部控制实务篇

第四章

企业内部控制环境

- 掌握企业内部控制环境指引——组织架构；
- 掌握企业内部控制环境指引——发展战略；
- 掌握企业内部控制环境指引——人力资源；
- 掌握企业内部控制环境指引——企业文化；
- 掌握企业内部控制环境指引——社会责任。

第一节 内部环境概述

所谓控制环境，是指对建立、加强或削弱特定政策、程序及其效率产生影响的各种因素，主要是指重大影响因素。控制环境的好坏直接影响到企业内部控制的贯彻和执行以及企业经营目标及整体战略目标的实现。在评价控制环境的设计和实施情况时，注册会计师应当了解管理层在治理层的监督下，是否营造并保持了诚实守信和合乎道德的文化，以及是否建立了防止或发现并纠正舞弊和错误的恰当控制。控制环境决定了企业的基调，影响企业员工的控制意识。它是其他要素的基础，提供了基本规则和构架。控制环境因素包括：员工的诚信度、道德观和能力；管理哲学和经营风格；管理层授权和职责分工、人员组织和发展方式；以及董事会的重视程度和提供的指导。

影响控制环境的因素是多方面的。一个合理的组织机构主要包括股东会、董事会、经理层和监事会。股东会从资产所有者的角度作出重大决策，监督经营者的经营，有效地防止资产流失。同时，所有权与经营权分离，有利于经营管理岗位人员的选拔并自主地进行经营管理；董事会和经营管理机构的分设，有利于企业科学化的管理和经营。董事会是公司内部控制系统的核心。

百度自查

在西藏，再努力也烧不开一壶水，说明环境很重要；骑自行车，再努力也追不上宝马，说明平台很重要；男人，再优秀，没女人也生不下孩子，说明合作很重要；一个人，再有能力，也干不过一群人，说明团队很重要；想有保障，买再大的水桶都不如挖一口井，说明管道很重要；想要五福临门，唯有相信因果，注重德修，厚德载物，说明为人很重要；想获得成就，唯有真正改变，从事上改，从理上改，从心上改，说明心态最重要；两只青蛙相爱，婚后生一癞蛤蟆，公青蛙见状大怒：怎么回事？母青蛙哭着说：他爹，认识你之前我整过容，说明了解很重要;小驴问老驴:为啥咱们天天吃草,而奶牛顿顿精饲料?老驴叹道:咱爷们儿靠腿吃饭,人家靠胸脯吃饭,说明心态很重要;鸭子与螃蟹赛跑难分胜负,裁判说:你们划拳确定吧!鸭子大怒:我出的全是布,它总是剪刀,说明先天很重要;狗对熊说:嫁给我吧,你会幸福的。熊说:嫁你生狗熊,我要嫁给猫,生熊猫才尊贵,说明选择很重要。

目前,我国很多公司在形式上建立了董事会、监事会,但实际工作中还存在许多误区,董事会的监控作用严重弱化,且缺少必要的常设机构。要改变这种现象,首先,要强化董事会在公司治理结构中的主导地位。其次,实行独立董事制度。通过对董事会这一内部机构的适当外部化,引入外部的独立董事,以期对内部人形成一定的监督制约力量,最大限度地维护所有股东的权益。最后,明确董事会内部分工,设立专门委员会,从而加强内部管理控制。

管理者的业务素质在企业经营管理中起绝对重要的作用,业务素质高低不同,对企业发展所产生的影响也完全不同。同时,管理者的品行及管理哲学也相当重要。因为企业制定的任何制度都不可能超越设立这些制度的人,企业内部控制的有效性同样也无法超越那些创造、管理与监督制度的人的操守及价值观。

目前,国内不少管理者价值观低下,无法以身作则,不能带头严格遵守内部控制制度,滥用职权。因此,应尽快提高企业管理者尤其是国有企业管理者的素质。在新经济条件下,企业内部控制应当关注员工的价值,面对开放的经济环境,员工的高素质和高流动性是一种正常现象,这是高效率市场所必需的要素。面对这种形势,企业要用市场战略的眼光来衡量他们的价值,内部控制的功能之一就是提高员工的创新热情。

2008年至2010年是我国内部控制的重点建设年,财政部联合证监会、审计署、国资委、银监会、保监会等部门在北京先后发布了《内部控制基本规范》和《内部控制配套指引》,配套指引由应用指引、评价指引和审计指引组成。应用指引中有5个环境类指引,它们分别是组织架构、发展战略、人力资源、企业文化和社会责任指引。

百度思考题

1. 历史对于张居正的评价褒贬不一,梁启超认为"他是明朝唯一的大政治家",王世贞则以"器满而骄,群小激之,虎负不可下,鱼烂不复顾"来评价他。然而,是什么导致张居正从一个为大明江山操碎了心的政治家变成一个中饱私囊、偏袒亲友的人?请从内部控制环境的角度进行分析。

2. 请从内部控制的角度思考,怎样看待官场三大定律?官场三大定律是:地方越穷人们越想做官;实权越大越难做大官;好人未必就是好官。

第二节 组织架构

一、组织架构概述

《企业内部控制应用指引第1号——组织架构》指出,组织架构是指企业按照国家有关法律法规、股东(大)会决议、企业章程,结合本企业实际,明确董事会、监事会、经理层和企业内部各层级机构设置、职责权限、人员编制、工作程序和相关要求的制度安排。其中,核心是完善公司治理结构、管理体制和运行机制问题。现代企业，无论是处于新建、重组改制还是存续状态，要实现发展战略，就必须把建立和完善组织架构放在首位或重中之重。否则，其他方面都无从谈起。

首先，建立和完善组织架构可以促进企业建立现代企业制度。一个企业怎样才能永远保持成功呢？这就要靠制度。这个制度就是现代企业制度。它是以完善的企业法人制度为基础，以有限责任制度为保证，以公司制企业为主要形式，以产权清晰、权责明确、政企分开、管理科学为条件的现代企业制度。可见，现代企业制度的核心是组织架构问题；或者，一个实施现代企业制度的企业，应当具备科学完善的组织架构。也可以说，建立现代企业制度必须从组织架构开始。发达市场经济国家企业和我国现代企业的实践证明，公司治理、管理体制和运行机制是永恒的主题。

其次，建立和完善组织架构可以有效防范和化解各种舞弊风险。串谋舞弊是企业经营发展过程中难以避免的一颗“毒瘤”，也是内部控制建设的难点之一。2004 年 11 月发生的震惊中外的中航油新加坡股份公司期权交易巨亏案就是一个典型。

最后，建立和完善组织架构可以为强化企业内部控制建设提供重要支撑。

组织架构是企业内部环境的有机组成部分，也是企业开展风险评估、实施控制活动、促进信息沟通、强化内部监督的基础设施和平台载体。一个科学高效、分工制衡的组织架构，可以使企业自上而下地对风险进行识别和分析，进而采取控制措施予以应对，可以促进信息在企业内部各层级之间、企业与外部利益相关者之间及时、准确、顺畅地传递，可以提升日常监督和专项监督的力度与效能。

百度自查

斗地主的感悟：1. 小王都会被大王拍死，说明副职没有实权；2. 没有一张大牌开路，再顺的小牌都出不去，说明领导很重要；3. 无论你多会记牌、打牌，都抵不过人家手中的一把好牌，说明实力比能力重要；4. 如果一堆小牌连不起来，即使拿个双王也未必会赢，说明再牛的领导也需一个好团队。

二、组织架构的主要问题

组织架构指引着力解决企业应如何进行组织架构设计和运行，核心是如何加强组织架构方面的风险管控。组织架构中存在的常见问题可以分为治理结构层面存在的问题和内部机构层面存在的问题。治理结构是企业成为可以与外部主体发生各项经济关系的法人所必备的组织基础，具体是指企业根据相关的法律法规，设置不同层次、不同功能的法律实体及其相关的法人治理结构，从而使得企业能够在法律许可的框架下拥有特定权利、履行相应义务，以保障各利益相关方的基本权益。内部机构则是指企业根据业务发展需要，分别设置不同层次的管理人员及其由各专业人员组成的管理团队，针对各项业务功能行使决策、计划、执行、监督、评价的权力并承担相应的义务，从而为业务顺利开展进而实现企业发展战略提供组织机构的支撑平台。企业应当根据发展战略、业务需要和控制要求，选择适合本企业的内部组织机构类型。

治理结构层面的主要风险是：治理结构形同虚设，缺乏科学决策、良性运行机制和执行力,可能导致企业经营失败,难以实现发展战略。具体表现为以下几个方面。

(1) 股东大会是否规范而有效地召开,股东是否可以通过股东大会行使自己的权利。

(2) 企业与控股股东是否在资产、财务、人员方面实现相互独立,企业与控股股东的关联交易是否贯彻平等、公开、自愿的原则。

(3) 对与控股股东相关的信息是否根据规定及时完整地披露。

(4) 企业是否对中小股东权益采取了必要的保护措施,使中小股东能够和大股东同等条件参加股东大会,获得与大股东一致的信息,并行使相应的权利。

(5) 董事会是否独立于经理层和大股东,董事会及其审计委员会中是否有适当数量的独立董事存在且能有效发挥作用。

(6) 董事对于自身的权利和责任是否有明确的认知,并且有足够的知识、经验和时间来勤勉、诚信、尽责地履行职责。

(7) 董事会是否能够保证企业建立并实施有效的内部控制,审批企业发展战略和重大决策并定期检查、评价其执行情况,明确设立企业可接受的风险承受度,并督促经理层对内部控制有效性进行监督和评价。

(8) 监事会的构成是否能够保证其独立性,监事能力是否与相关领域相匹配。

(9) 监事会是否能够规范而有效地运行,监督董事会、经理层正确履行职责并纠正损害企业利益的行为。

(10) 对经理层的权力是否存在必要的监督和约束机制。

内部机构层面的主要风险是:内部机构设计不科学,权责分配不合理,可能导致机构重叠、职能交叉或缺失、推诿扯皮、运行效率低下。具体表现为以下几个方面。

(1) 企业内部组织机构是否考虑经营业务的性质,按照适当集中或分散的管理方式设置。

(2) 企业是否对内部组织机构设置、各职能部门的职责权限、组织的运行流程等有明确的书面说明和规定,是否存在关键职能缺位或职能交叉的现象。

(3) 企业内部组织机构是否支持发展战略的实施,并根据环境变化及时作出调整。

(4) 企业内部组织机构的设计与运行是否适应信息沟通的要求,有利于信息的上传、下达和在各层级、各业务活动间的传递,有利于为员工提供履行职权所需的信息。

(5) 关键岗位员工是否对自身权责有明确的认识,有足够的胜任能力去履行权责,是否建立了关键岗位员工轮换制度和强制休假制度。

(6) 企业是否对董事、监事、高级管理人员及全体员工的权限有明确的制度规定,对授权情况是否有正式的记录。

(7) 企业是否对岗位职责进行了恰当的描述和说明,是否存在不相容职务未分离的情况。

(8) 企业是否对权限的设置和履行情况进行了审核和监督,对于越权或权限缺位的行为是否及时予以纠正和处理。

三、组织架构的设计

组织架构的设计主要是针对按《公司法》新设立企业,以及《公司法》颁布前存在的企事业单位转为公司制企业而言的。已按《公司法》运作的企业，重点应放在如何健全机制确保组织架构有效运行。组织架构的设计可以分为治理结构的设计和内部机构的设计两个方面。

1. 治理结构的设计

治理结构涉及股东(大)会、董事会、监事会和经理层。企业应当根据国家有关法律法规的规定，按照决策机构、执行机构和监督机构相互独立、权责明确、相互制衡的原则，明确董事会、监事会和经理层的职责权限、任职条件、议事规则和工作程序等。从内部控制建设角度看，新设企业或转制企业如果一开始就在治理结构设计方面存在缺陷，必然会对以后企业的长远发展造成严重损害。现实中有些上市公司在董事会下没有设立"真正意义上"的审计委员会，其成员只是"形式上"符合有关法律法规的要求，难以胜任工作，甚至也"不愿"去履行职能。有些上市公司监事会成员，或多或少地与上市董事长存在某种关系，在后续工作中难以秉公办事，直接或间接损害了股东尤其是小股东的合法权益。有些上市公司因为在上市改制时组织架构设计不合理，出于照顾等方面因素让某人担任董事长，而实际上公司总经理才是幕后真正的"董事长"。

对于上市公司而言，其治理结构的设计还有一些特殊的要求，具体包括以下几个方面。

(1) 建立独立董事制度。上市公司董事会应当设立独立董事，独立董事应独立于所受聘的公司及其主要股东。独立董事不得在上市公司担任除独立董事外的其他任何职务。独立董事应按照有关法律法规和公司章程的规定，认真履行职责，维护公司整体利益，尤其要关注中小股东的合法权益不受损害。独立董事应独立履行职责，不受公司主要股东、实际控制人以及其他与上市公司存在利害关系的单位或个人的影响。

(2) 董事会专门委员会的特殊要求。上市公司董事会下设的审计委员会、薪酬与考核委员会中，独立董事应当占多数并担任负责人，审计委员会中至少还应有一名独立董事是会计专业人士。在董事会各专业委员会中，审计委员会对内部控制的建立健全和有效实施尤其发挥着重要作用。审计委员会对董事会负责并代表董事会对经理层进行监督，侧重加强对经理层提供的财务报告和内部控制评价报告的监督，同时通过指导和监督内部审计和外部审计工作，提高内部审计和外部审计的独立性，在信息披露、内部审计和外部审计之间建立起了一个独立的监督和控制机制。

(3) 设立董事会秘书。上市公司应当设立董事会秘书，董事会秘书为上市公司的高级管理人员，直接对董事会负责，并由董事长提名，董事会负责任免。在上市公司实务中，董事会秘书是一个重要的角色，其负责公司股东大会和董事会会议的筹备，文件保管以及公司股东资料的管理，办理信息披露事务等事宜。

在我国，还有比较特殊的企业群体——国有独资企业，其治理结构也有一些特殊的要求。

(1) 国有资产监督管理机构代行股东(大)会职权。国有独资企业不设股东(大)会，由国有资产监督管理机构行使股东(大)会职权。国有独资企业董事会可以根据授权部分行使股东(大)会的职权，决定公司的重大事项。但公司的合并、分立、解散、增加或者减少注册资本和发行公司债券，必须由国有资产监督管理机构决定。

(2) 国有独资企业董事会成员中应当包括公司职工代表。董事会成员由国有资产监督管理机构委派;但是,董事会成员中的职工代表由公司职工代表大会选举产生。国有独资企业董事长、副董事长由国有资产监督管理机构从董事会成员中指定产生。

(3) 国有独资企业监事会成员由国有资产监督管理机构委派,但是监事会成员中的职工代表由公司职工代表大会选举产生。监事会主席由国有资产监督管理机构从监事会成员中指定产生。

(4) 外部董事由国有资产监督管理机构提名推荐,由任职公司以外的人员担任。外部董事在任期内,不得在任职企业担任其他职务。外部董事制度对于规范国有独资公司治理结构、提高决策科学性、防范重大风险具有重要意义。

2. 内部机构的设计

内部机构的设计是组织架构设计的关键环节。只有切合企业经营业务特点和内部控制要求的内部机构,才能为实现企业发展目标发挥积极促进作用。具体而言,有如下方面。

(1) 企业应当按照科学、精简、高效、透明、制衡的原则,综合考虑企业性质、发展战略、文化理念和管理要求等因素,合理设置内部职能机构,明确各机构的职责权限,避免职能交叉、缺失或权责过于集中,形成各司其职、各负其责、相互制约、相互协调的工作机制。

(2) 企业应当对各机构的职能进行科学合理的分解,确定具体岗位的名称、职责和工作要求等,明确各个岗位的权限和相互关系;在内部机构设计过程中,应当体现不相容岗位相分离原则,努力识别出不相容职务,并根据相关的风险评估结果设立内部牵制机制,特别是在涉及重大或高风险业务处理程序时,必须考虑建立各层级、各部门、各岗位之间的分离和牵制,对因机构人员较少且业务简单而无法分离处理某些不相容职务时,企业应当制订切实可行的替代控制措施。

(3) 企业应当制定组织结构图、业务流程图、岗(职)位说明书和权限指引等内部管理制度或相关文件,使员工了解和掌握组织架构设计及权责分配情况,正确履行职责。值得特别指出的是,就内部机构设计而言,建立权限指引和授权机制非常重要。有了权限指引,不同层级的员工就知道该如何行使并承担相应责任,也利于事后考核评价。“授权”表明的是,企业各项决策和业务必须由具备适当权限的人员办理,这一权限通过公司章程约定或其他适当方式授予。企业内部各级员工必须获得相应的授权,才能实施决策或执行业务,严禁越权办理。按照授权对象和形式的不同,授权分为常规授权和特别授权。常规授权一般针对企业日常经营管理过程中发生的程序性和重复性工作,可以在由企业正式颁布的岗(职)位说明书中予以明确,或通过制定专门的权限指引予以明确。特别授权一般是由董事会给经理层或经理层给内部机构及其员工授予处理某一突发事件(如法律纠纷)、作出某项重大决策、代替上级处理日常工作的临时性权力。

另外,在实务中,无论是上市公司还是其他企业发生的重大经济案件中,不少都牵涉到“三重一大”问题,即“重大决策、重大事项、重要人事任免及大额资金使用”问题。为此,组织架构指引明确要求,企业的重大决策、重大事项、重要人事任免及大额资金支付业务等,应当按照规定的权限和程序实行集体决策审批或者联签制度。任何个人不得单独进行决策或者擅自改变集体决策意见。此项要求是我国部分企业优秀管理经验的总结,可以有效避免“一言堂”“一支笔”现象。特别是,“三重一大”事项实行集体决策和联签制度有利于促进国有企业完善治理结构和健全现代企业制度。

需要说明的是，企业在设计组织架构时，必须考虑内部控制的要求，合理确定治理层及内部各部门之间的权力和责任并建立恰当的报告关系。既要能够保证企业高效运营，又要能适应内部控制环境的需要进行相应的调整和变革。具体而言，至少应当遵循以下4个原则：一要依据法律法规；二要有助于实现发展战略；三要符合管理控制要求；四要能够适应内外环境变化。

百度自查

我国国有企业经营过程中出现的重大决策失误(如中航油新加坡公司期货巨亏)及舞弊案(如中石化集团公司的陈同海腐败案、安徽古井集团王效金案等)的发生都与我国国有企业权力过度集中、“一把手”权力过大有关。董事长、总经理、党委由同一人兼任，无法形成有效的监督机制是导致腐败案件群发的重要原因。关于进一步推进国有企业贯彻落实“三重一大”决策制度的意见，正是在这种背景下提出的。请百度自查：《关于进一步推进国有企业贯彻落实“三重一大”决策制度的意见》。

四、组织架构的运行

组织机构运行涉及新企业治理结构和内部机构的运行，也涉及对存续企业组织架构的全面梳理。企业应当根据组织架构的设计规范，对现有治理结构和内部机构设置进行全面梳理，确保本企业治理结构、内部机构设置和运行机制等符合现代企业制度的要求。

治理结构层面可以从以下两个方面入手。

(1) 关注董事、监事、经理及其他高级管理人员的任职资格和履职情况；就任职资格而言，重点关注行为能力、道德诚信、经营管理素质、任职程序等方面。就履职情况而言，着重关注合规、业绩以及履行忠实、勤勉义务等方面。

(2) 关注董事会、监事会和经理层的运行效果。这方面要着重关注：董事会是否按时定期或不定期召集股东大会并向股东大会报告；是否严格认真地执行了股东大会的所有决议；是否合理地聘任或解聘经理及其他高级人员等。监事会是否按照规定对董事、高级管理人员行为进行监督；在发现违反相关法律法规或损害公司利益时，是否能够对其提出罢免建议或制止纠正其行为等。经理层是否认真有效地组织实施董事会决议；是否认真有效地组织实施董事会制订的年度生产经营计划和投资方案；是否能够完成董事会确定的生产经营计划和绩效目标等。

内部机构层可从关注内部机构设置的合理性和运行的高效性两个方面入手。其中，内部机构设置的合理性应重点关注：内部机构设置是否适应内外部环境的变化；是否以发展目标为导向；是否满足专业化的分工和协作，有助于企业提高劳动生产率；是否明确界定各机构和岗位的权利和责任，不存在权责交叉重叠，不存在只有权利而没有相对应的责任和义务的情况等。内部机构设置运行的高效性角度应重点关注：内部各机构的职责分工是否针对市场环境的变化作出及时调整。特别是当企业面临重要事件或重大危机时，各机构间表现出的职责分工协调性，可以较好地检验内部机构运行的效率。此外，还应关注权力制衡的效率评估，包括机构权力是否过大并存在监督漏洞，机构权力是否被架空，机构内部或各机构之间是否存在权力失衡，等等。梳理内部机构的高效性，还应关注内部机构运行是否有利于保证信息的及时顺畅流通,在各机构间达到快捷沟通的目的。评估内部机构运行中的信息沟通效率,一般包括信息在内部机构间的流通是否通畅,是否存在信息阻塞;信息在现有组织架构下流通是否及时,是否存在信息滞后;信息在组织架构中的流通是否有助提高效率,是否存在沟通舍近求远。

当企业发展壮大为集团公司时,还应关注:企业拥有子公司的,应当建立科学的投资管控制度,通过合法有效的形式履行出资人职责、维护出资人权益,重点关注子公司特别是异地、境外子公司的发展战略、年度财务预决算、重大投融资、重大担保、大额资金使用、主要资产处置、重要人事任免、内部控制体系建设等重要事项。

企业在对治理结构和内部机构进行全面梳理的基础上,还应当定期对组织架构设计和运行的效率与效果进行综合评价,其目的在于发现可能存在的缺陷,及时优化调整,使公司的组织架构始终处于高效运行状态。

总之,只有不断健全公司法人治理结构,持续优化内部机构设置,才能为风险管理奠定扎实基础,才能提升经营管理效能,才能在当今激烈的国内外市场经济竞争中保持健康可持续发展。

第三节 发展战略

百度自查

(1) 巨人集团倒下的原因是频繁更改发展战略(改变楼高),导致资金链断裂并最终导致大厦无法按期完工;

(2) 摩托罗拉公司的兴衰与"铱星计划"的关系。

一、发展战略概述

《企业内部控制应用指引第2号——发展战略》指出,发展战略是企业在对现实状况和未来趋势进行综合分析与科学预测的基础上,制定并实施的中长期发展目标与战略规划。什么都可以出错,战略不能出错;什么都可以失败,战略不能失败。战略的失败是企业最彻底的失败,它甚至会导致企业的消亡。无论是一个国家、一个地区或一个行业,还是一个微观组织,都面临发展战略管理的问题。作为一个现代企业,如果没有明确发展战略,就不可能在当今激烈的市场竞争和国际化浪潮冲击下求得长远发展。

发展战略是企业在对现实状况和未来趋势进行综合分析与科学预测的基础上,制定并实施的中长期发展目标与战略规划。企业制定和实施发展战略,具有十分重要的意义。首先,发展战略可以为企业找准市场定位。市场定位就是要在激烈的市场竞争环境中找准位置。定位准了,才能赢得市场,才能获得竞争优势,才能不断发展壮大。定位所要解决的问题很广泛,包括为社会提供什么样的产品或服务、以什么样的方式满足客户和市场需求、如何充分利用内外部资源以保持持续竞争力、如何才能更好更快地迈进行业前列等。发展战略要着力解决的正是企业发展过程中所面临的这些全局性、长期性的问题。从这个角度来讲,制定发展战略,就是为企业进行市场定位。其次,发展战略是企业执行层行动的指南。发展战略指明了企业的发展方向、目标与实施路径，描绘了企业未来经营方向和目标纲领，是企业发展的蓝图，关系着企业的长远生存与发展。只有制定科学合理的发展战略，企业执行层才有行动的指南，其在日常经营管理和决策时才不会迷失方向，才能知晓哪些是应着力做的“正确的事”；否则，要么盲目决策，要么无所作为，既浪费企业宝贵的资源，难以形成竞争优势，又可能失去发展机会，导致企业走向衰落甚至消亡。最后，发展战略为内部控制设定了最高目标。《企业内部控制基本规范》明确指出，“内部控制的目标是合理保证企业经营管理合法合规、资产安全、财务报告及相关信息真实完整，提高经营效率和效果，促进企业实现发展战略”。从中可以看出，企业内部控制的系列目标中，促进发展战略实现是内部控制最高层次的目标。它一方面表明，企业内部控制最终所追求的是如何通过强化风险管控促进企业实现发展战略；另一方面也说明，实现发展战略必须通过以建立和健全内部控制体系提供保证。发展战略为企业内部控制指明了方向，内部控制为企业实现发展战略提供了坚实保障。

百度小故事

两个小孩在森林里玩耍，突然来了一只熊。有一个小孩赶紧穿好鞋子，另一个小孩不解地问，你穿上鞋子也跑不过熊啊，到时还不是被熊吃掉。这个小孩说：我本来就没有打算跑过熊，我只要跑过你就不会被熊吃掉。当今世界的生存法则已经不是大鱼吃小鱼，而是快鱼吃慢鱼。

二、发展战略的主要问题

企业作为市场经济的主体，要想求得长期生存和持续发展，关键在于制定并有效实施适应外部环境变化和自身实际情况的发展战略。现实中有些企业缺乏明确的发展战略或发展战略实施不到位，结果导致企业盲目发展，难以形成竞争优势，丧失发展机遇和动力；也有些企业发展战略过于激进，脱离企业实际能力或偏离主业，导致过度扩张、经营失控甚至失败；还有一些企业发展战略频繁变动，导致资源严重浪费，最后危及企业的生存和持续发展。企业在制定与实施发展战略时，存在的主要问题有以下几个。

(1) 缺乏明确的发展战略或发展战略实施不到位，可能导致企业盲目发展，难以形成竞争优势，丧失发展机遇和动力。

(2) 发展战略过于激进，脱离企业实际能力或偏离主业，可能导致企业过度扩张，甚至经营失败。

(3) 发展战略因主观原因频繁变动，可能导致资源浪费，甚至危及企业的生存和持续发展。

三、发展战略的制定

制定发展战略是企业实现健康可持续发展的起点。企业应当按照科学发展观的要求，将企业的前途与国家的命运紧密联系起来，立足当前，面向未来，科学制定切合自身实际又符合市场经济发展规律的发展战略。

首先，企业应当在董事会下设立战略委员会，或指定相关机构负责发展战略管理工作,履行相应职责。战略委员会对董事会负责,委员包括董事长和其他董事。战略委员会委员应当具有较强的综合素质和实践经验。委员的任职资格和选任程序应符合有关法律法规和企业章程的规定。战略委员会主席应当由董事长担任;委员中应当有一定数量的独立董事,以保证委员会更具独立性和专业性。必要时,战略委员会还可聘请社会专业人士担任顾问,提供专业咨询意见。战略委员会的主要职责是对公司长期发展战略和重大投资决策进行研究并提出建议,具体包括:对公司的长期发展规划、经营目标、发展方针进行研究并提出建议,对公司涉及产品战略、市场战略、营销战略、研发战略、人才战略等经营战略进行研究并提出建议,对公司重大战略性投资、融资方案进行研究并提出建议,对公司重大资本运作、资产经营项目进行研究并提出建议等。为确保战略委员会议事过程透明、决策程序科学民主,企业应当明确相关议事规则,对战略委员会会议的召开程序、表决方式、提案审议、保密要求和会议记录等作出明确规定。为了使公司发展战略管理工作落到实处,企业除了在董事会层面设立战略委员会外,还应在内部机构中设置专门的部门或指定相关部门,承担战略委员会有关具体工作。

其次,制定发展战略时要综合分析评价影响发展战略的内外部因素。只有对企业所处的外部环境和拥有的内部资源展开深度分析,才能制定出科学合理的发展战略。在此过程中,企业应当综合考虑宏观经济政策、国内外市场需求变化、技术发展趋势、行业及竞争对手状况、可利用的资源水平和自身优势与劣势等影响因素。外部环境是制定发展战略的重要影响因素,包括企业所处的宏观环境、行业环境及竞争对手、经营环境等。分析企业面临的外部环境,应当着重分析环境的变化和发展趋势及其对企业战略的重要影响,同时评估有哪些机会可以挖掘,以及企业可能面临哪些威胁。内部资源是企业发展战略的重要制约条件,包括企业资源、企业能力、核心竞争力等各种有形和无形资源。分析企业拥有的内部资源和能力,应当着重分析这些资源和能力使企业在同行业中处于何种地位,与竞争对手相比,企业有哪些优势和劣势。

最后,制定发展战略要科学编制发展战略。发展战略可分为发展目标和战略规划两个层次。发展目标是企业发展战略的核心和基本内容,是在最重要的经营领域对企业使命的具体化,表明企业在未来一段时期内所要努力的方向和达到的水平。发展目标通常包括盈利能力、生产效率、市场竞争地位、技术领先程度、生产规模、组织结构、人力资源、用户服务、社会责任等。企业在编制发展目标时应突出主业,将其做精做强,不断增强核心竞争力,同时也不能过于激进,不能盲目追逐市场热点,不能脱离企业实际,否则可能导致企业过度扩张或经营失败。战略规划是为了实现发展目标而制定的具体规划,表明企业在每个发展阶段的具体目标、工作任务和实施路径。发展目标确定后,就要考虑使用何种手段、采取何种措施、运用何种方法来达到目标,即编制战略规划。战略规划应当明确企业发展的阶段性和发展程度,制定每个发展阶段的具体目标和工作任务,以及达到发展目标必经的实施路径。

发展战略拟订后,应当按照规定的权限和程序对发展战略方案进行审议和批准。审议战略委员会提交的发展战略建议方案,是董事会的重要职责。在审议过程中,董事会应着力关注发展战略的全局性、长期性和可行性,具体包括以下几方面。

(1) 发展战略是否符合国家行业发展规划和产业政策。

(2) 发展战略是否符合国家经济结构战略性调整方向。

(3) 发展战略是否突出主业，是否有助于提升企业核心竞争力。

(4) 发展战略是否具有可操作性。

(5) 发展战略是否客观全面地对未来商业机会和风险进行分析预测。

(6) 发展战略是否有相应的人力、财务、信息等资源保障等。董事会在审议中如果发现发展战略方案存在重大缺陷问题，应当责成战略委员会对建议方案进行调整。企业发展战略方案经董事会审议通过后，应当报经股东(大)会批准后付诸实施。

四、发展战略的实施

科学制定发展战略是一个复杂的过程，实施发展战略更是一个系统工程。企业只有重视和加强发展战略的实施，在所有相关目标领域全力推进，才有可能将发展战略描绘的蓝图转变为现实，铸就核心竞争力。要确保发展战略有效实施，加强组织领导是关键。企业经理层作为发展战略制定的直接参与者，往往比一般员工掌握更多的战略信息，对企业发展目标、战略规划和战略实施路径的理解与体会也更加全面深刻，应当担当发展战略实施的领导者。要本着"统一领导、统一指挥"的原则，围绕发展战略的有效实施，卓有成效地发挥企业经理层在资源分配、内部机构优化、企业文化培育、信息沟通、考核激励相关制度建设等方面的协调、平衡和决策作用，确保发展战略的有效实施。发展战略制定后，企业经理层应着手将发展战略逐步细化，确保"文件上"的发展战略落地变为现实。第一，要根据战略规划，制订年度工作计划；第二，要按照上下结合、分级编制、逐级汇总的原则编制全面预算，将发展目标分解并落实到产销水平、资产负债规模、收入及利润增长幅度、投资回报、风险管控、技术创新、品牌建设、人力资源建设、制度建设、企业文化、社会责任等可操作层面，确保发展战略能够真正有效地指导企业各项生产经营管理活动；第三，要进一步将年度预算细分为季度、月度预算，通过实施分期预算控制，促进年度预算目标的实现；第四，要通过建立发展战略实施的激励约束机制，将各责任单位年度预算目标完成情况纳入绩效考评体系，切实做到有奖有惩、奖惩分明，以促进发展战略的有效实施。战略实施过程是一个系统的有机整体，需要研发、生产、营销、财务、人力资源等各个职能部门间的密切配合。在目前复杂动态的市场环境和激烈的市场竞争中，对企业内部不同部门之间的这种协同运作提出了越来越高的要求。因此，企业应当采取切实有效的保障措施，确保发展战略的顺利贯彻实施。企业可考虑从培育与发展战略相匹配的企业文化、优化调整组织结构、整合内外部资源、调整管理方式等方面来制订相应的保护措施。

同时，企业应当重视发展战略的宣传培训工作，为推进发展战略实施提供强有力的思想支撑和行为导向。具体地说可以从如下几个方面进行。

(1) 在企业董事、监事和高级管理人员中树立战略意识和战略思维，充分发挥其在战略制定与实施过程中的模范带头作用。

(2) 通过采取内部会议、培训、讲座、知识竞赛等多种行之有效的方式，把发展战略及其分解落实情况传递到内部各管理层级和全体员工，营造战略宣传的强大舆论氛围。

(3) 高管层加强与广大员工的沟通，使全体员工充分认清企业的发展思路、战略目标和具体举措，自觉将发展战略与自己的具体工作结合起来，促进发展战略的有效实施。

另外,企业的内外部环境处于不断变化之中。当这种变化累积到一定程度时,发展战略可能会滞后或其执行偏离既定的发展目标。对此,企业战略委员会应当加强对发展战略实施情况的监控,定期收集和分析相关信息,对于明显偏离发展战略的情况,应当及时报告。同时,因经济形势、产业政策、技术进步、行业状况以及不可抗力等因素发生变化时,确需对发展战略作出调整、优化甚至转型的,应当按照规定权限和程序,调整发展战略或实现战略转型。

第四节 人力资源

一、人力资源及其政策概述

《企业内部控制应用指引第3号——人力资源》指出,人力资源是指企业组织生产经营活动而录(任)用的各种人员,包括董事、监事、高级管理人员和全体员工,其本质是企业组织中各种人员所具有的脑力和体力的总和。古今中外,在影响一个国家、地区、行业或组织发展的因素当中,起决定性作用的是人力资源因素;国与国之间、企业与企业之间的竞争,归根到底是人力资源的竞争。现代企业竞争的关键在于人力资源的竞争。人力资源对实现企业发展战略起到重要的智力支持作用,实现人力资源的合理配置,可以全面提升企业核心竞争力。企业作为创造社会财富的主体,其组织架构和战略目标确定之后,人力资源管理应当被摆在"重中之重"的位置。

百度小故事

母亲想知道上初二的女儿是否早恋,于是选择女儿开心的一天,以开玩笑的口吻问女儿:"你收到过情书吗?"女儿先是一愣,然后摇摇头。母亲故意惊讶地问:"不会吧?你这么优秀难道还没收到过情书?"

不知是女儿不想承认,还是真的没收到过。女儿羞红着脸问母亲:"如果我收到了情书,该怎么办呢?"

母亲说:"第一,这说明你长大了,开始吸引异性的目光了,是件好事。"

"第二,你要分析一下自己的魅力是什么。品德好、学习好、气质好、脾气好、形象好、身材好……如果是:品德好,那你就保持你心地善良、乐于助人的好作风;学习好,那你就要保持名列前茅,最好再提高几名;气质好,那你就继续坚持博览群书,练好琴棋书画,提高修养,女人的气质是修出来的,不是装出来的;脾气好,那你就保持自己的性格,不要再像小女生那样任性、乱发小姐脾气了;形象好,那你就继续保持干干净净、整整齐齐、清清爽爽的形象,别像小时候,一写作业满手满身都是钢笔渍;身材好,这一点你可要注意了,因为母亲最近发现你有点驼背,要加强锻炼,坐、立、行都要挺直了背。还有要特别注意保护眼睛,近视度数可不能再加深了。除此之外,女人还要会熟练地干家务,做一手好菜。"

女儿听了,羞涩地说:"我哪有这么全面呀,我还差得远呢。"

母亲笑着说:"其实拥有这些魅力并不难,但这些都是异性比较看中和欣赏的女性魅力。你要是都具备了,那真是魅力四射啦。"

"第三,不论你是否对这个男生有好感,你都要静观其变,以不变应万变。中学生还没定型，他今天说喜欢你，明天说喜欢她，这都很正常。所以，你对他的情书也没必要看得太重，别让它成为心理负担。今后见到他还要和以前一样落落大方，淡然处之，就像什么都没发生过，否则反而会引起他的误解。”

“第四，如果有可能，选个合适的时机直接告诉他，上大学前你不想考虑任何与学习无关的事。要知道，你将来上了大学，机会还多得很，现在根本没必要考虑这件事。难道要为了一棵树木而放弃整个森林吗？”

“第五，写情书的男生对你的感情根本算不上是爱，充其量是一种好感罢了。真正的爱是需要与责任相伴随的，他现在对自己都负不了责，生活还依靠父母，对你就更无法负责了！一个没有能力对女人负责的男人，即使再优秀，女人也不会接受他。”

“总之，保持优秀，修正不足。将来你还会收到很多很多的情书，赢得更多优秀男士的青睐，到时候，你可要擦亮眼睛，选一个正直、勇敢、坚强、有责任心、有事业心的人，选一个能真正与你风雨同舟、同甘共苦、相伴一生的爱人。”

女儿听了，一脸得意，大言不惭地说：“妈，你放心吧，我将来找的丈夫一定比你的强。”

母亲拍拍女儿的脑袋，笑着说：“好呀。希望如此。一会儿等你爸下班了，我一定要把这话告诉他。将来我倒要看看我们俩谁的丈夫更优秀。”

人力资源政策是公司为了实现目标而制定的有关人力资源的获取、开发、保持和利用的政策规定。人力资源政策对企业的影响是多方面的，首先，良好的人力资源管理制度和机制是增强企业活力的源泉。人力资源管理要求企业根据发展战略，合理配置人力资源，调动全体员工的积极性，发挥员工的潜能和创造性，为企业创造价值，确保企业战略目标的实现。其核心和要义体现为“以人为本”的管理理念，力图实现董事、监事、高级管理人员和全体员工与企业之间的良性互动与共同发展。健全和实施良好的人力资源管理制度与机制，企业可以实现公开、公平、公正的用人自主权，引进需要的人，淘汰富余的人，建立干部能上能下、员工能进能出的灵活竞争机制，搞活企业，提高生产效率，让优秀人才有用武之地，让他们能在适合自己的岗位上得到全面发展，同时为企业和社会作出更大贡献。其次，良好的人力资源管理制度和机制是提升企业核心竞争力的重要基础。随着我国经济社会快速发展和经济全球化，特别是后国际金融危机时期世界经济格局的调整，优秀人才已经成为市场竞争中最重要的战略资源，人力资源在综合国力的提升和企业竞争中起着决定性作用。无论从宏观角度还是从微观角度，人力资源都是最活跃的、最有创造力的因素。人才就是效率，人才就是财富。无数事实证明，一个企业的生死存亡、经营成败，很大程度上取决于人力资源。最后，良好的人力资源管理制度和机制是实现发展战略的根本动力。现代企业要在激烈的竞争中求生存、谋发展，在完善组织架构和制定科学的发展战略之后，起决定作用的就是要建立良好的人力资源制度和机制。在企业发展战略和人力资源管理两者的关系中，发展战略决定了人力资源政策；反过来，良好的人力资源政策又对发展战略具有积极促进作用。主要表现为：人力资源是企业发展的灵魂，有了良好的人力资源制度和运行机制，才能制定出科学的发展战略，决策才不会失误；有了良好的人力资源制度和运行机制，才能最大限度地激发专业技术人员充分发挥创造力，从事研究与开发；有了良好的人力资源制度，才能激发全体员工为实现发展战略而不懈奋斗，最终确保发展战略有效贯彻落实,实现预期发展目标。

《企业内部控制应用指引第3号——人力资源》的主要内容包括:制定指引的必要性和依据,人力资源管理的范畴、人力资源管理中应当关注的主要风险以及人力资源的引进、开发、使用和退出等。其核心是如何建立一套科学的人力资源制度和机制,不断优化人力资源结构,实现人力资源的合理配置和布局,切实做到人尽其才,充分发挥人力资源的作用。决策层和执行层的高管团队建设是企业人力资源管理的重要领域。企业董事会成员,尤其是董事长是决策层的关键成员,执行层通常是指经理层。决策层团队要具有战略眼光,具备对国内、国际形势和宏观政策的分析判断能力,要对同行业、本企业的优势具有很强的认知度。决策层决策失误,很可能葬送企业的前程。现代化企业要通过建立和完善良好的人力资源制度与机制,促进企业决策层处于优化状态。执行层最重要的就是执行力,再科学合理的发展战略都必须通过执行层的强有力的贯彻执行才能实现。否则,再好的发展战略如果执行不力,也会导致经营失败。从事实业且提供高科技产品的企业,由于专业技术人员往往掌握着这类企业生存与发展的核心技术和命脉,企业需要建立和完善良好的人力资源制度与机制,激发科技人员研发的积极性,凸显专业技术人员团队的重要性。

百度小故事:母亲在女儿婚宴上的讲话

亲爱的各位亲戚朋友:

大家好!

非常感谢大家在百忙之中,放弃休息的时间,前来参加这个宴会。作为母亲,看着自己心爱的女儿长大,有了自己的小家庭,我感到很幸福。在座的很多亲戚,是看着孩子长大的,所以,在这里我首先要感谢大家这么多年来对孩子的关心和帮助。

虽然今天是大喜的日子,但是作为母亲,我不想说什么"执子之手,与子偕老""百年好合,天长地久"之类祝福的话。我想对女儿、女婿叮嘱几句,说三句"不是":

第一句,婚姻不是1+1=2,而是0.5+0.5=1。结婚后,你们小两口都要去掉自己一半的个性,要有作出妥协和让步的心理准备,这样才能组成一个完美的家庭。现在的青年男女,起初往往被对方的"锋芒"所吸引,但也会因为对方的"锋芒"而受伤。妈妈是过来人,想对你们说,收敛自己的"锋芒",容忍对方的"锋芒",才是两情永久的真正秘诀。

第二句,爱情不是亲密无间,而应是宽容"有间"。结婚后,每个人都有自己的交往圈子,夫妻双方有时模糊点、保留点,反而更有吸引力,给别人空间,也是给自己自由。请记住,婚姻不是占有,而是结合,所谓结合,就像联盟,首先要尊重对方。

第三句,家不是讲理的地方,更不是算账的地方,家是一个讲爱的地方。不是有这么一句话吗?男人是泥,女人是水。所以男女的结合不过是"和稀泥"。婚姻是两个人搭伙过日子,如果什么事都深究"法理",那只会弄得双方很疲惫。

好了,我就说这些。最后,妈妈还是衷心地祝愿你们婚姻美满、幸福甜蜜,也祝愿在座的各位亲朋好友家庭和睦、身体健康、万事如意!谢谢大家!

二、人力资源政策的主要问题

制定人力资源政策时,至少应关注如下几个方面的风险。

(1) 人力资源缺乏或过剩、结构不合理、开发机制不健全,可能导致企业发展战略难以实现的风险。这类风险侧重于企业决策层和执行层的高管人员。

企业发展过程中,应当通过发展战略的制定与实施,不断验证决策层和执行层的工作能力和效率。如果发现重大风险,或对经营不利,应当及时评估决策层和执行层的高管人员是否具备应有的素质和水平。同时在对决策层和执行层高管团队的评估考核过程中,如果发现有不胜任岗位工作的,应当通过有效方式及早加以解决,避免企业面临崩溃或走向消亡。

(2) 人力资源激励约束制度不合理、关键岗位人员管理不完善,可能导致人才流失、经营效率低下或关键技术、商业秘密和国家机密泄露的风险。

这类风险侧重于企业的专业技术人员,特别是掌握企业发展命脉核心技术的专业人员。企业不仅要有容纳人才共同创造价值的企业文化和环境;要有识才的慧眼、用才的气魄、爱才的感情;要知人善任,相信人才、依靠人才,做到用人不疑、疑人不用;还要建立良好的人才激励约束机制,做到以事业、待遇、情感留人与有效的约束限制相结合。对于掌握或涉及产品技术、市场、管理等方面关键技术、知识产权、商业秘密和国家机密的工作岗位的员工,要按照国家有关法律法规并结合企业实际情况,加强管理,建立健全相关规章制度,防止企业的核心技术、商业秘密和国家机密泄密,给企业带来严重后果。

(3) 人力资源退出机制不当,可能导致法律诉讼或企业声誉受损的风险。

这类风险侧重于企业辞退员工、解除员工劳动合同等而引发的劳动纠纷。为了避免和减少此类风险,企业应根据发展战略,在遵循国家有关法律法规的基础上,建立健全良好的人力资源退出机制,采取渐进措施执行退出计划。在具体执行过程中,要充分体现人性化和柔性化。

三、人力资源政策的制定与实施

百度自查:北大原校长王恩哥值得分享的十句话

第一句话,结交"两个朋友":一个是运动场;一个是图书馆。不断地"充电""蓄电""放电"。

第二句话,培养"两种功夫":一个是本分;一个是本事。做人靠本分,做事靠本事,靠"两本"起家靠得住。

第三句话,乐于吃"两样东西":一个是吃亏;一个是吃苦。做人不怕吃亏,做事不怕吃苦。吃亏是福,吃苦是福。

第四句话,具备"两种力量":一种是思想的力量;一种是利剑的力量。思想的力量往往是战胜利剑的力量。这是拿破仑的名言。一个人的思想走多远,他就有可能走多远。

第五句话,追求"两个一致":一个是兴趣与事业一致;一个是爱情与婚姻一致。兴趣与事业一致,就能使你的潜力最大限度地得以发挥。恩格斯说,婚姻要以爱情为基础。没有爱情的婚姻是不道德的婚姻,也不会是牢固的婚姻。

第六句话,插上"两个翅膀":一个叫理想;一个叫毅力。如果一个人有了这"两个翅膀",他就能飞得高,飞得远。

第七句话,构建"两个支柱":一个是科学;一个是人文。

第八句话,配备两个"保健医生":一个叫运动;一个叫乐观。运动使你生理健康,乐观使你心理健康,日行万步路,夜读十页书。

第九句话,记住"两个秘诀":一个是健康的秘诀在早上;一个是成功的秘诀在晚上。爱因斯坦说过:人的差异产生于业余时间。业余时间能成就一个人,也能毁灭一个人。

第十句话,追求"两个极致":一个是把自身的潜力发挥到极致;一个是把自己的寿命健康延长到极致。

良好的人力资源政策,可以促进企业员工队伍充满活力,保证员工连续的职业生涯,并有利于企业人力资源符合企业发展目标,实现企业和员工的双赢。人力资源作为企业总体资源的组成部分,与其他资源有机结合在一起,共同促进企业健康发展。企业人力资源政策包括人力资源的引进与开发、人力资源的使用和人力资源的退出环节。

1. 人力资源的引进与开发

无论是新设立企业还是存续企业,为实现其发展目标,都会遇到人力资源引进和开发问题。企业应当制订高管人员引进计划,并提交董事会审议通过后实施。董事会在审议高管人员引进计划时,应当关注高管人员的引进是否符合企业发展战略,是否符合企业当前和长远需要,是否有明确的岗位设定和能力要求,是否设定了公平、公正、公开的引进方式。企业引进的高管人员必须对企业所处行业及其在行业的发展定位、优势等有足够的认知,对企业的文化和价值观有充分的认同;必须具有全局性的思维,有对全局性、决定全局的重大事项进行谋划的能力;必须具有解决复杂问题的能力;必须具有综合分析能力和敏锐的洞察力,有广阔的思路和前瞻性、宽广的胸怀等;必须精明强干并具备奉献精神。在引进高管人员过程中,还要坚持重真才实学,不唯学历。

在现有专业技术人员不能满足发展战略的情况下,企业要注重通过各种方式大胆引进专业技术人员为我所用。专业技术人员的引进,既要满足企业当前实际生产经营需要,又要有一定的前瞻性,适量储备人才,以备急需;既要注重专业人才的专业素质、科研能力,又要注意其道德素质、协作精神以及对企业价值观和文化的认同感,也要关注专业技术人员的事业心、责任感和使命感。要建立良好的专业人才激励约束机制,努力做到以事业、待遇、情感留人。

为确保企业生产经营正常运转,企业应当根据年度人力资源计划和生产经营的实际需要,通过公开招聘方式引进一般员工。企业应当严格遵循国家有关法律法规的要求,注意招收那些具有一定技能、能够独立承担工作任务的员工,以确保产品和服务质量。企业要根据组织生产经营需要,不断拓展一般员工的知识和技能,加强岗位培训,不断提升一般员工的技能和水平。企业要善待一般员工,在最低工资标准、保险保障标准等方面严格按照国家或地区要求办理,努力营造一种宽松的工作环境。

2. 人力资源的使用

人力资源的使用应当重视打破传统的"大锅饭"体制,企业应当设置科学的业绩考核指标体系,对各级管理人员和全体员工进行严格考核与评价,以此作为确定员工薪酬、职级调整和解除劳动合同等的重要依据。为了充分发挥人才的作用，要创新激励保障机制，激发人才干事、创业的积极性；要建立以绩效为核心的分配激励制度；要完善按劳分配为主体、多种分配方式并存的分配制度，坚持效率优先、兼顾公平，多种生产要素按贡献参与分配。要切实做到薪酬安排与员工贡献相协调，既体现效率优先又兼顾公平，杜绝高管人员获得超越其实际贡献的薪酬；要注意发挥企业福利对企业发展的重要促进作用，既吸引企业所需要员工、降低员工的流动率，又同时激励员工、提高员工士气及对企业的认可度与忠诚度。

3. 人力资源的退出

建立企业人力资源退出机制是实现企业发展战略的必然要求。人力资源只进不出，就会造成滞胀，严重影响企业有效运行。实施人力资源退出，可以保证企业人力资源团队的精干、高效和富有活力。通过自愿离职、再次创业、待命停职、提前退休、离岗转岗等途径，可以实现不适合于企业战略或流程的员工直接或间接地退出，让更优秀的人员充实相应的岗位，真正做到"能上能下、能进能出"，实现人力资源的优化配置和战略目标。

百度自查

(1)高薪酬打垮了通用汽车？(2)马明哲的 6 600 万元限薪令是怎么回事？

值得学习的好制度：(1)福瑞股份(300049)董事会人力资源与薪酬委员会工作细则(2012 年 7 月)；(2)连云港(601008)人力资源管理制度(2011 年 8 月)。

第五节　社会责任

一、社会责任制度概述

《企业内部控制应用指引第 4 号——社会责任》指出，社会责任是指企业在经营发展过程中应当履行的社会职责和义务，主要包括安全生产、产品质量(含服务)、环境保护、资源节约、促进就业、员工权益保护等。一般认为，企业就是创造利润的，利润最大化或股东财富最大化是企业发展的唯一目标，社会责任是政府的事情，与己无关。这种观点和定位有失偏颇。企业创造利润或实现股东财富最大化固然重要，但在经济社会高速发展的当今时代，尤其是我国作为发展中国家，大力发展社会主义市场经济，企业作为重要的市场主体，如果不顾一切地追逐利润而不履行社会责任，显然不符合科学发展观与建设和谐社会的要求。即使是西方发达国家，企业也要履行社会责任。履行社会责任是企业应尽的义不容辞的义务，也是企业的光荣使命。

企业履行社会责任至少具有如下意义。

(1) 企业创造利润或财富与履行社会责任是统一的有机整体。企业创造利润或财富，要依法纳税、向股东分红，并向管理者和员工发放年薪或工资，企业创造的利润或财富越多，上缴税收和分红就越多，年薪和工资也就随之升高，从而为国家、股东和员工作出贡献，同时促进客户发展等。这在本质上也属于履行社会责任。在这一过程中，要做到安全生产，提升产品质量，重视环境保护和资源节约，促进就业和保护员工权益，属于企业直接为社会相关方面作出贡献。两者之间的目标是一致的,不应将两者对立起来。正确处理两者的关系,实现两者的有机统一,企业才能进入良性发展的轨道。

(2) 企业履行社会责任是提升发展质量的重要标志,也是实现可持续长远发展的根本所在。随着我国经济的高速发展,我国正在进行的转变经济增长方式归根到底是要求提升发展质量问题。履行社会责任是企业提升发展质量的重要标志。企业在制定和实现发展战略过程中,应当充分考虑履行社会责任的要求,否则,企业必然短命。企业只有重视和履行社会责任,才能从根本上转变发展方式,提升发展质量,实现持续长远发展的目标。

(3) 企业履行社会责任,是打造和提升企业形象的重要举措。企业形象是指企业的社会认同度,包括国内认同度和国际认同度。社会认同度高的企业必然是优质企业。企业应切实做到安全生产,产品质量第一,环境保护符合国家质量标准,避免掠夺性开发资源,促进社会就业等,从发展质量上下功夫,苦练内功,重视内涵,在认真履行社会责任的前提下实现发展目标,或将履行社会责任作为发展战略的重要组成部分,这样的优质企业才能从根本上改变和不断提升企业形象,在此基础上的企业形象必然被社会广泛认可。

百度小故事

1. 一位士兵遭到敌军突袭后逃到了山洞。敌军在身后紧追,他躲在洞中祈祷不要被敌人发现。突然胳膊被狠狠地蜇了一下,原来是只蜘蛛,他刚要捏死,突然心生怜悯,就放了它。不料蜘蛛爬到洞口织了一张新网,敌军追到山洞见到完好的蜘蛛网,猜想洞中无人就走了。这个故事给我们的启示是:很多时候,帮助别人同时也是在帮助自己。

2. 一位父亲丢了块表,他抱怨着翻腾着四处寻找,可半天也找不到。等他出去了,儿子悄悄进屋,不一会儿找到了表。父亲问:"你是怎么找到的?"儿子说:"我安静地坐在屋里,一会儿就能听到嘀嗒嘀嗒的声音,表就找到了。"这个故事给我们的启示是:我们越是焦躁的寻找,越找不到自己想要的,只有平静下来,才能听到内心的声音。人要学会平静。

3. 20世纪50年代,美国密歇根州比犹拉县有个农场主,为了方便拴牛,在庄园的一棵榆树上箍了一个铁圈。随着榆树的长大,铁圈慢慢嵌进了树身,榆树的表皮留下一道深深的伤痕。有一年,当地发生了一种奇怪的植物真菌疫病,方圆几十公里的榆树全部死亡,唯独那棵箍了铁圈的榆树却存活下来。为什么这棵榆树能幸存呢?植物学家对此产生了兴趣,于是组织人员进行研究。结果发现,正是那个给榆树带来伤痕的铁圈拯救了它。因为从锈蚀的铁圈里吸收了大量铁份,所以榆树才对真菌产生了特殊的免疫力。生命中受过的伤害,也是一种养料,会让生命变得更加刚强、坚毅,生物如此,人也如此。

二、社会责任的主要问题

《企业内部控制应用指引第4号——社会责任》指出,社会责任的主要问题体现在以下几个方面。

1. 安全生产

具体来说就是要做到以下几点。

(1) 建立与安全生产相关的各种制度,并加强落实。企业应当依据国家有关安全生产方面的法律法规规定,结合本企业生产经营的特点,建立健全安全生产方面的规章制度、操作规范和应急预案。建章建制的关键是落实到位。近年来的重大安全事故频发,原因并不是没有建章建制,而是在巨大的经济利益驱动下,无视规章制度。

(2) 不断加大安全生产投入和经常性维护管理。企业应当将安全生产投入列为首位,将员工的生命安全视为头等大事,加大安全生产的技术更新,保证投入安全生产所需的资金、人力、财物及时和足额到位。

(3) 开展员工安全生产教育,实行特殊岗位资格认证制度。通过培训教育,让员工牢固树立"安全第一、预防为主"的思想,提高他们防范灾害的技能和水平。培训教育应当经常化、制度化,做到警钟长鸣,不能有丝毫放松和懈怠。对于特殊作业人员和特殊资质要求的生产岗位,要持证上岗。

(4) 建立安全生产事故应急预警和报告机制。企业必须建立事故应急处理预案,建立专门的应急指挥部门,配备专业队伍和必要的专业器材等,在发生安全生产事故时做到临危不乱,按照预定程序有条不紊地处理好发生的安全生产事故,同时按照国家有关规定及时报告。

2. 产品质量

企业至少应做到以下几点。

(1) 建立健全产品质量标准体系。企业应当根据国家法律法规规定,结合企业产品特点,制定完善产品质量标准体系,努力为社会提供优质安全健康的产品和服务。

(2) 严格执行质量控制和检验制度。企业应当加强对产品质量的检验,严禁未经检验合格的产品流入市场。从原材料进厂,一直到产品销售等各个环节和流程,都必须有严格的质量控制标准作保证。

(3) 加强产品售后服务方面。企业应当把售后服务作为企业采取有效竞争策略、提高产品服务增值的重要手段,重视和加强售后服务,创新售后服务方法,力争做到件件有结果、有分析、有整改、有考核。

3. 环境保护与资源节约

企业至少应做到以下几点。

(1) 转变发展方式,实现清洁生产和循环经济。企业应加大对环保工作的人力、物力、财力的投入和技术支持,不断改进工艺流程,加强节能减排,降低能耗和污染物排放水平。企业还应加强对废气、废水、废渣的自行回收、利用和处置等综合治理,推动生产、流通和消费过程中对资源的减量化、再利用、资源化。

(2) 依靠科技进步和技术创新,着力开发利用可再生资源。企业只有不断增强自主创新能力,通过技术进步推动替代技术和发展替代产品、可再生资源,降低资源消耗和污染物排放,实现低投入、低消耗、低排放和高效率,才能有效实现资源节约和环境保护。

(3) 建立完善监测考核体系,强化日常监控。只有建立环境保护和资源节约监测考核体系,完善激励与约束机制,明确职责,各司其职、各尽其责,严格监督,落实岗位责任制,才能保证环境保护和资源节约等各项工作落到实处。

4. 促进就业

促进员工就业是企业社会责任的重要体现。企业作为就业工作的最大载体,应当以宽广的胸怀接纳各方人士,为国家和社会分担困难,促进充分就业。企业应结合实际需要,转变陈旧或功利的用人观念,在满足自身发展的情况下,公开招聘、公平竞争、公正录用,为社会提供尽可能多的就业岗位。

5. 保护员工合法权益

员工是企业生存发展的内在动力。不断提高员工的素质,维护员工的合法权益,既是社会和谐稳定的需要,也是企业长远发展的需要。企业应当尊重员工、关爱员工、维护员工权益,促进企业与员工的和谐稳定和共同发展。企业应做到以下几点。

(1) 建立完善科学的员工培训和晋升机制。

(2) 建立科学合理的员工薪酬增长机制。

(3) 维护员工的身心健康。

6. 重视产学研用结合

企业应当重视产学研用结合,牢固确立企业技术创新主体地位这个核心,把产、学、研用结合的基点放在人才培养方面。企业要充分运用市场机制和手段,积极开展与高校和科研院所的战略合作,联合创建国家重点实验室、工程中心等研发和产业化基地,实行优势互补,激发科研机构的创新活力。

7. 支持慈善事业

企业应在关注公司自身发展的同时,勇于承担社会责任,积极支持慈善事业,奉献爱心和做出善举,扶助社会弱势群体。

三、社会责任的履行

企业如何履行社会责任,企业重视并切实履行社会责任,既是为企业前途、命运负责,也是为社会、为国家、为人类负责。企业应当高度重视履行社会责任,积极采取措施促进社会责任的履行。

首先,企业负责人应当高度重视强化企业社会责任的履行,树立社会责任意识,把履行社会责任提上企业重要议事日程,经常研究和部署社会责任工作,加强社会责任全员培训和普及教育,不断创新管理理念和工作方式,努力形成履行社会责任的企业价值观和企业文化。其次,企业应建立和完善履行社会责任的体制与运行机制,要把履行社会责任融入企业发展战略,落实到生产经营的各个环节,明确归口管理部门,建立健全预算安排,逐步建立和完善企业社会责任指标统计与考核体系。最后,企业应建立企业社会责任报告制度发布社会责任报告,让股东、债权人、员工、客户、社会等各方面知晓自己在社会责任领域所做的工作、所取得的成就。

第六节　企业文化

百度自查

看一个家族的兴败，看三个地方：第一，子孙睡到几点，假如睡到太阳都已经升得很高的时候才起来，那代表这个家族会慢慢懈怠下来；第二，看子孙有没有做家务，因为勤劳、劳动的习惯影响一个人一辈子；第三，看后代子孙有没有在读圣贤的经典，"人不学，不知义，不知道"。

——曾国藩

一、企业文化概述

《企业内部控制应用指引第5号——企业文化》指出，企业文化是指企业在生产经营实践中逐步形成的、为整体团队所认同并遵守的价值观、经营理念和企业精神，以及在此基础上形成的行为规范的总称。企业文化是企业的灵魂，渗透于企业的一切经营管理活动之中，是推动企业持续发展的不竭动力。没有优秀的企业文化，就不能统一董事、监事、高级管理人员和全体员工的思想与意志，就不能激发其潜力和热情，就不能培育对企业的认同感，就不能形成卓越的执行力。从这个意义上讲，为了真正发挥内部控制在强化企业管理、提升企业经营管理效率和效果、促进实现发展战略中的重要作用，应当重视和加强企业文化建设，致力打造优秀的企业文化。

百度自查　平心静气　细看美国

庚子赔款中，清政府向西方八国共赔款白银4.5亿两，美国应得到其中的3 000多万两。后美国国会审核发现赔多了，决定将其中一半退还给中国。两国政府商定利用庚子赔款设立清华留美预备学校，并自退款的第一年起，每年至少应派留美学生100人。直到退款用完为止。胡适、梅贻琦、赵元任、竺可桢都是庚子赔款留学生。

美国诚实地退还了多拿的庚子赔款，并在中国建了清华大学、山西大学、燕京大学、协和医院及协和医学院学校等。而英、法、日等国却把庚子赔款拿回本国作资金积累，去发展自己的经济了。美国认为多拿的肯定不是它一家，于是便向英、法、日施加压力，要求它们退还。最后，那些国家不情愿地陆续归还或免除了一部分赔款。

首先，企业文化建设可以为企业提供精神支柱。一个人活在世上应该有一点精神，要有理想和追求。因为有了积极向上的精神，他才能活出精彩，活得有价值。一个企业要在市场竞争中取胜，保持可持续健康发展，同样需要具备顽强拼搏、不懈奋斗的精神。有了这种现代企业精神，才能将企业董事、监事、高级管理人员和全体员工的心紧紧连在一起，让他们尽最大努力，充分发挥主观能动性，为企业创造最大价值。有了这种现代企业精神，才能让企业在遭遇国际金融危机等重大困难情况下不致被击倒；才能让企业抓住发展机遇，实现跨越式发展。这种现代企业精神集中体现为企业文化。从这个意义上讲，建设企业文化，可以为企业提供精神支柱。其次，企业文化建设可以提升企业的核心竞争力。企业核心竞争力是企业所具有的不可交易和不可模仿的独特的优势因素，是企业竞争中最具有长远和决定性影响的内在因素。通常认为，拥有核心竞争力的企业具有以下特征：

具有良好市场前景的关键技术、真实稳健的财务状况、内外一致的企业形象、真实诚信的服务态度、团结协作的团队精神、以客户为中心的经营理念、公平公正善待员工、鼓励员工开拓创新的激励机制等。所有这些特征,几乎都与企业文化有关。我国中医药行业的著名老字号——北京同仁堂,之所以历经300多年而不衰,不可否认的是其拥有"核心技术",但同样重要的在于历代同仁堂人前赴后继、不懈追求,始终恪守和培育"炮制虽繁必不敢省人工,品位虽贵必不敢减物力""修合无人心,存心有天知"的文化传承。为此,企业应当重视和加强企业文化建设,不断提升核心竞争力。最后,企业文化建设可以为内部控制有效性提供有力保证。《企业内部控制基本规范》明确指出,"企业应当加强文化建设,培育积极向上的价值观和社会责任感,倡导诚实守信、爱岗敬业、开拓创新和团队协作精神,树立现代管理理念,强化风险意识"。企业文化是企业建立和完善内部控制的重要基础。内部控制作为企业管理的重要抓手,表现形式往往是系列规章制度及其落实。这些规章制度连同其他管理规范,甚至包括企业的发展目标和战略规划,要真正落实到位,都必须努力建设优秀的企业文化。规章制度的生命力在于执行。

百度小故事

1. 一对孪生小姑娘走进玫瑰园,不多久,其中一个小姑娘跑来对母亲说:"妈妈,这里是个坏地方!因为这里的每朵花下面都有刺。"不一会儿,另一个小姑娘跑来对母亲说:"妈妈,这里是个好地方!因为这里每丛刺上面都有花。"

2. 上帖:黄忠60岁跟刘备混;德川家康70岁打天下;姜子牙80岁为丞相;佘太君100岁挂帅;孙悟空500岁西天取经;白素贞1 000多岁才下山谈恋爱;年轻人,你说你急个球!下帖:盖茨39岁成世界首富;陈天桥31岁成中国首富;孙中山28岁创办兴中会;孙权19岁占据江东;丁俊晖14岁拿世界冠军;邓波儿7岁拿奥斯卡;康熙6岁登基;贝多芬4岁作曲;葫芦娃刚出生就打妖怪;你说老子急不急?

3. 李嘉诚的女秘书每个月拿着固定五六千的收入,却在辞职时已拥有一两千万的资产。女秘书可能没有李嘉诚聪明,也没有李嘉诚富有,但是身处优秀人的环境中,可以让自己逐渐变得更聪明,也逐渐变得更富有。你是谁并不重要,重要的是你和谁在一起。你出身如何不重要,重要的是你现在身处一个怎样的环境。

二、企业文化的构建

构建优秀的企业文化,是一个长期而复杂的系统工程,不可能一蹴而就。具体可从以下几个方面进行。

1. 要注重塑造企业核心价值观

核心价值观是企业在经营过程中坚持不懈、努力使全体员工都必须信奉的信条,体现了企业核心团队的精神,往往也是企业家身体力行并坚守的理念。价值观和理念是一个企业的文化核心,凝聚着董事、监事、高级管理人员和全体员工的思想观念,从而使大家的行为朝着一个方向去努力,反映出一个企业的行为和价值取向。企业文化建设始于核心价值观的精心培育,终于核心价值观的维护、延续和创新。塑造企业核心价值观应注重以下几点。

(1) 要着力挖掘自身文化。

(2) 要着力博采众长。

(3) 要根据塑造形成的核心价值观指导企业的实际行动。

2. 要重点打造以主业为核心的品牌

品牌通常是指能够给企业带来溢价、产生增值的一种无形的资产,其载体是用以和其他竞争者的产品或劳务相区分的名称、术语、象征、记号或者设计及其组合。企业产品或劳务的品牌与企业的整体形象联系在一起,是企业的"脸面"或"标识"。企业应当将核心价值观贯穿于自主创新、产品质量、生产安全、市场营销、售后服务等方面的文化建设中,着力打造源于主业且能够让消费者长久认可、在国内外市场上彰显强大竞争优势的品牌。

3. 要充分体现以人为本的理念

"以人为本"是企业文化建设应当信守的重要原则。企业要在企业文化建设过程中牢固树立以人为本的思想,坚持全心全意依靠全体员工办企业的方针,尊重劳动、尊重知识、尊重人才、尊重创造,用美好的愿景鼓舞人,用宏伟的事业凝聚人,用科学的机制激励人,用优美的环境熏陶人。

4. 要强化企业文化建设中的领导责任

在建设优秀的企业文化过程中,领导是关键。企业主要负责人应当站在促进企业长远发展的战略高度重视企业文化建设,切实履行第一责任人的职责,对企业文化建设进行系统思考,出思想、谋思路、定对策,确定本企业文化建设的目标和内容,提出正确的经营管理理念。

一、美国沃尔玛

美国沃尔玛公司(Wal-Mart,以下简称沃尔玛)是世界最大的连锁零售商,细究其商业成功,良好的内部控制作为中枢神经系统和推动企业健康发展的引擎功不可没,具体表现在以下几方面。

1. 诚实原则与道德价值观

沃尔玛不但不怕员工犯错误,而且还会有专门的人帮助员工去改正错误。但有一个错误是不可以被原谅的,那就是不诚实,因为"诚实"是沃尔玛对员工最基本、也是最重要的要求。沃尔玛所提倡的道德价值观,可以归结为:"顾客第一、员工第二、管理层第三。"诚实原则和"顾客第一、员工第二、管理层第三"的道德价值观,不仅为沃尔玛树立了良好的企业形象,更是其长远发展的必要和有力保障。

2. 人力资源保障与激励

西方谚语云:"内部控制是靠人去设计的,也是靠人去执行的",人力资源可谓内部控制的命门。沃尔玛非常重视对员工的培养与教育,60%的管理人员是从普通营业员成长起来的。伴随着每位员工的成长,公司在每个关键环节都会组织员工进行与岗位或职位相对应的培训。沃尔玛还利用利润分享计划、雇员购股计划和损耗奖励计划三管齐下,对员工进行有效激励。人是最重要的"软资产",生产经营和管理活动如此,内部控制也不例外。沃尔玛将人力资源作为一项系统工程来抓,细抠招聘、培训、激励和晋升等细节,体现出以人为本的控制思想。

3. 科技与成本节省

沃尔玛运用科技手段促进业务发展,为各界树立了成功的典范。沃尔玛是传统行业利用科技手段获得竞争力的最好范例,其建立了专门的电脑管理系统、卫星定位系统和电视调度系统,借助高科技平台,得以实现物流、商流和信息流的统一,达成实质性降低成本、提高效率和加强运营管理等多重目的。

4. 信息沟通与监控

沟通是收集信息、分享信息最重要的途径。沃尔玛认为,沟通须亲力亲为,管理人员必须亲临基层,及时了解和处理店中事务。沃尔玛不仅倡导类似通用电气的"Open Door"做法,而且做得更彻底和有效。它不仅倡导管理层的大门向员工敞开,更倡导走出房间、走近基层员工。沃尔玛的管理层奉行"门户开放"政策,既拓宽了信息沟通渠道,也保证了信息沟通效果,而信息共享和机构精简,既让控制无处不在,又让控制不失于简明。

5. 组织结构

沃尔玛每家分店由一位经理和至少两位助理经理经营管理,经理负责整个商店的运营,助理经理则分别负责耐用商品和非耐用商品的管理,他们领导着约36个商品部门经理。分店经理向地区经理汇报工作,每位地区经理负责约12家分店。地区经理向区域副总裁汇报工作,每位副总裁下设3～4位地区经理。区域副总裁向公司执行副总裁汇报工作,另外还有两位高级副总裁分别负责新店发展和公司财务。虽然沃尔玛的商业规模早已今非昔比,但是这种监控机制基本与初建时同样简单、精炼和有效。通过清晰的责任配置,成功监控这一超大规模的商业帝国。

二、三鹿集团

石家庄三鹿集团股份有限公司(以下简称三鹿集团)是国内最大的奶粉生产企业,在乳制品加工企业中位居全国第三名。作为农业产业化国家重点龙头企业,三鹿集团曾经先后获得省级以上荣誉200多项。

但是,2008年9月11日,由于三鹿婴幼儿配方奶粉掺杂致毒化学物"三聚氰胺"的曝光,三鹿集团被迅速推向破产边缘,并引发"中国奶业的大地震",田文华由此成为"中国乳业的罪人"。2009年1月22日,三鹿案一审宣判,田文华被判无期徒刑。2009年2月12日,法院正式宣布三鹿集团破产。

三鹿集团身处关系国计民生的食品行业,不仅没有信守承诺——向社会提供优质乳制品,为提高国民身体素质作出贡献,反而在市场和利润的利益诱惑面前,置合法合规性于不顾,在三鹿婴幼儿奶粉里掺入大量的有毒化学原料"三聚氰胺",致使4名婴儿死亡。截至2008年12月底,全国累计因食用三鹿奶粉和其他问题奶粉致泌尿系统出现异常的患儿共29.6万人。这种见利忘义、逆道而行的做法是三鹿集团悲剧的罪魁祸首。

田文华曾强调,"诚信对企业而言,就如同生命对于个人……我们要时刻保持清醒的头脑,诚信地走下去,三鹿最大的对手不是别人,而是自己。"只可惜三鹿集团言行不一,其信息披露没能遵循诚信原则。

2007年12月,三鹿集团就已接到患儿家属投诉。2008年6月,三鹿集团检验发现奶粉异常,确定其中含有"三聚氰胺"。当新西兰恒天然集团得知三鹿集团奶源受污染后,要求采取措施予以恰当应对时,三鹿集团管理层却对此置若罔闻并采取拖延和瞒报的手段,意图瞒天过海。之后,恒天然集团又向石家庄市反映情况无果,不得已通过新西兰总理直接向时任中国国务院总理温家宝反映情况……不及时披露信息,甚至瞒报、谎报信息,三鹿集团的信息目标与内部控制要求是背道而驰的。

在"毒奶粉"事件中,预警机制的失灵,是"三鹿事件"暴露出的重大问题之一。三鹿集团在明知自己的产品中含有可能致人伤害的"三聚氰胺"情况下,非但不采取积极补救措施,相反存侥幸之心,继续生产和对外销售,导致事态扩大。

同时,三鹿集团的应急机制几近失效。三鹿集团采取对媒体隐瞒和否认的强势危机公关做法,从坚决否认到遮遮掩掩,从推卸责任到被迫道歉,只有在事件到了无法隐瞒的时候,才开始做产品的全面召回。

此外,根据《食品安全法》规定:"食品安全事故的发生单位应当及时向事故发生地县级卫生行政部门报告。"三鹿集团"长期隐瞒问题",既没有积极主动地收集、处理和传递相关信息,也没有及时向相关部门报告情况,更没有积极主动地向社会披露信息。

"三鹿事件"所折射出的不仅仅是某个企业或行业的问题,而是我国企业发展过程中普遍面临的如何有效均衡"德"与"利"、如何均衡企业发展与社会责任关系的问题。

练　习　题

1. 下列各项中,属于内部控制中控制环境要素的是(　　)。

A. 职责分工控制　　B. 组织结构设置
C. 风险评估　　D. 凭证与记录控制

2. 企业组织架构指引核心解决的问题是(　　)。

A. 组织架构设计　　B. 组织架构设计运行
C. 组织架构方面的风险管控　　D. 组织架构的紧密程度

3. 企业发展战略方案应最终报经(　　)批准后付诸实施。

A. 战略委员会　　B. 总经理
C. 董事会　　D. 股东(大)会

4. 企业应在董事会下设立(　　)专门机构,或指定相关机构负责发展战略管理工作,履行相应职责。

A. 战略委员会　　B. 审计委员会
C. 薪酬委员会　　D. 考核委员会

5. 企业(　　)可以提升企业的核心竞争力。企业核心竞争力是企业所具有的不可交易和不可模仿的独特的优势因素,是企业竞争中最具有长远和决定性影响的内在因素。

A. 人力资源的合理利用　　B. 文化建设
C. 组织架构的健全　　D. 发展战略的制定

6. 控制环境是实施内部控制的基础。下列有关控制环境的表述中,正确的有(　　)。

A. 企业文化是企业在经营管理过程中形成的、影响内部控制环境的精神和理念,包括高级管理人员的管理理念、经营风格与职业操守,企业的整体价值观,员工的行为守则等

B. 健全的治理结构、科学的内部机构设置和权责分配是内部控制的基本前提,是控制环境的重要内容

C. 科学合理的人力资源政策是内部控制的人才和工作机制保证,有利于调动员工的积极性、主动性和创造性

D. 有效的反舞弊机制是发现和处理舞弊行为的制度安排,有利于及时防范因舞弊而导致内部控制措施失效

7. 企业应当制定和实施有利于企业可持续发展的人力资源政策。人力资源政策应当包括(　　)。

A. 员工的聘用、培训、辞退与辞职

B. 员工的薪酬、考核、晋升与奖惩

C. 关键岗位员工的强制休假制度和定期岗位轮换制度

D. 掌握国家秘密或重要商业秘密的员工离岗的限制性规定

8. 控制环境是内部控制的要素之一,其内容包括(　　)。

A. 管理当局的观念和经营风格　　B. 组织结构的设置

C. 员工的素质　　D. 人事政策　　E. 审计风险的评估

9. 下列对企业战略描述正确的有(　　)。

A. 公司战略由企业最高管理层制定

B. 业务单位战略的作用之一是协调各业务部门或职能部门的运转

C. 职能战略开发或调整企业的资源和能力,是战略成功的基础

D. 企业经营单一时,其公司战略与业务单位战略属于同一层面

10. 关于企业人力资源管理内部控制,下列说法错误的有(　　)。

A. 企业在选拔员工时,应当切实做到因人设岗、以人选岗,确保选聘人员能够胜任岗位职责要求

B. 企业对考核不能胜任岗位要求的员工,应直接解除劳动合同

C. 企业人力资源管理风险包括人力资源退出机制不当,可能导致法律诉讼或企业声誉受损

D. 企业应当定期对年度人力资源计划执行情况进行评估

11. 下列各项中,表明内部控制环境存在缺陷的有(　　)。

A. 甲企业为上市公司,其关键管理人员在母公司兼职,在该人员的指令下,上市公司承担了母公司发生的捐款

B. 乙企业为降低生产成本,减少环保投入,致使大量污水排入周边水域,造成环境污染

C. 丙企业设立审计委员会,负责监督公司内部控制的有效实施和内部控制自我评价情况

D. 丁企业的企业文化是“不惜一切代价做大市场”

12. 打造优秀的企业文化就要(　　)。

A. 注重塑造企业核心价值观　　B. 着力挖掘自身文化

C. 重点打造以主业为核心的品牌　　D. 充分体现以人为本的理念

13. 企业应履行的社会责任包括(　　)、资源节约、促进就业和员工权益保护等方面。

A. 安全生产　　B. 产品质量　　C. 环境保护　　D. 支持慈善事业

第五章

企业主要业务内部控制

- 掌握企业内部控制应用指引——资金活动；
- 掌握企业内部控制应用指引——采购业务；
- 掌握企业内部控制应用指引——资产管理；
- 掌握企业内部控制应用指引——销售业务；
- 掌握企业内部控制应用指引——财务报告。

第一节　资金活动内部控制

百度案例

(1) 2004 年 10 月 18 日，国家自然科学基金委员会财务局原会计卞中贪污挪用公款一案在京开庭审理。1995—2003 年的 8 年间，卞中贪污 1 262 万元、挪用公款 2.099 3 亿元，占整个基金会年掌控经费的1/10 。卞中，其貌不扬、独来独往、沉默寡言，但对女友宣称自己是中国首富。卞中为何能在长达 8 年的时间里屡屡得手，值得深思。

(2) 2007 年 4 月 14 日 14 时许，邯郸农行金库发生特大盗窃案被告破。现金管理中心管库员任晓峰、马向景两人仅在 13 天时间里，累计从他们管理的银行金库盗取了 5 095.6 万余元巨款，成为中华人民共和国成立以来涉案金额最大的银行金库“监守自盗”案。由此留给我们思考的是银行资金该如何管理。

(3) 国家审计署审计结果公告 2012 年第 35 号：审计署移送至 2012 年年底已办结 38 起违法违纪案件和事项处理情况：一、财政部国库支付中心原副主任张锐受贿案；二、呼和浩特市委原副秘书长张志新贪污受贿案；三、中国农业发展银行丹东市分行原行长李树桓等人违法放贷案；四、中国农业发展银行辽宁省宽甸满族自治县支行原行长洪希成等人违法放贷案……看看这些案件都与资本管理内部控制有关，可见资金管理内部控制是多么的重要。

资金是企业生存和发展的重要基础，被视为企业生产经营的血液，决定着企业的竞争能力和可持续发展能力，一直受到企业的高度重视。资金活动，是企业筹资、投资和资金营运等活动的总称。影响资金活动的因素众多且不确定性较大。资金活动中的潜在风险大多为重要性风险。一旦风险转变为现实，对企业危害重大。加强资金活动风险控制，对于促进企业有效地组织资金活动、防范和控制资金风险、保证资金完整和安全、提高资金使用效益等具有重要意义。

对资金活动实施内部控制，需要建立健全相应的内部控制制度：根据国家和地方有关法律法规和监管制度的要求，结合企业生产经营的实际需要，设计科学合理、重点突出、便于操作的业务流程；同时还要有针对关键控制点以及主要风险来源的内控措施。资金活动内部控制的总体要求可以概括为：科学决策是核心、制度建设是基础、业务流程是重点、风险控制点是关键、资金集中管理是方向、严格执行是保障。

一、筹资活动

筹资活动是企业资金活动的起点，也是企业整个经营活动的基础。通过筹资活动，企业取得投资和日常生产经营活动所需的资金，从而使企业投资、生产经营活动能够顺利进行。企业应当根据经营和发展战略的资金需要，确定融资战略目标和规划，结合年度经营计划和预算安排，拟订筹资方案，明确筹资用途、规模、结构和方式等相关内容，对筹资成本和潜在风险作出充分估计。如果是境外筹资，还必须考虑所在地的政治、经济、法律和市场等因素。

**知网下载**

(1)“粤美的”MBO融资问题案例研究；

(2) 马普托港项目融资案例的启示；

(3) 应收账款融资问题研究——山东省菏泽市应收账款融资案例分析；

(4) 爱生药业美国OTCBB买壳上市与融资案例分析；

(5) 非加价模式的融资问题与对策——海西美旗城的案例。

筹资活动的内部控制，不仅决定着企业能不能顺利筹集生产经营和未来发展所需资金，而且决定着企业能以什么样的筹资成本筹集资金，能以什么样的筹资风险筹集所需资金，并决定着企业所筹集资金最终的使用效益。较低的筹资成本、合理的资本结构和较低的筹资风险，能够使企业应付自如、进退有据，不至于背负沉重的压力，可以从容地追求长期目标，实现可持续发展；而较高的筹资成本、不合理的资本结构和较高的筹资风险，常常使企业经营压力倍增。一方面，企业要保持更高的资金流动性以应付不合理资本结构带来的财务风险；另一方面，企业要追求更高的投资收益以补偿高额的筹资成本。

(一) 筹资活动的业务流程

企业筹资活动的内部控制，应该根据筹资活动的业务流程，区分不同筹资方式，按照业务流程中不同环节体现出来的风险，结合资金成本与资金使用效益情况，采用不同措施进行控制。因此，设计筹资活动的内部控制制度，就必须深入分析筹资业务流程。筹资活动业务流程如图5-1所示。具体流程一般包括以下几点。

1. 提出筹资方案

一般由财务部门根据企业经营战略、预算情况与资金现状等因素，提出筹资方案，一个完整的筹资方案应包括筹资金额、筹资形式、利率、筹资期限、资金用途等内容，提出筹资方案的同时还应与其他生产经营相关业务部门沟通协调，在此基础上才能形成初始筹

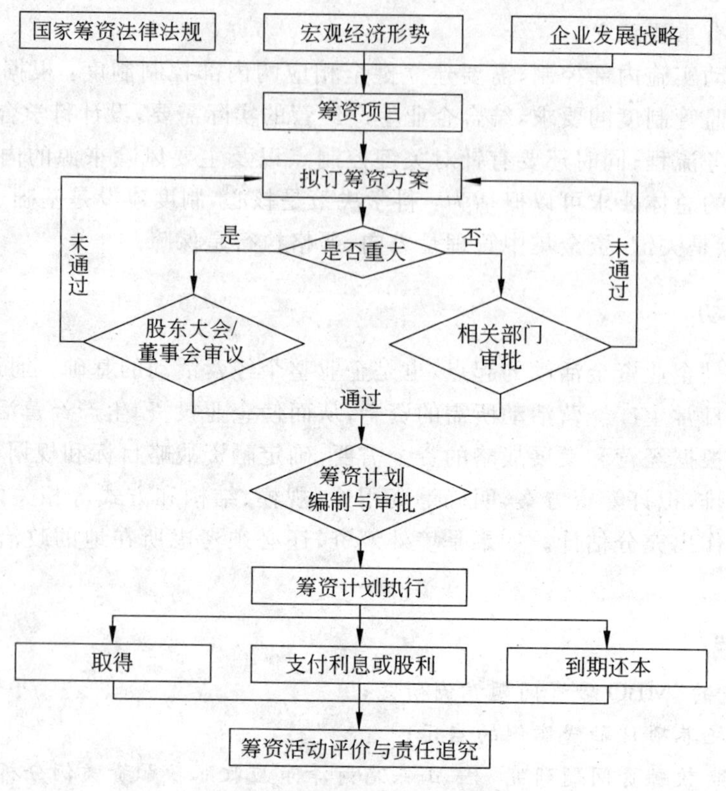

图 5-1 筹资活动业务流程

资方案。

2. **筹资方案论证**

初始筹资方案还应经过充分的可行性论证。企业应组织相关专家对筹资项目进行可行性论证,可行性论证是筹资业务内部控制的重要环节。一般可以从下列几个方面进行分析论证。

(1) 筹资方案的战略评估。主要评估筹资方案是否符合企业整体发展战略;控制企业筹资规模,防止因盲目筹资而给企业造成沉重的债务负担。企业应对筹资方案是否符合企业整体战略方向进行严格审核,只有符合企业发展需要的筹资方案才具有可行性。另外,企业在筹资规模上,也不可过于贪多求大。资金充裕是企业发展的重要保障,然而任何资金都是有成本的,企业在筹集资金时一定要有战略考虑,切不可盲目筹集过多的资金,造成资金闲置同时给企业增加财务负担。

(2) 筹资方案的经济性评估。主要分析筹资方案是否符合经济性要求,是否以最低的筹资成本获得了所需的资金,是否还有降低筹资成本的空间以及更好的筹资方式,筹资期限等是否经济合理,利息、股息等水平是否在企业可承受的范围之内。如筹集相同的资金,选择股票与选择债券方式,就会面临不同的筹资成本;选择不同的债券种类或者期限结构,也会面临不同的成本,企业必须认真评估筹资成本,并结合收益与风险进行筹资方案的经济性评估。

(3) 筹资方案的风险评估。对筹资方案面临的风险进行分析,特别是对于利率、汇率、货币政策、宏观经济走势等重要条件进行预测分析，对筹资方案面临的风险作出全面评估，并有效地应对可能出现的风险。如若选择债权方式筹资，其按期还本付息对于企业来说是一种刚性负担，带给企业的现金流压力较大；若选择股权筹资方式，在股利的支付政策上企业有较大的灵活性，且无须还本，但股权筹资的成本也是比较高的，而且股权筹资可能会使得企业面临较大的控制权风险。所以，企业应在不同的筹资风险之间进行权衡。

3. 筹资方案审批

通过可行性论证的筹资方案，需要在企业内部按照分级授权审批的原则进行审批，重点关注筹资用途的可行性。重大筹资方案，应当提交股东(大)会审议，筹资方案需经有关管理部门批准的，应当履行相应的报批程序。审批人员与筹资方案编制人员应适当分离。在审批中，应贯彻集体决策的原则，实行集体决策审批或者联签制度。在综合正反两方面意见的基础上进行决策，而不应由少数人主观决策。筹资方案发生重大变更的，应当重新履行可行性研究以及相关审批程序。

4. 筹资计划编制与执行

企业应根据审核批准的筹资方案，编制较为详细的筹资计划，经过财务部门批准后，严格按照相关程序筹集资金：通过银行借款方式筹资的，应当与有关金融机构进行洽谈，明确借款规模、利率、期限、担保、还款安排、相关的权利与义务和违约责任等内容。双方达成一致意见后签署借款合同，据此办理相关借款业务。通过发行债券方式筹资的，应当合理选择债券种类，如普通债券还是可转换债券等，并对还本付息方案作出系统安排，确保按期、足额偿还到期本金和利息。通过发行股票方式筹资的，应当依照《中华人民共和国证券法》等有关法律法规和证券监管部门的规定，优化企业组织架构，进行业务整合，并选择具备相应资质的中介机构，如证券公司、会计师事务所、律师事务所等协助企业做好相关工作，确保符合股票发行条件和要求。同时，企业应当选择合理的股利支付方式，兼顾投资者的近期与长远利益，调动投资者的积极性，避免分配不足或过度；股利分配方案最终应经股东大会审批通过，如果是上市公司还必须按信息披露要求进行公告。

5. 筹资活动的监督、评价与责任追究

要加强筹资活动的检查监督，严格按照筹资方案确定的用途使用资金，确保款项的收支、股息和利息的支付、股票和债券的保管等符合有关规定。筹资活动完成后要按规定进行筹资后评价，对存在违规现象的，严格追究其责任。

(二) 筹资活动的主要风险点及管控措施

百度自查

值得学习的好制度：西藏矿业(000762)募集资金使用管理制度。

筹资活动的主要风险点及管控措施有以下几个。

1. 缺乏完整的筹资战略规划导致的风险

在企业具体的筹资活动中，应贯彻既定的资金战略，以目标资本结构为指导，协调企业的资金来源、期限结构、利率结构等。如果忽视战略导向，缺乏对目标资本结构的清晰认识，则很容易导致盲目筹资，使得企业资本结构、资金来源结构、利率结构等处于频繁变动中,给企业的生产经营带来巨大的财务风险。

2. 缺乏对企业资金现状的全面认识导致的风险

企业在筹资之前,应首先对企业的资金现状有一个全面正确的了解,并在此基础上结合企业战略和宏、微观形势等提出筹资方案。如果资金预算和资金管控工作不到位,使得企业无法全面了解资金现状,将使得企业无法正确评估资金的实际需要以及期限等,很容易导致筹资过度或者筹资不足。特别是对于大型企业集团来说,如果没有对全集团的资金现状做一个深入完整的了解,很可能出现一部分企业资金结余,而其他部分企业仍然对外筹资,使得集团的资金利用效率低下,增加了不必要的财务成本。

3. 缺乏完善的授权审批制度导致的风险

筹资方案必须经过完整的授权审批流程方可正式实施,这一流程既是企业上下沟通的一个过程,同时也是各个部门、各个管理层次对筹资方案进行审核的重要风险控制程序。审批流程中,每一个审批环节都应对筹资方案的风险控制等问题进行评估,并认真履行审批职责。完善的授权审批制度有助于对筹资风险进行管控,如果忽略这一完善的授权审批制度,则有可能忽视筹资方案中的潜在风险,使得筹资方案草率决策、仓促上马,给企业带来严重的潜在风险。

4. 缺乏对筹资条款的认真审核导致的风险

企业筹资要签订相应的筹资合同、协议等法律文件,筹资合同一般应载明筹资数额、期限、利率、违约责任等内容,企业应认真审核、仔细推敲筹资合同的具体条款,防止因合同条款而给企业带来潜在的不利影响。企业可以借助专业的法律中介机构来进行合同文本的审核。

5. 因无法保证支付筹资成本导致的风险

任何筹资活动都需要支付相应的筹资成本。债权筹资的成本为固定的利息费用,是刚性成本,企业必须按期足额支付。股权筹资虽然没有固定的利息费用,而且没有还本的压力,但是保证股权投资者的报酬一样不可忽视,企业应认真制订好股利支付方案,包括股利金额、支付时间、支付方式等,如果因股利支付不足,或者对股权投资者报酬不足,股东将会抛售股票,从而企业股价下跌,这给企业经营带来重大不利影响。

6. 缺乏严密的跟踪管理制度导致的风险

企业筹资活动的流程很长,不仅包括资金的筹集到位,更要包括资金使用过程中的利息、股利等筹资费用的计提支付,以及最终的还本工作,筹资流程贯穿企业整个经营活动的始终,是企业的一项常规管理工作。企业在筹资跟踪管理方面应制定完整的管理制度,包括资金到账、资金使用、利息支付、股利支付等,并时刻监控资金的动向。如果缺乏严密的跟踪管理,可能会使企业资金管理失控,资金被挪用而导致财务损失,也可能因此导致利息没有及时支付而被银行罚息,这些都是企业面临的财务风险。

筹资活动的流程较长,企业在相应的内控活动中应识别关键风险控制点,进行风险控制,筹资活动中各环节的主要风险控制点有以下几个。

(1) 提出筹资方案环节。提出筹资方案是筹资活动中的第一个重要环节,也是筹资活动的起点,筹资方案的内容是否完整、考虑是否周密、测算是否准确等,直接决定着筹资决策的正确性,关系到整个筹资活动的效率和风险。

(2) 筹资方案审批环节。相关责任部门拟订投资方案并进行可行性论证以后,股东(大)会或者董事会、高管层应对筹资方案履行严格的审批责任。审批中应实行集体决策审议或者联签制度,避免一人说了算或者拍脑袋行为。

(3) 编制筹资计划环节。根据批准的筹资方案,财务部门应制订严密细致的筹资计划,通过筹资计划,对筹资活动进行周密安排和控制,使筹资活动在严密控制下高效、有序进行。

(4) 实施筹资方案环节。筹资计划经层层授权审批之后,就应付诸实施。在实施筹资计划的过程中,企业必须认真做好筹资合同的签订、资金的划拨、使用以及跟踪管理等工作,保证筹资活动按计划进行,妥善管理所筹集的资金,保证资金的安全性。

(5) 筹资后管理。筹集资金到位以后,企业应该做好筹资费用的计提、支付以及会计核算等工作。对于债券类筹资,企业应按时计提并及时支付债务利息,保持良好的信用记录,对于股权类筹资,企业应制订科学合理并能让股东满意的股利支付方案,并严格按方案支付股利。筹资费用的管理事关资金提供者的积极性,对培养企业良好的筹资环境极为重要。

筹资活动的关键控制点、控制目标和控制措施见表5-1。

表5-1　筹资活动的关键控制点、控制目标和控制措施

关键控制点	控制目标	控制措施
提出筹资方案	进行筹资方案可行性论证	(1) 进行筹资方案的战略性评估,包括是否与企业发展战略相符合,筹资规模是否适当 (2) 进行筹资方案的经济性评估,如筹资成本是否最低,资本结构是否恰当,筹资成本与资金收益是否匹配 (3) 进行筹资方案的风险性评估,如筹资方案面临哪些风险,风险大小是否适当、可控,是否与收益匹配
筹资方案审批	选择批准最优筹资方案	(1) 根据分级授权审批制度,按照规定程序严格审批经过可行性论证的筹资方案 (2) 审批中应实行集体审议或联签制度,保证决策的科学性
制订筹资计划	制订切实可行的具体筹资计划,科学规划筹资活动,保证低成本、高效率筹资	(1) 根据筹资方案,结合当时经济金融形势,分析不同筹资方式的资金成本,正确选择筹资方式和不同方式的筹资数量,财务部门或资金管理部门制订具体筹资计划 (2) 根据授权审批制度报有关部门批准
实施筹资	保证筹资活动正确、合法、有效地进行	(1) 根据筹资计划进行筹资 (2) 签订筹资协议,明确权利与义务 (3) 按照岗位分离与授权审批制度,各环节和各责任人正确履行审批监督责任,实施严密的筹资程序控制和岗位分离控制 (4) 做好严密的筹资记录,发挥会计控制的作用
筹资活动评价与责任追究	保证筹集资金的正确有效使用,维护筹资信用	(1) 促成各部门严格按照确定的用途使用资金 (2) 监督检查,督促各环节严密保管未发行的股票、债券 (3) 监督检查,督促正确计提、支付利息 (4) 加强债务偿还和股利支付环节的监督管理 (5) 评价筹资活动过程,追究违规人员责任

二、投资活动

企业投资活动是筹资活动的延续,也是筹资的重要目的之一。投资活动作为企业的一种盈利活动,对于筹资成本补偿和企业利润创造,具有举足轻重的意义。企业应该根据自身发展战略和规划,结合企业资金状况以及筹资可能性,拟订投资目标,制订投资计划,合理安排资金投放的数量、结构、方向与时机,慎选投资项目,突出主业,谨慎从事股票或衍生金融工具等高风险投资。境外投资还应考虑政治、经济、金融、法律、市场等环境因素。如果采用并购方式进行投资,应当严格控制并购风险,注重并购协同效应的发挥。

**知网下载**

(1)《周礼》财计体制及其内部控制思想;

(2) 金融危机中投资银行的内部控制研究——以美国雷曼兄弟公司为例;

(3) 项目投资内部控制关键环节探讨——以B公司生产线工程建设项目为例。

(一) 投资活动的业务流程

企业应该根据不同投资类型的业务流程,以及流程中各个环节体现出来的风险,采用不同的具体措施进行投资活动的内部控制。投资活动业务流程如图5-2所示,一般包括以下几点:

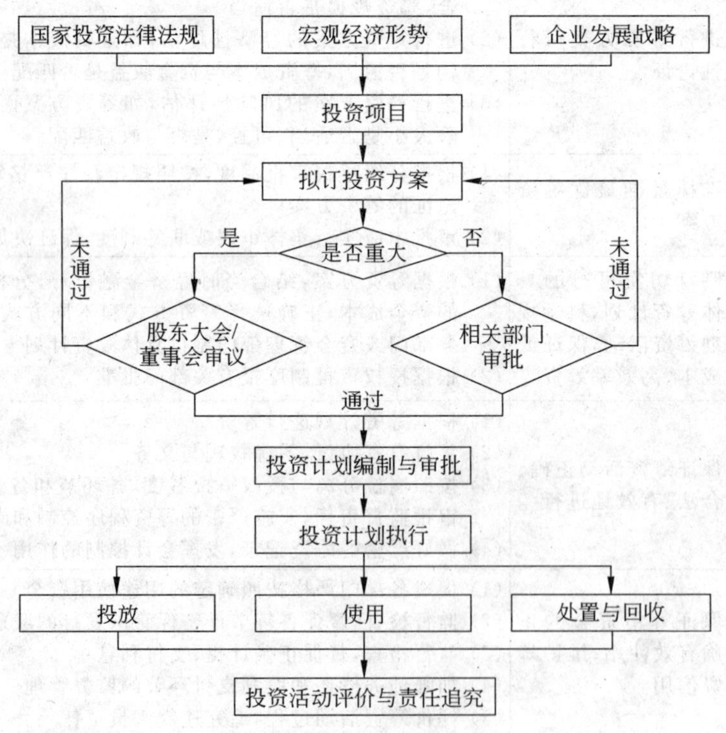

图5-2 投资活动业务流程

(1) 拟订投资方案。应根据企业发展战略、宏观经济环境、市场状况等,提出本企业的投资项目规划。在对规划进行筛选的基础上,确定投资项目。

(2) 投资方案可行性论证。对投资项目应进行严格的可行性研究与分析。可行性研究需要从投资战略是否符合企业的发展战略、是否有可靠的资金来源、能否取得稳定的投资收益、投资风险是否处于可控或可承担范围内、投资活动的技术可行性、市场容量与前景等几个方面进行论证。

(3) 投资方案决策。按照规定的权限和程序对投资项目进行决策审批,要通过分级审批,集体决策来进行,决策者应与方案制订者适当分离。重点审查投资方案是否可行、投资项目是否符合投资战略目标和规划、是否具有相应的资金能力、投入资金能否按时收回、预计收益能否实现,以及投资和并购风险是否可控等。重大投资项目,应当报经董事会或股东(大)会批准。投资方案需要经过有关管理部门审批的,应当履行相应的报批程序。

(4) 投资计划编制与审批。根据审批通过的投资方案,与被投资方签订投资合同或协议,编制详细的投资计划,落实不同阶段的资金投资数量、投资具体内容、项目进度、完成时间、质量标准与要求等,并按程序报经有关部门批准。签订投资合同。

(5) 投资计划实施。投资项目往往周期较长,企业需要指定专门机构或人员对投资项目进行跟踪管理,进行有效管控。在投资项目执行过程中,必须加强对投资项目的管理,密切关注投资项目的市场条件和政策变化,准确做好投资项目的会计记录和处理。企业应及时收集被投资方经审计的财务报告等相关资料,定期组织投资效益分析,关注被投资方的财务状况、经营成果、现金流量以及投资合同履行情况,发现异常情况的,应当及时报告并妥善处理。同时,在项目实施中,还必须根据各种条件,准确对投资的价值进行评估,根据投资项目的公允价值进行会计记录。如果发生投资减值,应及时提取减值准备。

(6) 投资项目的到期处置。对已到期投资项目的处置同样要经过相关审批流程,妥善处置并实现企业最大的经济收益。企业应加强投资收回和处置环节的控制,对投资收回、转让、核销等决策和审批程序作出明确规定。重视投资到期本金的回收;转让投资应当由相关机构或人员合理确定转让价格,报授权批准部门批准,必要时可委托具有相应资质的专门机构进行评估;核销投资应当取得不能收回投资的法律文书和相关证明文件。

(二) 投资活动的主要风险点及管控措施

投资活动的主要风险点及管控措施主要有以下几个。

(1) 投资活动与企业战略不符带来的风险。企业发展战略是企业投资活动、生产经营活动的指南和方向。企业投资活动应该以企业发展战略为导向,正确选择投资项目,合理确定投资规模,恰当权衡收益与风险。要突出主业,妥善选择并购目标,控制并购风险;要避免盲目投资,或者贪大贪快,乱铺摊子,以及投资无所不及、无所不能的现象。

(2) 投资与筹资在资金数量、期限、成本与收益上不匹配的风险。投资活动的资金需求,需要通过筹资予以满足。不同的筹资方式,可筹集资金的数量、偿还期限、筹资成本不一样,这就要求投资应量力而为,不可贪大求全,超过企业资金实力和筹资能力进行投资;投资的现金流量在数量和时间上要与筹资现金流量保持一致,以避免财务危机发生;投资收益要与筹资成本相匹配,保证筹资成本的足额补偿和投资营利性。

(3) 投资活动忽略资产结构与流动性的风险。企业的投资活动会形成特定资产,并由此影响企业的资产结构与资产流动性。对企业而言,资产流动性和营利性是一对矛盾,这就要求企业投资中要恰当处理资产流动性和营利性的关系,通过投资保持合理的资产结构,在保证企业资产适度流动性的前提下追求最大营利性,这也就是投资风险与收益均衡问题。

(4) 缺乏严密的授权审批制度和不相容职务分离制度的风险。授权审批制度是保证投资活动合法性和有效性的重要手段。不相容职务分离制度则通过相互监督与牵制,保证投资活动在严格控制下进行,这是堵塞漏洞、防止舞弊的重要手段。没有严格的授权审批制度和不相容职务分离制度,企业投资就会呈现出随意、无序、无效的状况,导致投资失误和企业生产经营失败。因此,授权审批制度和不相容职务分离制度是投资内部控制、防范风险的重要手段。同时,与投资责任制度相适应,还应建立严密的责任追究制度,使责、权、利得到统一。

百度自查

值得学习的好制度:

(1) 罗平锌电(002214)风险投资管理制度;

(2) 网宿科技(600507)对外投资管理制度。

(5) 缺乏严密的投资资产保管与会计记录的风险。投资是直接使用资金的行为,也是形成企业资产的过程,容易发生各种舞弊行为。在严密的授权审批制度和不相容职务分离制度以外,是否有严密的投资资产保管制度和会计控制制度,也是避免投资风险、影响投资成败的重要因素。企业应建立严密的资产保管制度,明确保管责任,建立健全账簿体系,严格账簿记录,通过账簿记录对投资资产进行详细、动态反映和控制。

投资业务的关键风险控制点、控制目标和控制措施详见表5-2。

表5-2 投资业务的关键风险控制点、控制目标和控制措施

风险控制点	控制目标	控制措施
提出投资方案	进行投资方案可行性论证	(1) 进行投资方案的战略性评估,包括是否与企业发展战略相符合; (2) 投资规模、方向和时机是否适当; (3) 对投资方案进行技术、市场、财务可行性研究,深入分析项目的技术可行性与先进性、市场容量与前景,以及项目预计现金流量、风险与报酬,比较或评价不同项目的可行性
投资方案审批	选择批准最优投资方案	(1) 明确审批人对投资业务的授权批准方式、权限、程序和责任,不得越权; (2) 审批中应实行集体决策审议或者联签制度; (3) 与有关被投资方签署投资协议
编制投资计划	制订切实可行的具体投资计划,作为项目投资的控制依据	(1) 核查企业当前资金额及正常生产经营预算对资金的需求量,积极筹措投资项目所需资金; (2) 制订详细的投资计划,并根据授权审批制度报有关部门审批

续表

风险控制点	控制目标	控制措施
实施投资方案	保证投资活动按计划合法、有序、有效地进行	(1) 根据投资计划进度，严格分期、按进度适时投放资金，严格控制资金流量和时间； (2) 以投资计划为依据，按照职务分离制度和授权审批制度，各环节和各责任人正确履行审批监督责任，对项目实施过程进行监督和控制，防止各种舞弊行为，保证项目建设的质量和进度要求； (3) 做好严密的会计记录，发挥会计控制的作用； (4) 做好跟踪分析工作，及时评价投资的进展，将分析和评价的结果反馈给决策层，以便及时调整投资策略或制定投资退出策略
投资资产处置控制	保证投资资产的处置符合企业的利益	(1) 投资资产的处置应该通过专业中介机构，选择相应的资产评估方法，客观评估投资价值，同时确定处置策略； (2) 投资资产的处置必须经过董事会的授权批准

三、资金营运活动

资金营运，是指企业日常生产经营中合理组织和调度各类资金，保证各类资金正常循环周转的行为。资金营运有广义和狭义之分。广义的资金营运，是企业筹资取得资金以后，进而使用资金盈利的过程；狭义的资金营运，则是与企业投资活动相应对立的一种行为，是企业投资形成项目或资产以后，有效组织项目或资产运营、获得收益的过程，包括企业从货币资金开始，通过采购取得各类存货物资，再组织生产和销售，进行成本补偿和利润分配的全部过程。本章使用狭义的资金营运的概念。

知网下载

(1) 货币资金内部控制一般理论及应用研究——以某房地产公司货币资金内部控制分析为例；

(2) 强化理念抓准重点提高内部控制效率——中海集团“资金门”事件的教训与启示；

(3) ERP 系统环境下货币资金控制的特点和内部控制设计——基于某集团企业实施 ERP 案例的分析；

(4) 企业集团资金内部控制制度构建——以 D 集团内部结算中心模式为例；

(5) 黑龙江省乳制品行业营运资金内控管理研究。

企业资金营运内部控制的主要目标是：①保持生产经营各环节资金供求的动态平衡。企业应当将资金合理安排到采购、生产、销售等各环节，做到实物流和资金流的相互协调、资金收支在数量上及在时间上相互协调。②促进资金合理循环和周转，提高资金使用效率。资金只有在不断流动的过程中才能带来价值增值。加强资金营运的内部控制，就是要努力促使资金正常周转，为短期资金寻找适当投资机会，避免出现资金闲置和沉淀等低效现象。③确保资金安全。企业的资金营运活动大多与流动资金尤其是货币资金相关，这些资金由于流动性很强，出现错弊的可能性更大，保护资金安全的要求更迫切。

(一)资金营运活动的业务流程

企业资金营运活动是一种价值运动,为保证资金价值运动的安全、完整、有效,企业资金营运活动应按照设计严密的流程进行控制。

(1)资金收付需要以业务发生为基础。企业资金收付,应该有根有据,不能凭空付款或收款。所有收款或者付款需求,都是由特定的业务引起,因此,有真实的业务发生,是资金收付的基础。

(2)企业授权部门审批。收款方应该向对方提交相关业务发生的票据或者证明,收取资金。资金支付涉及企业经济利益流出,应严格履行授权分级审批制度。不同责任人应该在自己授权范围内,审核业务的真实性、金额的准确性,以及申请人提交票据或者证明的合法性,严格监督资金支付。

(3)财务部门复核。财务部门收到经过企业授权部门审批签字的相关凭证或证明后,应再次复核业务的真实性,金额的准确性,以及相关票据的齐备性,相关手续的合法性和完整性,并签字认可。

(4)出纳或资金管理部门在收款人签字后,根据相关凭证支付资金。

(二)资金营运的主要风险点及管控措施

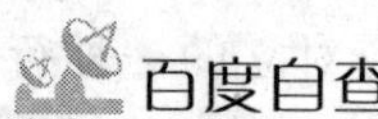
百度自查

值得学习的好制度:

(1)广弘控股(000529)资金管理办法;

(2)ST 嘉瑞(000156)印章管理制度;

(3)北京利尔(002392)防范控股股东及关联方占用上市公司资金管理制度;

(4)富临运业(002357)资金调拨支付审批权限及票据传递程序管理办法。

资金营运内部控制的主要风险点及管控措施主要有以下几个。

(1)审批控制点。把收支审批点作为关键点,是为了控制资金的流入和流出,审批权限的合理划分是资金营运活动业务顺利开展的前提条件。审批活动关键点包括:制订资金的限制接近措施,经办人员进行业务活动时应该得到授权审批,任何未经授权的人员不得办理资金收支业务;使用资金的部门应提出用款申请,记载用途、金额、时间等事项;经办人员在原始凭证上签章;经办部门负责人、主管总经理和财务部门负责人审批并签章。

(2)复核控制点。复核控制点是减少错误和舞弊的重要措施。根据企业内部层级的隶属关系可以划分为纵向复核和横向复核这两种类型。前者是指上级主管对下级活动的复核;后者是指平级或无上下级关系人员的相互核对,如财务系统内部的核对。复核关键点包括:资金营运活动会计主管审查原始凭证反映的收支业务是否真实合法,经审核通过并签字盖章后才能填制原始凭证;凭证上的主管、审核、出纳和制单等印章是否齐全。

(3)收付控制点。资金的收付导致资金流入流出,反映着资金的来龙去脉。该控制点包括：出纳人员按照审核后的原始凭证收付款对已完成收付的凭证加盖戳记，并登记日记账；主管会计人员及时准确地记录在相关账簿中，定期与出纳人员的日记账核对。

（4）记账控制点。资金的凭证和账簿是反映企业资金流入流出的信息源，如果记账环节出现管理漏洞，很容易导致整个会计信息处理结果失真。记账控制点包括：出纳人员根据资金收付凭证登记日记账，会计人员根据相关凭证登记有关明细分类账；主管会计登记总分类账。

（5）对账控制点。对账是账簿记录系统的最后一个环节，也是报表生成前一个环节，对保证会计信息的真实性起到重要作用。对账控制点包括：账证核对、账账核对、账表核对、账实核对等。

（6）银行账户管理控制点。企业应当严格按照《支付结算办法》等国家有关规定，加强银行账户的管理，严格按规定开立账户，办理存款、取款和结算。银行账户管理的关键控制点包括银行账户的开立、使用和撤销是否有授权，下属企业或单位是否有账外账。

（7）印章保管控制点。印章是明确责任、表明业务执行及完成情况的标记。印章的保管要贯彻不相容职务分离的原则，严禁将办理资金支付业务的相关印章和票据集中让一人保管，印章要与空白票据分管，财务专用章要与企业法人章分管。

资金运营内部控制的关键风险控制点、控制目标及控制措施见表5-3。

表5-3　资金运营内部控制的关键风险控制点、控制目标及控制措施

风险控制点	控制目标	控制措施
审批	合法性	未经授权不得经办资金收付业务；明确不同级别管理人员的权限
复核	真实性与合法性	会计对相关凭证进行横向复核和纵向复核
收付	收入入账完整，支出手续完备	出纳根据审核后的相关收付款原始凭证收款和付款，并加盖戳记
记账	真实性	出纳人员根据资金收付凭证登记日记账，会计人员根据相关凭证登记有关明细分类账；主管会计登记总分类账
对账	真实性和财产安全	账证核对、账账核对、账表核对与账实核对
保管	财产安全与完整	授权专人保管资金；定期、不定期盘点
银行账户管理	防范小金库；加强业务管控	开立、使用与撤销的授权；是否有账外账
票据与印章管理	财产安全	票据统一印制或购买；票据由专人保管；印章与空白票据分管；财务专用章与企业法人章分管

第二节　采购业务内部控制

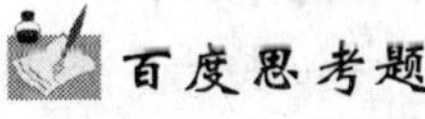

想一想下列公司的采购问题：

（1）云南红塔集团的烟叶采购问题；

(2) 内蒙古大地基础制糖子公司的甜菜采购问题；

(3) 武汉钢铁集团公司煤的采购问题；

(4) 重庆山城啤酒的啤酒瓶回收问题。

说明：它们的共同点是：一、存在“二次入库”问题，并且首次入库与二次入库客观上存在数量差异，这就加大了内控的难度。例如，烟叶、甜菜由于存在除杂率、降土率以及含水量的自然差异必然导致两次入库存在量的差异。二、盘存难度大，事后监督几乎不可能，例如，煤不仅库存量大，且每天动态变化，同时，煤的吸水性很强，很可能在盘存的头一天晚上被灌水而导致盘存失败。

采购是指企业购买物资(或接受劳务)及支付款项等相关活动。其中，物资主要包括企业的原材料、商品、工程物资、固定资产等。采购是企业生产经营的起点，既是企业的“实物流”的重要组成部分，又与“资金流”密切关联。采购物资的质量和价格、供应商的选择、采购合同的订立、物资的运输、验收等供应链状况，在很大程度上决定了企业的生存与可持续发展。采购流程的环节虽不很复杂，但蕴藏的风险却是巨大的。

百度案例

浙江亚伦集团(滁州市)系国家二级企业，中国行业百强企业、全国造纸行业重点骨干企业。年上缴利税达2 000多万元，在一个财政收入不及1个亿的龙游县里，它在当地经济发展中的作用举足轻重。被称为水松纸“致富带头人”的王品发于1993年走马上任，成为亚伦集团的总经理、党委书记，1995年又兼任集团公司董事长。从一名政工干部走上企业经营者的岗位，王品发有些眼花缭乱，世界观、人生观开始错位，并利用采购进行大量敛财，主要采用盲目采购、收受回扣、虚报损耗、混淆采购成本、验收不严、以少报多、以次充好、违规结算、资金流失等手段。

一、采购业务的业务流程

采购业务流程主要涉及编制需求计划和采购计划、请购、选择供应商、确定采购价格、订立框架协议或采购合同、管理供应过程、验收、退货、付款、会计控制等环节。图5-3给出的采购业务流程适用于各类企业的一般采购业务，具有通用性。企业在实际开展采购业务时，可以参照此流程，并结合自身情况予以扩充和具体化。

二、采购业务的主要风险点及其管控措施

知网下载

(1) 企业内部控制制度的构建——基于阳泉市政府采购中心的案例研究；

(2) 采购质量管理、内部控制与企业生存——基于利达公司致命玩偶案例的思考；

(3) 浅论材料采购业务的内部控制与评价——基于“爱劳自动化”的案例分析；

(4) ERP系统环境下的采购与付款业务风险分析与内部控制设计——基于某企业集团实施ERP案例的思考。

采购业务的主要风险点及管控措施主要有以下几个。

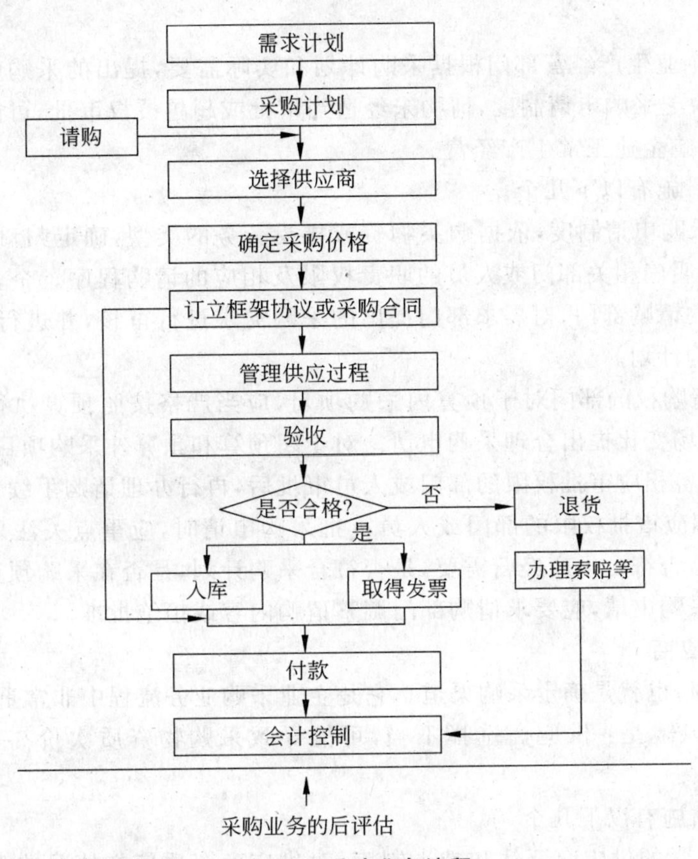

图 5-3　采购业务流程

1. 编制需求计划和采购计划

采购业务从计划(或预算)开始,包括需求计划和采购计划。企业实务中,需求部门一般根据生产经营需要向采购部门提出物资需求计划,采购部门根据该需求计划归类汇总平衡现有库存物资后,统筹安排采购计划,并按规定的权限和程序审批后执行。该环节的主要风险是:需求或采购计划不合理、不按实际需求安排采购或随意超计划采购,甚至与企业生产经营计划不协调等。

主要管控措施有以下几个。

(1) 生产、经营、项目建设等部门,应当根据实际需求准确、及时编制需求计划。需求部门提出需求计划时,不能指定或变相指定供应商。对独家代理、专有、专利等特殊产品应提供相应的独家、专有资料,经专业技术部门研讨后,经具备相应审批权限的部门或人员审批。

(2) 采购计划是企业年度生产经营计划的一部分,在制订年度生产经营计划的过程中,企业应当根据发展目标的实际需要,结合库存和在途情况,科学安排采购计划,防止采购过高或过低。

(3) 采购计划应纳入采购预算管理,经相关负责人审批后,作为企业刚性指令严格执行。

2. 请购

请购是指企业生产经营部门根据采购计划和实际需要,提出的采购申请。该环节的主要风险是:缺乏采购申请制度,请购未经适当审批或超越授权审批,可能导致采购物资过量或短缺,影响企业正常生产经营。

主要管控措施有以下几个。

(1) 建立采购申请制度,依据购买物资或接受劳务的类型,确定归口管理部门,授予相应的请购权,明确相关部门或人员的职责权限及相应的请购程序。企业可以根据实际需要设置专门的请购部门,对需求部门提出的采购需求进行审核,并进行归类汇总,统筹安排企业的采购计划。

(2) 具有请购权的部门对于预算内采购项目,应当严格按照预算执行进度办理请购手续,并根据市场变化提出合理采购申请。对于超预算和预算外采购项目,应先履行预算调整程序,由具备相应审批权限的部门或人员审批后,再行办理请购手续。

(3) 具备相应审批权限的部门或人员审批采购申请时,应重点关注采购申请内容是否准确、完整,是否符合生产经营需要,是否符合采购计划,是否在采购预算范围内等。对不符合规定的采购申请,应要求请购部门调整请购内容或拒绝批准。

3. 选择供应商

选择供应商,也就是确定采购渠道。它是企业采购业务流程中非常重要的一个环节。该环节的主要风险是:供应商选择不当,可能导致采购物资质次价高,甚至出现舞弊行为。

主要管控措施有以下几个。

(1) 建立科学的供应商评估和准入制度,对供应商资质信誉情况的真实性和合法性进行审查,确定合格的供应商清单,健全企业统一的供应商网络。企业新增供应商的市场准入、供应商新增服务关系以及调整供应商物资目录,都要由采购部门根据需要提出申请,并按规定的权限和程序审核批准后,纳入供应商网络。企业可委托具有相应资质的中介机构对供应商进行资信调查。

(2) 采购部门应当按照公平、公正和竞争的原则,择优确定供应商,在切实防范舞弊风险的基础上,与供应商签订质量保证协议。

(3) 建立供应商管理信息系统和供应商淘汰制度,对供应商提供物资或劳务的质量、价格、交货及时性、供货条件及其资信、经营状况等进行实时管理和考核评价。根据考核评价结果,提出供应商淘汰和更换名单,经审批后对供应商进行合理选择和调整,并在供应商管理系统中作出相应记录。

4. 确定采购价格

如何以最优"性价比"采购到符合需求的物资,是采购部门的永恒主题。该环节的主要风险是:采购定价机制不科学,采购定价方式选择不当,缺乏对重要物资品种价格的跟踪监控,引起采购价格不合理,可能造成企业资金损失。

主要管控措施有以下几个。

(1) 健全采购定价机制,采取协议采购、招标采购、询比价采购、动态竞价采购等多种方式,科学合理地确定采购价格。对标准化程度高、需求计划性强、价格相对稳定的物资,通过招标、联合谈判等公开、竞争方式签订框架协议。

(2) 采购部门应当定期研究大宗通用重要物资的成本构成与市场价格变动趋势，确定重要物资品种的采购执行价格或参考价格。建立采购价格数据库，定期开展重要物资的市场供求形势及价格走势商情分析并合理利用。

5. 订立框架协议或采购合同

框架协议是企业与供应商之间为建立长期物资购销关系而作出的一种约定。采购合同是指企业根据采购需要、确定的供应商、采购方式、采购价格等情况与供应商签订的具有法律约束力的协议，该协议对双方的权利、义务和违约责任等情况作出了明确规定（企业向供应商支付合同规定的金额、结算方式，供应商按照约定时间、期限、数量与质量、规格交付物资给采购方）。该环节的主要风险是：框架协议签订不当，可能导致物资采购不顺畅；未经授权对外订立采购合同，合同对方主体资格、履约能力等未达要求、合同内容存在重大疏漏和欺诈，可能导致企业合法权益受到侵害。

主要管控措施有以下几个。

(1) 对拟签订框架协议的供应商的主体资格、信用状况等进行风险评估；框架协议的签订应引入竞争制度，确保供应商具备履约能力。

(2) 根据确定的供应商、采购方式、采购价格等情况，拟订采购合同，准确描述合同条款，明确双方权利、义务和违约责任，按照规定权限签署采购合同。对于影响重大、涉及较高专业技术或法律关系复杂的合同，应当组织法律、技术、财会等专业人员参与谈判，必要时可聘请外部专家参与相关工作。

(3) 对重要物资验收量与合同量之间允许的差异，应当作出统一规定。

6. 管理供应过程

管理供应过程，主要是指企业建立严格的采购合同跟踪制度，科学评价供应商的供货情况，并根据合理选择的运输工具和运输方式，办理运输、投保等事宜，实时掌握物资采购供应过程的情况。该环节的主要风险是：缺乏对采购合同履行情况的有效跟踪，运输方式选择不合理，忽视运输过程风险，可能导致采购物资损失或无法保证供应。

主要管控措施有以下几个。

(1) 依据采购合同中确定的主要条款跟踪合同履行情况，对有可能影响生产或工程进度的异常情况，应出具书面报告并及时提出解决方案，采取必要措施，保证需求物资的及时供应。

(2) 对重要物资建立并执行合同履约过程中的巡视、点检和监造制度。对需要监造的物资，择优确定监造单位，签订监造合同，落实监造责任人，审核确认监造大纲，审定监造报告，并及时向技术等部门通报。

(3) 根据生产建设进度和采购物资特性等因素，选择合理的运输工具和运输方式，办理运输、投保等事宜。

(4) 实行全过程的采购登记制度或信息化管理，确保采购过程的可追溯性。

7. 验收

验收是指企业对采购物资和劳务的检验接收，以确保其符合合同相关规定或产品质量要求。该环节的主要风险是：验收标准不明确、验收程序不规范、对验收中存在的异常情况不作处理,可能造成账实不符、采购物资损失。

主要管控措施有以下几个。

(1) 制定明确的采购验收标准,结合物资特性确定必检物资目录,规定此类物资出具质量检验报告后方可入库。

(2) 验收机构或人员应当根据采购合同及质量检验部门出具的质量检验证明,重点关注采购合同、发票等原始单据与采购物资的数量、质量、规格型号等核对一致。对验收合格的物资,填制入库凭证,加盖物资"收讫章",登记实物账,及时将入库凭证传递给财务部门。物资入库前,采购部门须检查质量保证书、商检证书或合格证等证明文件。验收时涉及技术性强的、大宗的以及新、特物资,还应进行专业测试,必要时可委托具有检验资质的机构或聘请外部专家协助验收。

(3) 对于验收过程中发现的异常情况,如无采购合同或大额超采购合同的物资、超采购预算采购的物资、毁损的物资等,验收机构或人员应当立即向企业有权管理的相关机构报告,相关机构应当查明原因并及时处理。对于不合格物资,采购部门依据检验结果办理让步接收、退货、索赔等事宜。对延迟交货造成生产建设损失的,采购部门要按照合同约定索赔。

8. 付款

付款是指企业在对采购预算、合同、相关单据凭证、审批程序等内容审核无误后,按照采购合同规定及时向供应商办理支付款项的过程。该环节的主要风险是:付款审核不严格、付款方式不恰当、付款金额控制不严,可能导致企业资金损失或信用受损。

主要管控措施:企业应当加强采购付款的管理,完善付款流程,明确付款审核人的责任和权力,严格审核采购预算、合同、相关单据凭证、审批程序等相关内容,审核无误后按照合同规定,合理选择付款方式,及时办理付款。要着力关注以下几个方面。

(1) 严格审查采购发票等票据的真实性、合法性和有效性,判断采购款项是否确实应予支付。如审查发票填制的内容是否与发票种类相符合、发票加盖的印章是否与票据的种类相符合等。企业应当重视采购付款的过程控制和跟踪管理,如果发现异常情况,应当拒绝向供应商付款,避免出现资金损失和信用受损的现象。

(2) 根据国家有关支付结算的相关规定和企业生产经营的实际,合理选择付款方式,并严格遵循合同规定,防范付款方式不当带来的法律风险,保证资金安全。除了不足转账起点金额的采购可以支付现金外,采购价款应通过银行办理转账。

(3) 加强预付账款和定金的管理,涉及大额或长期的预付款项,应当定期进行追踪核查,综合分析预付账款的期限、占用款项的合理性、不可收回风险等情况,发现有疑问的预付款项,应当及时采取措施,尽快收回款项。

另外,由于采购业务对企业生存与发展具有重要影响,企业应当建立采购业务后评估制度。即企业应当定期对物资需求计划、采购计划、采购渠道、采购价格、采购质量、采购成本、协调或合同签约与履行情况等物资采购供应活动进行专项评估和综合分析,及时发现采购业务薄弱环节,优化采购流程;同时,将物资需求计划管理、供应商管理、储备管理等方面的关键指标纳入业绩考核体系,促进物资采购与生产、销售等环节的有效衔接,不断防范采购风险,全面提升采购效率。

百度思考题

长期以来，以药养医、药品价格虚高等问题一直困扰着我国公共卫生改革与发展。近年来，国家大力推行“两票制”，其目的是通过减少药品流通环节，来挤压药品价格中的水分，请从内部控制的角度，谈谈药品采购问题。

第三节　资产管理控制

资产作为企业重要的经济资源，是企业从事生产经营活动并实现发展战略的物质基础。资产管理贯穿于企业生产经营全过程，也就是通常所说的“实物流”管控。在企业早期的资产管理实践中，如何保障货币性资产的安全是内部控制的重点。在现代企业制度下，资产业务内部控制已从如何防范资金挪用、非法占用和实物资产被盗拓展到重点关注资产效能，充分发挥资产资源的物质基础作用。鉴于资产管理的重要性，《企业内部控制基本规范》将合理保证资产安全作为内部控制目标之一，同时单独制定了《企业内部控制应用指引第 8 号——资产管理》，着重对存货、固定资产和无形资产等资产提出了全面风险管控要求，旨在促进企业在保障资产安全的前提下，提高资产效能。

一、存货管理

（一）存货管理的业务流程

存货主要包括原材料、在产品、产成品、半成品、商品及周转材料等；企业代销、代管、代修、受托加工的存货，虽不归企业所有，也应纳入企业存货管理范畴。不同类型的企业有不同的存货业务特征和管理模式；即使同一企业，不同类型存货的业务流程和管控方式也可能不尽相同。企业建立和完善存货内部控制制度，需要结合本企业的生产经营特点，针对业务流程中主要风险点和关键环节，制定有效的控制措施；同时，充分利用计算机信息管理系统，强化会计、出入库等相关记录，确保存货管理全过程的风险得到有效控制。

知网下载

(1) 浅析制造企业存货的内部控制——以一制造企业为例；

(2) 基于风险管理的存货内部控制研究——以某化工集团股份有限公司为例；

(3) 中小企业存货内部控制调查与研究——以东莞市服装制造业为例；

(4) 基于风险管理的存货内部控制研究——以某化工集团股份有限公司为例；

(5) 基于南通金锐包装的运营案例对企业存货管理问题的探讨。

图 5-4 列示了生产企业存货流转的程序。一般生产企业的存货业务流程可分为取得、验收、仓储保管、生产加工、盘点处置 4 个阶段，历经取得存货、验收入库、仓储保管、领用发出、原料加工、装配包装、盘点清查、销售处置等主要环节。具体到某个特定生产企业，存货业务流程可能较为复杂，不仅涉及上述所有环节，甚至有更多、更细的流程，且存货在企业内部要经历多次循环。例如，原材料要经历验收入库、领用加工，形成半成品后又入库保存或现场保管、领用半成品继续加工，加工完成为产成品后再入库保存，直至发

出销售等过程。也有部分生产企业的生产经营活动较为简单,其存货业务流程可能只涉及上述阶段中的某几个环节。

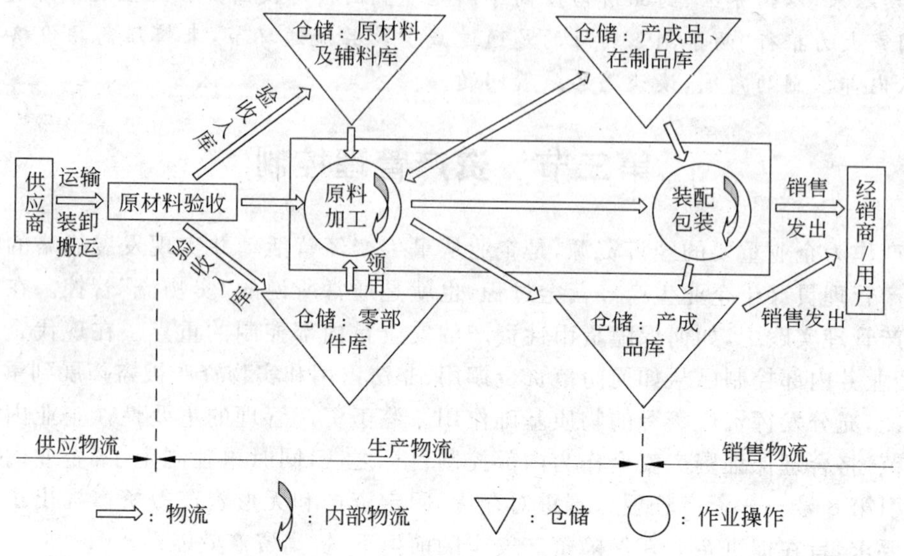

图 5-4 生产企业存货流转的程序

图 5-5 列示了商品流通企业存货流转的程序。零售商从生产企业或批发商(经销商)那里取得商品,经验收后入库保管或者直接放置在经营场所对外销售。例如,仓储式超市货架里摆放的商品就是超市的存货,商品仓储与销售过程紧密联系在一起。

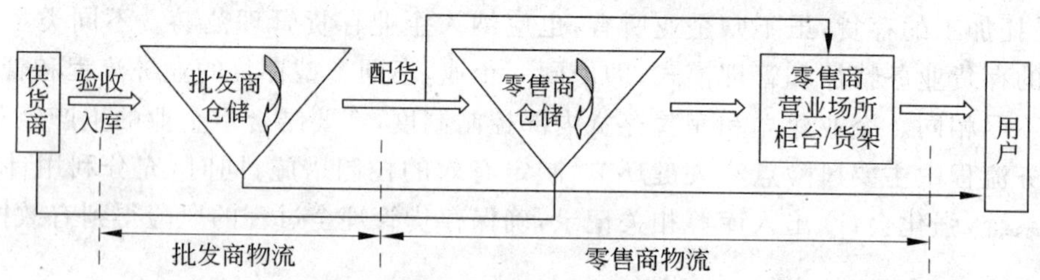

图 5-5 商品流通企业存货流转的程序

(二)存货管理的主要风险点及管控措施

百度自查

值得学习的好制度:

(1) 精伦电子(600355)存货盘点与报废制度;

(2) 四川圣达(000835)费用支出管理制度;

(3) 东华能源(002221)液化石油气成本锁定业务管理制度;

(4) 联环药业(600513)专业推广队伍2010年度行政费用管理制度。

无论是生产企业,还是商品流通企业,取得存货、验收入库、仓储保管、领用发出、盘点清查、存货处置等都是其共有的环节。存货管理的主要风险控制点及管控措施主要有以下几方面。

1. **取得存货**

存货取得有外购、委托加工或自行生产等多种方式，企业应根据行业特点、生产经营计划和市场因素等综合考虑，本着成本效益原则，确定不同类型的存货取得方式。该环节的主要风险是：存货预算编制不科学、采购计划不合理，可能导致存货积压或短缺。

主要管控措施：企业存货管理实务中，应当根据各种存货采购间隔期和当前库存，综合考虑企业生产经营计划、市场供求等因素，充分利用信息系统，合理确定存货采购日期和数量，确保存货处于最佳库存状态。考虑到存货取得的风险管控措施主要体现在预算编制和采购环节，将由相关的预算和采购内部控制应用指引加以规范。

2. **验收入库**

不论是外购原材料或商品，还是本企业生产的产品，都必须经过验收（质检）环节，以保证存货的数量和质量符合合同等有关规定或产品质量要求。该环节的主要风险是：验收程序不规范、标准不明确，可能导致数量克扣、以次充好、账实不符。

主要管控措施：企业应当重视存货验收工作，规范存货验收程序和方法，着力做好以下工作。

（1）外购存货的验收应当重点关注合同、发票等原始单据与存货的数量、质量、规格等核对一致。涉及技术含量较高的货物，必要时可委托具有检验资质的机构或聘请外部专家协助验收。

（2）自制存货的验收，应当重点关注产品质量，通过检验合格的半成品、产成品才能办理入库手续，不合格品应及时查明原因、落实责任、报告处理。

（3）其他方式取得存货的验收，应当重点关注存货来源、质量状况、实际价值是否符合有关合同或协议的约定。经验收合格的存货进入入库或销售环节。仓储部门对于入库的存货，应根据入库单的内容对存货的数量、质量、品种等进行检查，符合要求的予以入库；不符合要求的，应当及时办理退换货等相关事宜。入库记录要真实、完整，定期与财会等相关部门核对，不得擅自修改。

3. **仓储保管**

一般而言，生产企业为保证生产过程的连续性，需要对存货进行仓储保管；商品流通企业的存货从购入到销往客户之间也存在仓储保管环节。该环节的主要风险是：存货仓储保管方法不适当、监管不严密，可能导致损坏变质、价值贬损、资源浪费。

主要管控措施有以下几个。

（1）存货在不同仓库之间流动时，应当办理出入库手续。

（2）存货仓储期间要按照仓储物资所要求的储存条件妥善储存，做好防火、防洪、防盗、防潮、防病虫害、防变质等保管工作，不同批次、型号和用途的产品要分类存放。生产现场的在加工原料、周转材料、半成品等要按照有助于提高生产效率的方式摆放，同时防止浪费、被盗和流失。

（3）对代管、代销、暂存、受托加工的存货，应单独存放和记录，避免与本单位存货混淆。

(4) 结合企业实际情况,加强存货的保险投保,保证存货安全,合理降低存货意外损失风险。

(5) 仓储部门应对库存物料和产品进行每日巡查与定期抽检,详细记录库存情况;发现毁损、存在跌价迹象的,应及时与生产、采购、财务等相关部门沟通。对于进入仓库的人员应办理进出登记手续,未经授权人员不得接触存货。

4. 领用发出

生产企业、生产部门领用原材料、辅料、燃料和零部件等用于生产加工;仓储部门根据销售部门开出的发货单向经销商或用户发出产成品;商品流通领域的批发商根据合同或订货单等向下游经销商或零售商发出商品;消费者凭交款凭证等从零售商处取走商品等,都涉及存货领用发出问题。该环节的主要风险是:存货领用发出审核不严格、手续不完备,可能导致货物流失。

主要管控措施:企业应当根据自身的业务特点,确定适用的存货发出管理模式,制定严格的存货准出制度,明确存货发出和领用的审批权限,健全存货出库手续,加强存货领用记录。通常情况下,对于一般的生产企业,仓储部门应核对经过审核的领料单或发货通知单的内容,做到单据齐全,名称、规格、计量单位准确;符合条件的准予领用或发出,并与领用人当面核对、点清交付。在商场超市等商品流通企业,在存货销售发出环节应侧重于防止商品失窃、随时整理弃置商品、每日核对销售记录和库存记录等。无论是何种企业,对于大批存货、贵重商品或危险品的发出,均应当实行特别授权;仓储部门应当根据经审批的销售(出库)通知单发出货物。

5. 盘点清查

存货盘点清查一方面要核对实物的数量,看其是否与相关记录相符、是否账实相符;另一方面也要关注实物的质量,看其是否有明显的损坏。该环节的主要风险是:存货盘点清查制度不完善、计划不可行,可能导致工作流于形式、无法查清存货真实状况。

主要管控措施:企业应当建立存货盘点清查工作规程,结合本企业实际情况确定盘点周期、盘点流程、盘点方法等相关内容,定期盘点和不定期抽查相结合。盘点清查时,应拟订详细的盘点计划,合理安排相关人员,使用科学的盘点方法,保持盘点记录的完整,以保证盘点的真实性、有效性。盘点清查结果要及时编制盘点表,形成书面报告,包括盘点人员、时间、地点、实际所盘点存货名称、品种、数量、存放情况以及盘点过程中发现的账实不符情况等内容。对盘点清查中发现的问题,应及时查明原因,落实责任,按照规定权限报经批准后处理。多部门人员共同盘点,应当充分体现相互制衡,严格按照盘点计划,认真记录盘点情况。此外,企业至少应当于每年年度终了开展全面的存货盘点清查,及时发现存货减值迹象,将盘点清查结果形成书面报告。

6. 存货处置

存货处置是存货退出企业生产经营活动的环节,包括商品和产成品的正常对外销售以及存货因变质、毁损等进行的处置。该环节的主要风险是:存货报废处置责任不明确、审批不到位,可能导致企业利益受损。

主要管控措施:企业应定期对存货进行检查,及时、充分了解存货的存储状态,对于存货变质、毁损、报废或流失的处理要分清责任、分析原因、及时合理。

二、固定资产

（一）固定资产管理的业务流程

知网下载

（1）关于固定资产内部控制典型案例分析；

（2）国有企业固定资产购进环节会计实务与案例；

（3）餐饮集团公司固定资产管理方法研究——基于某餐饮企业的案例分析；

（4）外资企业财政核查中关于固定资产核算的案例思考；

（5）内部控制演进机理研究——以广东OC医院固定资产管理为例。

固定资产主要包括房屋、建筑物、机器、机械、运输工具以及其他与生产经营活动有关的设备、器具、工具等。固定资产属于企业的非流动资产，是企业开展正常的生产经营活动必要的物资条件，其价值随着企业生产经营活动逐渐转移到产品成本中。固定资产的安全、完整直接影响到企业生产经营的可持续发展能力。企业应当根据固定资产特点，分析、归纳、设计合理的业务流程，查找管理的薄弱环节，健全全面风险管控措施，保证固定资产安全、完整、高效运行。固定资产业务流程通常可以分为取得、验收移交、日常维护、更新改造和淘汰处置等环节。

（二）固定资产管理的主要风险及管控措施

百度自查

值得学习的好制度：富临运业(002357)固定资产管理办法。

固定资产管理的关键风险控制点及管控措施主要有以下几个。

1. 固定资产取得

固定资产涉及外购、自行建造、非货币性资产交换换入等方式。生产设备、运输工具、房屋建筑物、办公家具和办公设备等不同类型固定资产有不同的验收程序和技术要求，同一类固定资产也会因其标准化程度、技术难度等的不同而对验收工作提出不同的要求。通常来说，办公家具、电脑、打印机等标准化程度较高的固定资产验收过程较为简化；对一些复杂的大型生产设备，尤其是定制的高科技精密仪器以及建筑物竣工验收等，需要一套规范、严密的验收制度。该环节的主要风险是：新增固定资产验收程序不规范，可能导致资产质量不符要求，进而影响资产运行效果；固定资产投保制度不健全，可能导致应投保资产未投保、索赔不力，不能有效防范资产损失风险。

主要管控措施：

（1）建立严格的固定资产交付使用验收制度。企业外购固定资产应当根据合同、供应商发货单等对所购固定资产的品种、规格、数量、质量、技术要求及其他内容进行验收，出具验收单，编制验收报告。企业自行建造的固定资产，应由建造部门、固定资产管理部门、使用部门共同填制固定资产移交使用验收单，验收合格后移交使用部门投入使用。未通过验收的不合格资产，不得接收，必须按照合同等有关规定办理退换货或其他弥补措施。对于具有权属证明的资产,取得时必须有合法的权属证书。

(2)重视和加强固定资产的投保工作。企业应当通盘考虑固定资产状况,根据其性质和特点,确定和严格执行固定资产的投保范围与政策。投保金额与投保项目力求适当,对应投保的固定资产项目按规定程序进行审批,办理投保手续,规范投保行为,应对固定资产损失风险。对于重大固定资产项目的投保,应当考虑采取招标方式确定保险人,防范固定资产投保舞弊。已投保的固定资产发生损失的,及时调查原因及受损金额,向保险公司办理相关的索赔手续。

2. 资产登记造册

企业取得每项固定资产后均需要进行详细登记,编制固定资产目录,建立固定资产卡片,以便固定资产的统计、检查和后续管理。该环节的主要风险是:固定资产登记内容不完整,可能导致资产流失、资产信息失真、账实不符。

主要管控措施有以下两个。

(1)根据固定资产的定义,结合自身实际情况,制定适合本企业的固定资产目录,列明固定资产编号、名称、种类、所在地点、使用部门、责任人、数量、账面价值、使用年限、损耗等内容,有利于企业了解固定资产使用情况的全貌。

(2)按照单项资产建立固定资产卡片,资产卡片应在资产编号上与固定资产目录保持对应关系,详细记录各项固定资产的来源、验收、使用地点、责任单位和责任人、运转、维修、改造、折旧、盘点等相关内容,便于固定资产的有效识别。固定资产目录和卡片均应定期或不定期复核,保证信息的真实和完整。

3. 固定资产运行维护

该环节的主要风险是:固定资产操作不当、失修或维护过剩,可能造成资产使用效率低下、产品残次率高,甚至发生生产事故或资源浪费。

主要管控措施有以下几个。

(1)固定资产使用部门会同资产管理部门负责固定资产日常维修、保养,将资产日常维护流程体制化、程序化、标准化,定期检查,及时消除风险,提高固定资产的使用效率,切实消除安全隐患。

(2)固定资产使用部门及管理部门建立固定资产运行管理档案,据以制订合理的日常维修和大修理计划,并经主管领导审批。

(3)固定资产实物管理部门审核施工单位资质和资信,并建立管理档案;修理项目应分类,明确需要招投标项目。修理完成,由施工单位出具交工验收报告,经资产使用和实物管理部门核对工程质量并审批。重大项目应专项审计。

(4)企业生产线等关键设备的运作效率与效果将直接影响企业的安全生产和产品质量,操作人员上岗前应由具有资质的技术人员对其进行充分的岗前培训,特殊设备实行岗位许可制度,需持证上岗,必须对资产运转进行实时监控,保证资产使用流程与既定操作流程相符,确保安全运行,提高使用效率。

4. 固定资产升级改造

企业需要定期或不定期对固定资产进行升级改造,以便不断提高产品质量,开发新品种,降低能源资源消耗,保证生产的安全环保。固定资产更新有部分更新与整体更新两种情形，部分更新的目的通常包括局部技术改造、更换高性能部件、增加新功能等方面，需权衡更新活动的成本与效益综合决策；整体更新主要指对陈旧设备的淘汰与全面升级，更侧重于资产技术的先进性，符合企业的整体发展战略。该环节的主要风险是：固定资产更新改造不够，可能造成企业产品线老化、缺乏市场竞争力。

主要管控措施有以下两个。

(1) 定期对固定资产技术先进性评估，结合盈利能力和企业发展可持续性，资产使用部门根据需要提出技改方案，与财务部门一起进行预算可行性分析，并且经过管理部门的审核批准。

(2) 管理部门需对技改方案实施过程适时监控、加强管理，有条件的企业可以建立技改专项资金并定期或不定期审计。

5. **资产清查**

企业应建立固定资产清查制度，至少每年全面清查，保证固定资产账实相符，及时掌握资产盈利能力和市场价值。固定资产清查中发现的问题，应当查明原因，追究责任，妥善处理。该环节的风险主要是：固定资产丢失、毁损等造成账实不符或资产贬值严重。

主要管控措施有以下几个。

(1) 财务部门需组织固定资产使用部门和管理部门定期进行清查，明确资产权属，确保实物与卡、财务账表相符，在清查作业实施之前编制清查方案，经过管理部门审核后进行相关的清查作业。

(2) 在清查结束后，清查人员需要编制清查报告，管理部门需就清查报告进行审核，确保真实性、可靠性。

(3) 清查过程中发现的盘盈(盘亏)，应分析原因，追究责任，妥善处理，报告审核通过后及时调整固定资产账面价值，确保账实相符，并上报备案。

6. **抵押质押**

抵押是指债务人或者第三人不转移对财产的占有权，而将该财产抵押作为债权的担保，当债务人不履行债务时，债权人有权依法以抵押财产折价或以拍卖、变卖抵押财产的价款优先受偿。质押也称质权，就是债务人或第三人将其动产移交债权人占有，将该动产作为债权的担保，当债务人不履行债务时，债权人有权依法就该动产卖得价金优先受偿。企业有时因资金周转等原因以其固定资产作抵押物或质押物向银行等金融机构借款，如到期不能归还借款，银行则有权依法将该固定资产折价或拍卖。该环节的主要风险是：固定资产抵押制度不完善，可能导致抵押资产价值低估和资产流失。

主要管控措施有以下两个。

(1) 加强固定资产抵押、质押的管理，明晰固定资产抵押、质押流程，规定固定资产抵押、质押的程序和审批权限等，确保资产抵押、质押经过授权审批及适当程序。同时，应做好相应记录，保障企业资产安全。

(2) 财务部门办理资产抵押时，如需要委托专业中介机构鉴定评估固定资产的实际价值，应当会同金融机构有关人员、固定资产管理部门、固定资产使用部门现场勘验抵押品，对抵押资产的价值进行评估。对于抵押资产，应编制专门的抵押资产目录。

7. 固定资产处置

该环节的主要风险是：固定资产处置方式不合理，可能造成企业经济损失。

主要管控措施：企业应当建立健全固定资产处置的相关制度，区分固定资产不同的处置方式，采取相应控制措施，确定固定资产处置的范围、标准、程序和审批权限，保证固定资产处置的科学性，使企业的资源得到有效的运用。对于使用期满、正常报废的固定资产，应由固定资产使用部门或管理部门填制固定资产报废单，经企业授权部门或人员批准后对该固定资产进行报废清理；对于使用期限未满、非正常报废的固定资产，应由固定资产使用部门提出报废申请，注明报废理由、估计清理费用和可回收残值、预计处置价格等。企业应组织有关部门进行技术鉴定，按规定程序审批后进行报废清理；对于拟出售或投资转出及非货币交换的固定资产，应由有关部门或人员提出处置申请，对固定资产价值进行评估，并出具资产评估报告。报经企业授权部门或人员批准后予以出售或转让。企业应特别关注固定资产处置中的关联交易和处置定价，固定资产的处置应由独立于固定资产管理部门和使用部门的相关授权人员办理，固定资产处置价格应报经企业授权部门或人员审批后确定。重大固定资产处置，应当考虑聘请具有资质的中介机构进行资产评估，采取集体审议或联签制度。涉及产权变更的，应及时办理产权变更手续；对于出租的固定资产，应由相关管理部门提出出租或出借的申请，写明申请的理由和原因，并由相关授权人员和部门就申请进行审核。审核通过后应签订出租或出借合同，包括合同双方的具体情况，出租的原因和期限等内容。

三、无形资产

(一) 无形资产管理的业务流程

无形资产是企业拥有或控制的没有实物形态的可辨认非货币性资产，通常包括专利权、非专利技术、商标权、著作权、特许权、土地使用权等。企业应当加强对无形资产的管理，建立健全无形资产分类管理制度，保护无形资产的安全，提高无形资产的使用效率，充分发挥无形资产对提升企业创新能力和核心竞争力的作用。

知网下载

(1) 不把植物新品种权确认为无形资产——无形资产禁忌系列案例之一；
(2) 把商誉确认为无形资产进行会计处理——无形资产禁忌系列案例之二；
(3) 商业秘密不采取保密措施——无形资产禁忌系列案例之三；
(4) 城市无形资产与形象工程、品牌混为一谈——无形资产禁忌系列案例之四；
(5) 商标与商号权利冲突——无形资产禁忌系列案例之五；
(6) 专利缺乏新颖性——无形资产禁忌系列案例之六；
(7) 商标权滥施许可——无形资产禁忌系列案例之七；
(8) 专著：无形资产36忌——无形资产失败案例分析与研究。

如图5-6所示，无形资产业务流程包括无形资产的取得、验收并落实权属、自用或授权其他单位使用、安全防范、技术升级与更新换代、处置与转移等环节。

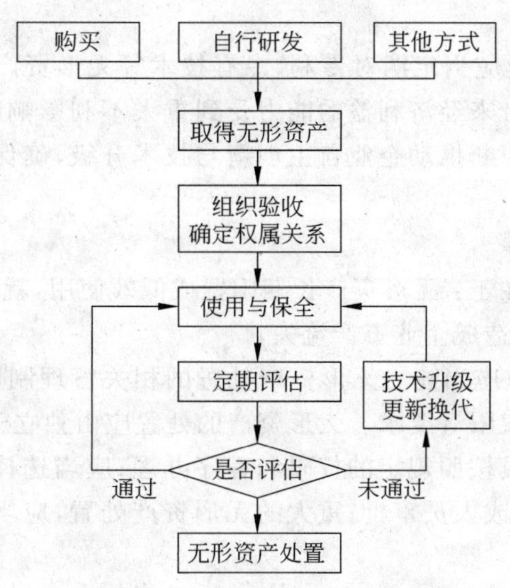

图 5-6　无形资产业务流程

（二）无形资产管理的关键风险点及管控措施

无形资产管理的关键风险点及管控措施有以下几个。

1．无形资产取得与验收

该环节的主要风险是：取得的无形资产不具先进性，或权属不清，可能导致企业资源浪费或引发法律诉讼。

主要管控措施：企业应当建立严格的无形资产交付使用验收制度，明确无形资产的权属关系，及时办理产权登记手续。企业外购无形资产，必须仔细审核有关合同协议等法律文件，及时取得无形资产所有权的有效证明文件，同时特别关注外购无形资产的技术先进性；企业自行开发的无形资产，应由研发部门、无形资产管理部门、使用部门共同填制无形资产移交使用验收单，移交使用部门使用；企业购入或者以支付土地出让金方式取得的土地使用权，必须取得土地使用权的有效证明文件。当无形资产权属关系发生变动时，应当按照规定及时办理权证转移手续。

2．无形资产的使用与保全

该环节的主要风险是：无形资产使用效率低下，效能发挥不到位；缺乏严格的保密制度，致使体现在无形资产中的商业机密泄露；由于商标等无形资产疏于管理，导致其他企业侵权，严重损害企业利益。

主要管控措施：企业应当强化无形资产使用过程的风险管控，充分发挥无形资产对提升企业产品质量和市场影响力的重要作用；建立健全无形资产核心技术保密制度，严格限制未经授权人员直接接触技术资料，对技术资料等无形资产的保管及接触应保有记录，实行责任追究，保证无形资产的安全与完整；对侵害本企业无形资产的，要积极取证并形成书面调查记录，提出维权对策，按规定程序审核并上报，等等。

3．无形资产的技术升级与更新换代

该环节的主要风险是：无形资产内含的技术未能及时升级换代，导致技术落后或存在重大技术安全隐患。

主要管控措施：企业应当定期对专利、专有技术等无形资产的先进性进行评估。发现某项无形资产给企业带来经济利益的能力受到重大不利影响时，应当考虑淘汰落后技术，同时加大研发投入，不断推动企业自主创新与技术升级，确保企业在市场经济竞争中始终处于优势地位。

4. 无形资产的处置

该环节的主要风险在于：无形资产长期闲置或低效使用，就会逐渐失去其使用价值；无形资产处置不当，往往造成企业资产流失。

主要管控措施：企业应当建立无形资产处置的相关管理制度，明确无形资产处置的范围、标准、程序和审批权限等要求。无形资产的处置应由独立于无形资产管理部门和使用部门的其他部门或人员按照规定的权限和程序办理；应当选择合理的方式确定处置价格，并报经企业授权部门或人员审批；重大的无形资产处置，应当委托具有资质的中介机构进行资产评估。

第四节　销售业务内部控制

销售业务是指企业出售商品(或提供劳务)及收取款项等相关活动。企业生存、发展、壮大的过程，在相当程度上就是不断加大销售力度、拓宽销售渠道、扩大市场占有的过程。生产企业的产品或流通企业的商品如不能实现销售的稳定增长，售出的货款如不能足额收回或不能及时收回，必将导致企业持续经营受阻、难以为继。《企业内部控制应用指引第 9 号——销售业务》以促进企业销售稳定增长、扩大市场份额为出发点，提出了销售业务应当关注的主要风险以及相应的管控措施。

知网下载

(1) 加强对国际应收账款的风险控制——长虹与美国 APEX 案例；
(2) 浅析宝钢股份销售与收款环节的内部控制；
(3) 内部控制测试探索与实践——以中国石油所属销售企业为案例；
(4) CC 公司基于 SAP 的销售环节内部控制案例研究；
(5) 莲花味精应收账款内部控制案例研究；
(6) 应收账款存在问题及对策——连云港丰泰有限公司应收账款案例分析。

一、销售业务的业务流程

企业强化销售业务管理，应当对现行销售业务流程进行全面梳理，查找管理漏洞，及时采取切实措施加以改正；与此同时，还应当注重健全相关管理制度，明确以风险为导向的、符合成本效益原则的销售管控措施，实现与生产、资产、资金等方面管理的衔接，落实责任制，有效防范和化解经营风险。图 5-7 列示了销售业务流程。在实际操作中，企业应当充分结合自身的业务特点和管理要求，构建和优化销售业务流程。

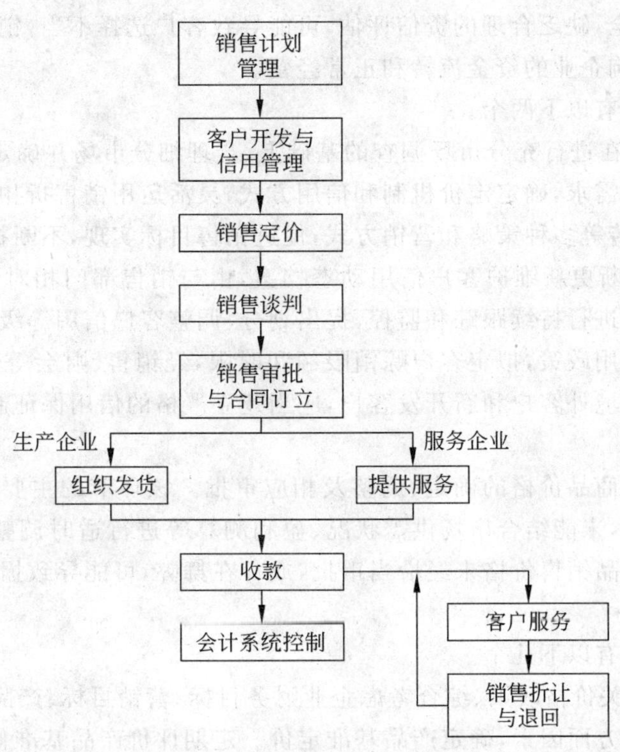

图 5-7 销售业务的流程

二、销售业务内部控制的主要风险及管控措施

销售业务内部控制的主要风险及管控措施有以下几个。

1. **销售计划管理**

销售计划是指在进行销售预测的基础上，结合企业生产能力，设定总体目标额及不同产品的销售目标额，进而为能实现该目标而设定具体营销方案和实施计划，以支持未来一定期间内销售额的实现。该环节主要风险是：销售计划缺乏或不合理，或未经授权审批，导致产品结构和生产安排不合理，难以实现企业生产经营的良性循环。

主要管控措施有以下两个。

(1) 企业应当根据发展战略和年度生产经营计划，结合企业实际情况，制订年度销售计划，在此基础上，结合客户订单情况，制订月度销售计划，并按规定的权限和程序审批后下达执行。

(2) 定期对各产品（商品）的区域销售额、进销差价、销售计划与实际销售情况等进行分析，结合生产现状，及时调整销售计划，调整后的销售计划需履行相应的审批程序。

2. **客户开发与信用管理**

企业应当积极开拓市场份额，加强现有客户维护，开发潜在目标客户，对有销售意向的客户进行资信评估，根据企业自身风险接受程度确定具体的信用等级。该环节的主要风险是：现有客户管理不足、潜在市场需求开发不够，可能导致客户丢失或市场拓展不利;客户档案不健全,缺乏合理的资信评估,可能导致客户选择不当,销售款项不能收回或遭受欺诈,从而影响企业的资金流转和正常经营。

主要管控措施有以下两个。

(1) 企业应当在进行充分市场调查的基础上,合理细分市场并确定目标市场,根据不同目标群体的具体需求,确定定价机制和信用方式,灵活运用销售折扣、销售折让、信用销售、代销和广告宣传等多种策略和营销方式,促进销售目标实现,不断提高市场占有率。

(2) 建立和不断更新维护客户信用动态档案,由与销售部门相对独立的信用管理部门对客户付款情况进行持续跟踪和监控,提出划分、调整客户信用等级的方案。根据客户信用等级和企业信用政策,拟定客户赊销限额和时限,经销售、财会等部门具有相关权限的人员审批。对于境外客户和新开发客户,应当建立严格的信用保证制度。

3. 销售定价

销售定价是指商品价格的确定、调整及相应审批。该环节的主要风险是:定价或调价不符合价格政策,未能结合市场供需状况、盈利测算等进行适时调整,造成价格过高或过低、销售受损;商品销售价格未经恰当审批,或存在舞弊,可能导致损害企业经济利益或者企业形象。

主要管控措施有以下几个。

(1) 应根据有关价格政策、综合考虑企业财务目标、营销目标、产品成本、市场状况及竞争对手情况等多方面因素,确定产品基准定价。定期评价产品基准价格的合理性,定价或调价需经具有相应权限人员的审核批准。

(2) 在执行基准定价的基础上,针对某些商品可以授予销售部门一定限度的价格浮动权,销售部门可结合产品市场特点,将价格浮动权向下实行逐级递减分配,同时明确权限执行人。价格浮动权限执行人必须严格遵守规定的价格浮动范围,不得擅自突破。

(3) 销售折扣、销售折让等政策的制定应由具有相应权限的人员审核批准。销售折扣、销售折让授予的实际金额、数量、原因及对象应予以记录,并归档备查。

4. 订立销售合同

企业与客户订立销售合同,明确双方的权利和义务,以此作为开展销售活动的基本依据。该环节的主要风险是:合同内容存在重大疏漏和欺诈,未经授权对外订立销售合同,可能导致企业合法权益受到侵害;销售价格、收款期限等违背企业销售政策,可能导致企业经济利益受损。

主要管控措施有以下几个。

(1) 订立销售合同前,企业应当指定专门人员与客户进行业务洽谈、磋商或谈判,关注客户信用状况,明确销售定价、结算方式、权利与义务条款等相关内容。重大的销售业务谈判还应当吸收财会、法律等专业人员参加,并形成完整的书面记录。

(2) 企业应当建立健全销售合同订立及审批管理制度,明确必须签订合同的范围,规范合同订立程序,确定具体的审核、审批程序和所涉及的部门人员及相应权责。审核、审批应当重点关注销售合同草案中提出的销售价格、信用政策、发货及收款方式等。重要的销售合同,应当征询法律专业人员的意见。

(3) 销售合同草案经审批同意后,企业应授权有关人员与客户签订正式销售合同。

5. 发货

发货是根据销售合同的约定向客户提供商品的环节。该环节的主要风险是：未经授权发货或发货不符合合同约定，可能导致货物损失或客户与企业的销售争议、销售款项不能收回。

主要管控措施有以下几个。

(1) 销售部门应当按照经审核后的销售合同开具相关的销售通知交仓储部门和财会部门。

(2) 仓储部门应当落实出库、计量、运输等环节的岗位责任，对销售通知进行审核，严格按照所列的发货品种和规格、发货数量、发货时间、发货方式、接货地点等，按规定时间组织发货，形成相应的发货单据，并应连续编号。

(3) 应当以运输合同或条款等形式明确运输方式、商品短缺、毁损或变质的责任、到货验收方式、运输费用承担、保险等内容，货物交接环节应做好装卸和检验工作，确保货物的安全发运，由客户验收确认。

(4) 应当做好发货各环节的记录，填制相应的凭证，设置销售台账，实现全过程的销售登记制度。

6. 收款

收款是指企业经授权发货后与客户结算的环节。按照发货时是否收到货款，可分为现销和赊销。该环节的主要风险是：企业信用管理不到位，结算方式选择不当，票据管理不善，账款回收不力，导致销售款项不能收回或遭受欺诈；收款过程中存在舞弊，使企业经济利益受损。

主要管控措施有以下几个。

(1) 结合公司销售政策，选择恰当的结算方式，加快款项回收，提高资金的使用效率。对于商业票据，结合销售政策和信用政策，明确应收票据的受理范围和管理措施。

(2) 建立票据管理制度，特别是加强商业汇票的管理：一是对票据的取得、贴现、背书、保管等活动予以明确规定；二是严格审查票据的真实性和合法性，防止票据欺诈；三是由专人保管应收票据，对即将到期的应收票据，及时办理托收，定期核对盘点；四是票据贴现、背书应经恰当审批。

(3) 加强赊销管理。一是需要赊销的商品，应由信用管理部门按照客户信用等级审核，并经具有相应权限的人员审批；二是赊销商品一般应取得客户的书面确认，必要时，要求客户办理资产抵押、担保等收款保证手续；三是应完善应收款项管理制度，落实责任、严格考核、实行奖惩。销售部门负责应收款项的催收，催收记录(包括往来函电)应妥善保存。

(4) 加强代销业务款项的管理，及时与代销商结算款项。

(5) 收取的现金、银行本票、汇票等应及时缴存银行并登记入账。防止由销售人员直接收取款项，如必须由销售人员收取的，应由财会部门加强监控。

7. 客户服务

客户服务是在企业与客户之间建立信息沟通机制，对客户提出的问题，企业应予以及时解答或反馈、处理，不断改进商品质量和服务水平，以提升客户满意度和忠诚度。客户服务包括产品维修、销售退回、维护升级等。该环节的主要风险是：客户服务水平低，消费者满意度不足，影响公司的品牌形象，造成客户流失。

主要管控措施有以下几个。

(1) 结合竞争对手客户服务水平，建立和完善客户服务制度，包括客户服务内容、标准、方式等。

(2) 设专人或部门进行客户服务和跟踪。有条件的企业可以按产品线或地理区域建立客户服务中心。加强售前、售中和售后技术服务，实行客户服务人员的薪酬与客户满意度挂钩。

(3) 建立产品质量管理制度，加强销售、生产、研发、质量检验等相关部门之间的沟通协调。

(4) 做好客户回访工作，定期或不定期开展客户满意度调查；建立客户投诉制度，记录所有的客户投诉，并分析产生原因及解决措施。

(5) 加强销售退回控制。销售退回需经具有相应权限的人员审批后方可执行；销售退回的商品应当参照物资采购入库管理。

8. **会计系统控制**

会计系统控制是指利用记账、核对、岗位职责落实和相互分离、档案管理、工作交接程序等会计控制方法，确保企业会计信息真实、准确、完整。会计系统控制包括销售收入的确认、应收款项的管理、坏账准备的计提和冲销、销售退回的处理等内容。该环节的主要风险是：缺乏有效的销售业务会计系统控制，可能导致企业账实不符、账证不符、账账不符或者账表不符，影响销售收入、销售成本、应收款项等会计核算的真实性和可靠性。

主要管控措施有以下几个。

(1) 企业应当加强对销售、发货、收款业务的会计系统控制，详细记录销售客户、销售合同、销售通知、发运凭证、商业票据、款项收回等情况，确保会计记录、销售记录与仓储记录核对一致。具体为：财会部门开具发票时，应当依据相关单据(计量单、出库单、货款结算单、销售通知单等)并经相关岗位审核。销售发票应遵循有关发票管理规定，严禁开具虚假发票。财会部门对销售报表等原始凭证审核销售价格、数量等，并根据国家统一的会计准则制度确认销售收入，登记入账。财会部门与相关部门月末应核对当月销售数量，保证各部门销售数量的一致性。

(2) 建立应收账款清收核查制度，销售部门应定期与客户对账，并取得书面对账凭证，财会部门负责办理资金结算并监督款项回收。

(3) 及时收集应收账款相关凭证资料并妥善保管；及时要求客户提供担保；对未按时还款的客户，采取申请支付令、申请诉前保全和起诉等方式及时清收欠款。对收回的非货币性资产应经评估和恰当审批。

(4) 企业对于可能成为坏账的应收账款，应当按照国家统一的会计准则规定计提坏账准备，并按照权限范围和审批程序进行审批。对确定发生的各项坏账，应当查明原因，明确责任，并在履行规定的审批程序后作出会计处理。企业核销的坏账应当进行备查登记，做到账销案存。已核销的坏账又收回时应当及时入账，防止形成账外资金。

第五节　财务报告内部控制

财务报告，是指反映企业某一特定日期财务状况和某一会计期间经营成果、现金流量的文件。加强财务报告内部控制有助于提高会计信息质量，确保财务报告的真实完整，满足财务报告使用者的需求，还有助于确保财务报告的合法合规，防范和化解企业的法律责任。总之，加强财务报告控制，确保财务报告的真实、完整，对于改进经营管理、促进资本市场稳定等至关重要。

知网下载

(1) 基于国内外财务报告舞弊典型案例的研究分析；

(2) 基于中石油年度财务报告的绩效评价案例分析；

(3) 审计委员会的功能缺失与公司财务报告违规——基于五粮液的案例研究；

(4) 财务报告分析的案例研究——伊利股份财务状况质量的综合分析；

(5) 财务报表重述与财务报告内部控制评价——基于戴尔公司案例的分析。

一、财务报告业务流程

财务报告流程由财务报告编制流程、财务报告对外提供流程、财务报告分析利用流程三个阶段组成。图 5-8 列示了财务报告业务流程。在实际操作中，企业应当充分结合自身业务特点和管理要求，构建和优化财务报告内部控制流程。

二、财务报告内部控制的主要风险点及管控措施

财务报告内部控制的主要风险点及管控措施可以分为：财务报告编制阶段的主要风险点及管控措施、财务报告对外提供阶段的主要风险点及管控措施、财务报告分析利用阶段的主要风险点及管控措施。

百度自查

值得学习的好制度：

(1) 农业银行(601288)信息披露制度；

(2) 深长城(000042)信息披露管理规定；

(3) 联信永益(002373) 信息披露管理办法。

1. 财务报告编制阶段的主要风险点及管控措施

(1) 制定财务报告编制方案。该环节的主要风险是：会计政策未能有效更新，不符合有关法律法规；重要会计政策、会计估计变更未经审批，导致会计政策使用不当；会计政策未能有效贯彻、执行；各部门职责、分工不清，导致数据传递出现差错、遗漏、格式不一致等；各步骤时间安排不明确，导致整体编制进度延后，违反相关报送要求。

主要管控措施有以下几个。

① 会计政策应符合国家有关会计法规和最新监管要求的规定。

② 会计政策和会计估计的调整，无论是强制的还是自愿的，均需按照规定的权限和

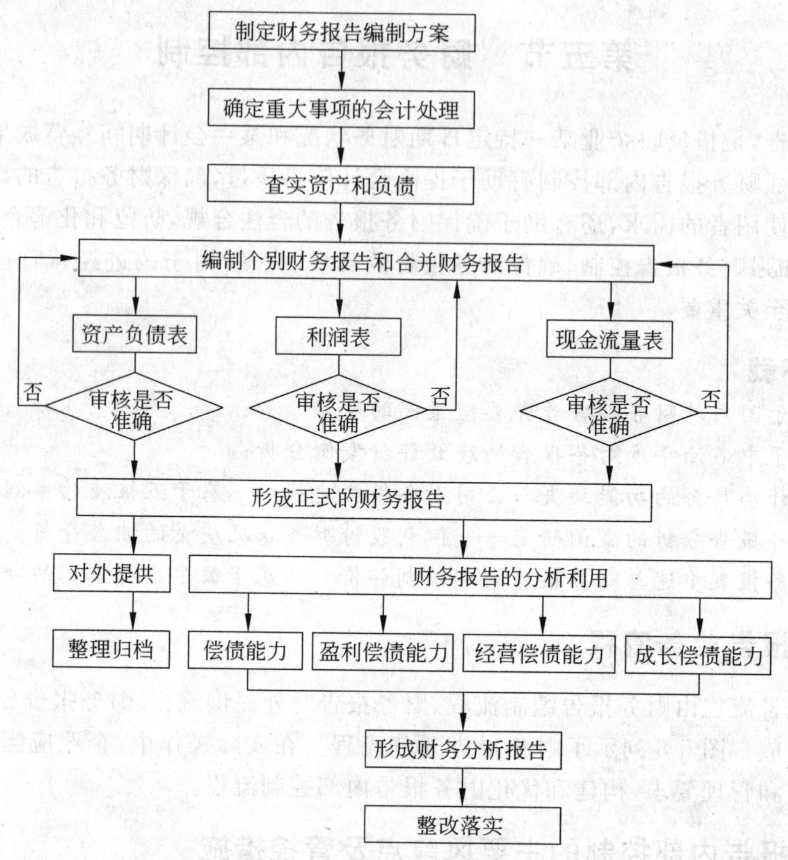

图 5-8 财务报告业务流程

程序审批。

③ 企业的内部会计规章制度至少要经财会部门负责人审批后才能生效,财务报告流程、年报编制方案应当经公司分管财务会计工作的负责人核准后签发。

④ 企业应建立完备的信息沟通渠道,将内部会计规章制度和财务流程、会计科目表和相关文件及时有效地传达至相关人员,使其了解相关职责要求,掌握适当的会计知识、会计政策并加以执行。

⑤ 应明确各部门的职责分工,由总会计师或分管会计工作的负责人负责组织领导;财会部门负责财务报告编制工作;各部门应当及时向财会部门提供编制财务报告所需的信息,并对所提供信息的真实性和完整性负责。

⑥ 应根据财务报告的报送要求,倒排工时,为各步骤设置关键时间点,并由财会部门负责督促和考核各部门的工作进度,及时进行提醒,对未能及时完成的进行相关处罚。

(2) 确定重大事项的会计处理。该环节的主要风险是:重大事项,如债务重组、非货币性交易、公允价值的计量、收购兼并、资产减值等的会计处理不合理,会导致会计信息扭曲,无法如实反映企业实际情况。

主要管控措施有以下两个。

① 企业应对重大事项予以关注,企业应建立重大事项的处理流程,报适当管理层审

批后，予以执行。

② 及时沟通需要专业判断的重大会计事项并确定相应会计处理。

(3) 清查资产、核实债务。该环节的主要风险是：资产、负债账实不符，虚增或虚减资产、负债；资产计价方法随意变更；提前、推迟甚至不确认资产、负债等。

主要管控措施有以下几个。

① 确定具体可行的资产清查、负债核实计划，安排合理的时间和工作进度，配备足够的人员、确定实物资产盘点的具体方法和过程，同时做好业务准备工作。

② 做好各项资产、负债的清查、核实工作。

③ 对清查过程中发现的差异，应当分析原因，提出处理意见。

(4) 结账。该环节的主要风险是：账务处理存在错误，导致账证、账账不符；虚列或隐瞒收入，推迟或提前确认收入；随意改变费用、成本的确认标准或计量方法，虚列、多列、不列或者少列费用、成本；结账的时间、程序不符合相关规定；关账后又随意打开已关闭的会计期间等。

主要管控措施有以下几个。

① 核对各会计账簿记录与会计凭证的内容、金额等是否一致，记账方向是否相符。

② 检查相关账务处理是否符合国家统一的会计准则制度和企业制定的核算方法。

③ 调整有关账项，合理确定本期应计的收入和应计的费用。

④ 检查是否存在因会计差错、会计政策变更等原因需要调整前期或者本期相关项目。

⑤ 不得为了赶编财务报告而提前结账，或把本期发生的经济业务事项延至下期登账，也不得先编财务报告后结账。

⑥ 如果在关账之后需要重新打开已关闭的会计期间，需填写相应的申请表，经总会计师或分管会计工作的负责人审批后进行。

(5) 编制个别财务报告。该环节的主要风险是：提供虚假财务报告，误导财务报告使用者，造成决策失误，干扰市场秩序；报表数据不完整、不准确；报表种类不完整；附注内容不完整等。

主要管控措施有以下几个。

① 企业财务报告列示的资产、负债、所有者权益金额应当真实可靠；

② 企业财务报告应当如实列示当期收入、费用和利润；

③ 企业财务报告列示的各种现金流量由经营活动、投资活动和筹资活动的现金流量构成，应当按照规定划清各类交易和事项的现金流量的界限；

④ 按照岗位分工和规定的程序编制财务报告；

⑤ 按照国家统一的会计准则制度编制附注。

(6) 编制合并财务报告。该环节的主要风险是：合并范围不完整；合并内部交易和事项不完整；合并抵销分录不准确。

主要管控措施有以下几个。

① 编报单位财会部门应依据经同级法律事务部门确认的产权(股权)结构图，并考虑所有相关情况以确定合并范围符合国家统一的会计准则制度的规定，由财会部门负责人

审核、确认合并范围是否完整。

② 财会部门收集、审核下级单位财务报告,并汇总出本级次的财务报告,经汇总单位财会部门负责人审核。

③ 财会部门制定内部交易和事项核对表及填制要求,报财会部门负责人审批后下发纳入合并范围内各单位。

④ 合并抵销分录应有相应的标准文件和证据进行支持,由财会部门负责人审核。

⑤ 对合并抵销分录实行交叉复核制度。

2. 财务报告对外提供阶段的主要风险点及管控措施

(1) 财务报告对外提供前的审核。该环节的主要风险是:在财务报告对外提供前未按规定程序进行审核,对内容的真实性、完整性以及格式的合规性等审核不充分。

主要管控措施有以下几个。

① 企业应严格按照规定的财务报告编制中的审批程序,由各级负责人逐级把关,对财务报告内容的真实性、完整性,格式的合规性等予以审核。

② 企业应保留审核记录,建立责任追究制度。

③ 财务报告在对外提供前应当装订成册,加盖公章,并由企业负责人、总会计师或分管会计工作的负责人、财会部门负责人签名并盖章。

(2) 财务报告对外提供前的审计。该环节的主要风险是:财务报告对外提供前未经审计,审计机构不符合相关法律法规的规定,审计机构与企业串通舞弊。

主要管控措施有以下几个。

① 企业应根据相关法律法规的规定,选择符合资质的会计师事务所对财务报告进行审计。

② 企业不得干扰审计人员的正常工作,并应对审计意见予以落实。

③ 注册会计师及其所在的事务所出具的审计报告,应随财务报告一并提供。

(3) 财务报告的对外提供。该环节的主要风险是:对外提供未遵循相关法律法规的规定,导致承担相应的法律责任;对外提供的财务报告的编制基础、编制依据、编制原则和方法不一致,影响各方对企业情况的判断和经济决策的作出;未能及时对外报送财务报告,导致财务报告信息的使用价值降低,同时也违反有关法律法规;财务报告在对外提供前泄露或使不应知晓的对象获悉,导致发生内幕交易等,使投资者或企业本身蒙受损失。

主要管控措施有以下几个。

① 企业应根据相关法律法规的要求,在企业相关制度中明确财务报告对外提供的对象,并由企业负责人监督。

② 企业应严格按照规定的财务报告编制中的审批程序,由财会部门负责人、总会计师或分管会计工作的负责人、企业负责人逐级把关,对财务报告内容的真实性、完整性,格式的合规性等予以审核,确保提供给投资者、债权人、政府监管部门、社会公众等各方面的财务报告的编制基础、编制依据、编制原则和方法完全一致。

③ 企业应严格遵守相关法律法规和国家统一的会计准则制度对报送时间的要求,在财务报告的编制、审核、报送流程中的每一步骤设置时间点,对未能按时完成的相关人员进行处罚。

④ 企业应设置严格的保密程序，对能够接触财务报告信息的人员进行权限设置，保证财务报告信息在对外提供前控制在适当的范围。

⑤ 企业对外提供的财务报告应当及时整理归档，并按有关规定妥善保存。

3．财务报告分析利用阶段的主要风险点及管控措施

（1）制定财务分析制度。该环节的主要风险是：制定的财务分析制度不符合企业实际情况，财务分析制度未充分利用企业现有资源，财务分析的流程、要求不明确，财务分析制度未经审批等。

主要管控措施有以下几个。

① 企业在对基本情况分析时，应当重点了解企业的发展背景，包括企业的发展史、企业组织机构、产品销售及财务资产变动情况等，熟悉企业业务流程，分析研究企业的资产及财务管理活动。

② 企业在制定财务报告分析制度时，应重点关注：财务报告分析的时间、组织形式、参加的部门和人员；财务报告分析的内容、分析的步骤、分析方法和指标体系；财务报告分析报告的编写要求等。

③ 财务报告分析制度草案经由财会部门负责人、总会计师或分管会计工作的负责人、企业负责人检查、修改、审批之后，根据制度设计的要求进行试行，发现问题及时总结上报。

④ 财会部门根据试行情况进行修正，确定最终的财务报告分析制度文稿，并经财会部门负责人、总会计师或分管会计工作的负责人、企业负责人进行最终的审批。

（2）编写财务分析报告。该环节的主要风险是：财务分析报告的目的不正确或者不明确，财务分析方法不正确；财务分析报告的内容不完整，未对本期生产经营活动中发生的重大事项做专门分析；财务分析局限于财会部门，未充分利用相关部门的资源，影响质量和可用性；财务分析报告未经审核等。

主要管控措施有以下几个。

① 编写时要明确分析的目的，运用正确的财务分析方法，并能充分、灵活地运用各项资料。

② 总会计师或分管会计工作的负责人应当在财务分析和利用工作中发挥主导作用，负责组织领导。

③ 企业财务分析会议应吸收有关部门负责人参加。

④ 修订后的分析报告应及时报送企业负责人，企业负责人负责审批分析报告，并据此进行决策，对于存在的问题及时采取措施。

（3）整改落实。该环节的主要风险是：财务分析报告的内容传递不畅，未能及时使有关各部门获悉；各部门对财务分析报告不够重视，未对其中的意见进行整改落实。

主要管控措施有以下两个。

① 定期的财务分析报告应构成内部报告的组成部分，并充分利用信息技术和现有内部报告体系在各个层级上进行沟通。

②根据分析报告的意见，明确各部门职责。责任部门按要求落实改正，财会部门负责监督、跟踪责任部门的落实情况，并及时向有关负责人反馈落实情况。

一、美国通用电气公司案例

美国通用电气公司(以下简称通用电气)的业务遍及能源、医疗、交通、高新材料、消费及工业品、基础设施、电视传媒和金融服务等领域。作为一家久负盛名的百年老店(创建于1878年),它是道琼斯工业指数自1896年设立以来唯一仍在榜上的公司,并连续多年被著名的《金融时报》评为全球最受尊敬的公司。那么通用电气长盛不衰的秘诀在哪儿呢?

1. 控制环境

(1) 文化价值观。文化基调对企业的快速发展非常有益。通用电气认为,卓越和竞争力与诚实和清白是可以完全相容的,只要同时拥有质量、价格和技术优势,便能赢得胜利。通用电气的每位职员都要接受所谓的清白测试,每天面对镜子反省自己的所作所为。通用电气的哲学是,“不允许业绩与诚信发生矛盾”,一旦出现矛盾,会坚定选择诚信。

通用电气的每位职员都有一张“通用电气价值观”卡:痛恨官僚主义、开明、讲究速度、自信、高瞻远瞩、精力充沛、果敢地设定目标、将变化视为机遇,以及适应全球化。这些价值观是通用电气进行培养的主题,也是决定公司职员晋升的最重要的评价标准。

(2) 战略目标与人才。通用电气是多元化经营最为成功的企业,也是全球化最为成功的公司。此外,通用电气还用现代的服务导向,取代了传统的产品导向。公司的首要任务从提供产品并辅之以提供服务,转变为提供以客户为中心、以信息技术为基础、旨在提高生产率的各种高价值的解决方案。也就是说,通用电气不仅是一个销售高质量产品的公司,更是一个提供高价值服务的公司。

即使公司有世界上最好的战略,但如果没有合适的人去发展、实现,这些战略恐怕也是“只开花,不结果”。通用电气认为,“让合适的人做合适的事,远比开发一项新战略更重要”,并因此只接受高素质的职员。通用电气还坚持认为,在全球的每一个企业都应重用本地人才,而本地人才也要有足够的才能胜任在全球工作,即“全球本土化和本土全球化”。通用电气的职员可能来自不同的国家,分属不同的业务部门,或服务于不同的分支机构,但都会被一视同仁,得到相同级别的培训与发展机会,而85%的管理人员是从内部提拔上去的。

2. 风险评估

通用电气认为,风险评估必须具有灵活性和预见性,要进行策略性思考:①你了解你的企业和你的竞争对手在全球的详细地位(包括市场占有率、生产能力、当今在区域内的地位)吗?②在过去的两三年里,你的部分对手采取了哪些行动以改变竞争局面?③你在这两年里做了什么来改变这个局面?④在未来的两年中,你最害怕竞争对手采取何种措施来改变竞争态势?⑤在今后的两年里,你将会采取何种防范措施来避开他们的策略?

经过长期验证,通用电气还总结出两条关于如何应对竞争的真谛:一是如果你的竞争对手占据了比你更有利的位置,或是他们的行动有充分的策略性理论基础,你就要扪心自问哪个地方出了错,而他们没有出错。二是试图了解每一项新的产品计划,同时认真考虑最精明的竞争对手将如何胜过我们。

3. 控制活动

(1) 市场原则与统一、多样化。通用电气为多元化确立了"数一数二"的市场原则，即任何事业部门存在的条件是在市场上"数一数二"，否则就要被砍掉——整顿、关闭或出售，将最优秀的员工和最丰富的资源集中在最有优势的领域。这样做非但没有使公司的营业额下降，反而使专注于核心业务的通用电气的竞争力更加强大，具有远高于一般水准的投资报酬率，与专业化经营的效果相比也毫不逊色。

(2) 组织精简与扁平化。通用电气是个规模庞大的企业，而市场要求组织必须简洁。要想既拥有大型企业的力量与资源，同时又具备小型公司的效率和灵活性，进而克服规模和效率的矛盾，就必须进行体制创新。20 世纪 80 年代前，通用电气采用的是职能管理制，从公司、区域部、事业部、事业分部到工厂，至少有 5 个管理层次。按照组织精简的原则，最终形成公司—产业集团—工厂三级管理体系，分别按照投资中心、利润中心和成本中心来运作，从而减少了大量的行政管理人员，提高了组织效率，增强了企业的竞争能力。

通用电气倡导扁平化管理，做到顾客第一，不摆架子，省去繁文缛节。在此思想指导下，通用电气压缩了会议、裁减了分支机构领导，使会议务实、领导班子高效，大大提高了公司的决策、运营能力。管理层次的减少，使企业负责人与业务最高负责人之间可以直接沟通。杰克·韦尔奇有一个形象的比喻："一栋建筑物有墙壁和地板；墙壁分开了职务，地板则区分了层级，而我要将所有的人全都聚在一个打通的大房间里。"

(3) 质量成本控制与网络化。六西格玛(6δ)是一种将犯错误的概率降到最低的统计学概念，即在 100 万个造成缺陷的机会中，实际只有不到 3.4 个缺陷。但通用电气将其变成了一门管理艺术，广泛应用于公司所经营的一切活动中，如债务记账、信用卡处理系统、卫星时间租赁、法律合同设计等。每一种新产品和新服务项目也都是按 6δ 设计的，以客户需要和工序为标准，努力做到使偏差降低为零。

对于通用电气而言，网络化的机会可分成三块：采购、制造和销售。第一，把集团采购变为网上拍卖，通过接触更多的供货商，大大降低了成本(通常占利润的 5%～10%)。第二，把网络化运用于"制造"，这也是通用电气的"秘密宝藏"。例如，2001 年通用电气网络化投入 6 亿美元，而从网络化"制造"部分所得到的节支金额达到 10 亿美元。第三，在销售方面，网络化帮助通用电气为客户提供更好的服务，新老客户无须多次打电话就可以收到所订的货物，发货人从此不必再欺瞒客户说货物已经上路了。

通用电气建立的网络系统把分散在美国各地的销售部门、产品仓库以及制造部门连接起来。在顾客打电话来订货时，销售人员输入数据，网络系统自动查询顾客的信用状况，以及附近的仓库有无存货，办理接受订货、开发票、登记仓库账目，通知销售人员顾客所需的货物已经发货，全部过程在不到 15 秒的时间内即可完成。除了大大加速工作效率之外，这个网络系统实际上已把销售、存货管理和生产调度等不同的职能结合在一起了。

4. 信息与沟通

(1) 无边界的理念。通用电气提出 21 世纪的企业特色在于不分界限，目的就是要拆毁所有阻碍沟通、阻碍找出好想法的"高墙"。在无边界理念下，通用电气打破业务集团间的界限，广泛地进行横向交流。这不但没有与有序的组织管理发生冲突，反而创造了一种自由、轻松、平等的沟通环境。按照人力资源、公共关系、销售、市场、财务等不同职能部门,通用电气有许多松散的组织、协会,如人力资源协会等。这种职能上的协会经常横跨13大业务集团开展相关的沟通活动,比如就激励方法等经验或问题进行畅谈,对价值观的感受进行交流。每一个业务集团,都非常重视与职员的沟通,经常会把公司最近的发展情况发表在内部网络上,让职员及时了解。

(2) 门户开放的政策。通用电气是奉行"门户开放"政策最坚决、最彻底的公司,提倡"服务与客户"的概念,淡化"谁是谁的上司"的观念,坚决"扫除"那些在办公室里"表演"出"经理"架势的人。通用电气认为,"总部大楼不可能制造出任何热销的产品",扎根基层才是了解实情的最有效途径。杰克·韦尔奇经常"微服私访",甚至会直接给全球任何一位员工写信或打电话,他每年至少花1/3的时间和下属企业在一起。

(3) 群策群力的做法。"群策群力"的做法创建了一种能够面对面平等交流与沟通的文化,开放、坦诚、建设性冲突、不分彼此是唯一的管理规则。它的宗旨是反对盲目服从,每位职员都能全身心地投入到工作中,有表达反对意见的自由和自信,从而寻求集体智慧的最大化。通用电气善于接受每个人提供的最好的想法,让每个人都能感受到不断扩大的一种开放精神,然后在整个机构中交流传播这些想法,使其不断得到改进和完善并付诸实施。

5. 监控

(1) 审计中的监督。在检查和改善下属单位的经营状况,保证投资效果符合公司总体战略目标,以及培养企业管理人才方面,通用电气的内部审计部门开创了极为成功的范例。他们平均每3个月便会接受一项新使命,每次都是不同的审计对象、不同的组成人员、不同类型的业务问题。值得赞许的是,内部审计人员决不止步于单纯查账,而是花费更多的时间和精力去研究可能有问题的业务,包括业务流程和有关策略、措施,意在从中发现经营效果、内部资源的开发利用、产品质量和服务等各个方面有无可改进之处。与此同时,他们还担负着帮助决策层和管理层制定战略、改进营销、加强工作效率,最终提高公司整体盈利能力的重任,成为对下属企业进行强力控制的有效工具。整个通用电气内部,包括副总裁在内的各级管理干部中有相当数量的人有内部审计的工作经历,中级以上财会管理人员中有60%~70%由内部审计部门输送。

(2) 考评中的激励。通用电气采用了一种极具达尔文进化论思想的激励机制,以业绩作纵轴、公司价值观作横轴构建了一个坐标轴,依次将每名职员归入相应的象限:第一象限两方面都好,为应奖励的对象;第二象限业绩不好但符合公司价值观,有待帮助和考验;第三象限两方面都不符合规则,即应被淘汰的职员;第四象限业绩好但价值观不符,为最值得注意的"害群之马",需要及时改正或开除。从人员考评来看,任何公司或部门都被划分为20%的优秀职员、70%的中等职员和10%的落后职员,分别给予奖励、帮助和培养或被淘汰和开除。为了满足职员自我发展和自我提高的需要,通用电气还采用了360°考核。进行考核评价的是上级、下级、同事和客户,由被考核者在这些人中各选择几人来做评价,考核的结果由外部的专业机构来分析,从而保证结果的客观性与科学性。

6. 启示

（1）战略目标：进取与稳健的平衡。多元化经营、做大做强直至全球化，是众多企业的战略梦想。但作为多元化和全球化最为成功的企业，通用电气并不是盲目多元化，也不是盲目做大。为了实现可持续发展和保持核心竞争力，它既为多元化确立了"数一数二"的市场原则，也为全球化设计了"全球本土化和本土全球化"的人才条件，并配以公司大学的教育和文化价值观的整合要求。我国企业在成长过程中，需要慎重对待多元化扩张，注重文化的融合与人才的储备，而只有在做专、做强的基础上做大，才是现实的选择。

（2）控制手段：三管齐下的变革。通用电气的经验告诉我们，企业再大也是可以控制的，关键是要找到一个既符合现代企业管理精神又切实可行的办法，统一多样化、扁平化和网络化就是三大手段。按照通用电气的逻辑，企业经营可以多元化，但必须统一规范管理，同样具有专业化的品牌优势；企业规模可以是商业触角遍及全球的"巨无霸"，但必须做到组织精简，同样具有小企业的灵活和效率；企业归宿可以是传统产业，但必须充分利用现代科学技术，同样分享朝阳产业的市场机遇。我国多元化经营的大型传统企业需要时刻保持清醒的头脑和危机意识，积极进行观念、制度和技术创新，不断推进组织的精简以及管理的统一性和网络化，避免陷入"经营一多就杂，规模一大就乱，时间一长就没落"的怪圈。

（3）沟通方式：全方位的深入。沟通可以消除管理中的阻力以及由于信息不对称所造成的误解和抵制，达到资源共享、优势互补的功效。但如何确保职员与管理层之间的纵向沟通，以及部门、职员之间的横向沟通，保证信息的畅通传递，对企业的管理者来说是一个很大的挑战。无边界的横向沟通、门户开放的纵向沟通和群策群力的平行沟通，都是通用电气沟通中的杰作，值得我国企业学习和深思。

（4）审计考评：不懈的完美追求。通用电气的经验还告诉我们，如果没有审计监督和考评跟踪，内部控制的效果恐怕就会像纸糊的老虎那样一捅就破。通用电气的内部审计在独立确认的基础上，注重提供旨在增加价值和改善组织运营的高质量的咨询活动。与此同时，它采用的极具达尔文进化论思想的考评机制，也将"优胜劣汰、适者生存"的自然界法则和 ABC 分类管理原则体现得淋漓尽致。有压力才有活力，我国企业也应强化内部审计和考评工作，时刻谨记通用电气的认识："任何事物都不可能是完美无缺的，我们的使命就是去改善它们，追求完美。"

二、巨人集团公司案例

"巨人"演绎了中国知识青年冲浪市场经济最惨烈的悲喜剧，和最为传奇、商业史书般的财富故事。掌门人史玉柱从一穷二白的创业青年，到《福布斯》排名大陆富豪第八位；继而在遭受几乎是毁灭性的失败后，又从负债 2.5 亿元之巨的全国"首负"，重新崛起甚至超越过往的成就，成长为身家 500 亿元的内地新"首富"(2007)。

"其兴也勃焉，其亡也忽焉"，以 1997 年为分界线，之前为老"巨人"，高开低走、盛极而衰；之后为新"巨人"，惊天逆转、涅槃重生。究其原因，内部控制的严重缺陷是老"巨人"衰落的根本原因，而内部控制的保驾护航则是新"巨人"崛起的决定因素。

1989 年 8 月，史玉柱用先打广告后付款的方式，将其研制的 M—6401 桌面排版印刷系统软件推向市场，赚进了经商生涯中的"第一桶金"，奠定了巨人集团创业的基石。1991

年4月,他成立珠海巨人新技术公司,迈开"巨人"的第一步。1993年7月,巨人集团下属全资子公司已经发展到38个,是仅次于四通公司的中国第二大民营高科技企业。1994年年初,号称中国第一高楼的巨人大厦一期工程动土。同年,史玉柱当选为"中国改革风云人物"。1997年年初,巨人大厦在只完成了相当于三层楼高的首层大堂后停工,各方债主纷纷上门,老"巨人"的资金链断裂,负债2.5亿元的史玉柱黯然隐退。1999年,他成立上海健特(Gaint,巨人的音译)生物科技有限公司。2000年,史玉柱悄悄还清了老"巨人"时期所欠的全部债务——预售楼花款。2001年,他成立上海黄金搭档生物科技有限公司,当选为"CCTV中国经济年度人物"。2003年,他购入民生银行6.98亿股流通股和华夏银行的1.012亿股流通股,并将脑白金和黄金搭档的知识产权及其营销网络75%的股权卖给了香港上市公司四通电子,交易总价为12.4亿元人民币。2004年,成立上海征途网络科技有限公司。2005年,推出《征途》,为全球第三款同时在线人数超过100万的中文网络游戏。2006年,在开曼群岛注册巨人网络科技有限公司。2007年,更名为巨人网络集团,在全球规模最大、历史最悠久的纽约交易所挂牌上市,成为中国登陆美国最大IPO民营企业,也是除美国本土外最大IPO的IT企业。手握68.43%巨人股权的史玉柱,跃升为拥有500亿元身价的内地新"首富"。

对于老"巨人"的失败,史玉柱将主要原因归结为全面冒进的多元化战略方向失误,例如,先后开发出的服装、保健品、药品、软件等30多类产品,最后大都不了了之。有了惨痛教训的史玉柱意识到,发展速度太快、负债率很高的公司容易出事,投资产业需要慎重考虑以下3点:首先判断它是否为朝阳产业;其次是人才储备够不够;最后,资金是否够。如果失败了是否还要添钱,如果要添钱是否准备得足够多。因此,新"巨人"业务的发展强调安全,第一个项目做成功后,再考虑做第二个项目,一点点往前推进。在新的战略思想指导下,新"巨人"环环相扣地进入保健品、金融、IT行业,全面取得成功,史玉柱因此也被誉为罕见的商业奇才。

对于巨人大厦的失败,史玉柱自称变为了"完全的保守主义者",为自己制订了"铁律":必须时时刻刻保持危机意识,每时每刻提防公司明天会突然垮掉,随时防备最坏的结果;让企业永远保持充沛的现金流。新"巨人"最在乎的事情,就是公司的现金流和时刻保持财务健康(负债率维持在5%的标准上)。

自从"三大战役"失败后,史玉柱就养成一个习惯:"谁消费我的产品,我就要把他研究透。"专注地研究消费者、琢磨消费者的需求并满足消费者的需求,在此基础上打破陈规,自己琢磨规则、创造规则,特别是盯准中小城市及农村市场,号称"史氏营销理论"。

内部控制作为公司治理的关键环节和经营管理的重要举措,在企业的发展壮大中具有举足轻重的作用。通过对比分析不难发现,老"巨人"的失败和新"巨人"的成功不是偶然的,内部控制因素是引起"巨人"变迁的内在原因。

三、美国西南航空公司案例

美国西南航空(Southwest Airlines)创建于1971年,是美国排名前几的航空公司。它从仅有56万美元,3架波音737客机,经营达拉斯、休斯敦和圣安东尼奥的短程航运业务的地方性小公司,发展至2016年,已拥有超过700架波音737客机。最令人惊奇的是,它创下了1973年以来连续40多年盈利的业界奇迹,也是连续盈利时间最长的航空公司,连续4年被著名的《财富》杂志评为全球最受赞赏的公司之一。究其原因可以发现，美国西南航空公司十分注重内部控制管理，与大型软件公司联手打造内部管理和控制系统，有着成熟的做法和先进的经验，从而为达成持续获利目标保驾护航。

1. 内部环境特征

(1) 企业文化。美国西南航空公司的企业文化是"员工第一，顾客第二，只有快乐的员工才有满意的顾客"，并在此基础上形成了三项基本的经营哲学：一是工作应该是愉快的，可以尽情享受；二是工作很重要，别把它搞砸了；三是员工也很重要，每个人都应受到尊重。为了找到真正需要的人，公司采取同行招聘的方式，让员工自己挑选可以愉快合作的工作伙伴。而集体奖励的方式、灵活的工会合同、优厚的员工待遇和较高的员工期权拥有率构成了有效的激励机制。美国西南航空公司认为裁员是短视行为，对公司文化的伤害最大。其平均每年的员工流动率低于5%，相对于美国其他同行来说，这个比例是最低的。即便"9·11"事件后一度每天亏损三四百万美元，仍然坚持不裁员。

作为一家大型公司，美国西南航空公司保持扁平的组织架构以降低集权风险，把"打破官僚主义"作为自己的口号。公司内部结构呈倒置的金字塔形，管理层在底层为前线员工提供各种支持，员工随时可以掌握公司中任何和旅客以及竞争形势有关的资讯并可参与决策和控制，这样不仅提高了各级的管理效率，而且能根据市场变动及时进行调整。高层主管倾听员工的意见是美国西南航空公司的一项惯例。美国西南航空公司规定，如果有员工提出一项建议，有关部门主管必须尽快弄清楚是否可行并及时作出回应。公司没有采纳的建议，必须向员工解释清楚，给出拒绝的充分理由。绝大多数员工随时可以拿起电话和公司副总裁级的人员直接沟通，而总裁会在周末的凌晨和地勤人员一起清洁飞机。事实表明，当员工认为自己受到应有的人性化对待并且受到关怀和尊重时，他们也会为乘客加倍提供热诚周到的服务并充分尊重他们，让乘坐美国西南航空公司的飞机成为一种乐趣，这亦是其吸引大批忠诚旅客的主要原因。

(2) 制度管理。美国西南航空公司的内部环境非常强调制度的作用。新员工在接受正式培训后，基本上不再需要他人的教导和提醒就能很明确地知道自己在何时、何地该以何种姿态采取何种行为。并且美国西南航空公司是技术导向管理，技术系统负责一切，倚重总工程师和总飞行师，地区总经理只抓与市场直接有关的行政工作。

(3) 财务策略。美国西南航空公司在财务方面非常谨慎，资产负债表非常稳健。它一直保持着明显低于美国航空业平均水平的资本负债率，也是全球少数几家拥有投资级信用的航空公司之一。这也使它有足够的营运资金去把握一些重要的商机，并且减少财务压力。

2. 战略目标的设计与实施

从开业的第一天起，美国西南航空公司就奉行低价策略，把自己定位为票价最低的航空公司，提供全美绝大多数的折扣机票，通过低价和优良的服务开拓市场。美国西南航空公司的管理层的思路是：不是要和其他航空公司打价格战，而是要和地面的运输业竞争。按照传统的经商原则，当飞机每班都客满时，票价就要上涨。但美国西南航空公司在载客增加时并不提价，而是增开班机扩展市场。在淡季时，更是通过降低票价来提高班机搭载率，结果飞机票价有时比乘坐陆地的运输工具还要便宜。

在每位竞争对手都对对方的经营策略、营运成本了如指掌的航空市场中,美国西南航空公司的低价竞争战略之所以能得以实现,完全依赖于其将短程运输方式、标准化机队、高效的员工团队和稳健的品质保证相结合的运营模式。

(1) 短程运输方式。美国西南航空公司不买大型客机,不飞国际航线,不与其他航空公司形成联运服务,不和大型航空公司硬碰硬。相反,它只提供效率高、班次多的短程运输,选择的航线也大多是中等城市之间的点对点航线,在位于邻近大都会地区但尚未充分利用的二流机场降落,并采取低票价、多班次的方式来增加旅客的载运量。这不仅有效地降低了管理成本和运营成本,同时也使快速离港和飞机上限量供应等低成本运作具有可行性。美国西南航空公司在飞行中不提供餐点服务,只供应饮料与花生;较长一点的旅程则仅提供饼干之类的点心,从而把成本维持在低水平。

(2) 标准化机队。美国西南航空公司首创了标准化机队的概念,采用单一机型波音 737 提供服务,这样做的好处是既简化了管理又减少了培训和维护成本。作为使用同一机种的忠诚顾客,美国西南航空公司在向波音公司购买飞机时还可获得更多折扣。再加上购买的部分飞机是尚在安全使用年限内、未"退伍"的二手飞机,更进一步降低了航空公司运营中比例最大的固定成本支出。

(3) 高效的员工团队。美国西南航空公司拥有美国航空界最有生产力的团队,员工平均服务旅客的数量是其他航空公司的两倍。由于工作人员的配合和努力,美国西南航空公司的班机从抵达目的地机场、开放登机门上下旅客,至关上登机门再度准备起飞的作业时间平均只需 15 分钟。而其他航空公司大约需要两倍到三倍的时间才能完成同样的工作。

通过精简业务流程,美国西南航空公司降低了成本并加快了运作速度:不提供托运行李的服务,以节省时间;不设头等舱,采用先到先上制,先到的旅客可以有更多的座位选择,促使旅客尽快登机;建立自动验票系统,加快验票速度;当时间非常紧张时,乘务员也会帮助检票,提高乘客的登机速度;飞机降落后,一般只有 4 个地勤人员提供飞机检修保养、加油、物资补给和清洁等服务,人手不够时驾驶员也会帮助地勤工作。在此基础上,美国西南航空公司减少了地勤服务和机务人员,每架飞机仅需要 90 名员工就可以开航,比其他航空公司几乎少用了一倍的员工。

(4) 稳健的品质保证。在追求低成本的同时,美国西南航空公司并没有降低服务品质,其拥有最佳的飞行安全记录、最年轻的飞机队和最高的完航指数,在定期航班中取消的班次最少。无论是从航班准点率,还是从旅客抱怨申诉情况评比结果来看,均居领先地位。美国西南航空公司对于过度扩张也保持着足够的警惕,每年经过严格挑选,只新增几个城市,以实现平稳增长。

综合来看,美国西南航空公司的低价策略是基于公司运营模式而确立的独特战略,既能阻止竞争对手的模仿复制,又能做到持久有效。而我国国内航空公司普遍采取"会员制"的竞争策略,现在几乎每家航空公司都有自己的会员卡,这种简单雷同的方式使得"会员制"的战略价值大大降低。

3. 成本动因与控制

美国西南航空的低价策略实质上是成本领先战略,需要借助严格的成本控制与管理。

特别是短程飞航服务因为起降次数频繁、在登机门上、下旅客的次数较多且时间较长，营运成本自然要比提供长途飞航服务高。在这种情况下，谁能提供成本最低的短程服务，谁就占有优势。

(1) 成本驱动：航班分析。航班是影响收入的巨大杠杆，也是影响成本的主要因素。据统计，航空公司85%的成本是由航班驱动的。美国西南航空的飞行员与空服员是按航次计薪的，并以密集的班次著称。根据2000年的统计显示，美国西南航空的飞机平均每天有8次飞行，飞机的使用时间是12小时，而且还会在一些热门航线上比其他竞争对手开出两倍或者更多的航班。这背后的理念就是："飞机停在停机坪是赚不了钱的。"

有效的成本结构不仅要求机型大小与需求规模相适应，而且要求机型与飞行距离相匹配。众所周知，大型飞机飞短航程有两大弊端：一是油料使用不经济；二是与飞机运转有关的成本会增加。美国西南航空不买大型客机，采用单一机型波音737提供短程运输服务，无疑是理性的选择。

(2) 航油和航材成本管理。自2001年11月油价从每桶17美元左右开始攀升以来，美国西南航空公司一直在稳步扩大对冲计划。无论是海湾战争，还是"9·11"事件，尽管国际原油价格经历了多次剧烈震荡，但美国西南航空公司并不理会短期的油价起伏，通过套期保值业务成功锁定了航油成本，从而可以专注于主营业务。其航油成本如下：2008年平均成本是每桶51美元，2009年也是51美元，2010年为63美元，2011年是64美元。

航材使用得当则寿命长，平均成本就小；备件在不同时期内该有多大库存，则直接决定着资金的占用情况。因此，航材保管人员的专业技术水平十分重要。美国西南航空有完全电脑化的先进管理模式，在提高人员技术水平上也是不遗余力，极尽所能地延长航材寿命，保证最经济的航材动态库存。

(3) 成本效益管理。据统计，航空公司的员工工资水平是各行业中最高的，而且国外航空公司的工会势力也比较强大，这使得国外航空公司的劳动力成本较高，但其总成本却控制得很好。国际劳工组织的研究表明，全世界劳动力成本占运营收入比例最低的地区是北美，美国西南航空公司更是其中的佼佼者。

练习题

1. 下列选项中，符合货币资金内部控制制度规定的是(　　)。
   A. 出纳人员负责应收账款的记账工作
   B. 出纳人员负责总账的登记和保管
   C. 货币资金审批人员负责记账工作
   D. 货币资金审批人员兼任出纳
2. 企业应当根据市场情况和采购计划合理选择采购方式，其中大宗采购应采用(　　)。
   A. 询价方式　　B. 定向采购方式
   C. 直接购买方式　　D. 招标方式
3. 整个采购的关键控制环节是(　　)。
   A. 采购预算　　B. 采购作业　　C. 采购验收　　D. 采购付款及记录

4. 企业所有采购申请书必须先由(　　)签名批准。

A. 董事长　　B. 总经理

C. 负责采购的副总经理　　D. 部门主管

5. 存货的收入、保管、发出和盘存控制流程应当清晰严密,存货管理原则及程序应当明确规范。下列关于存货内部控制的描述中正确的是(　　)。

A. 允许员工对财产的直接接触

B. 企业应当根据存货的特点及企业内部存货流转的管理方式,确定存货计价方法,该方法可以随意变动

C. 对不经仓储直接投入生产或使用的存货,无须采取其他措施

D. 存货领用应制定定额,同时经批准才能进行

6. 企业对于大批存货、贵重商品或危险品的发出,均应(　　),仓储部门应根据经审批的销售(出库)通知单发出货物。

A. 实行特别授权　　B. 实行每日巡查

C. 实行定期抽检　　D. 实行一般授权

7. 销售退货增加的存货,由(　　)根据验收情况编制退货接收报告,报告应包括所退货物的品种、名称、客户的名称等,并交由相关的主管部门进行审核。

A. 财务部门　　B. 销售部门　　C. 接收部门　　D. 仓储部门

8. 应收款项应由(　　)负责催收,催收记录(包括往来函电)应妥善保存。

A. 会计部门　　B. 销售部门　　C. 仓库部门　　D. 信用管理部门

9. 在资金控制的不相容岗位相互分离中,出纳人员不得兼任(　　)工作。

A. 会计档案保管　　B. 会计档案销毁

C. 债权债务账目的登记　　D. 固定资产的登记

10. 针对资金营运内部控制的关键控制,下列说法正确的有(　　)。

A. 印章要与空白票据分管

B. 由一人办理资金全过程业务

C. 严禁收款不入账、设立"小金库"

D. 出纳人员根据资金收付凭证登记日记账

11. 关于企业采购业务内部控制,下列说法正确的有(　　)。

A. 应采取多头采购或分散采购的方式,避免采购业务集中

B. 应当对办理采购业务的人员定期进行岗位轮换

C. 任何采购都不得安排同一机构办理采购业务全过程

D. 重要和技术性较强的采购业务,应当组织相关专家进行论证,实行集体决策和审批

12. 企业确定采购价格较常用的方法是结合使用(　　)等手段进行。

A. 询价　　B. 比价　　C. 议价　　D. 招投标

13. 关于存货保管内部控制,下列说法错误的有(　　)。

A. 存货在不同仓库直接流动时可以不必办理出入库手续

B. 按仓储物资所要求的储存条件贮存

C. 为便于集中管理，代管、代销、受托加工的存货与本单位存货一同存放和记录
D. 对存货进行保险投保，保证存货安全

14. 存货处置的主要控制内容包括存货情况分析、(　　)等。
A. 存货处置审核表　　B. 编制存货毁损丢失处置单
C. 审核存货毁损处置单　　D. 财务信息处理

15. 无形资产管理的基本流程包括无形资产的(　　)、使用、技术升级与更新换代、处置与转移等环节。
A. 取得　　B. 检测　　C. 验收　　D. 安全防范

16. 应收账款日常管理控制包括(　　)方面内容。
A. 应收账款账龄分析　　B. 应收账款催收制度
C. 应收账款追踪分析　　D. 应收账款坏账准备制度

17. 按内部控制要求，销售退回的货物应当由(　　)清点后方可入库。
A. 会计部门　　B. 仓储部门　　C. 销售部门　　D. 质检部门

18. 销售合同的审核、审批应当重点关注销售合同草案中提出的(　　)等。
A. 销售价格　　B. 实际金额　　C. 信用政策　　D. 发货及收款方式

19. 关于企业内部报告的形成和传递，下列说法正确的有(　　)。
A. 企业应当建立内部报告审核、保密和评估制度
B. 企业内部各管理层级均应当指定专人负责内部报告工作，在任何情况下不得越权上报信息
C. 内部报告应当简洁明了、通俗易懂、传递及时
D. 企业应当拓宽内部报告渠道，广泛收集合理化建议

20. 财务报告流程由(　　)组成。
A. 财务报告编制流程　　B. 财务报告对外提供流程
C. 财务报告审计流程　　D. 财务报告分析利用流程

第六章

企业其他业务活动内部控制

- 掌握企业内部控制应用指引——研究与开发；
- 掌握企业内部控制应用指引——工程项目；
- 掌握企业内部控制应用指引——担保业务；
- 掌握企业内部控制应用指引——业务外包。

第一节　研究与开发活动内部控制

研究与开发是企业核心竞争力的本源，是企业自主创新的重要体现，是企业加快转变经济发展方式的强大推动力。在经济全球化背景下，特别是为了抢抓后危机时期重要发展机遇，企业应坚定不移地走自主创新之路，重视和加强研究与开发，并将相关成果转化为生产力，在竞争中赢得主动权，夺得先机。《企业内部控制应用指引第 10 号——研究与开发》旨在有效控制研发风险，提升企业自主创新能力，充分发挥科技的支撑引领作用，促进实现企业发展战略。

知网下载

(1) 电信本地网 GIS 系统研发建设成功案例；

(2) 外包商如何助力货币资金的内部控制——以 A 公司研发中心货币资金管理外包为例；

(3) 企业研发外包的模式、特征及流程探讨——基于×集团汽车制造案例研究。

一、研究与开发的业务流程

如图 6-1 所示，研究与开发业务的基本流程主要包括立项申请、评审与审批，研究过程管理，结题验收，研究成果开发与研究成果保护等。

二、研究与开发业务的关键风险点及管控措施

研究与开发业务的关键风险点及管控措施主要有以下几个。

1. 立项

立项主要包括立项申请、评审和审批。该环节的主要风险是：研发计划与国家(或企

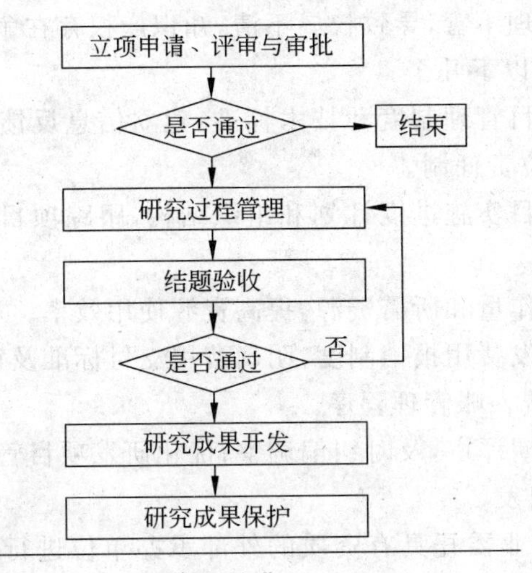

图 6-1 研究与开发业务流程

业)科技发展战略不匹配,研发承办单位或专题负责人不具有相应资质,研究项目未经科学论证或论证不充分,评审和审批环节把关不严,可能导致创新不足或资源浪费。

主要管控措施有以下几个。

(1) 建立完善的立项、审批制度,确定研究开发计划制订原则和审批人,审查承办单位或专题负责人的资质条件和评估、审批流程等。

(2) 结合企业发展战略、市场及技术现状,制订研究项目开发计划。

(3) 根据实际需要,结合研发计划,提出研究项目立项申请,开展可行性研究,编制可行性研究报告。

(4) 按照规定的权限和程序进行审批,重大研究项目应当报经董事会或类似权力机构集体审议决策。

(5) 制订开题计划和报告。

2. 研究过程管理

研究过程是研发的核心环节。实务中,研发通常分为自主研发、委托研发和合作研发。

1) 自主研发

自主研发是指企业依靠自身的科研力量,独立完成项目,包括原始创新、集成创新和在引进消化基础上的再创新三种类型。其主要风险包括以下几个。

(1) 研究人员配备不合理,导致研发成本过高、舞弊或研发失败。

(2) 研究过程管理不善,费用失控或科技收入形成账外资产,影响研发效率,提高研发成本甚至造成资产流失。

(3) 多个项目同时进行时,相互争夺资源,出现资源的短期局部缺乏,可能造成研发效率下降。

(4) 研究过程中未能及时发现错误,导致修正成本提高。

(5) 科研合同管理不善,导致权属不清,知识产权存在争议。

主要管控措施有以下几个。

(1) 建立研发项目管理制度和技术标准,建立信息反馈制度和研发项目重大事项报告制度,严格落实岗位责任制。

(2) 合理设计项目实施进度计划和组织结构,跟踪项目进展,建立良好的工作机制,保证项目顺利实施。

(3) 精确预计工作量和所需资源,提高资源使用效率。

(4) 建立科技开发费用报销制度,明确费用支付标准及审批权限,遵循不相容岗位牵制原则,完善科技经费入账管理程序。

(5) 开展项目中期评审,及时纠偏调整;优化研发项目管理的任务分配方式。

2) 委托(合作)研发

委托研发是指企业委托具有资质的外部承办单位进行研究和开发。合作研发是指合作双方基于研发协议,就共同的科研项目,以某种合作形式进行研究或开发。委托(合作)研发的主要风险是:委托(合作)单位选择不当,知识产权界定不清。合作研发的风险还包括与合作单位沟通障碍、合作方案设计不合理、权责利不能合理分配、资源整合不当等。

主要管控措施有以下几个。

(1) 加强委托(合作)研发单位资信、专业能力等方面管理。

(2) 委托研发应采用招标、议标等方式确定受托单位,制定规范详尽的委托研发合同,明确产权归属、研究进度和质量标准等相关内容。

(3) 合作研发应对合作单位进行尽职调查,签订书面合作研究合同,明确双方投资、分工、权利与义务、研究成果产权归属等。

(4) 加强项目的管理监督,严格控制项目费用,防止挪用、侵占等。

(5) 根据项目进展情况、国内外技术最新发展趋势和市场需求变化情况,对项目的目标、内容、进度、资金进行适当调整。

3. 结题验收

结题验收是对研究过程形成的交付物进行质量验收。结题验收分检测鉴定、专家评审、专题会议三种方式。结题验收的主要风险包括:验收人员的技术、能力、独立性等造成验收成果与事实不符;测试与鉴定投入不足,导致测试与鉴定的不充分,不能有效地降低技术失败的风险。

主要管控措施有以下几个。

(1) 建立健全技术验收制度,严格执行测试程序。

(2) 对验收过程中发现的异常情况应重新进行验收申请或补充进行研发,直至研发项目达到研发标准为止。

(3) 落实技术主管部门验收责任,由独立的、具备专业胜任能力的测试人员进行鉴定试验,并按计划进行正式的、系统的、严格的评审。

(4) 加大企业在测试和鉴定阶段的投入,对重要的研究项目可以组织外部专家参加鉴定。

4. 研究成果开发

研究成果开发是指企业将研究成果经过开发过程转换为企业的产品。其主要风险包括：研究成果转化应用不足，导致资源闲置；新产品未经充分测试，导致大批量生产不成熟或成本过高；营销策略与市场需求不符，导致营销失败。

主要管控措施有以下几个。

(1) 建立健全研究成果开发制度，促进成果及时有效转化。

(2) 科学鉴定大批量生产的技术成熟度，力求降低产品成本。

(3) 坚持开展以市场为导向的新产品开发的消费者测试。

(4) 建立研发项目档案，推进有关信息资源的共享和应用。

5. 研究成果保护

研究成果保护是企业研发管理工作的有机组成部分。有效的研发成果保护，可保护研发企业的合法权益。其主要风险是：未能有效识别和保护知识产权，权属未能得到明确规范，开发出的新技术或产品被限制使用；核心研究人员缺乏管理激励制度，导致形成新的竞争对手或技术秘密外泄。

主要管控措施有以下几个。

(1) 进行知识产权评审，及时取得权属。

(2) 研发完成后确定采取专利或技术秘密等不同保护方式。

(3) 利用专利文献选择较好的工艺路线。

(4) 建立研究成果保护制度，加强对专利权、非专利技术、商业秘密及研发过程中形成的各类涉密图纸、程序、资料的管理，严格按照制度规定借阅和使用，禁止无关人员接触研究成果。

(5) 建立严格的核心研究人员管理制度，明确界定核心研究人员范围和名册清单并与之签署保密协议。

(6) 企业与核心研究人员签订劳动合同时，应当特别约定研究成果归属、离职条件、离职移交程序、离职后保密义务、离职后竞业限制年限及违约责任等内容。

(7) 实施合理有效的研发绩效管理，制定科学的核心研发人员激励体系，注重长效激励。

第二节　工程项目内部控制

工程项目是企业自行或者委托其他单位进行的建造、安装活动。重大工程项目往往体现企业发展战略和中长期发展规划，对于提高企业再生产能力和支撑保障能力、促进企业可持续发展具有关键作用。由于工程项目投入资源多、占用资金大、建设工期长、涉及环节多、多种利益关系错综复杂，构成经济犯罪和腐败问题的“高危区”。现实中，工程资金高估冒算，招投标环节的暗箱操作，曝光的“豆腐渣”工程，以及相关经济犯罪和腐败案例时有发生，引发社会各界对工程领域的关注和批评。

知网下载

(1) 帕克西桥工程项目分包工程合同管理案例;

(2) 工程合同纠纷案例解析专题之——"黑白合同";

(3) 工程建设项目的内部控制问题研究——基于H项目的案例分析;

(4) 工程项目内部控制在实践中的运用——以某科技公司山东投资项目为例。

一、工程项目的业务流程

如图6-2所示,工程项目的基本流程包括工程立项、工程设计、工程招标、工程建设、竣工验收和项目后评估六大环节。工程立项是对拟建项目的必要性和可行性进行技术经济论证,对不同建设方案进行技术经济比较并作出判断和决定的过程。立项决策正确与否,直接关系到项目建设的成败。工程立项阶段主要工作包括编制项目建议书、可行性研究、立项评审与立项决策等几个环节。工程设计是根据建设工程的要求,对可行性研究的深入和继续,对建设工程所需的技术、经济、资源、环境等条件进行更加深入细致的分析,编制建设设计文件和绘制施工图的工作。工程设计是在可行性研究确定可行的条件下解决怎么进行建设的具体工程技术和经济问题。工程设计是工程能如期保质完成的关键。工程设计一般分为初步设计和施工图设计,对于技术上比较复杂的工程项目,在施工图设计之前还应进行技术设计。工程招标是建设单位在立项之后、项目发包之前,依照法定程序,以公开招标或邀请招标等方式,鼓励潜在的投标人依据招标文件参与竞争,通过评标择优选定中标人的一种经济活动。工程招标一般包括招标,投标,开标,评标和定标,签订施工合同等几个主要环节。工程建设指的是工程建设实施,即施工阶段。建设成本、进度和质量的具体控制主要就在这一阶段。工程建设阶段的主要工作有工程监理、工程物资采购、施工及施工组织、资金管理和工程价款结算等。竣工验收指工程项目竣工后由建设单位会同设计、施工、监理单位以及工程质量监督部门等,对该项目是否符合规划设计要求以及建筑施工和设备安装质量进行全面检验的过程。竣工验收一般建立在分阶段验收的基础之上,前一阶段已经完成验收的工程项目在全部工程验收时原则上不再重新验收。竣工验收是全面检验建设项目质量和投资使用情况的重要环节。项目后评估是指在建设项目已经完成并运行一段时间后,对项目的目的、执行过程、效益、作用和影响进行系统的、客观的分析和总结的一种技术经济活动。

二、工程项目内部控制的关键风险点及管控措施

百度自查

值得学习的好制度:富临运业(002357)工程款拨付管理办法。

工程项目各环节内部控制的关键风险点及管控措施主要有以下几个。

1. 工程立项

1) 编制项目建议书

项目建议书是企业(项目建设单位)根据工程投资意向、综合考虑产业政策、发展战略、经营计划等提出的建设某一工程项目的建议文件,是对拟建项目提出的框架性总体设

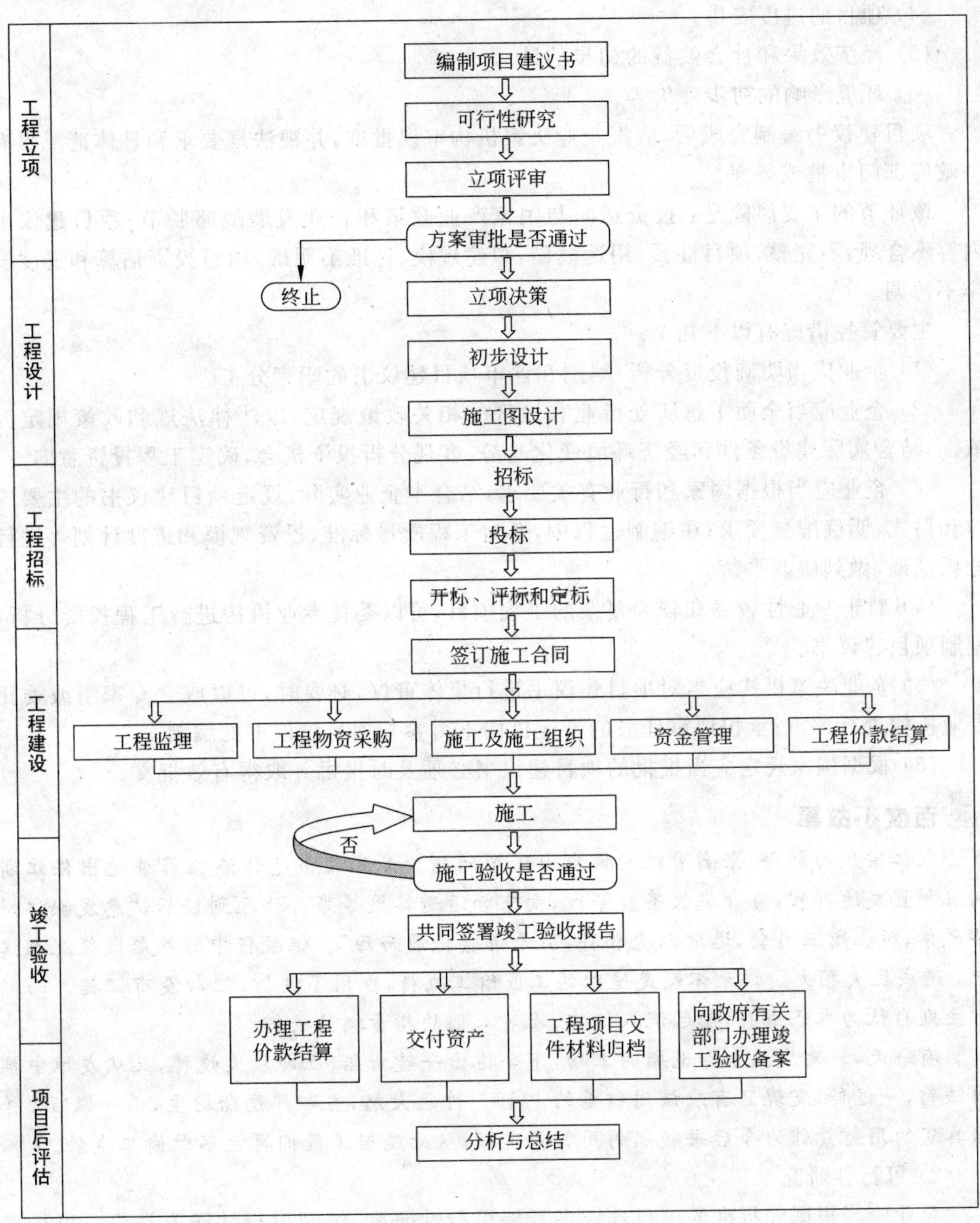

图 6-2　工程项目业务流程

想。对于非重大项目，也可以不编制项目建议书，但仍需开展可行性研究。项目建议书的内容一般包括以下几个。

(1) 项目的必要性和依据。

(2) 产品方案、拟建规模和建设地点的初步设想。

(3) 投资估算、资金筹措方案设想。

(4) 项目的进度安排。

(5) 经济效果和社会效益的初步估计。

(6) 环境影响的初步评价等。

项目建议书编制完成后,应报企业决策机构审议批准,并视法规要求和具体情况报有关政府部门审批或备案。

该环节的主要风险是:投资意向与国家产业政策和企业发展战略脱节;项目建议书内容不合规、不完整,项目性质、用途模糊,拟建规模、标准不明确,项目投资估算和进度安排不协调。

主要管控措施有以下几个。

(1) 企业应当明确投资分析、编制和评审项目建议书的职责分工。

(2) 企业应当全面了解所处行业和地区的相关政策规定,以法律法规和政策规定为依据,结合实际建设条件和经济环境变化趋势,客观分析投资机会,确定工程投资意向。

(3) 企业应当根据国家和行业有关要求,结合本企业实际,规定项目建议书的主要内容和格式,明确编制要求;在编制过程中,要对工程质量标准、投资规模和进度计划等进行分析论证,做到协调平衡。

(4) 对于专业性较强和较为复杂的工程项目,可以委托专业机构进行工程投资分析,编制项目建议书。

(5) 企业决策机构应当对项目建议书进行集体审议,必要时,可以成立专家组或委托专业机构进行评审;承担评审任务的专业机构不得参与项目建议书的编制。

(6) 根据国家规定应当报批的项目建议书必须及时报批并取得有效批文。

百度小故事

宋仁宗庆历初年,东南漕粮的供应出现了问题。参知政事范仲淹推荐许元出任江浙荆淮制置发运判官,负责征收茶盐等税,向京师运送谷粟等事。许元到任后,“悉发濒江州县藏粟,所在留三月食,远近以次相补,引千余艘转漕而西”。但航行中好些船散架沉入江中,造成巨大损失。许元怀疑是造船的工匠偷工减料,少用了铁钉,但却没有证据。而船坊主则自认为木已成舟,船已沉入江中,面对人们的指责极力狡辩。

有一天,许元突然来到造船的工场,下令拖出一艘新船,立即放火烧掉,又从灰堆中拣出铁钉,一过秤,发现只有应该用钉量的1/10。许元大怒,当即严惩船坊主,杀一儆百,并以真实的用钉量作为今后每艘船的用钉量定额,从此造船工匠们再也不敢偷工减料。

2) 可行性研究

企业应当根据经批准的项目建议书开展可行性研究、编制可行性研究报告。可行性研究报告的主要内容包括以下几点。

(1) 项目概况。

(2) 项目建设的必要性和市场预测。

(3) 项目建设选址及建设条件论证。

(4) 建设规模和建设内容。

(5) 项目外部配套建设。

(6) 环境保护,劳动保护与卫生防疫,消防、节能、节水。

(7) 总投资及资金来源。

(8) 经济、社会效益。

(9) 项目建设周期及进度安排。

(10) 招投标法规定的相关内容等。

该环节的主要风险是：缺乏可行性研究,或可行性研究流于形式,导致决策不当,难以实现预期效益,甚至可能导致项目失败;可行性研究的深度达不到质量标准和实际要求,无法为项目决策提供充分、可靠的依据。

主要管控措施有以下几个。

(1) 企业应当根据国家和行业有关规定以及本企业实际,确定可行性研究报告的内容和格式,明确编制要求。

(2) 委托专业机构进行可行性研究的,应当制定专业机构的选择标准,确保可行性研究科学、准确、公正。

(3) 切实做到投资、质量和进度控制的有机统一,即技术先进性和经济可行性要有机结合。

3) 项目评审与决策

可行性研究报告形成后,企业应当组织有关部门或委托具有相应资质的专业机构,对可行性研究报告进行全面审核和评价,提出评审意见,作为项目决策的重要依据。该环节的主要风险是：项目评审流于形式,误导项目决策;权限配置不合理,或者决策程序不规范,导致决策失误,给企业带来巨大的经济损失。

主要管控措施有以下几个。

(1) 组建项目评审组或委托具有资质的专业机构对可行性研究报告进行评审。评审可行性研究报告实行当事人回避制度;评审组成员应当熟悉工程业务,并具有较广泛的代表性;评审组的决策机制不能简单采用“少数服从多数”原则,而要充分兼顾项目投资、质量、进度各方面的不同意见;项目评审应实行问责制。

(2) 项目评审中重点关注项目投资方案、投资规模、资金筹措、生产规模、布局选址、技术、安全、环境保护等方面情况,核实相关资料的来源和取得途径是否真实、可靠,特别要对经济技术可行性进行深入分析和全面论证。

(3) 按照规定的权限和程序对工程项目进行决策,决策过程必须有完整的书面记录,并实行决策责任追究制度。重大工程项目,应当报经董事会或者类似决策机构集体审议批准,任何个人不得单独决策或者擅自改变集体决策意见,防止出现“一言堂”“一支笔”现象。

2. 工程设计

1) 初步设计

建设单位可以自行完成初步设计或委托其他单位进行初步设计。初步设计是整个设计构思基本形成的阶段。通过初步设计可以明确拟建工程在指定地点和规定期限内建设的技术可行性和经济合理性,同时确定主要技术方案、工程总造价和主要技术经济指标。初步设计阶段的一项重要工作是编制设计概算。该环节存在的主要风险是：设计单位不符合项目资质要求;初步设计未进行多方案比选;设计人员对相关资料研究不透彻,初步设计出现较大疏漏;设计深度不足,造成施工组织不周密、工程质量存隐患、投资失控以及投产后运行成本过高等。

主要管控措施有以下几个。

(1) 建设单位应当引入竞争机制,尽量采用招标方式确定设计单位,根据项目特点选择具有相应资质和经验的设计单位。

(2) 在工程设计合同中,要细化设计单位的权利和义务,特别是一个项目由几个单位共同设计时,要指定一个设计单位为主体设计单位,主体设计单位对建设项目设计的合理性和整体性负责。

(3) 建设单位应当向设计单位提供开展设计所需的详细的基础资料,并进行有效的技术经济交流,避免因资料不完整造成设计保守、投资失控等问题。

(4) 建立严格的初步设计审查和批准制度,通过严格的复核、专家评议等制度,层层把关,确保评审工作质量。

2) 施工图设计

施工图设计主要是通过图纸,把设计者的意图和全部设计结果表达出来,作为施工建造的依据。与施工图设计直接关联的是施工图预算。施工图预算是在施工图设计完成后、工程开工前,根据已批准的施工图纸、现行的预算定额、费用定额和所在地区人工、材料、设备与机械台班等资源价格,按照规定的计算程序确定工程造价的技术经济文件。该环节存在的主要风险是:概预算严重脱离实际,导致项目投资失控;工程设计与后续施工未有效衔接或过早衔接,导致技术方案未得到有效落实,影响工程质量,或造成工程变更,发生重大经济损失。

主要管控措施有以下几个。

(1) 建立严格的概预算编制与审核制度。概预算的编制要严格执行国家、行业和地方政府有关建设和造价管理的各项规定和标准,完整、准确地反映设计内容和当时当地的价格水平。建设单位应当组织工程、技术、财会等部门的相关专业人员或委托具有相应资质的中介机构对编制的概算进行审核,重点审查编制依据、项目内容、工程量的计算、定额套用等是否真实、完整和准确。

(2) 建立严格的施工图设计管理制度和交底制度。在对施工图设计进行审查时,应重点关注施工图设计深度能否满足全面施工及各类设备安装要求,施工图设计质量是否符合国家和行业规定,各专业工种之间是否做到了有效配合等。

(3) 制定严格的设计变更管理制度。设计单位应当提供全面、及时的现场服务,避免设计与施工相脱节的现象发生,减少设计变更的发生。

(4) 建设单位应当严格按照国家法律法规和本单位管理要求执行各项设计报批要求,上一环节尚未批准的,不得进入下一环节,杜绝出现边勘察、边设计、边施工的"三边"现象。

3. 工程招标

1) 招标

这一阶段的主要工作包括招标前期准备和招标公告、资格预审公告的编制与发布。

在招标前期准备阶段，应确定招标组织方式（自行招标、委托招标）和招标方式（公开招标、邀请招标）等。该环节存在的主要风险是：招标人肢解建设项目，致使招标项目不完整，或逃避公开招标；投标资格条件因人而设，未做到公平、合理，可能导致中标人并非最优选择；相关人员违法违纪泄露标底，存在舞弊行为。

主要管控措施有以下几个。

（1）建设单位应当按照《中华人民共和国招标投标法》《工程建设施工招标投标管理办法》等相关法律法规，结合本单位实际情况，本着公开、公正、平等竞争的原则，建立健全本单位的招投标管理制度，明确应当进行招标的工程项目范围、招标方式、招标程序，以及投标、开标、评标、定标等各环节的管理要求。

（2）工程立项后，对于是否采用招标，以及招标方式、标段划分等，应由建设单位工程管理部门牵头提出方案，报经建设单位招标决策机构集体审议通过后执行。

（3）建设单位确需划分标段组织招标的，应当进行科学分析和评估，提出专业意见；划分标段时，应当考虑项目的专业要求、管理要求、对工程投资的影响以及各项工作的衔接，不得违背工程施工组织设计和招标设计方案，将应当由一个承包单位完成的工程项目肢解成若干部分发包给几个承包单位。

（4）招标公告的编制要公开、透明，严格根据项目特点确定投标人的资格要求，不得根据“意向中标人”的实际情况确定投标人资格要求。建设单位不具备自行招标能力的，应当委托具有相应资质的招标机构代理招标。

（5）建设单位应当根据项目特点决定是否编制标底；需要编制标底的，标底编制过程和标底应当严格保密。

2）投标

投标主要包括项目现场考察、投标预备会、投标文件的编制和递交。招标人可以根据招标项目的具体情况，组织投标人考察项目现场，以便投标人更为深入地了解项目情况。该环节存在的主要风险是：招标人与投标人串通投标，存在舞弊行为；投标人的资质条件不符合要求或挂靠、冒用他人名义投标，可能导致工程质量难以达到规定标准。

主要管控措施有以下几个。

（1）对投标人的信息采取严格的保密措施，防止投标人之间串通舞弊。

（2）科学编制招标公告，合理确定投标人资格要求，尽量扩大潜在投标人的范围，增强市场竞争性。

（3）严格按照招标公告或资格预审文件中确定的投标人资格条件对投标人进行实质审查，通过查验资质原件、实地考察，或到工商和税务机关调查核实等方式，确定投标人的实际资质，预防假资质中标。

（4）建设单位应当履行完备的标书签收、登记和保管手续。签收人要记录投标文件签收日期、地点和密封状况，签收标书后应将投标文件存放在安全保密的地方，任何人不得在开标前开启投标文件。

3）开标、评标和定标

投标工作结束后，建设单位应当组织开标、评标和定标。开标时间和地点应当在招标文件中预先确定。评标由招标人依法组建的评标委员会负责。评标委员会应当按照招标文件确定的评标标准和方法,对投标文件进行评审和比较,推荐合格的中标候选人。开标、评标和定标环节存在的主要风险是:开标不公开、不透明,损害投标人利益;评标委员会成员缺乏专业水平,或者建设单位向评标委员会施加影响,致使评标流于形式;评标委员会成员与投标人串通作弊,损害招标人利益。

主要管控措施有以下几个。

(1) 开标过程应邀请所有投标人或其代表出席,并委托公证机构进行检查和公证。

(2) 依法组建评标委员会,确保其成员具有较高的职业道德水平,并具备招标项目专业知识和丰富经验。评标委员会成员名单在中标结果确定前应当严格保密。评标委员会成员和参与评标的有关工作人员不得私下接触投标人,不得收受投标人任何形式的商业贿赂。

(3) 建设单位应当为保证评标委员会独立、客观地进行评标工作创造良好条件,不得向评标委员会成员施加影响,干扰其客观评判。

(4) 评标委员会应当在评标报告中详细说明每位成员的评价意见以及集体评审结果,对于中标候选人和落标人要分别陈述具体理由。每位成员应对其出具的评审意见承担个人责任。

(5) 中标候选人是1个以上时,招标人应当按照规定的程序和权限,由决策机构审议决定中标人。

4) 签订施工合同

中标人确定后,建设单位应当在规定期限内同中标人订立书面合同,双方不得另行订立背离招标文件实质性内容的其他协议。在工程项目的合同管理方面,除应当遵循《企业内部控制应用指引第16号——合同管理》的统一要求外,还应特别注意以下几个方面的情况:①建设单位应当制定工程合同管理制度,明确各部门在工程合同管理和履行中的职责,严格按照合同行使权力和履行义务。②建设工程施工合同、各类分包合同、工程项目施工内部承包合同应当按照国家或本建设单位制定的示范文本的内容填写,清楚列明质量、进度、资金、安全等各项具体标准,有施工图纸的,施工图纸是合同的重要附件,与合同具有同等法律效力。③建设单位应当建立合同履行执行情况台账,记录合同的实际履约情况,并随时督促对方当事人及时履行其义务,建设单位的履约情况也应及时做好记录并经对方确认。

4. 工程建设

1) 施工质量、进度和安全的主要管控措施

建设单位和承包单位(施工单位)应按设计和开工前签订的合同所确定的工期、进度计划等相关要求进行施工建设,并采用科学规范的管理方式保证施工质量、进度和安全。该环节存在的主要风险有:盲目赶进度,牺牲质量、费用目标,导致质量低劣,费用超支;质量、安全监管不到位,存在质量隐患。

主要管控措施分为三个方面。

工程进度管控:

(1) 监理单位应当建立监理进度控制体系,明确相关程序、要求和责任。

(2) 承包单位应按合同规定的工程进度编制详细的分阶段或分项进度计划,报送监

理机构审批后，严格按照进度计划开展工作。

(3) 承包单位至少应按月对完成投资情况进行统计、分析和对比，工程的实际进度与批准的合同进度计划不符时，承包单位应提交修订合同进度计划的申请报告，并附原因分析和相关措施，报监理机构审批。

工程质量管控：

(1) 承包单位应当建立全面的质量控制制度，按照国家相关法律法规和本单位质量控制体系进行建设，并在施工前列出重要的质量控制点，报经监理机构同意后，在此基础上实施质量预控。

(2) 承包单位应按合同约定对材料、工程设备以及工程的所有部位及其施工工艺进行全过程的质量检查和检验，定期编制工程质量报表，报送监理机构审查。关键工序作业人员必须持证上岗。

(3) 监理机构有权对工程的所有部位及其施工工艺进行检查验收，发现工程质量不符合要求的，应当要求承包单位立即返工修改，直至符合验收标准为止。

安全建设管控：

(1) 建设单位应当加强对施工单位的安全检查，并授权监理机构按合同约定的安全工作内容监督、检查承包单位安全工作的实施。

(2) 工程监理单位和监理工程师应当按照法律法规和工程建设强制性标准实施监理，并对建设工程安全生产承担监理责任。

(3) 承包单位应当设立安全生产管理机构，配备专职安全生产管理人员，依法建立安全生产、文明施工管理制度，细化各项安全防范措施。

2) 工程物资采购的主要管控措施

工程物资采购分为自行采购和承包单位采购。该环节的主要风险包括：采购控制不力，质次价高，对承包单位采购物资监督不足，影响工程质量与进度。

主要控制措施有以下几个。

(1) 重大设备和大宗材料的采购应当采用招标方式。

(2) 由承包单位采购工程物资的，企业应当加强监督，确保工程物资采购符合设计标准和合同要求。严禁不合格工程物资投入工程项目建设。

3) 工程价款结算的主要管控措施

工程价款结算是指对建设工程的发包承包合同价款进行约定和依据合同约定进行工程预付款、工程进度款、工程竣工价款结算的活动。该环节存在的主要风险是建设资金使用管理混乱，项目资金不落实，导致工程进度延迟或中断。

主要管控措施有以下几个。

(1) 建立完善的工程价款结算制度，明确工作流程和职责权限划分，并切实遵照执行。

(2) 资金筹集和使用应与工程进度协调一致。

(3) 财会部门应当加强与承包单位和监理机构的沟通，准确掌握工程进度，确保财务报表能够准确、全面地反映资产价值，并根据施工合同约定，按照规定的审批权限和程序办理工程价款结算。

(4) 施工过程中,如果工程的实际成本突破了工程项目预算,建设单位应当及时分析原因,按照规定的程序予以处理。

4) 工程变更的主要管控措施

工程变更包括工程量变更、项目内容的变更、进度计划的变更、施工条件的变更等,但最终往往表现为设计变更。该环节存在的主要风险是现场控制不当,工程变更频繁,导致费用超支、工期延误。

主要管控措施有以下几个。

(1) 建设单位要建立严格的工程变更审批制度,严格控制工程变更,确需变更的,要按照规定程序尽快办理变更手续,减少经济损失。对于重大的变更事项,必须经建设单位、监理机构和承包单位集体商议,同时严加审核文件,提高审批层级,依法需报有关政府部门审批的,必须取得同意变更的批复文件。

(2) 工程变更获得批准后,应尽快落实变更设计和施工,承包单位应在规定期限内全面落实变更指令。

(3) 如因人为原因引发工程变更,如设计失误、施工缺陷等,应当追究当事单位和人员的责任。

(4) 对工程变更价款的支付实施更为严格的审批制度,变更文件必须齐备,变更工程量的计算必须经过监理机构复核并签字确认,防止承包单位虚列工程费用。

5. 竣工验收

竣工验收环节存在的主要风险是:竣工验收不规范,质量检验把关不严,可能导致工程存在重大质量隐患;虚报项目投资完成额、虚列建设成本或者隐匿结余资金,竣工决算失真;固定资产达到预定可使用状态后,未及时进行估价、结转。

主要管控措施有以下几个。

(1) 建设单位应当健全竣工验收各项管理制度,明确竣工验收的条件、标准、程序、组织管理和责任追究等。

(2) 竣工验收必须履行规定的程序,至少应经过承包单位初检、监理机构审核、正式竣工验收三个程序。正式竣工验收前,根据合同规定应当进行试运行的,应当由建设单位、监理机构和承包单位共同参与试运行。

(3) 初检后,确定固定资产达到预定可使用状态的,承包单位应及时通知建设单位,建设单位会同监理机构初验后应及时对项目价值进行暂估,转入固定资产核算。

(4) 建设单位应当加强对工程竣工决算的审核,应先自行审核,再委托具有相应资质的中介机构实施审计;未经审计的,不得办理竣工验收手续。

(5) 工程竣工后,建设单位对各种节约的材料、设备、施工机械工具等,要清理核实,妥善处理。

(6) 建设单位应当按照国家有关档案管理的规定,及时收集、整理工程建设各环节的文件资料,建立工程项目档案。需报政府有关部门备案的,应当及时备案。

6. 项目后评估

项目后评估通常安排在工程项目竣工验收后6个月或1年后,多为效益后评价和过程后评价。工程项目后评估本身就是一项重要的管控措施,建设单位要予以重视并认真用好。首先,建设单位应当建立健全完工项目的后评估制度,对完工工程项目预期目标的实现情况和项目投资效益等进行综合分析与评价,总结经验教训,为未来项目的决策和提高投资决策管理水平提出建议。其次,建设单位应当采取切实有效措施,保证项目后评估的公开、客观和公正。原则上,凡是承担项目可行性研究报告编制、立项决策、设计、监理、施工等业务的机构不得从事该项目的后评估工作,以保证后评估的独立性。最后,要严格落实工程项目决策及执行相关环节责任追究制度,项目后评估结果应当作为绩效考核和责任追究的依据。

第三节 担保业务内部控制

《企业内部控制应用指引第12号——担保业务》中所称担保,是指企业作为担保人按照公平、自愿、互利的原则与债权人约定,当债务人不履行债务时,依照法律规定和合同协议承担相应法律责任的行为。担保制度起源于商品交易活动,只有当商品交易从早期的以物易物或者是钱货两清的即时交易发展到赊购赊销业务时,担保才逐渐产生。一方面,担保有利于银行等债权人降低贷款风险;另一方面,担保使债权人与债务人形成了稳定可靠的资金供需关系。

知网下载

(1) 担保请务必谨慎——从一个案例看担保业务的内部控制;

(2) 国有企业对外担保风险分析——兼析农垦企业担保案例;

(3) 公司担保存在隐患,相关制度有待完善——基于深国商、ST海龙、建发股份的案例研究;

(4) 过度对外担保:企业埋下的"定时炸弹"——基于深国商的案例研究;

(5) 商业银行应警惕上市公司连环担保陷阱——湖南"鸿仪系"连环担保案例解析。

一、担保业务的业务流程

如图6-3所示,担保业务的基本流程包括受理申请、调查与评估、审批、签订担保合同、日常监控、代为清偿和权利追索等流程。

二、担保业务的关键风险点与控制措施

百度自查

值得学习的好制度:

(1) 南都电源(300068)对外担保管理制度;

(2) 美盈森(002303)对外担保管理办法。

1. 受理申请

受理申请是企业办理担保业务的第一道关口,其主要风险是:企业担保政策和相关管理制度不健全,导致难以对担保申请人提出的担保申请进行初步评价和审核;或者虽然建立了担保政策和相关管理制度,但对担保申请人提出的担保申请审查把关不严,导致申

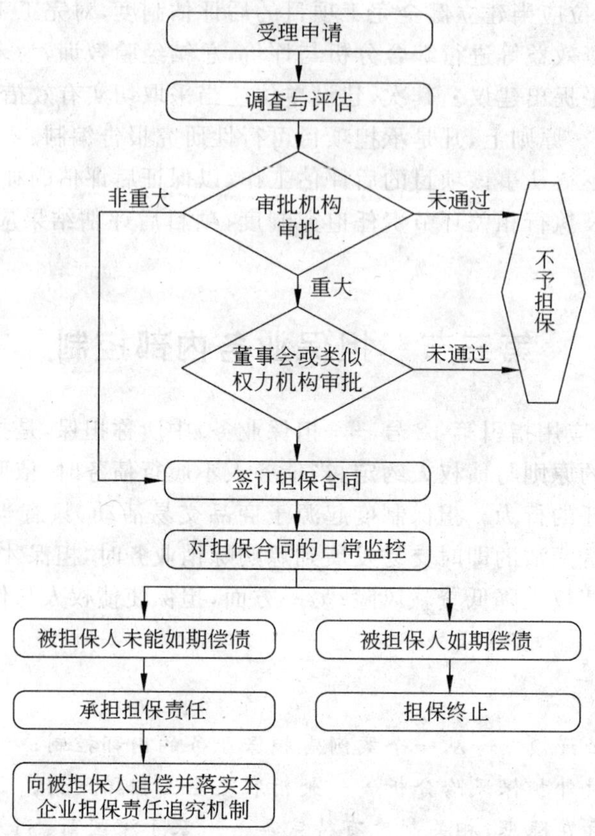

图 6-3 担保业务流程

请受理流于形式。

这一业务环节的主要控制措施有以下两个。

(1) 依法制定和完善本企业的担保政策和相关管理制度,明确担保的对象、范围、方式、条件、程序、担保限额和禁止担保的事项。

(2) 严格按照担保政策和相关管理制度对担保申请人提出的担保申请进行审核。一般情况,只能在申请人与本企业存在密切业务往来,并且对申请人整体实力、经营状况、信用水平非常了解的情况下才能进行担保。

2. 调查与评估

企业在受理担保申请后对担保申请人进行资信调查和风险评估,是办理担保业务中不可或缺的重要环节,在相当程度上影响甚至决定担保业务的未来走向。这一环节的主要风险是:对担保申请人的资信调查不深入、不透彻,对担保项目的风险评估不全面、不科学,导致企业担保决策失误或遭受欺诈,为担保业务埋下巨大隐患。

主要控制措施有以下几个。

(1) 对担保业务进行调查和风险评估。企业应当指定相关部门负责办理担保业务,对担保申请人进行资信调查和风险评估,评估结果应出具书面报告。企业也可委托中介机构对担保业务进行资信调查和风险评估。调查评估人员与担保业务审批人员应当分离。

(2) 企业对担保业务风险评估至少应当采取下列措施：第一，审查担保业务是否符合国家有关法律法规以及本企业发展战略和经营需要；第二，评估申请担保人的资信状况，评估内容一般包括申请人基本情况、资产质量、经营情况、行业前景、偿债能力、信用状况，用于担保和第三方担保的资产及其权利归属等；第三，审查担保项目的合法性、可行性；第四，综合考虑担保业务的可接受风险水平，并设定担保风险限额；第五，企业要求申请担保人提供反担保的，还应当对与反担保有关的资产状况进行评估。

(3) 对担保项目经营前景和盈利能力进行合理预测。

(4) 划定不予担保的"红线"，并结合调查评估情况作出判断。

被担保人出现下列情形之一的，企业不得提供担保。

(1) 担保项目不符合国家法律法规和本企业担保政策的。

(2) 已进入重组、托管、兼并或破产清算程序的。

(3) 财务状况恶化、资不抵债、管理混乱、经营风险较大的。

(4) 与其他企业存在较大经济纠纷，面临法律诉讼且可能承担较大赔偿责任的。

(5) 与本企业已发生过经济纠纷且未妥善解决的，或不能及时足额缴纳担保费用的。

3. 审批

审批环节在担保业务中具有承上启下的作用，既是对调查评估结果的判断和认定，也是决定担保业务能否进入实际执行阶段的必经之路。这一环节的主要风险是：授权审批制度不健全，导致对担保业务的审批不规范；审批不严格或者越权审批，导致担保决策出现重大疏漏，可能引发严重后果；审批过程存在舞弊行为，可能导致经办审批等相关人员涉案或企业利益受损。

主要控制措施有以下几个。

(1) 建立和完善担保授权审批制度，明确授权批准的方式、权限、程序、责任和相关控制措施，规定各层级人员应当在授权范围内进行审批，不得超越权限审批。

(2) 建立和完善重大担保业务的集体决策审批制度。企业应当根据《公司法》等国家法律法规，结合企业章程和有关管理制度，明确重大担保业务的判断标准、审批权限和程序。上市公司的重大对外担保，应取得董会全体成员 2/3 以上签署同意或者经股东大会批准，未经董事会或者类似权力机构批准，不得对外提供重大担保。

(3) 认真审查对担保申请人的调查评估报告，在充分了解掌握有关情况的基础上，权衡比较本企业净资产状况、担保限额与担保申请人提出的担保金额，确保将担保金额控制在企业设定的担保限额之内。

(4) 从严办理担保变更审批。被担保人要求变更担保事项的，企业应当重新履行调查评估程序，根据新的调查评估报告重新履行审批手续。

4. 签订担保合同

签订担保合同的主要风险是：未经授权对外订立担保合同，或者担保合同内容存在重大疏漏和欺诈，可能导致企业诉讼失败、权利追索被动、经济利益和形象信誉受损。

主要控制措施有以下几个。

(1) 严格按照经审核批准的担保业务订立担保合同。合同订立经办人员应当在职责范围内，按照审批人员的批准意见拟订合同条款。

(2) 认真审核合同条款,确保担保合同条款内容完整、表述严谨准确、相关手续齐备。在担保合同中应明确被担保人的权利、义务、违约责任等相关内容,并要求被担保人定期提供财务报告和有关资料,及时通报担保事项的实施情况。

(3) 实行担保合同会审联签。除担保业务经办部门之外,鼓励和倡导企业法律部门、财会部门、内审部门等参与担保合同会审联签,增强担保合同的合法性、规范性、完备性,有效避免权利和义务约定、合同文本表述等方面的疏漏。

(4) 加强对有关身份证明和印章的管理。

(5) 规范担保合同记录、传递和保管,确保担保合同运转轨迹清晰完整、有案可查。

5. 日常监控

企业应切实加强对担保合同执行情况的日常监控,通过及时、准确、全面地了解掌握被担保人的经营状况、财务状况和担保项目运行情况,最大限度地实现企业担保权益,最大限度地降低企业担保责任。这一环节的主要风险是:重合同签订,轻后续管理,对担保合同履行情况疏于监控或监控不当,导致企业不能及时发现和妥善应对被担保人的异常情况,可能延误处置时机,加剧担保风险,加重经济损失。

主要控制措施有以下几个。

(1) 指定专人定期监测被担保人的经营情况和财务状况,对被担保人进行跟踪和监督,了解担保项目的执行、资金的使用、贷款的归还、财务运行及风险等情况,促进担保合同有效履行。

(2) 及时报告被担保人异常情况和重要信息。

6. 会计控制

担保业务直接涉及担保财产、费用收取、财务分析、债务承担、会计处理和相关信息披露等,决定了会计控制在担保业务经办中具有举足轻重的作用。这一环节的主要风险是:会计系统控制不力,可能导致担保业务记录残缺不全,日常监控难以奏效,或者担保会计处理和信息披露不符合有关监管要求,可能引发行政处罚。

主要控制措施有以下几个。

(1) 健全担保业务经办部门与财会部门的信息沟通机制,促进担保信息及时有效沟通。

(2) 建立担保事项台账,详细记录担保对象、金额、期限,用于抵押和质押的物品或权利以及其他有关事项;同时,及时足额收取担保费用,维护企业担保权益。

(3) 严格按照国家统一的会计准则制度进行担保会计处理,发现被担保人出现财务状况恶化、资不抵债、破产清算等情形的,应当合理确认预计负债和损失。

(4) 切实加强对反担保财产的管理,妥善保管被担保人用于反担保的权利凭证,定期核实财产的存续状况和价值,发现问题及时处理,确保反担保财产安全完整。

(5) 夯实担保合同基础管理,妥善保管担保合同、与担保合同相关的主合同、反担保函或反担保合同,以及抵押、质押的权利凭证和有关原始资料,做到担保业务档案完整无缺。

7. 代为清偿和权利追索

当被担保人无法偿还到期债务,担保企业应按照担保合同约定代其清偿债务,并同时享有对其的追索权。这一环节的主要风险是：违背担保合同约定，不履行代为清偿义务，可能被银行等债权人诉诸法律成为连带被告，影响企业形象和声誉；承担代为清偿义务后向被担保人追索权利不力，可能造成较大经济损失。

主要控制措施有以下几个。

(1) 强化法制意识和责任观念，在被担保人确实无力偿付债务或履行相关合同义务时，自觉按照担保合同承担代偿义务，维护企业诚实守信的市场形象。

(2) 运用法律武器向被担保人追索赔偿权利，在此过程中，企业担保业务经办部门、财会部门、法律部门等应当通力合作，做到在司法程序中举证有力。

(3) 启动担保业务后评估工作，严格落实担保业务责任追究制度，对在担保中出现重大决策失误、未履行集体审批程序或不按规定管理担保业务的部门及人员，严格追究其行政责任和经济责任。

第四节　业务外包活动内部控制

业务外包是指企业利用专业化分工优势，将日常经营中的部分业务委托给本企业以外的专业服务机构或经济组织(以下简称承包方)完成的经营行为，通常包括研发、资信调查、可行性研究、委托加工、物业管理、客户服务、IT 服务等。随着社会主义市场经济发展及国际产业分工呈细化趋势，我国业务外包市场必将有较大发展。

知网下载

(1) 企业业务外包内部控制要点分析——以某制造业企业采购业务外包方案为例；
(2) 知识流程外包(KPO)中知识性风险防范机制研究——基于典型案例的分析；
(3) 企业研发外包的模式、特征及流程探讨——基于×集团汽车制造案例研究；
(4) 关于对日软件外包开发中失败事例的分析及启示。

一、业务外包的业务流程

业务外包流程主要包括制订业务外包实施方案、审核批准、选择承包方、签订业务外包合同、组织实施业务外包、业务外包过程管理、验收、会计控制等环节。制订业务外包实施方案，是指企业根据年度生产经营计划和业务外包管理制度，结合确定的业务外包范围，制订实施方案。审核批准是指企业应当按照规定的权限和程序审核批准业务外包实施方案。选择承包方是指企业应当按照批准的业务外包实施方案选择承包方。签订业务外包合同是在确定承包方后，企业与选定的承包方签订的旨在约定业务外包的内容和范围，双方权利和义务，服务和质量标准，保密事项，费用结算标准和违约责任等事项的书面文书。组织实施业务外包是指企业严格按照业务外包管理制度、工作流程和相关要求，组织业务外包过程中人、财、物等方面的资源分配，建立与承包方的合作机制，为下一环节的业务外包过程管理做好准备，确保承包方严格履行业务外包合同。业务外包过程管理是指根据业务外包合同的约定，承包方会采取在特定时点向企业一次性交付产品或在一定期间内持续提供服务的方式交付业务外包成果。验收是指对外包业务完成并作出终结的过程。会计控制是指企业应当根据国家统一的会计准则制度,加强对外包业务的核算与监督,并做好外包费用结算等工作。

二、业务外包内部控制的主要风险点及管控措施

百度自查

值得学习的好制度:

(1) 亿纬锂能(300014)分公司、子公司管理制度;

(2) 国元证券(000728)控股子公司管理办法。

1. 制订业务外包实施方案

该环节的风险主要是:企业缺乏业务外包管理制度,导致制订实施方案时无据可依;业务外包管理制度未明确业务外包范围,可能导致有关部门在制订实施方案时,将不宜外包的核心业务进行外包;实施方案不合理、不符合企业生产经营特点或内容不完整,可能导致业务外包失败。

主要管控措施有以下几个。

(1) 建立和完善业务外包管理制度,根据各类业务与核心主业的关联度、对外包业务的控制程度以及外部市场成熟度等标准,合理确定业务外包的范围,并根据是否对企业生产经营有重大影响对外包业务实施分类管理,以突出管控重点,同时明确规定业务外包的方式、条件、程序和实施等相关内容。

(2) 严格按照业务外包管理制度规定的业务外包范围、方式、条件、程序和实施等内容制订实施方案,避免将核心业务外包,同时确保方案的完整性。

(3) 根据企业年度预算以及生产经营计划,对实施方案的重要方面进行深入评估及复核,包括承包方的选择方案、外包业务的成本效益及风险、外包合同期限、外包方式、员工培训计划等,确保方案的可行性。

(4) 认真听取外部专业人员对业务外包的意见,并根据其合理化建议完善实施方案。

2. 审核批准

该环节的主要风险是:审批制度不健全,导致对业务外包的审批不规范;审批不严格或者越权审批,导致业务外包决策出现重大疏漏,可能引发严重后果;未能对业务外包实施方案是否符合成本效益原则进行合理审核以及作出恰当判断,导致业务外包不经济。

主要管控措施有以下几个。

(1) 建立和完善业务外包的审核批准制度。明确授权批准的方式、权限、程序、责任和相关控制措施,规定各层级人员应当在授权范围内进行审批,不得超越权限审批。同时加大对分公司重大业务外包的管控力度,避免因分公司越权进行业务外包给企业带来不利后果。

(2) 在对业务外包实施方案进行审查和评价时,应当着重对比分析该业务项目在自营与外包情况下的风险和收益,确定外包的合理性和可行性。

(3) 总会计师或企业分管会计工作的负责人应当参与重大业务外包的决策,对业务

外包的经济效益作出合理评价。

(4) 对于重大业务外包方案，应当提交董事会或类似权力机构审批。

3. 选择承包方

该环节的主要风险是：承包方不是合法设立的法人主体，缺乏应有的专业资质，从业人员也不具备应有的专业技术资格，缺乏从事相关项目的经验，导致企业遭受损失甚至陷入法律纠纷；外包价格不合理，业务外包成本过高导致难以发挥业务外包的优势；存在商业贿赂等舞弊行为，导致相关人员涉案。

主要管控措施有以下几个。

(1) 充分调查候选承包方的合法性，即是否为依法成立、合法经营的专业服务机构或经济组织，是否具有相应的经营范围和固定的办公场所。

(2) 调查候选承包方的专业资质、技术实力及其从业人员的职业履历和专业技能。

(3) 考察候选承包方从事类似项目的成功案例、业界评价和口碑。

(4) 综合考虑企业内外部因素，对业务外包的人工成本、营销成本、业务收入、人力资源等指标进行测算分析，合理确定外包价格，严格控制业务外包成本。

(5) 引入竞争机制，按照有关法律法规，遵循公开、公平、公正的原则，采用公开招标等适当方式，择优选择承包方。

(6) 按照规定的程序和权限从候选承包方中择优作出选择，并建立严格的回避制度和监督处罚制度，避免相关人员在选择承包方过程中出现受贿和舞弊行为。

4. 签订业务外包合同

该环节的主要风险是：合同条款未能针对业务外包风险作出明确的约定，对承包方的违约责任界定不够清晰，导致企业陷入合同纠纷和诉讼；合同约定的业务外包价格不合理或成本费用过高，导致企业遭受损失。

主要管控措施有以下几个。

(1) 在订立外包合同前，充分考虑业务外包方案中识别出的重要风险因素，并通过合同条款予以有效降低或规避。

(2) 在合同的内容和范围方面，明确承包方提供的服务类型、数量、成本，以及明确界定服务的环节、作业方式、作业时间、服务费用等细节。

(3) 在合同的权利和义务方面，明确企业有权督促承包方改进服务流程和方法，承包方有责任按照合同协议规定的方式和频率，将外包实施的进度和现状告知企业，并对存在问题进行有效沟通。

(4) 在合同的服务和质量标准方面，应当规定承包方最低的服务水平要求以及如果未能满足标准应实施的补救措施。

(5) 在合同的保密事项方面，应具体约定对于涉及本企业机密的业务和事项，承包方有责任履行保密义务。

(6) 在费用结算标准方面，综合考虑内外部因素，合理确定外包价格，严格控制业务外包成本。

(7) 在违约责任方面，制定既具原则性又体现一定灵活性的合同条款，以适应环境、技术和企业自身业务的变化。

5. 组织实施业务外包

该环节的主要风险是：组织实施业务外包的工作不充分或未落实到位，影响下一环节业务外包过程管理的有效实施，导致难以实现业务外包的目标。

主要管控措施有以下几个。

(1) 按照业务外包制度、工作流程和相关要求，制定业务外包实施的管控措施，包括落实与承包方之间的资产管理、信息资料管理、人力资源管理、安全保密管理等机制，确保承包方在履行外包业务合同时有章可循。

(2) 做好与承包方的对接工作，通过培训等方式确保承包方充分了解企业的工作流程和质量要求，从价值链的起点开始控制业务质量。

(3) 与承包方建立并保持畅通的沟通协调机制，以便及时发现并有效解决业务外包过程中存在的问题。

(4) 梳理有关工作流程，明确每个环节上的岗位职责分工、运营模式、管理机制、质量水平等方面的要求。

6. 业务外包过程管理

该环节的主要风险是：承包方在合同期内因市场变化等原因不能保持履约能力，无法继续按照合同约定履行义务，导致业务外包失败和本企业生产经营活动中断；承包方出现未按照业务外包合同约定的质量要求持续提供合格的产品或服务等违约行为，导致企业难以发挥业务外包优势，甚至遭受重大损失；管控不力，导致商业秘密泄露。

主要管控措施有以下几个。

(1) 在承包方提供服务或制造产品的过程中，密切关注重大业务外包承包方的履约能力，采取动态管理方式，对承包方开展日常绩效评价和定期考核。

(2) 对承包方的履约能力进行持续评估，包括承包方对该项目的投入是否能够支持其产品或服务质量达到企业预期目标，承包方自身的财务状况、生产能力、技术创新能力等综合能力是否满足该项目的要求。

(3) 建立即时监控机制，一旦发现偏离合同目标等情况，应及时要求承包方调整改进。

(4) 对重大业务外包的各种意外情况作出充分预计，建立相应的应急处理机制，制订临时替代方案，避免业务外包失败后造成企业生产经营活动中断。

(5) 有确凿证据表明承包方存在重大违约行为，并导致业务外包合同无法履行的，应当及时终止合同，并指定有关部门按照法律程序向承包方索赔。

(6) 切实加强对业务外包过程中形成的商业信息资料的管理。

7. 验收

该环节的主要风险是：验收方式与业务外包成果交付方式不匹配，验收标准不明确，验收程序不规范，使得验收工作流于形式，不能及时发现业务外包质量低劣等情况，可能导致企业遭受损失。

主要管控措施有以下几个。

(1) 根据承包方业务外包成果交付方式的特点，制定不同的验收方式。可以对最终产品或服务进行一次性验收，也可以在整个外包过程中分阶段验收。

(2) 根据业务外包合同的约定，结合在日常绩效评价基础上对外包业务质量是否达到预期目标的基本评价，确定验收标准。

(3) 组织有关职能部门、财会部门、质量控制部门的相关人员，严格按照验收标准对承包方交付的产品或服务进行审查和全面测试，确保产品或服务符合需求，并出具验收证明。

(4) 对在验收过程中发现异常情况的，应当立即报告，查明原因，视问题的严重性与承包方协商采取恰当的补救措施，并依法索赔。

(5) 根据验收结果对业务外包是否达到预期目标作出总体评价，据此对业务外包管理制度和流程进行改进和优化。

8. 会计控制

该环节的主要风险是：缺乏有效的业务外包会计系统控制，未能全面真实地记录和反映企业业务外包各环节的资金流和实物流情况，可能导致企业资产流失或贬损；业务外包相关会计处理不当，可能导致财务报告信息失真；结算审核不严格、支付方式不恰当、金额控制不严，可能导致企业资金损失或信用受损。

主要管控措施有以下几个。

(1) 企业财务部门应当根据国家统一的会计准则制度，对业务外包过程中交由承包方使用的资产、涉及资产负债变动的事项以及外包合同诉讼潜在影响等加强核算与监督；

(2) 根据企业会计准则制度的规定，结合外包业务特点和企业管理机制，建立完善外包成本的会计核算方法，进行有关会计处理，并在财务报告中进行必要、充分的披露；

(3) 在向承包方结算费用时，应当依据验收证明，严格按照合同约定的结算条件、方式和标准办理支付。

一、法国兴业银行

法国兴业银行(Societe Generale)创建于1864年5月，它提供从传统商业银行到投资银行的全面、专业的金融服务，被视为世界上最大的衍生交易市场领导者，也一度被认为是世界上风险控制最出色的银行之一。

2008年1月，因期货交易员杰罗姆·凯维埃尔(Jerome Kerviel)在未经授权情况下大量购买欧洲股指期货，形成49亿欧元(约71亿美元)的巨额亏空，创下世界银行业迄今为止因员工违规操作而蒙受的单笔最大金额损失，触发了法国乃至整个欧洲的金融震荡，并波及全球股市暴跌。无论从性质还是规模上来说，法兴银行的交易欺诈案都堪称史上最大的金融悲剧。

2000年，凯维埃尔进入法兴银行，在监管交易的中台部门工作5年，负责信贷分析、审批、风险管理、计算交易盈亏，积累了关于控制流程的丰富经验。2005年，他被调入前台，供职于全球股权衍生品方案部，所做的是与客户非直接相关、用银行自有进行套利的业务。从此，杰罗姆·凯维埃尔开始构筑他的“期货投机帝国”。

2008年2月，法兴银行特别委员会提交的中期调查报告显示：从2006年6月到

2008年1月,法兴银行的运营部门、股权衍生品部门、柜台交易部门、中央系统管理部门等28个部门的11种风险控制系统,自动针对凯维埃尔的各种交易发出了75次报警。但是大部分预警并没有按照风险控制程度得到全面、准确、可信的查证。例如,当出现怪异现象时,风险控制部门负责调查的人员轻信了凯维埃尔的谎言,有些警报甚至在风险控制IT系统中转来转去,而没有得到最终解决;凯维埃尔的直接上司在监管他的可疑行为方面明显不力,而且这名管理人员缺乏交易经验,并对凯维埃尔的违规交易表现出了"不恰当的容忍度"。

按照规定,银行的证券或期货交易员实行交易时,都会受到额度的严格限制,只要相关人员或主管人员细心审核一下交易记录清单,就会发现违规操作。但是,由于此前的违规操作曾给法兴银行带来过丰厚的利润,在一味追求利润最大化的前提下,法兴银行放松了应有的警惕,终于导致事件的发生。事后可以看出,无论是哪一次预警或异常,只要能及时进行深入的了解和分析,杰罗姆·凯维埃尔的问题都会及早暴露出来,从而减少风险损失,他也不会有机会开始这项犯罪。

从本案例可以看出,任何一家机构,无论具有怎样雄厚的实力,一旦放松了对内部运作的控制,失去了对风险的警惕和防范,哪怕是一个级别很小的员工或者是一个小小的失误,都将有可能葬送整个企业。

二、英国巴林银行

1995年2月27日,有着233年经营史和良好历史业绩、在全球几乎所有的地区都有分支机构的世界最老牌银行——英国巴林银行被荷兰国际集团以1英镑价格收购,在伦敦城乃至全球金融界消失。

令人震惊的是,这样一个让巴林银行惨痛的结局,出自一个普通的证券交易员尼克·里森之手。尼克·里森1989年加盟巴林银行,1992年被派往新加坡,成为巴林银行新加坡期货公司总经理。里森在未经授权的情况下,以银行的名义认购了总价70亿美元的日本股票指数期货,并以买空的做法在日本期货市场买进了价值200亿美元的短期利率债券。如果这几笔交易成功,里森将会从中获得巨大的收益,但阪神地震后,日本证券市场一直下跌。据不完全统计,巴林银行因此而损失10多亿美元,这一数字已经超过了该行现有的8.6亿美元的总价值,巴林银行不得不宣布倒闭。这家有着233年历史,在英国曾发挥过重要经济作用的银行换了新主。

巴塞尔银行监管委员会指出,著名商业银行失败事件的原因,除了内部控制失效外,很难再找到其他因素,具体表现包括以下几方面。

(1) 放松了职员素质控制。巴林银行派遣尼克·里森担任新加坡期货公司的首席交易员和结算主管之前,是知道他有隐瞒法院不利判决的品行问题的,也清楚他缺乏进行衍生产品交易的适当经验,但仍然对他委以重任。

(2) 忽视了职务分离控制。尼克·里森是巴林银行新加坡期货公司执行经理、首席交易员和结算主管,行政职务在巴林银行新加坡期货公司位居第三,公司几乎无人能对其进行制约和监督。交易和结算属于不相容职务,但巴林银行却偏偏对交易和结算这两个重要岗位没有予以分离,导致重大亏损得以掩盖。

(3) 无视市场风险的控制。从1994年底开始,尼克·里森就认为日本股市将上扬,未经批准就做风险很大的被称作“套汇”的衍生金融商品交易，期望利用不同地区交易市场上的差价获利。尼克·里森坚持反向操作，一味看多日经指数、看空日本国债市场。不幸的是，日经指数的走势与尼克·里森的预期相反。尼克·里森又试图通过大量买进的方法促使日经指数上升，但都失败了。最终，尼克·里森违规从事日经股票指数期货交易造成损失达14亿美元，是巴林银行全部资本及储备金的1.2倍。

(4) 审计监控形同虚设。巴林银行的内部审计部门居然在长达几年的时间里始终未能发现尼克·里森的越权违规交易和交易的实际亏损状况。

(5) 诡异的授权批准控制。由于尼克·里森一个人挣的钱甚至能达到整个银行所有其他人挣钱的总和，董事会对尼克·里森采取的政策是可以先斩后奏。

像巴林银行这种享誉全球的老牌银行，不可能不建立内部控制，但问题在于越权操作无人问津，毁掉了内部控制制度形成的“天罗地网”。无数事实证明，缺乏有效的内部控制将会使得一个个名噪一时的“企业帝国”崩塌于旦夕之间。

练　习　题

1. 研究与开发业务的立项(　　)、评审与审批应分离。

A. 项目决策　　B. 申请　　C. 项目实施　　D. 价款支付

2. 工程变更包括工程量变更、项目内容的变更、进度计划的变更、施工条件的变更等，但最终往往表现为(　　)。

A. 工程量变更　　B. 内容变更　　C. 设计变更　　D. 进度计划变更

3. 上市公司的重大对外担保，应取得董事会全体成员(　　)以上签署同意或者经股东大会批准，未经董事会或者类似权力机构批准，不得对外提供重大担保。

A. 2/3　　B. 1/4　　C. 1/3　　D. 1/2

4. 如果被担保企业的担保业务符合企业关于反担保规定的，企业应该要求申请人提供(　　)。

A. 担保　　B. 保证　　C. 承诺　　D. 反担保

5. 企业重大业务外包方案应当提交审批，审批人是(　　)。

A. 总经理　　B. 董事长

C. 董事长或类似决策机构　　D. 分管副总经理

6. 重大的投资应当履行的内部控制制度是(　　)。

A. 联签制度　　B. 可行性报告制度

C. 投资顾问制度　　D. 成本效益评审制度

7. 企业研究与开发业务的基本流程，主要包括(　　)。

A. 立项　　B. 研究过程管理

C. 结题验收　　D. 研究成果的开发和保护

8. 下列属于工程质量重点控制对象的有(　　)。

A. 人的行为　　B. 关键过程与关键操作

C. 施工设备材料的性能和质量　　D. 施工技术参数

9. 担保业务内部控制的目标有( )。
A. 保证担保业务的合法性　　B. 降低或防范担保业务的经济损失
C. 保证担保业务的合理性　　D. 保证担保业务的有效性

10. 担保申请人出现以下( )情形之一的,企业不得提供担保。
A. 与其他企业出现较大经济纠纷,面临法律诉讼且可能承担较大赔偿责任的
B. 财务状况恶化、资不抵债、管理混乱、经营风险较大的
C. 与本企业已经发生过担保纠纷且仍未妥善解决的
D. 已进入重组、托管、兼并或破产清算程序的

11. 业务外包控制目标有( )。
A. 加强业务外包管理　　B. 规范业务外包行为
C. 完善业务外包管理制度　　D. 防范业务外包风险

12. 业务外包的执行与( )属于不相容的岗位。
A. 业务外包的审批　　B. 业务外包的申请
C. 业务外包的相关会计记录　　D. 外包合同的订立

13. 下列与业务外包有关的风险中,属于选择承包商环节所应当关注的风险有( )。
A. 承包方在合同期内因市场变化等原因不能保持履约能力,导致业务外包失败
B. 承包方缺乏应有的专业资质,导致企业遭受损失
C. 业务外包成本过高导致难以发挥业务外包的优势
D. 承包方不是合法设立的法人主体,导致企业陷入法律纠纷

14. 关于企业担保业务内部控制,下列说法正确的有( )。
A. 企业应当建立担保授权和审批制度,规定担保业务的授权批准方式、权限、程序、责任和相关控制措施,在授权范围内进行审批,不得超越权限审批
B. 企业应当采取合法有效的措施加强对子公司担保业务的统一监控。企业内设机构未经授权不得办理担保业务
C. 企业为关联方提供担保的,与关联方存在经济利益或近亲属关系的有关人员在评估与审批环节应当回避
D. 被担保人要求变更担保事项的,企业应当重新履行调查评估与审批程序

第七章

企业内部控制支持系统

- 掌握企业内部控制应用指引——全面预算；
- 掌握企业内部控制应用指引——合同管理；
- 掌握企业内部控制应用指引——内部信息传递；
- 掌握企业内部控制应用指引——信息系统。

第一节　全面预算

一、全面预算的概念

全面预算是指企业对一定期间的经营活动、投资活动、财务活动等作出的预算安排。全面预算作为一种全方位、全过程、全员参与编制和实施的预算管理模式，凭借其计划、协调、控制、激励、评价等综合管理功能，整合和优化配置企业资源，提升企业运行效率，成为促进企业实现发展战略的重要途径。

百度小故事

20世纪60年代，金刚砂空中货物公司最先使用坚固耐用、规格统一、可重复使用的集装箱运输货物，开创了集装箱运输货物的先河。然而，负责集装箱运输业务的副总裁爱德华·费尼发现，只有45%的集装箱是完全填满的。

为了保证装货质量，爱德华·费尼开始组织工人接受关于装满集装箱的专业培训，并经常派人实地督促检查集装箱是否装满，但是收效甚微。

一位管理学专家提出建议：在每个集装箱内部画上一条"填满至此处"的横线。此后，完全填满集装箱的比例竟然由45%上升到了95%。

一条简单的横线，为什么会有如此大的控制作用呢？请思考。

可以从以下几个方面来认识和理解全面预算的内涵、本质及作用。

1. 全面预算是一种全方位、全过程、全员参与的预算管理模式

全面预算的"全方位"，体现在企业的一切经济活动，包括经营、投资、财务等各项活动，以及企业的人、财、物各个方面，供、产、销各个环节，都必须纳入预算管理。全面预算的"全过程"，体现在企业组织各项经济活动的事前、事中和事后都必须纳入预算管理，即全面预算不仅限于预算编制、分解和下达，而是由预算编制、执行、分析、调整、考核、奖惩等一系列环节所组成的管理活动。全面预算的"全员参与",指企业内部各部门、各单位、各岗位,上自最高负责人,下至各部门负责人、各岗位员工都必须参与预算编制与实施。

2. 全面预算是企业实施内部控制、防范风险的重要手段和措施

全面预算的本质是企业内部管理控制的一项工具,即预算本身不是最终目标,而是为实现企业目标所采用的管理与控制手段,可有效控制企业风险。全面预算的制定和实施过程,就是企业不断用量化的工具,使自身所处的经营环境与拥有的资源和企业的发展目标保持动态平衡的过程,也是企业对其所面临的各种风险的识别、预测、评估与控制的过程。

3. 全面预算是企业实现发展战略和年度经营目标的有效方法和工具

企业战略制定得再好,如果得不到有效实施,终不能实现美好蓝图,甚至可能因实际运营背离战略目标而导致经营失败。通过实施全面预算,将根据发展战略制订的年度经营目标进行分解、落实,可以使企业的长期战略规划和年度具体行动方案紧密结合,从而实现"化战略为行动",确保企业发展目标的实现。

4. 全面预算有利于企业优化资源配置、提高经济效益

全面预算是为数不多的能够将企业的资金流、实物流、业务流、信息流、人力流等相整合的管理控制方法之一。全面预算以经营目标为起点,以提高投入产出比为目的,其编制和执行过程就是将企业有限的资源加以整合,协调分配到能够提高企业经营效率、效果的业务、活动、环节中去,从而实现企业资源的优化配置,增强资源的价值创造能力,提高企业经济效益。

5. 全面预算有利于实现制约和激励

全面预算可以将企业各层级之间、各部门之间、各责任单位之间等内部权、责、利关系予以规范化、明细化、具体化、可度量化,从而实现出资者对经营者的有效制约,以及经营者对企业经营活动、企业员工的有效计划、控制和管理。通过全面预算的编制,企业可以规范内部各个利益主体对企业具体的约定投入、约定效果及相应的约定利益;通过全面预算执行及监控,可以真实反馈内部各个利益主体的实际投入及其对企业的影响并加以制约;通过对全面预算执行结果的考核,可以检查契约的履行情况并实施相应的奖惩,从而调动员工的积极性,最终实现企业的发展目标。

知网下载

(1) 全面预算管理案例分析——基于全面预算应用指引;

(2) 三泰公司预算考评内部控制案例及分析;

(3) 浦发集团全面预算管理的案例研究;

(4) 现代企业的全面预算及管理——九江化肥案例分析;

(5) 基于战略实施、资源分配与绩效考评的全面预算体系建设——中石化金陵分公司全面预算管理案例研究。

二、全面预算的组织

全面预算的组织领导与运行体制健全,是防止预算管理松散、随意,预算编制、执行、考核等各环节流于形式，预算管理的作用得不到有效发挥的关键。企业应当加强对全面预算工作的组织领导，明确预算管理体制以及各预算执行单位的职责权限、授权批准程序和工作协调机制。

（一）健全预算管理体制

企业设置全面预算管理体制，应遵循合法科学、高效有力、经济适度、全面系统、权责明确等基本原则，一般应具备全面预算管理决策机构、全面预算管理工作机构和全面预算执行单位3个层次的基本架构。

1. 全面预算管理决策机构

企业应当设立预算管理委员会，作为专门履行全面预算管理职责的决策机构。预算管理委员会成员由企业负责人及内部相关部门负责人组成，总会计师或分管会计工作的负责人应当协助企业负责人负责企业全面预算管理工作的组织领导。具体而言，预算管理委员会一般由企业负责人（董事长或总经理）任主任，总会计师（或财务总监、分管财会工作的副总经理）任副主任，其成员一般还包括各副总经理、主要职能部门（财务、战略发展、生产、销售、投资、人力资源等部门）负责人、分（子）公司负责人等。

2. 全面预算管理工作机构

由于预算管理委员会一般为非常设机构，企业应当在该委员会下设立预算管理工作机构，由其履行预算管理委员会的日常管理职责。预算管理工作机构一般设在财务部门，其主任一般由总会计师（或财务总监、分管财务工作的副总经理）兼任，工作人员除了财务部门人员外，还应有计划、人力资源、生产、销售、研发等业务部门人员。

3. 全面预算执行单位

全面预算执行单位是指根据其在企业预算总目标实现过程中的作用和职责划分的，承担一定经济责任，并享有相应权力和利益的企业内部单位，包括企业内部各职能部门、所属分（子）公司等。企业内部预算责任单位的划分应当遵循分级分层、权责利相结合、责任可控、目标一致的原则，并与企业的组织机构设置相适应。根据权责范围，企业内部预算责任单位可以分为投资中心、利润中心、成本中心、费用中心和收入中心。预算执行单位在预算管理部门（指预算管理委员会及其工作机构，下同）的指导下，组织开展本部门或本企业全面预算的编制工作，严格执行批准下达的预算。

（二）明确各环节授权批准程序和工作协调机制

在建立健全全面预算管理体制的基础上，企业应当进一步梳理、制定预算管理工作流程，按照不相容职务相互分离的原则细化各部门、各岗位在预算管理体系中的职责、分工与权限，明确预算编制、执行、分析、调整、考核各环节的授权批准制度与程序。预算管理工作各环节的不相容岗位一般包括：预算编制与预算审批、预算审批与预算执行、预算执行与预算考核。

在全面预算管理各个环节中，预算管理部门主要起决策、组织、领导、协调、平衡的作用。企业可以根据自身的组织结构、业务特点和管理需要，责成内部生产、市场、投资、技术、人力资源等各预算归口管理部门负责所归口管理预算的编制、执行监控、分析等工作，并配合预算管理部门做好企业总预算综合平衡、执行监控、分析、考核等工作。

三、全面预算的业务流程

企业全面预算业务的基本流程一般包括预算编制、预算执行和预算考核3个阶段。其中,预算编制阶段包括预算编制、预算审批、预算下达等具体环节;预算执行阶段涉及预算指标分解和责任落实、预算执行控制、预算分析、预算调整等具体环节。这些业务环节相互衔接、相互关联、相互作用,并周而复始地循环,从而实现对企业全面经济活动的控制。

四、全面预算各环节的主要业务风险及管控措施

百度自查

值得学习的好制度:

(1) 键桥通讯(002316)预算管理暂行办法;

(2) 山推股份(000680)全面预算管理制度。

(一) 预算编制阶段

预算编制主要由预算编制、预算审批和预算下达3个环节构成。

1. 预算编制

预算编制是企业实施全面预算管理的起点。预算编制环节的主要风险是:①预算编制以财务部门为主,业务部门参与度较低,可能导致预算管理责、权、利不匹配;预算编制范围和项目不全面,可能导致全面预算难以形成。②相关信息不足,可能导致预算目标与战略规划、经营计划、市场环境、企业实际等相脱离。③编制程序不规范,横向、纵向信息沟通不畅,可能导致预算目标缺乏准确性、合理性和可行性。④编制方法不当,可能导致预算目标缺乏科学性和可行性。⑤目标及指标体系设计不完整、不合理、不科学,可能导致预算管理在实现发展战略和经营目标、促进绩效考评等方面的功能难以有效发挥。⑥编制时间太早或太晚,可能导致预算准确性不高并影响预算的执行。

主要管控措施有以下几个。

(1) 全面性控制。一是明确企业各个部门的预算编制责任,使企业各个部门、单位的业务活动全部纳入预算管理;二是将企业经营、投资、财务等各项经济活动的各个方面、各个环节都纳入预算编制范围,形成由经营预算、投资预算、筹资预算、财务预算等一系列预算组成的相互衔接和关联的综合预算体系。

(2) 编制依据和基础控制。一是制定明确的战略规划,并依据战略规划制定年度经营目标和计划;二是深入开展对企业外部环境的调研和预测,确保预算编制以市场预测为依据;三是深入分析企业上一期间的预算执行情况,充分预计预算期内企业资源状况、生产能力、技术水平等自身环境的变化;四是重视和加强预算编制基础管理工作,确保预算编制以可靠、翔实、完整的基础数据为依据。

(3) 编制程序控制。企业应当按照上下结合、分级编制、逐级汇总的程序,编制年度

全面预算。其基本步骤及其控制为：一是建立系统的指标分解体系，并在与各预算责任中心进行充分沟通的基础上分解下达初步预算目标；二是各预算责任中心按照下达的预算目标和预算政策，结合自身特点以及预测的执行条件，认真测算并提出本责任中心的预算草案，逐级汇总上报预算管理工作机构；三是预算管理工作机构进行充分协调、沟通，审查平衡预算草案；四是预算管理委员会应当对预算管理工作机构在综合平衡基础上提交的预算方案进行研究论证，从企业发展全局角度提出进一步调整、修改的建议，形成企业年度全面预算草案，提交董事会；五是董事会审核全面预算草案，确保全面预算与企业发展战略、年度生产经营计划相协调。

(4) 编制方法控制。企业应当本着遵循经济活动规律，充分考虑企业自身经济业务特点、基础数据管理水平、生产经营周期和管理需要的原则，选择或综合运用固定预算、弹性预算、滚动预算等方法编制预算。

(5) 预算目标及指标体系设计控制。一是按照"财务指标为主体、非财务指标为补充"的原则设计预算指标体系；二是将企业的战略规划、经营目标体现在预算指标体系中；三是将企业产、供、销、投融资等各项活动的各个环节、各个方面的内容都纳入预算指标体系；四是将预算指标体系与绩效评价指标协调一致；五是按照各责任中心在工作性质、权责范围、业务活动特点等方面的不同，设计不同或各有侧重的预算指标体系。

(6) 预算编制时间控制。企业可以根据自身规模大小、组织结构和产品结构的复杂性、预算编制工具和熟练程度、全面预算开展的深度和广度等因素，确定合适的全面预算编制时间，并应当在预算年度开始前完成全面预算草案的编制工作。

2. 预算审批

该环节的主要风险是：全面预算未经适当审批或超越授权审批，可能导致预算权威性不够、执行不力，或可能因出现重大差错、舞弊而导致损失。

主要控制措施：企业全面预算应当按照《公司法》等相关法律法规及企业章程的规定报经审议批准。

3. 预算下达

该环节的主要风险是：全面预算下达不力，可能导致预算执行或考核无据可查。

主要控制措施：企业全面预算经审议批准后应及时以文件形式下达执行。

（二）预算执行阶段

预算执行阶段包括预算指标分解和责任落实、预算执行控制、预算分析、预算调整等具体环节。

1. 预算指标分解和责任落实

该环节的主要风险是：预算指标分解不够详细、具体，可能导致企业的某些岗位和环节缺乏预算执行和控制依据；预算指标分解与业绩考核体系不匹配，可能导致预算执行不力；预算责任体系缺失或不健全，可能导致预算责任无法落实，预算缺乏强制性与严肃性；预算责任与执行单位或个人的控制能力不匹配，可能导致预算目标难以实现。

主要管控措施有以下几个。

(1) 企业全面预算一经批准下达，各预算执行单位应当认真组织实施，将预算指标层层分解,横向将预算指标分解为若干相互关联的因素,寻找影响预算目标的关键因素并加以控制;纵向将各项预算指标层层分解落实到最终的岗位和个人,明确责任部门和最终责任人;时间上将年度预算指标分解细化为季度、月度预算,通过实施分期预算控制,实现年度预算目标。

(2) 建立预算执行责任制度,对照已确定的责任指标,定期或不定期地对相关部门及人员责任指标完成情况进行检查,实施考评。可以通过签订预算目标责任书等形式明确各预算执行部门的预算责任。

(3) 分解预算指标和建立预算执行责任制应当遵循定量化、全局性、可控性原则。预算指标的分解要明确、具体,便于执行和考核;预算指标的分解要有利于企业经营总目标的实现;赋予责任部门和责任人的预算指标应当是通过该责任部门或责任人的努力可以达到的,责任部门或责任人以其责权范围为限,对预算指标负责。

2. 预算执行控制

该环节的主要风险是:缺乏严格的预算执行授权审批制度,可能导致预算执行随意;预算审批权限及程序混乱,可能导致越权审批、重复审批,降低预算执行效率和严肃性;预算执行过程中缺乏有效监控,可能导致预算执行不力,预算目标难以实现;缺乏健全有效的预算反馈和报告体系,可能导致预算执行情况不能及时反馈和沟通,预算差异得不到及时分析,预算监控难以发挥作用。

主要管控措施有以下几个。

(1) 加强资金收付业务的预算控制,及时组织资金收入,严格控制资金支付,调节资金收付平衡,防范支付风险。

(2) 严格控制资金支付业务的审批,及时制止不符合预算目标的经济行为。企业应当就涉及资金支付的预算内事项、超预算事项、预算外事项建立规范的授权批准制度和程序,避免越权审批、违规审批、重复审批现象的出现。

(3) 建立预算执行实时监控制度,及时发现和纠正预算执行中的偏差。确保企业办理采购与付款、销售与收款、成本费用、工程项目、对外投融资、研究与开发、信息系统、人力资源、安全环保、资产购置与维护等各项业务和事项,均符合预算要求。

(4) 建立重大预算项目特别关注制度。对于工程项目、对外投融资等重大预算项目,企业应当密切跟踪其实施进度和完成情况,实行严格监控。对于重大的关键性预算指标,也要密切跟踪、检查。

(5) 建立预算执行情况预警机制,科学选择预警指标,合理确定预警范围,及时发出预警信号,积极采取应对措施。有条件的企业,应当推进和实施预算管理的信息化,通过现代电子信息技术手段控制和监控预算执行,提高预警与应对水平。

(6) 建立健全预算执行情况内部反馈和报告制度,确保预算执行信息传输及时、畅通、有效。

3. 预算分析

该环节的主要风险是:预算分析不正确、不科学、不及时,可能削弱预算执行控制的效果,或可能导致预算考评不客观、不公平;对预算差异的克服措施不得力,可能导致预算分析形同虚设。

主要管控措施有以下几个。

（1）企业预算管理工作机构和各预算执行单位应当建立预算执行情况分析制度，定期召开预算执行分析会议，通报预算执行情况，研究、解决预算执行中存在的问题，认真分析原因，提出改进措施。

（2）企业应当加强对预算分析流程和方法的控制，确保预算分析结果准确、合理。预算分析流程一般包括确定分析对象、收集资料、确定差异及分析原因、提出措施及反馈报告等环节。企业分析预算执行情况，应当充分收集有关财务、业务、市场、技术、政策、法律等方面的信息资料，根据不同情况分别采用比率分析、比较分析、因素分析等方法，从定量与定性两个层面充分反映预算执行单位的现状、发展趋势及其存在的潜力。

（3）企业应当采取恰当措施处理预算执行偏差。因内部执行导致的预算差异，应分清责任归属，与预算考评和奖惩挂钩，并将责任单位或责任人的改进措施的实际执行效果纳入业绩考核；因外部环境变化导致的预算差异，应分析该变化是否长期影响企业发展战略的实施，并作为下期预算编制的影响因素。

4. **预算调整**

该环节的主要风险是：预算调整依据不充分、方案不合理、审批程序不严格，可能导致预算调整随意、频繁，预算失去严肃性和“硬约束”。

主要管控措施有以下几个。

（1）明确预算调整条件。由于市场环境、国家政策或不可抗力等客观因素，预算执行发生重大差异确需调整预算的，应当履行严格的审批程序。企业应当在有关预算管理制度中明确规定预算调整的条件。

（2）强化预算调整原则。一是预算调整应当符合企业发展战略、年度经营目标和现实状况，重点放在预算执行中出现的重要的、非正常的、不符合常规的关键性差异方面；二是预算调整方案应当客观、合理、可行，在经济上能够实现最优化；三是预算调整应当谨慎，调整频率应予以严格控制，年度调整次数应尽量少。

（3）规范预算调整程序，严格审批。预算管理工作机构应当对预算执行单位提交的预算调整报告进行审核分析，集中编制企业年度预算调整方案，提交预算管理委员会。预算管理委员会应当对年度预算调整方案进行审议，根据预算调整事项性质或预算调整金额的不同，根据授权进行审批，或提交原预算审批机构审议批准，然后下达执行。

（三）预算考核阶段

该环节的主要风险是：预算考核不严格、不合理、不到位，可能导致预算目标难以实现、预算管理流于形式。其中，预算考核是否合理受到考核主体和对象的界定是否合理、考核指标是否科学、考核过程是否公开透明、考核结果是否客观公正、奖惩措施是否公平合理且能够落实等因素的影响。

主要管控措施有以下几个。

（1）建立健全预算执行考核制度。一是建立严格的预算执行考核制度，对各预算执行单位和个人进行考核，将预算目标执行情况纳入考核和奖惩范围，切实做到有奖有惩、奖惩分明。二是制定有关预算执行考核的制度或办法，并认真、严格地组织实施。三是定期组织,实施预算考核,预算考核的周期一般应当与年度预算细分周期相一致。

(2) 合理界定预算考核主体和考核对象。预算考核主体分为两个层次:预算管理委员会和内部各级预算责任单位。预算考核对象为企业内部各级预算责任单位和相关个人。界定预算考核主体和考核对象应当主要遵循以下原则:一是上级考核下级原则,即由上级预算责任单位对下级预算责任单位实施考核;二是逐级考核原则,即由预算执行单位的直接上级对其进行考核,间接上级不能隔级考核间接下级;三是预算执行与预算考核相互分离原则,即预算执行单位的预算考核应由其直接上级部门来进行,而绝不能自己考核自己。

(3) 科学设计预算考核指标体系。应主要把握以下原则:预算考核指标要以各责任中心承担的预算指标为主,同时本着相关性原则,增加一些全局性的预算指标和与其关系密切的相关责任中心的预算指标;考核指标应以定量指标为主,同时根据实际情况辅之以适当的定性指标;考核指标应当具有可控性、可达到性和明晰性。

(4) 按照公开、公平、公正原则实施预算考核。一是考核程序、标准、结果要公开。企业应当将全面预算考核程序、考核标准、奖惩办法、考核结果等及时公开。二是考核结果要客观公正。预算考核应当以客观事实作为依据。预算执行单位上报的预算执行报告是预算考核的基本依据,应当经本单位负责人签章确认。企业预算管理委员会及其工作机构定期组织预算执行情况考核时,应当将各预算执行单位负责人签字上报的预算执行报告和已掌握的动态监控信息进行核对,确认各执行单位预算完成情况。必要时,实行预算执行情况内部审计制度。三是奖惩措施要公平合理并得以及时落实。

百度自查

预算管理中的常见现象:①预算管理就是吵架的错误认识;②头戴三尺帽,见面砍一刀;③期末狂欢,年底突击花钱;④“一刀切”导致的鞭打快牛现象;⑤一天轻松,一年难过;⑥一天难过,一年轻松的死猪不怕开水烫现象。

第二节 合同管理

一、合同管理概述

合同是企业与自然人、法人及其他组织等平等主体之间设立、变更、终止民事权利义务关系的协议。合同管理指的是以自身为当事人的合同依法进行订立、履行、变更、解除、转让、终止,以及审查、监督、控制等一系列行为的总称。其中订立、履行、变更、解除、转让、终止是合同管理的内容;审查、监督、控制是合同管理的手段。

企业在对合同进行管理时,应做到以下几点。

(1) 实行统一归口管理。企业可以根据实际情况指定法律部门等作为合同归口管理部门,对合同实施统一规范管理,具体负责制定合同管理制度,审核合同条款的权利和义务对等性,管理合同标准文本,管理合同专用章,定期检查和评价合同管理中的薄弱环节,采取相应控制措施,促进合同的有效履行等。

(2) 建立分级授权管理制度。企业应当根据经济业务性质、组织机构设置和管理层级安排，建立合同分级管理制度。属于上级管理权限的合同，下级单位不得签署。

(3) 明确职责分工。企业各业务部门作为合同的承办部门负责在职责范围内承办相关合同，并履行合同调查、谈判、订立、履行和终结责任。企业财务部门侧重于履行对合同的财务监督职责。

(4) 健全考核与责任追究制度。企业应当健全合同管理考核与责任追究制度，开展合同后评估，对合同订立、履行过程中出现的违法违规行为，应当追究有关机构或人员的责任。

知网下载

(1) 内部控制的实施与加强——以新疆民营企业的合同管理为例；

(2) 保险合同效力之一二——一起船舶保险合同纠纷案例评析；

(3) 泰豪合同能源管理服务案例——上海东方商厦合同能源管理；

(4) 英国法下船舶建造合同中权利的转让——英国高等法院"MV Halcyon the Great"案例评析；

(5) 合同能源管理在节能减排项目融资中的应用——基于秦岭水泥的案例分析与思考。

二、合同管理的业务流程

从大的方面合同管理可以划分为合同订立阶段和合同履行阶段。合同订立阶段主要包括合同调查、订立前的谈判、合同文本拟订、合同审批、合同签署等环节；合同履行阶段主要包括合同履行、合同补充和变更、合同解除、合同结算、合同登记等环节。

三、合同管理各环节的主要风险点及管控措施

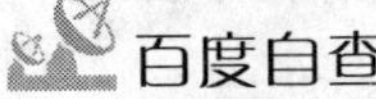

百度自查

值得学习的好制度：

(1) 亿纬锂能(300014)合同管理制度；

(2) 莱茵生物(002166)合同管理制度。

(一) 合同订立阶段

1. 合同调查

合同订立前，企业应当进行合同调查，充分了解合同对方的主体资格、信用状况等有关情况，确保对方当事人具备履约能力。该环节的主要风险是：忽视被调查对象的主体资格审查，对方当事人不具有相应民事权利能力和民事行为能力，或不具备特定资质，或与无权代理人、无处分权代理人签订合同，导致合同无效，或引发潜在风险；在合同签订前错误判断被调查对象的信用状况，或在合同履行过程中没有持续关注对方的资信变化，致使企业蒙受损失；对被调查对象的履约能力给出不当评价，导致合同对方当事人难以满足生产经营需要。

主要管控措施有以下几个。

(1) 审查被调查对象的身份证件、法人登记证书、资质证明、授权委托书等证明原件，必要时，可通过发证机关查询证书的真实性和合法性，在充分收集相关证据的基础上评价主体资格是否恰当。

(2) 获取调查对象经审计的财务报告、以往交易记录等财务和非财务信息，分析其获利能力、偿债能力和营运能力，评估其财务风险和信用状况，并在合同履行过程中持续关注其资信变化，建立和及时更新合同对方的商业信用档案。

(3) 对被调查对象进行现场调查，实地了解和全面评估其生产能力、技术水平、产品类别和质量等生产经营情况，分析其合同履约能力。

(4) 与被调查对象的主要供应商、客户、开户银行、主管税务机关和工商管理部门等沟通，了解其生产经营、商业信誉、履约能力等情况。

2. 合同谈判

初步确定拟签约对象后，企业内部的合同承办部门应当在授权范围内与对方进行合同谈判，按照自愿、公平原则，磋商合同内容和条款，明确双方的权利与义务和违约责任。该环节的主要风险是：忽略合同重大问题或在重大问题上作出不恰当让步；谈判经验不足，缺乏技术、法律和财务知识的支撑，导致企业利益受损；泄露本企业谈判策略，导致企业在谈判中处于不利地位。

主要管控措施有以下几个。

(1) 收集谈判对手资料，充分熟悉谈判对手情况，做到知己知彼；研究国家相关法律法规、行业监管、产业政策、同类产品或服务价格等与谈判内容相关的信息，正确制定本企业谈判策略。

(2) 关注合同核心内容、条款和关键细节。具体包括合同标的的数量、质量或技术标准，合同价格的确定方式与支付方式，履约期限和方式，违约责任和争议的解决方法，合同变更或解除条件等。

(3) 对于影响重大、涉及较高专业技术或法律关系复杂的合同，组织法律、技术、财会等专业人员参与谈判。充分发挥团队智慧，及时总结谈判过程中的得失，研究确定下一步谈判策略。

(4) 必要时可聘请外部专家参与相关工作，并充分了解外部专家的专业资质、胜任能力和职业道德情况。

(5) 加强保密工作，建立严格的责任追究制度。

(6) 对谈判过程中的重要事项和参与谈判人员的主要意见，予以记录并妥善保存，作为避免合同舞弊的重要手段和责任追究的依据。

3. 合同文本拟定

企业在合同谈判后，根据协商谈判结果，拟定合同文本。该环节的主要风险是：选择不恰当的合同形式；合同与国家法律法规、行业产业政策、企业总体战略目标或特定业务经营目标发生冲突；合同内容和条款不完整、表述不严谨、不准确，或存在重大疏漏和欺诈，导致企业合法利益受损；有意拆分合同、规避合同管理规定等；对于合同文本须报经国家有关主管部门审查或备案的，未履行相应程序。

主要管控措施有以下几个。

(1) 企业对外发生经济行为,除即时结清方式外,应当订立书面合同。

(2) 严格审核合同需求与国家法律法规、产业政策、企业整体战略目标的关系,保证其协调一致;考察合同是否以生产经营计划、项目立项书等为依据,确保完成具体业务经营目标。

(3) 合同文本一般由业务承办部门起草,法律部门审核;重大合同或法律关系复杂的特殊合同应当由法律部门参与起草;国家或行业有合同示范文本的,可以优先选用,但对涉及权利与义务关系的条款应当进行认真审查,并根据实际情况进行适当修改。各部门应当各司其职,保证合同内容和条款的完整准确。

(4) 通过统一归口管理和授权审批制度,严格合同管理,防止通过化整为零等方式故意规避招标的做法和越权行为。

(5) 由签约对方起草的合同,企业应当认真审查,确保合同内容准确反映企业诉求和谈判达成的一致意见,特别留意"其他约定事项"等需要补充填写的栏目,如不存在其他约定事项时注明"此处空白"或"无其他约定",防止合同后续被篡改。

(6) 合同文本须报经国家有关主管部门审查或备案的,应当履行相应程序。

4. 合同审核

合同文本拟定完成后,企业应进行严格审核。该环节的主要风险是:合同审核人员因专业素质或工作态度等原因,未能发现合同文本中的不当内容和条款;审核人员虽然通过审核发现问题但未提出恰当的修订意见;合同起草人员没有根据审核人员的改进意见修改合同,导致合同中的不当内容和条款未被纠正。

主要管控措施有以下几个。

(1) 审核人员应当对合同文本的合法性、经济性、可行性和严密性进行重点审核,关注合同的主体、内容和形式是否合法,合同内容是否符合企业的经济利益,对方当事人是否具有履约能力,合同权利和义务、违约责任和争议解决条款是否明确等。

(2) 建立会审制度,对影响重大或法律关系复杂的合同文本,组织财会部门、内部审计部门、法律部门、业务关联的相关部门进行审核,各相关部门应当认真履行职责。

(3) 认真分析研究,慎重对待审核意见,对审核意见准确无误地加以记录,必要时对合同条款作出修改并再次提交审核。

5. 合同签署

企业经审核同意签订的合同,应当与对方当事人正式签署并加盖企业合同专用章。该环节的主要风险是:超越权限签订合同,合同印章管理不当,签署后的合同被篡改,因手续不全导致合同无效等。

主要管控措施有以下几个。

(1) 按照规定的权限和程序与对方当事人签署合同。正式对外订立的合同应当由企业法定代表人或由其授权的代理人签名或加盖有关印章。授权签署合同的,应当签署授权委托书。

(2) 严格执行合同专用章保管制度,合同经编号、审批及企业法定代表人或由其授权的代理人签署后,方可加盖合同专用章。用印后保管人应当立即收回,并按要求妥善保管,以防止他人滥用。保管人应当记录合同专用章使用情况以备查,如果发生合同专用章遗失或被盗现象,应当立即报告公司负责人并采取妥善措施,如向公安机关报案、登报声明作废等,以最大限度降低可能带来的负面影响。

(3) 采取恰当措施,防止已签署的合同被篡改,如在合同各页码之间加盖骑缝章、使用防伪印记、使用不可编辑的电子文档格式等。

(4) 按照国家有关法律、行政法规规定,需办理批准、登记等手续之后方可生效的合同,企业应当及时按规定办理相关手续。

(二) 合同履行阶段

1. 合同履行

合同订立后,企业应当与合同对方当事人共同遵循诚实信用原则,根据合同的性质、目的和交易习惯履行通知、协助、保密等义务。该环节的主要风险是:本企业或合同对方当事人没有恰当地履行合同中约定的义务;合同生效后,对合同条款未明确约定的事项没有及时协议补充,导致合同无法正常履行;在合同履行过程中,未能及时发现已经或可能导致企业利益受损情况,或未能采取有效措施;合同纠纷处理不当,导致企业遭受外部处罚、诉讼失败,损害企业利益、信誉和形象等。

主要管控措施有以下几个。

(1) 强化对合同履行情况及效果的检查、分析和验收,全面适当执行本企业义务,敦促对方积极执行合同,确保合同全面有效履行。

(2) 对合同对方的合同履行情况实施有效监控,一旦发现有违约可能或违约行为,应当及时提示风险,并立即采取相应措施将合同损失降到最低。

(3) 根据需要及时补充、变更甚至解除合同。对于合同没有约定或约定不明确的内容,通过双方协商一致对原有合同进行补充;无法达成补充协议的,按照国家相关法律法规、合同有关条款或者交易习惯确定;对于显失公平、条款有误或存在欺诈行为的合同,以及因政策调整、市场变化等客观因素已经或可能导致企业利益受损的合同,按规定程序及时报告,并经双方协商一致,按照规定权限和程序办理合同变更或解除事宜。

(4) 加强合同纠纷管理,合同纠纷经协商一致的,双方应当签订书面协议;合同纠纷经协商无法解决的,根据合同约定选择仲裁或诉讼方式解决。企业内部授权处理合同纠纷,应当签署授权委托书。纠纷处理过程中,未经授权批准,相关经办人员不得向对方当事人作出实质性答复或承诺。

2. 合同结算

合同结算是合同执行的重要环节,既是对合同签订的审查,也是对合同执行的监督,一般由财务部门负责办理。该环节的主要风险是:违反合同条款,未按合同规定期限、金额或方式付款;疏于管理,未能及时催收到期合同款项;在没有合同依据的情况下盲目付款等。

主要管控措施有以下几个。

(1) 财务部门应当在审核合同条款后办理结算业务,按照合同规定付款,及时催收到期欠款。

（2）未按合同条款履约或应签订书面合同而未签订的，财务部门有权拒绝付款，并及时向企业有关负责人报告。

3. 合同登记

合同登记管理制度体现合同的全过程封闭管理，合同的签署、履行、结算、补充或变更、解除等都需要进行合同登记。该环节的主要风险是：合同档案不全、合同泄密、合同滥用等。

主要管控措施有以下几个。

（1）合同管理部门应当加强合同登记管理，充分利用信息化手段，定期对合同进行统计、分类和归档，详细登记合同的订立、履行和变更、终结等情况，合同终结应及时办理销号和归档手续，以实行合同的全过程封闭管理。

（2）建立合同文本统一分类和连续编号制度，以防止或及早发现合同文本的遗失。

（3）加强合同信息安全保密工作，未经批准，任何人不得以任何形式泄露合同订立与履行过程中涉及的国家或商业秘密。

（4）规范合同管理人员职责，明确合同流转、借阅和归还的职责权限与审批程序等有关要求。

（三）合同管理的后评估阶段

作为企业承担独立民事责任、履行权利义务的重要依据，合同是企业管理活动的重要痕迹，也是企业风险管理的主要载体，为此，合同管理内部控制指引强调企业应当建立合同管理的后评估制度，至少于每年年末对合同履行的总体情况和重大合同履行的具体情况进行分析评估，对分析评估中发现合同履行中存在的不足，应当及时采取有效措施加以改进。

第三节 内部信息传递

百度小故事："牛"是怎么死的？

牛耕田回来，躺在栏里，疲惫不堪地喘着粗气，狗跑过来看它。牛诉苦道："唉，老朋友，我实在太累了。明儿个我真想歇一天。"

狗告别后，在墙角遇到了猫。狗说："伙计，我刚才去看了牛，这位大哥实在太累了，它说它想歇一天。也难怪，主人给它的活儿太多太重了。"

猫转身对羊说："牛抱怨主人给它的活儿太多太重，它想歇一天，明天不干活儿了。"

羊对鸡说："牛不想给主人干活儿了，它抱怨它的活儿太多太重。唉，也不知道别的主人对他的牛是不是好一点儿。"

鸡对猪说："牛不准备给主人干活儿了，它想去别的主人家看看。也真是，主人对牛一点儿也不心疼，让它干那么多又重又脏的活儿，还用鞭子粗暴地抽打它。"

晚饭前，主妇给猪喂食，猪向前一步，说："主妇，我向你反映一件事。牛的思想最近很有问题，你得好好教育它。它不愿再给主人干活儿了，它嫌主人给它的活儿太重太多太脏太累了。它还说它要离开主人,到别的主人那里去。"

得到猪的报告,晚饭桌上,主妇对主人说,"牛想背叛你,它想换一个主人。背叛是不可饶恕的,你准备怎么处置它?"

"对待背叛者,杀无赦!"主人咬牙切齿地说道。

可怜,一头勤劳而实在的牛,就这样被传言"杀"死了。

这个故事告诉我们:不要轻易相信隔耳的传言,除非你当面证实,否则你会作出错误的判断。

一、内部信息传递概述

内部信息传递是企业内部各管理层级之间通过内部报告形式传递生产经营管理信息的过程。企业的内部控制活动离不开信息的沟通和传递。信息在企业内部进行有目的的传递,对贯彻落实企业发展战略、执行企业全面预算、识别企业生产经营活动中的内外部风险具有重要作用。

企业内部信息有业务第一线人员根据市场或业务工作整理的信息,也有管理人员根据相关内部信息对所负责部门形成的指示或情况通报。尽管有关信息的来源、内容、提供者、传递方式和渠道等各不相同,但收集和传递相关信息一般应遵循以下原则。

(1) 真实准确性。虚假或不准确的信息将严重误导信息使用者,甚至导致决策失误,造成巨大的经济损失。内部报告的信息应当与所要表达的现象和状况保持一致,若不能真实反映所计量的经济事项,就不具有可靠性。

(2) 及时有效性。如果信息未能及时提供,或者及时提供的信息不具有相关性,或者提供的相关信息未被有效利用,都可能导致企业决策延误、经营风险增加,甚至可能使企业较高层次的管理陷入困境,不利于对实际情况进行及时有效的控制和矫正,同时也将大大降低内部报告的决策相关性。

(3) 遵守保密原则。企业内部的运营情况、技术水平、财务状况以及有关重大事项等通常涉及商业秘密,内幕信息知情者(包括董事会成员、监事、高级管理人员及其他涉及信息披露有关部门的涉密人员)都负有保密义务。这些内部信息一旦泄露,极有可能导致企业的商业秘密被竞争对手获知,使企业处于被动境地,甚至造成重大损失。

知网下载

(1) 宋代信息传递方式——以方腊起义为案例;

(2) 上市公司信息传递的路径分析——以欧航集团高管抛售股票事件为例;

(3) 浅谈内部控制规范之信息与沟通——会计信息传递环节分析;

(4) 企业内部信息传递中的内部控制研究。

二、内部信息传递的业务流程

企业应当加强内部报告管理,全面梳理内部信息传递过程中的薄弱环节,建立科学的内部信息传递机制,明确内部信息传递具体要求,关注内部报告的有效性、及时性和安全性,促进内部报告的有效利用,充分发挥内部报告的作用。内部信息传递主要有两个阶段：一个是信息形成阶段，一个是信息使用阶段。信息形成阶段主要有：建立内部报告指标体系、收集内外部信息、编制及审核内部报告。信息使用阶段主要有：构建内部报告流转体系及渠道、内部报告有效使用及保密、内部报告的保管和内部报告评估四个阶段。

三、内部信息传递各环节的主要风险点及管控措施

（一）信息形成阶段

1. 建立内部报告指标体系

内部报告指标体系是否科学直接关系到内部报告反映的信息是否完整和有用，这就要求企业应当根据自身的发展战略、风险控制和业绩考核特点，系统、科学地规范不同级次内部报告的指标体系，合理设置关键信息指标和辅助信息指标，并与全面预算管理等相结合，同时应随着环境和业务的变化不断进行修订和完善。该环节的主要风险是：指标体系的设计未能结合企业的发展战略，指标体系级次混乱，与全面预算管理要求相脱节，并且设定后未能根据环境和业务变化有所调整。

主要管控措施有以下几个。

(1) 企业应认真研究企业的发展战略、风险控制要求和业绩考核标准，根据各管理层级对信息的需求，建立一套级次分明的内部报告指标体系。企业明确的战略目标和具体的战略规划为内部报告控制目标的确定提供了依据。

(2) 企业内部报告指标确定后，应进行细化，层层分解，使企业中各责任中心及其各相关职能部门都有自己明确的目标，以利于控制风险并进行业绩考核。

(3) 内部报告需要依据全面预算的标准进行信息反馈，将预算控制的过程和结果向企业内部管理层报告，以有效控制预算执行情况、明确相关责任、科学考核业绩，并根据新的环境和业务，调整决策部署，更好地规划和控制企业的资产和收益，实现资源的最有效配置和管理的协同效应。

2. 收集内外部信息

为了随时掌握有关市场状况、竞争情况、政策变化及环境的变化，保证企业发展战略和经营目标的实现，企业应当完善内外部重要相关信息的收集机制和传递机制，使重要信息能够及时获得并向上级呈报。该环节的主要风险是：收集的内外部信息过于散乱，不能突出重点；内容准确性差，据此信息进行的决策容易误导经营活动；获取内外部信息的成本过高，违反了成本效益原则。

主要管控措施有以下几个。

(1) 根据特定服务对象的需求，选择信息收集过程中重点关注的信息类型和内容，并根据信息需求者要求按照一定的标准对信息进行分类汇总。

(2) 对信息进行审核和鉴别，对已经筛选的资料做进一步的检查，确定其真实性和合理性。企业应当检查信息在事实与时间上有无差错，是否合乎逻辑，其来源单位、资料份数、指标等是否完整。

(3) 对收集信息的成本进行成本收益权衡。企业应当在收集信息的过程中考虑获取信息的成本高低，确保其满足成本收益原则。

3. 编制及审核内部报告

企业各职能部门应将收集的有关资料进行筛选、抽取，然后，根据各管理层级对内部报告的信息需求和先前制定的内部报告指标，建立各种分析模型，提取有效数据并进行反馈汇总。在此基础上，对分析模型进一步改造，进行资料分析，起草内部报告，形成总结性结论，并提出相应的建议，从而对发展趋势、策略规划、前景预测等提供重要的分析指导，为企业的效益分析、业务拓展提供有力的保障。该环节的主要风险是：内部报告未能根据各内部使用单位的需求进行编制，内容不完整，编制不及时，未经审核即向有关部门传递。

主要管控措施有以下几个。

(1) 企业内部报告的编制单位应紧紧围绕内部报告使用者的信息需求，编制内容全面、简洁明了、通俗易懂。

(2) 企业应合理设计内部报告编制程序，提高编制效率，保证内部报告能在第一时间提供给相关管理部门。

(3) 企业应当建立内部报告审核制度，设定审核权限，确保内部报告信息质量。对于重要信息，企业应当委派专门人员对其传递过程进行复核，确保信息正确地传递给使用者。

(二) 信息使用阶段

1. 构建内部报告流转体系及渠道

企业应当制定严密的内部报告传递流程，充分利用信息技术，强化内部报告信息集成和共享，将内部报告纳入企业统一信息平台，构建科学的内部报告网络体系。该环节的主要风险是：缺乏内部报告传递流程，内部报告未按传递流程进行传递流转，内部报告流转不及时。

主要管控措施有以下几个。

(1) 企业应当制定内部报告传递制度。企业可根据信息的重要性、内容等特征，确定不同的流转环节。

(2) 企业应严格按设定的传递流程进行流转。企业各管理层对内部报告的流转应做好记录，对于未按照流转制度进行操作的事件，应当调查原因，并做相应处理。

(3) 企业应及时更新信息系统，确保内部报告有效安全地传递。实际工作中应精简信息系统的处理程序，使信息在企业内部更快地传递。对于重要紧急的信息，可以越级向董事会、监事会或经理层直接报告，便于相关负责人迅速作出决策。

2. 内部报告有效使用及保密

内部报告有效使用及保密要求企业各级管理人员充分利用内部报告进行有效决策，管理和指导企业的日常生产经营活动，及时反映全面预算执行情况，协调企业内部相关部门和各单位的运营进度，严格绩效考核和责任追究，确保企业实现发展战略和经营目标。该环节的主要风险是：企业管理层在决策时并没有使用内部报告提供的信息，内部报告未能用于风险识别和控制，商业秘密通过企业内部报告被泄露。

主要管控措施有以下几个。

(1) 企业在预算控制、生产经营管理决策和业绩考核时应充分使用内部报告提供的信息。企业应当将预算控制和内部报告接轨,通过内部报告及时反映全面预算的执行情况,并将绩效考评和责任追究制度与内部报告联系起来,对相关责任人的绩效进行考核,并追究责任。

(2) 企业管理层应通过内部报告提供的信息对企业生产经营管理中存在的风险进行评估,准确识别和系统分析企业生产经营活动中的内外部风险,涉及突出问题和重大风险的,应当启动应急预案。

(3) 企业应从内部信息传递的时间、空间、节点、流程等方面建立控制,通过职责分离、授权接触、监督和检查等手段防止商业秘密泄露。

3. 内部报告的保管

企业在生产经营管理过程中,应保管好企业内部的各种重要数据及报告,以满足生产经营决策的需要。该环节的主要风险是:企业缺少内部报告的保管制度,内部报告的保管存放杂乱无序,对重要资料的保管期限过短,保密措施不严。

主要管控措施有以下几个。

(1) 企业应当建立内部报告保管制度,各部门应当指定专人按类别保管相应的内部报告。

(2) 为了便于内部报告的查阅、对比分析,改善内部报告的格式,提高内部报告的有用性,企业应按类别保管内部报告,对影响较大的、金额较高的一般要严格保管,如企业重大重组方案、企业债券发行方案等。

(3) 企业对不同类别的报告应按其影响程度规定其保管年限,只有超过保管年限的内部报告方可予以销毁。对影响重大的内部报告,应当永久保管,如公司章程及相应的修改、公司股东登记表等。

(4) 企业应当制定严格的内部报告保密制度,明确保密内容、保密措施、密集程度和传递范围,防止泄露商业秘密。有关公司商业秘密的重要文件要由企业较高级别的管理人员负责,具体至少由两人共同管理,放置在专用的保险箱内。查阅保密文件,必须经该高层管理人员同意,由两人分别开启相应的锁具方可打开。

4. 内部报告评估

由于内部报告传递对企业具有重要影响,《企业内部控制应用指引第 17 号——内部信息传递》强调企业应当建立内部报告,企业对内部报告的评估应当定期进行,具体由企业根据自身管理要求作出规定,至少每年度对内部报告进行一次评估。企业应当重点关注内部报告的及时性,内部信息传递的有效性和安全性。经过评估发现内部报告存在缺陷的,企业应当及时进行修订和完善,确保内部报告提供的信息及时、有效。该环节主要风险点是:企业缺乏完善的内部报告评价体系,对各信息传递环节和传递方式控制不严,针对传递不及时、信息不准确的内部报告缺乏相应的惩戒机制。

主要管控措施有以下两个。

(1) 企业应建立并完善企业对内部报告的评估制度,严格按照评估制度对内部报告进行合理评估,考核内部报告在企业生产经营活动中所起的真实作用。

(2) 为保证信息传递的及时准确,企业必须执行奖惩机制。对经常不能及时或准确传递信息的相关人员应当进行批评和教育,并与绩效考核体系挂钩。

百度思考题

请从内部控制——“内部信息传递”和“信息系统”两个指引的角度,谈谈今年来财务共享服务中心的看法和财务共享服务中心建设需要注意的问题。

第四节 信息系统

一、信息系统内部控制概述

信息系统是指企业利用计算机和通信技术,对内部控制进行集成、转化和提升所形成的信息化管理平台。信息系统内部控制的目标是促进企业有效实施内部控制,提高企业现代化管理水平,减少人为操纵因素;同时,增强信息系统的安全性、可靠性和合理性以及相关信息的保密性、完整性和可用性,为建立有效的信息与沟通机制提供支持保障。信息系统内部控制的主要对象是信息系统,由计算机硬件、计算机软件、人员、信息流和运行规程等要素组成。

知网下载

(1) ERP 系统环境下信息系统内部控制的风险分析与防范——基于某企业集团实施 ERP 案例的思考;

(2) 信息系统内部控制案例分析——以广东联通为例;

(3) 三泰公司信息系统内部控制案例及分析。

企业信息系统内部控制以及利用信息系统实施内部控制也面临诸多风险,至少应当关注下列方面。

(1) 信息系统缺乏或规划不合理,可能造成信息孤岛或重复建设,导致企业经营管理效率低下。

(2) 系统开发不符合内部控制要求,授权管理不当,可能导致无法利用信息技术实施有效控制。

(3) 系统运行维护和安全措施不到位,可能导致信息泄露或毁损,系统无法正常运行。鉴于信息系统在实施内部控制和现代化管理中的重要作用,企业负责人对信息系统建设工作负责。

二、信息系统的开发

企业根据发展战略和业务需要进行信息系统建设,首先要确立系统建设目标,根据目标进行系统建设战略规划,再将规划细化为项目建设方案。企业开展信息系统建设,可以根据实际情况,选择自行开发、外购调试或业务外包等方式。选择外购调试或业务外包方式的,应当采用公开招标等形式择优选择供应商或开发单位。选择自行开发信息系统的,信息系统归口管理部门应当组织企业内部相关业务部门进行需求分析,合理配置人员,明确系统设计、编程、安装调试、验收、上线等全过程的管理要求。

信息系统开发的战略规划是信息化建设的起点，战略规划是以企业发展战略为依据制定的企业信息化建设的全局性、长期性规划。制定信息系统战略规划的主要风险如下。

(1) 缺乏战略规划或规划不合理，可能造成信息孤岛或重复建设。

(2) 没有将信息化与企业业务需求结合，降低了信息系统的应用价值。

主要管控措施有以下几个。

(1) 制订信息系统开发的战略规划和中长期发展计划，并在每年制订经营计划的同时制订年度信息系统建设计划，促进经营管理活动与信息系统的协调统一。

(2) 在制定信息化战略过程中，充分调动和发挥信息系统归口管理部门与业务部门的积极性。

(3) 信息系统战略规划要与企业的组织架构、业务范围、地域分布、技术能力等相匹配，避免相互脱节。

三、自行开发方式下信息系统开发的关键控制点和主要控制措施

百度自查

值得学习的好制度：隆基机械(002363)信息系统管理制度(2013 年 2 月)。

虽然信息系统的开发方式有自行开发、外购调试、业务外包等多种方式，但基本流程大体相似，通常包含项目计划、需求分析、系统设计、编程和测试、上线等环节。

1. 项目计划环节

项目计划通常包括项目范围说明、项目进度计划、项目质量计划、项目资源计划、项目沟通计划、风险对策计划、项目采购计划、需求变更控制、配置管理计划等内容。项目计划不是完全静止、一成不变的，在项目启动阶段，可以先制订一个较有原则性的项目计划，确定项目主要内容和重大事项，然后根据项目的大小和性质以及项目进展情况进行调整、充实和完善。项目计划环节的主要风险是：信息系统建设缺乏项目计划或者计划不当，导致项目进度滞后、费用超支、质量低下。

主要管控措施有以下几个。

(1) 根据信息系统建设整体规划提出分阶段项目的建设方案，明确建设目标、人员配备、职责分工、经费保障和进度安排等相关内容，按照规定的权限和程序审批后实施。

(2) 采用标准的项目管理软件制订项目计划，并加以跟踪。

(3) 关键环节编制应参照国家标准和行业标准进行。

2. 需求分析环节

需求分析的目的是明确信息系统需要实现哪些功能。该项工作是系统分析人员和用户单位的管理人员、业务人员在深入调查的基础上，详细描述业务活动涉及的各项工作以及用户的各种需求，从而建立未来目标系统的逻辑模型。这一环节的主要风险如下。

(1) 需求本身不合理，对信息系统提出的功能、性能、安全性等方面的要求不符合业务处理和控制的需要。

(2) 技术上不可行、经济上成本效益倒挂，或与国家有关法规制度存在冲突。

(3) 需求文档表述不准确、不完整。

主要管控措施有以下几个。

(1) 信息系统归口管理部门应当组织企业内部各有关部门提出开发需求,加强系统分析人员和有关部门的管理人员、业务人员的交流。

(2) 编制表述清晰、表达准确的需求文档。

(3) 企业应当建立健全需求评审和需求变更控制流程。

3. 系统设计环节

系统设计是根据系统需求分析阶段所确定的目标系统逻辑模型,设计出一个能在企业特定的计算机和网络环境中实现的方案。系统设计包括总体设计和详细设计。系统设计环节的主要风险如下。

(1) 设计方案不能完全满足用户需求,不能实现需求文档规定的目标。

(2) 设计方案未能有效控制建设开发成本,不能保证建设质量和进度。

(3) 设计方案不全面,导致后续变更频繁。

(4) 设计方案没有考虑信息系统建成后对企业内部控制的影响,导致系统运行后衍生新的风险。

主要管控措施有以下几个。

(1) 系统设计负责部门应当就总体设计方案与业务部门进行沟通和讨论,说明方案对用户需求的覆盖情况。

(2) 企业应参照《计算机软件产品开发文件编制指南(GB 8567—88)》等相关国家标准和行业标准,提高系统设计说明书的编写质量。

(3) 企业应建立设计评审制度和设计变更控制流程。

(4) 在系统设计时应当充分考虑信息系统建成后的控制环境,将生产经营管理业务流程、关键控制点和处理规程嵌入系统程序。

(5) 应充分考虑信息系统环境下的新的控制风险,避免将不相容职务的处理权限授予同一用户。

(6) 应当针对不同的数据输入方式,强化对进入系统数据的检查和校验功能。

(7) 系统设计时应当考虑在信息系统中设置操作日志功能,确保操作的可审计性。

(8) 预留必要的后台操作通道,建立规范的操作流程,确保足够的日志记录,保证后台操作的可监控性。

4. 编程和测试环节

编程和测试阶段是将详细设计方案转换成某种计算机编程语言的过程。这一环节的主要风险如下。

(1) 编程结果与设计不符。

(2) 各程序员编程风格差异大,程序可读性差,导致后期维护困难,维护成本高。

(3) 缺乏有效的程序版本控制,导致出现重复修改或修改不一致等问题。

(4) 测试不充分。

主要管控措施有以下几个。

(1) 项目组应建立并执行严格的代码复查评审制度。

(2) 项目组应建立并执行统一的编程规范,在标识符命名、程序注释等方面统一风格。

(3) 应使用版本控制软件系统,保证所有开发人员基于相同的组件环境开展项目工作,协调开发人员对程序的修改。

(4) 应区分单元测试、组装测试(集成测试)、系统测试、验收测试等不同测试类型,建立严格的测试工作流程,提高最终用户在测试工作中的参与程度,改进测试用例的编写质量。

5. 上线环节

系统上线是将开发出的系统部署到实际运行的计算机环境中,使信息系统按照既定的用户需求来运转,切实发挥信息系统的作用。这一环节的主要风险如下。

(1) 缺乏完整可行的上线计划,导致系统上线混乱无序。

(2) 人员培训不足,不能正确使用系统,导致业务处理错误,或者未能充分利用系统功能,导致开发成本浪费。

(3) 初始数据准备设置不合格,导致新旧系统数据不一致、业务处理错误。

主要管控措施有以下几个。

(1) 企业应当制订信息系统上线计划,并经归口管理部门和用户部门审核批准。

(2) 系统上线涉及新旧系统切换的,企业应当在上线计划中明确应急预案,保证新系统失效时能够顺利切换回旧系统。

(3) 系统上线涉及数据迁移的,企业应当制订详细的数据迁移计划,并对迁移结果进行测试。

四、业务外包方式下信息系统开发的关键控制点和主要控制措施

1. 选择外包服务商

这一环节的主要风险是:由于企业与外包服务商之间本质上是一种"委托—代理"关系,合作双方的信息不对称容易诱发道德风险,外包服务商可能会实施损害企业利益的自利行为,如偷工减料、放松管理、信息泄密等。

主要管控措施有以下几个。

(1) 企业在选择外包服务商时要充分考虑服务商的市场信誉、资质条件、财务状况、服务能力、对本企业业务的熟悉程度、既往承包服务成功案例等因素,对外包服务商进行严格筛选。

(2) 企业可以借助外包业界基准来判断外包服务商的综合实力。

(3) 企业要严格外包服务审批及管控流程,对信息系统外包业务,原则上应采用公开招标等形式选择外包服务商,并实行集体决策审批。

2. 签订外包合同

这一环节的主要风险是:合同条款不准确、不完善,可能导致企业的正当权益无法得到有效保障。

主要管控措施有以下几个。

(1) 企业在与外包服务商签约之前,应针对外包可能出现的各种风险损失,恰当拟定

合同条款,对涉及的工作目标、合作范畴、责任划分、所有权归属、付款方式、违约赔偿及合约期限等问题作出详细说明,并由法律部门或法律顾问审查把关。

(2) 开发过程中涉及商业秘密、敏感数据的,企业应当与外包服务商签订详细的“保密协定”,以保证数据安全。

(3) 在合同中约定付款事宜时,应当选择分期付款方式,尾款应当在系统运行一段时间并经评估验收后再支付。

(4) 应在合同条款中明确要求外包服务商保持专业技术服务团队的稳定性。

3. 持续跟踪评价外包服务商的服务过程

这一环节的主要风险是:企业缺乏外包服务跟踪评价机制或跟踪评价不到位,可能导致外包服务质量水平不能满足企业信息系统开发需求。

主要管控措施有以下两个。

(1) 企业应当规范外包服务评价工作流程,明确相关部门的职责权限,建立外包服务质量考核评价指标体系,定期对外包服务商进行考评,公布服务周期的评估结果,以及实时对外包服务水平的跟踪评价。

(2) 必要时,可以引入监理机制,降低外包服务风险。

五、外购调试方式下信息系统开发的关键控制点和主要控制措施

在外购调试方式下,企业除面临与委托开发方式类似的问题,还有其特殊性,企业应有针对性地强化某些控制措施。

1. 软件产品选型和供应商选择

这一环节的主要风险如下。

(1) 软件产品选型不当,产品在功能、性能、易用性等方面无法满足企业需求。

(2) 软件供应商选择不当,产品的支持服务能力不足,产品的后续升级缺乏保障。

主要管控措施有以下几个。

(1) 企业应明确自身需求,对比分析市场上的成熟软件产品,合理选择软件产品的模块组合和版本。

(2) 企业在进行软件产品选型时应广泛听取行业专家的意见。

(3) 企业在选择软件产品和服务供应商时,不仅要评价其现有产品的功能、性能,还要考察其服务支持能力和后续产品的升级能力。

2. 服务提供商选择

这一环节的主要风险是:服务提供商选择不当,削弱了外购软件产品的功能发挥,导致无法有效满足用户的需求。

主要控制措施:在选择服务提供商时,不仅要考核其对软件产品的熟悉、理解程度,也要考核其是否深刻理解企业所处行业的特点、是否理解企业的个性化需求、是否有过相同或相近的成功案例。

六、信息系统的运行与维护

信息系统的运行与维护主要包括三方面的内容:日常运行维护、系统变更和安全

管理。

（一）日常运行维护的关键控制点和主要控制措施

这一环节的主要风险如下。

(1) 没有建立规范的信息系统日常运行管理规范，计算机软硬件的内在隐患易于爆发，可能导致企业信息系统出错。

(2) 没有执行例行检查，导致一些人为恶意攻击会长期隐藏在系统中，可能造成严重损失。

(3) 企业信息系统数据未能定期备份，可能导致损坏后无法恢复，从而造成重大损失。

主要管控措施有以下几个。

(1) 制定信息系统使用操作程序、信息管理制度以及各模块子系统的具体操作规范，及时跟踪、发现和解决系统运行中存在的问题。

(2) 切实做好系统运行记录，尤其是对于系统运行不正常或无法运行的情况。

(3) 重视系统运行的日常维护，维护工作由专人负责。

(4) 配备专业人员负责处理信息系统运行中的突发事件。

（二）系统变更的关键控制点和主要控制措施

这一环节的主要风险如下。

(1) 企业没有建立严格的变更申请、审批、执行、测试流程，导致系统随意变更。

(2) 系统变更后的效果达不到预期目标。

主要管控措施有以下几个。

(1) 建立标准流程来实施和记录系统变更，保证变更过程得到适当的授权与管理层的批准，并对变更进行测试。信息系统操作人员不得擅自进行软件的删除、修改等操作；不得擅自升级、改变软件版本；不得擅自改变软件系统的环境配置。

(2) 系统变更程序需要遵循与新系统开发项目同样的验证和测试程序，必要时还应当进行额外测试。

(3) 加强紧急变更的控制管理。

(4) 加强对将变更移植到生产环境中的控制管理，包括系统访问授权控制、数据转换控制、用户培训等。

（三）安全管理的关键控制点和主要控制措施

这一环节的主要风险是如下。

(1) 硬件设备分布物理范围广，设备种类繁多，安全管理难度大。

(2) 业务部门信息安全意识薄弱，对系统和信息安全缺乏有效的监管手段。

(3) 对系统程序的缺陷或漏洞安全防护不够，导致遭受黑客攻击，造成信息泄露。

(4) 对各种计算机病毒防范清理不力。

(5) 缺乏对信息系统操作人员的严密监控，可能导致舞弊和利用计算机犯罪。

主要管控措施有以下几个。

(1) 建立信息系统相关资产的管理制度,保证电子设备的安全。

(2) 成立专门的信息系统安全管理机构。

(3) 按照国家相关法律法规以及信息安全技术标准,制定信息系统安全实施细则。

(4) 利用IT技术手段,对硬件配置调整、软件参数修改严加控制。

(5) 委托专业机构对系统运行和维护进行管理。

(6) 采取安装安全软件等措施防范信息系统受到病毒等恶意软件的感染和破坏。

(7) 建立系统数据定期备份制度。

(8) 建立信息系统开发、运行与维护等环节的岗位责任制度和不相容职务分离制度。

七、系统终结的关键控制点和主要控制措施

这一环节的主要风险是如下。

(1) 因经营条件发生剧变,数据可能泄密。

(2) 信息档案的保管期限不够长。

主要管控措施有以下两个。

(1) 要做好善后工作,不管因何种情况导致系统停止运行,都应将废弃系统中有价值或者涉密的信息进行销毁、转移。

(2) 严格按照国家有关法规制度和对电子档案的管理规定,妥善保管相关信息档案。

2008年9月15日上午10时,拥有158年历史的美国第四大投资银行——雷曼兄弟公司,向法院申请破产保护,该消息立刻通过电视、广播和网络传遍地球的各个角落。令人匪夷所思的是,10时10分,德国国家发展银行居然按照外汇掉期协议的交易,通过计算机自动付款系统,向雷曼兄弟公司即将冻结的银行账户转入3亿欧元。毫无疑问,这笔钱将是“肉包子打狗,有去无回”。

经调查该银行的管理者及工作人员在这10分钟内忙了些以下事务:

首席执行官乌尔里奇·施罗德:我知道今天要按照协议预先的约定转账,至于是否撤销这笔巨额交易,应该让董事会开会讨论决定。

董事长保卢斯:我们还没有得到风险评估报告,无法及时作出正确的决策。

董事会秘书史里芬:我打电话给国际业务部催要风险评估报告,可是那里总是占线。我想,还是隔一会儿再打吧。

负责处理与雷曼兄弟公司业务的高级经理希特霍芬:我让文员上网浏览新闻,一旦有雷曼兄弟公司的消息就立即报告,现在我要去休息室喝杯咖啡。

文员施特鲁:10时03分,我在网上看到雷曼兄弟公司向法院申请破产保护的新闻,马上跑到希特霍芬的办公室。当时,他不在办公室,我就写了张便条放在办公桌上,他回来后会看到的。

结算部经理德尔布吕克:今天是协议规定的交易日子,我没有接到停止交易的指令,

那就按照原计划转账吧。

结算部自动付款系统操作员曼斯坦因：德尔布吕克让我执行转账操作，我什么也没问就做了。

公关部经理贝克：雷曼兄弟公司破产是板上钉钉的事。我本想跟乌尔里奇·施罗德谈谈这件事，但上午要会见几个克罗地亚客人，觉得等下午再找他也不迟，反正也不差这几个小时。

德国经济评论家哈恩说，在这家银行中，上到董事长，下到操作员，没有一个人是愚蠢的，可悲的是，几乎在同一时间，每个人都开了点小差，加在一起，就创造出了“德国最愚蠢的银行”。

练习题

1. 预算管理工作机构一般设在(　　)，其主任一般由总会计师(或财务总监、分管财务工作的副总经理)兼任。

A. 审计部门　B. 销售部门　C. 财务部门　D. 专设部门

2. 调整预算一般由(　　)单位逐级向预算管理委员会提出书面申请。

A. 预算执行　B. 预算编制　C. 预算考核　D. 预算分析

3. 重要的销售合同，应当征询意见的人员是(　　)。

A. 总经理　B. 法律顾问

C. 银行工作人员　D. 负责办理结算的人员

4. 从大的方面合同管理可以划分为(　　)和合同履行阶段。

A. 合同审批　B. 合同订立　C. 合同登记　D. 合同执行

5. (　　)负责信息系统中各项业务账务的准确和及时处理、会计电算化制度的制定、财务计划的制订和下达、计划价格的确定和修改、财务操作规定等。

A. 生产部门　B. 销售部门　C. 仓储部门　D. 财务部门

6. 防范和消除计算机病毒应按照(　　)原则。

A. 预防为主，防杀结合　B. 理念与技术并存

C. 成本效益　D. 因地制宜

7. 企业应当对合同文本进行严格审核，重点关注的内容有(　　)。

A. 合同的主体、内容和形式是否合法

B. 合同内容是否符合企业的经济利益

C. 对方当事人是否具有履约能力

D. 合同权利和义务、违约责任和争议解决条款是否明确

8. 企业可以选择或综合运用以下哪些方法编制预算？(　　)

A. 固定预算　B. 弹性预算　C. 滚动预算　D. 全面预算

9. 企业应建立会审制度，对影响重大或法律关系复杂的合同文本，组织(　　)进行审核。

A. 财务部门　B. 内部审计部门　C. 法律部门　D. 业务关联部门

10. 以下属于信息系统的运行与维护的主要内容有(　　)。
A. 日常运行维护　　B. 系统变更
C. 安全管理　　D. 终结变更

11. 信息系统包括所有涉及信息收集、储存、产生和分配的系统和程序,包括(　　)。
A. 企业资源计划系统　　B. 战略性企业管理
C. 专家系统　　D. 信息处理系统

12. 以下关于会计信息化及其控制的说法中不正确的是(　　)。
A. 会计信息化是指利用计算机信息技术代替人工进行财务信息处理,以及替代部分由人工完成的对会计信息的分析和判断的过程
B. 企业出纳人员可以兼任电算化系统管理员,兼任记账凭证的审核工作
C. 企业应当建立信息化会计档案管理制度
D. 信息化会计档案是指存储在磁性介质或光盘介质的会计数据和计算机打印出来的书面等形式的会计数据,包括记账凭证、会计账簿、财务报表(包括报表格式和计算公式)等数据

13. 某企业负责人关于信息化的下列说法中,错误的有(　　)。
A. 公司信息系统建设由信息部领导负全责
B. 信息化要大力推进,各个部门要认真结合业务梳理流程,各自开发自身的业务信息系统
C. 加强信息系统运行与维护的管理,建立和完善信息系统安全保密与泄密责任追究、用户管理、数据定期备份等制度,确保系统安全运转
D. 已用的信息系统不适应业务开展的,应由信息部门及时变更

14. 下列有关企业内部控制信息与沟通要素的表述中,正确的有(　　)。
A. 内部控制信息与沟通针对的是企业内部生成的信息,不涉及企业外部的信息
B. 信息系统生成与控制目标及其实现程度有关的信息,从而使对业务的管理和控制成为可能
C. 有效的信息沟通需要自上而下、自下而上或平行地贯穿于企业之中
D. 管理层与下属相处时的行为也会成为有效的信息沟通方式

第三部分

内部控制评价篇

第八章

企业内部控制评价

- 掌握内部控制评价的程序；
- 掌握内部控制评价的方法；
- 熟悉内部控制评价的内容；
- 熟悉内部控制评价工作底稿的填写；
- 了解内部控制评价的原则。

第一节　内部控制评价概述

内部控制评价作为优化内部控制自我监督机制的一项重要制度安排，是内部控制体系的重要组成部分，它对于企业自我完善内控体系、提升企业公众形象、实现与政府监管的协调互动具有重要作用。

百度自查

值得学习的好制度：联信永益(002373)内部审计制度。

一、内部控制评价的含义

《企业内部控制评价指引》第二条规定，内部控制评价是指由企业董事会或类似权力机构实施的，对企业内部控制有效性进行评价，形成评价结论，出具评价报告的过程。

内部控制评价的定义可从以下三点理解。

（一）内部控制评价的主体

该定义明确了企业内部控制建设的责任主体，即董事会或类似的权力机构，是建立健全和实施内部控制评价的责任方。

（二）内部控制评价的对象

该定义明确了企业内部控制评价的对象为内部控制的有效性。所谓内部控制的有效性，是指企业建立与实施内部控制对实现控制目标提供合理保证的程度。企业应当根据国家有关法律法规和《企业内部控制基本规范》的要求，结合企业实际情况，对战略目标、经营管理的效率和效果目标、财务报告及相关信息真实完整目标、资产安全目标、合法合规目标等单个或整体控制目标的实现进行评价。

(三)内部控制评价是一个过程

该定义表明了企业内部控制评价是一个过程,要按照一定的流程来进行。企业对内部控制有效性进行评价后,必须按照规定出具评价报告。

二、内部控制评价的原则

企业实施内部控制评价至少应当遵循下列原则。

(一)全面性原则

内部控制评价工作应当包括内部控制的设计与运行,涵盖企业及其所属单位的各种业务和事项。

(二)重要性原则

内部控制评价工作应当在全面评价的基础上,坚持风险导向和突出重点的思路,关注重要业务单位、重大业务事项和高风险领域。

(三)客观性原则

内部控制评价工作应当准确地揭示经营管理的风险状况,如实反映内部控制设计和运行的有效性。

三、内部控制评价的内容

企业应当根据《企业内部控制基本规范》、应用指引以及本企业的内部控制制度,围绕内部环境、风险评估、控制活动、信息与沟通、内部监督等要素,确定内部控制评价的具体内容,对内部控制设计与运行情况进行全面评价。内部控制评价的内容具有以下几方面。

1. 内部环境评价

《企业内部控制评价指引》第六条规定,企业组织开展内部环境评价,应当以组织架构、发展战略、人力资源、企业文化、社会责任等应用指引为依据,结合本企业的内部控制制度,对内部环境的设计及实际运行情况进行认定和评价。内部环境评价应重点关注以下几方面。

(1)治理结构是否形同虚设。

(2)发展战略是否可行。

(3)机构设置是否重叠。

(4)权责分配是否明晰。

(5)不相容岗位是否分离。

(6)人力资源政策和激励约束机制是否科学合理。

(7)企业文化是否促进员工勤勉尽责。

(8) 社会责任是否有效履行等。

2. 风险评估评价

《企业内部控制评价指引》第七条规定，企业组织开展风险评估机制评价，应当以《企业内部控制基本规范》有关风险评估的要求，以及各项应用指引中所列主要风险为依据，结合本企业的内部控制制度，对日常经营管理过程中的风险识别、风险分析、应对策略等进行认定和评价。风险评估应重点关注以下几方面。

(1) 企业是否有明确的目标，并且已经与员工沟通，给员工在风险评估和控制问题中提供了有效的方向。

(2) 显著的经营风险、财务风险和其他风险是否已经被(持续)认定和评估。

(3) 管理层和企业中其他员工是否清楚地了解董事会可接受的风险。

3. 控制活动评价

《企业内部控制评价指引》第八条规定，企业组织开展控制活动评价，应当以《企业内部控制基本规范》和各项应用指引中的控制措施为依据，结合本企业的内部控制制度，对相关控制措施的设计和运行情况进行认定和评价。控制活动评价应当以生产经营活动为重点，至少关注以下几方面。

(1) 资金的筹集、投放和营运过程是否存在资金链断裂。

(2) 资产运行中是否存在效能低下或资产流失。

(3) 采购与销售环节是否存在舞弊行为。

(4) 研发项目是否经过科学论证。

(5) 工程项目是否存在商业贿赂等。

同时还要兼顾分析控制手段是否有效，关注以下几方面。

(1) 全面预算是否具有约束力。

(2) 合同履行是否存在纠纷。

(3) 信息系统是否与内部控制有机结合。

(4) 内部报告是否及时传递和有效沟通等。

4. 信息与沟通评价

《企业内部控制评价指引》第九条规定，企业组织开展信息与沟通评价，应当以内部信息传递、财务报告、信息系统等相关应用指引为依据，结合本企业的内部控制制度，对信息收集、处理和传递的及时性、反舞弊机制的健全性、财务报告的真实性、信息系统的安全性，以及利用信息系统实施内部控制的有效性等进行认定和评价。信息与沟通评价应重点关注以下几方面。

(1) 董事会和管理层能否及时地接收来自企业内外的关于违反企业目标的信息及其可能带来的风险。

(2) 信息缺乏和相关的信息系统是否被重新评估为目标及其风险的改变或者被重新评估为缺陷。

(3) 周期报告包括半年报和年报的程序是否有效地传达企业的现状和前景。

(4) 是否建立了个人报告内控制度漏洞或其他不合适之处的沟通渠道。

5. **内部监督评价**

《企业内部控制评价指引》第十条规定,企业组织开展内部监督评价,应当以《企业内部控制基本规范》有关内部监督的要求,以及各项应用指引中有关日常管控的规定为依据,结合本企业的内部控制制度、对内部监督机制的有效性进行认定和评价,重点关注监事会、审计委员会、内部审计机构等是否在内部控制设计和运行中有效发挥监督作用。内部监督评价应关注以下几方面。

(1) 企业是否制定了全面风险管理和内部控制的监督程序。

(2) 这些监督程序是否具有监控企业重新评估风险及有效地调整控制以适应企业目标、业务和内部环境改变的能力。

(3) 是否存在有效的后续程序保证内控体系的改变以适应风险的变化。

(4) 与董事会(或董事会专门委员会)沟通风险和控制事件监控程序的有效性的方式是否合适。

(5) 是否存在内控监督和向董事会报告重大风险的具体安排。

四、内部控制评价的程序

《企业内部控制评价指引》第十二条规定,企业应当按照内部控制评价办法规定的程序,有序开展内部控制评价工作。内部控制评价程序一般包括制订评价工作方案、组成评价工作组、实施现场测试、认定控制缺陷、汇总评价结果、编报评价报告等环节。

1. **制订评价工作方案**

内部控制评价机构应当根据企业整体控制目标,制订内部控制评价工作方案,明确评价目的、范围、组织、标准、方法、进度安排和费用预算等内容,报管理层和董事会审批。

评价工作方案一般由评价项目、编制依据、评价目标、评价方式、评价范围和内容、重要性和风险评估、具体的评价程序和方法、评价实施步骤及时间安排、评价组成员和具体评价事项的分工、其他有关要求等要素组成,其中最关键的是评价内容。

2. **组成评价工作组**

评价工作组是在内部控制评价机构领导下,具体承担内部控制检查评价任务。内部控制评价机构根据经批准的评价方案,挑选具备独立性、业务胜任能力和职业道德素养的评价人员实施评价。评价工作组成员应当吸收企业内部相关机构熟悉情况、参与日常监控的负责人或业务骨干参加。企业应根据自身条件,尽量建立长效的内部控制评价培训机制。

3. **调查并初步评价**

内部控制评价工作组通过审阅相关的规章制度、现场询问有关人员、实地观察等调查了解内部控制制度的建立和执行的详细情况,并作出初步评价。

一般来说,调查内容包括以下几点。

(1) 企业所在行业情况,包括经营特征、经营风险、外部环境等。

(2) 企业内部情况,包括组织结构、生成规模、管理模式、资本构成、员工素质等。

(3) 企业近期在经营和内部控制方面的变化情况。

(4) 企业自我评价内部控制有效性的方法和证据。

(5) 企业内部控制系统的整体情况以及拟评价的业务流程在内部控制系统中的位置。

(6) 与企业内部控制有关的其他情况。

4. 实施现场测试

《企业内部控制评价指引》第十五条规定，内部控制评价工作组应当对被评价单位进行现场测试，综合运用个别访谈、调查问卷、专题讨论、穿行测试、实地查验、抽样和比较分析等方法，充分收集被评价单位内部控制设计和运行是否有效的证据，按照评价的具体内容，如实填写评价工作底稿，研究分析内部控制缺陷。

评价工作组在到企业实施现场检查与评价时，应根据评价方案的分工和要求，通过询问有关人员、检查内部控制相关的文件和记录、观察经营管理活动，发现评价线索，确定评价重点，实施内部控制测试。

5. 认定控制缺陷

企业在内部控制评价中，应对内部控制缺陷进行分类分析。内部控制缺陷一般可分为设计缺陷和运行缺陷。企业对内部控制缺陷的认定，应当以日常监督和专项监督为基础，结合年度内部控制评价，由内部控制评价部门进行综合分析后提出认定意见，按照规定的权限和程序进行审核后予以最终认定。

6. 最终评价

企业进行内部控制综合性评价，首先，在合法性、健全性、符合性测试的基础上，选择适当的评价标准、明确评价要求，把握评价重点，并汇集和整理测试阶段的有关资料，编制审计工作底稿，填写检查评价工作表，分项量化打分；其次，根据各业务流程所占的权重，计算出内部控制总体评价得分，并结合对企业内部控制制度建立、健全及执行情况的综合分析，作出全面、客观、公正的评价。

五、内部控制评价的方法

内部控制评价重点测定内部控制各个组成部分是否按规定的控制步骤、方法运行，测试各控制环节运行与其内容是否相符，检查各控制环节和控制点的内容、程序、方法等是否正常运行以及相互之间的协调配合情况等。

(1) 个别访问法，是指企业根据检查评价需要，对被查单位员工进行单独访谈，以获取有关信息。个别访问法主要用于了解公司内部控制的现状，在企业层面评价以及业务层面评价的了解阶段经常使用。

(2) 调查问卷法，是指企业设置问卷调查表，分别对不同层次的员工进行问卷调查，根据调查结果对相关项目作出评价。调查问卷法主要用于企业层面评价。

(3) 穿行测试法，是指在内部控制流程中任意选取一笔交易作为样本，追踪该交易从最初起源直到最终在财务报表或其他经营管理报告中反映出来的过程，即该流程从起点到终点的全过程，以此了解控制措施设计的有效性，并识别出关键控制点。

(4) 抽样法，是指企业针对具体的内部控制业务流程，按照业务发生频率及固有风险的高低，从确定的抽样总体中抽取一定比例的业务样本，对业务样本的符合性进行判断，进而对业务流程控制运行的有效性作出评价。

(5) 实地查验法，是指企业对财产进行盘点、清查，以及对存货出、入库等控制环节进行现场查验。

(6) 比较分析法,是指通过分析、比较数据间的关系、趋势或比率来取得评价证据的方法。

(7) 专题讨论法,是指通过召集与业务流程相关的管理人员就业务流程的特定项目或具体问题进行讨论及评估的一种方法。

(8) 标杆法,是指通过与组织内外部相同或相似经营活动的最佳实务进行比较而对控制设计有效性评价的方法。

(9) 重新执行法,是指通过对某一控制活动全过程的重新执行来评估控制执行情况的方法。

知网下载

(1) 商业银行内部控制评价模型设计——基于中国农业银行总行的案例研究;
(2) 内部控制缺陷认定与陈述的问题分析——基于*ST大地案例的分析;
(3) 财务报表重述与财务报告内部控制评价——基于戴尔公司案例的分析;
(4) 内部控制的投资者保护机制评价——基于深圳高速公路股份有限公司的分析;
(5) 上市公司内部审计制度的评价与思考——基于湖北中航精机科技股份有限公司的案例研究;
(6) 企业内部控制评价体系的构建:理论与实践——基于重庆移动公司的案例研究;
(7) 论中国企业内部控制评价制度的现实模式——基于112个企业案例的研究。

第二节 内部控制缺陷的认定

一、内部控制缺陷的概念

内部控制缺陷,是指内部控制设计存在漏洞,不能有效防范错误与舞弊,或者内部控制的运行存在弱点和偏差,不能及时发现并纠正错误与舞弊的情形。

内部控制缺陷按照不同的标准可以有以下不同的分类。

(一) 按照内部控制缺陷的成因分类

按照内部控制缺陷的成因分类,内部控制缺陷可分为设计缺陷和运行缺陷。设计缺陷是指缺少为实现控制目标所必需的控制,或现存控制设计不适当,即使运行正常也难以实现控制目标。运行缺陷是指现存设计完好的控制没有按设计意图运行,或执行者没有获得必要授权或缺乏胜任能力而难以有效地实施控制。

(二) 按照内部控制缺陷的性质分类

按照内部控制缺陷的性质即影响内部控制目标实现的严重程度分类,内部控制缺陷可分为重大缺陷、重要缺陷和一般缺陷。重大缺陷,是指一个或多个控制缺陷的组合,可能导致企业严重偏离控制目标。当存在任何一个或多个内部控制重大缺陷时,应当在内部控制评价报告中作出内部控制无效的结论。重要缺陷,是指一个或多个控制缺陷的组合，其严重程度低于重大缺陷，但仍有可能导致企业偏离控制目标。一般缺陷，是指除重大缺陷、重要缺陷以外的其他控制缺陷。

二、内部控制缺陷认定的标准

《企业内部控制评价指引》按照缺陷程度把内部控制划分为重大缺陷、重要缺陷和一般缺陷三种等级。对内部控制缺陷的认定是对内部控制缺陷的重要程度进行识别和确定的过程，即判定一项缺陷属于重大缺陷、重要缺陷还是一般缺陷的过程。

内部控制缺陷的重要性和影响程度是相对于内部控制目标而言的。按照对财务报告目标和其他内部控制目标实现影响的具体表现形式，区分财务报告内部控制缺陷和非财务报告内部控制缺陷，分别阐述内部控制缺陷的认定标准。

（一）财务报告内部控制缺陷的认定标准

与财务报告内部控制有关的内部控制缺陷所采用的认定标准直接取决于该内部控制缺陷的存在可能导致的财务报告错报的重要程度。重要程度主要取决于以下几点。

(1) 该缺陷是否具备合理可能性导致企业的内部控制不能及时防止或发现并纠正财务报告错误。

(2) 该缺陷单独或连同其他缺陷可能导致的潜在错报金额的大小。

出现以下迹象之一的，通常表明财务报告内部控制可能存在重大缺陷。

(1) 董事、监事和高级管理人员舞弊。

(2) 企业更正已公布的财务报告。

(3) 注册会计师发现当期财务报告存在重大错报，而内部控制在运行过程中未能发现该错误。

(4) 企业审计委员会和内部审计机构对内部控制的监督无效。

内部控制缺陷的严重程度并不取决于是否实际发生了错报，而是取决于该控制及时防止或发现并纠正潜在缺陷的可能性。

（二）非财务报告内部控制缺陷的认定标准

非财务报告内部控制缺陷，是指除财务报告目标之外的与其他目标相关的内部控制缺陷，包括战略内部控制缺陷、经营内部控制缺陷、合规内部控制缺陷、资产内部控制缺陷。

非财务报告内部控制缺陷的认定采用定性和定量的认定标准，企业可以根据风险评估的结果，结合自身的实际情况、管理现状和发展要求合理确定。定性分析是指对事物从总体上进行分析和综合，即对其质进行规定，以确定是优还是劣，是消极还是积极。定量分析是指对事物进行数量测定和量化处理。

三、内部控制缺陷认定的流程

内部控制缺陷的认定流程分为三阶段。企业对内部控制缺陷的认定，应当以日常监督和专项监督为基础，结合年度内部控制评价，由内部控制评价部门进行综合分析后提出认定意见，按照规定的权限和程序进行审核后予以最终认定。

（一）评价工作组初步认定

企业在日常监督、专项监督和年度评价工作中，应当充分发挥内部控制评价工作组的作用。内部控制评价工作组应当根据现场测试获取的证据，对内部控制缺陷进行初步认定，并按其影响程度分为重大缺陷、重要缺陷和一般缺陷。

（二）工作组负责人审核

企业内部控制评价工作组应当建立评价质量交叉复核制度，评价工作组负责人应当对评价工作底稿进行严格审核，并对所认定的评价结果签字确认后，提交企业内部控制评价部门。

（三）内部控制评价部门综合分析全面复核

企业内部控制评价部门应当编制内部控制缺陷认定汇总表，结合日常监督和专项监督发现的内部控制缺陷及其持续改进情况，对内部控制缺陷及其成因、表现形式和影响程度进行综合分析和全面复核，提出认定意见，并以适当的形式向董事会、监事会或经理层报告。

重大缺陷应当由董事会予以最终认定。

第三节　内部控制评价工作底稿与报告

一、内部控制评价工作底稿

根据《企业内部控制评价指引》第十一条规定，内部控制评价工作应当形成工作底稿，详细记录企业执行评价工作的内容，包括评价要素、主要风险点、采取的控制措施、有关证据资料以及认定结果等。工作底稿应当设计合理、证据充分、简便易行、便于操作，可以通过一系列评价表格加以实现。一般来说，评价底稿包括业务流程评价表、控制要素评价表、内部控制评价汇总表三个层次。

企业应尽量按照统一的格式编制内部控制评价工作底稿，格式详见表8-1和表8-2。

表8-1　上市公司董事对公司内控评价的工作底稿（非独立董事版本）

公司名称：　　　　　　　　　　　　　　　　内部控制评价报告年度：20　年

序号	内部控制评价勤勉尽责关注要点	是	否	说明
一	内控制度建设情况			
1	公司是否已经建立财务报告内部控制制度并形成书面文件	是	否	
二	内部控制评价职能部门报告情况			
1	内部控制评价职能部门是否定期直接向董事会或其下设审计委员会等专业委员会报告内部控制检查、监督和评价工作情况	是	否	
2	本年度内部控制评价职能部门发现的问题有哪些			

续表

序号	内部控制评价勤勉尽责关注要点	是	否	说明
3	内部控制评价职能部门对发现的问题是否提出过解决建议	是	否	
三	内控改进			
1	截至评价报告编报之日,公司对内部控制评价职能部门发现的问题已采取的更正或改进措施有哪些			
四	公司是否聘请过中介机构协助本公司建立健全内部控制制度	是	否	
五	董事会在自我评价过程中发现的问题	是	否	
1	本年度,是否发现公司财务报告或相关信息存在不真实、不准确或不完整的情况	是	否	
2	本年度是否发生被相关部门或监管机构(如工商、税务、环保部门等)处罚的情况	是	否	
3	本年度公司是否发生因内控缺失而造成的重大资产损失	是	否	
4	公司是否存在由于高管舞弊而导致内部控制失效的情况	是	否	
5	董事会是否了解监事会在审议年度监事会工作报告中对公司内部控制的意见或建议	是	否	
6	董事会在自我评价过程中发现的其他问题			
六	对公司财务报告相关内部控制的总体评价意见			
七	在评价过程中,发现公司的非财务报告内部控制缺陷有哪些			

董事签名：　　　日期：　　年　　月　　日

表 8-2　上市公司独立董事对公司内部控制评价的工作底稿

公司名称：　　　　　　　　内部控制评价报告年度：20　年

序号	独立董事对公司财务报告内部控制评价勤勉尽责关注要点	是	否	说明
一	董事会审议本年度年报前,独立董事是否与财务总监、财务部门负责人及报表编制人员进行过沟通	是	否	
二	在与上述人员进行沟通的过程中,独立董事是否发现在编制年报时,公司存在对本年度内季报、半年报已披露内容进行调整的情况	是	否	
三	本年度独立董事是否就年报审计及财务报告内部控制审计与会计师事务所进行过沟通	是	否	
四	在与会计师事务所沟通的过程中,独立董事是否发现在编制年报时,公司存在对本年度内季报、半年报已披露内容进行调整或更正的情况	是	否	
五	在与会计师事务所沟通的过程中,独立董事知悉公司与财务报告相关的内部控制存在的问题有哪些			
六	本年度公司是否发生过对已披露财务信息进行更正或补充的情况。如有,请说明发生的次数和基本情况及其可能涉及的财务报告内部控制的缺陷(包括设计有效性和执行有效性)	是	否	

续表

序号	独立董事对公司财务报告内部控制评价勤勉尽责关注要点	是	否	说明
七	本年度是否存在对季报、半年报已披露内容进行调整的情况或发生过对已披露财务信息进行更正或补充的情况。如有,独立董事在内部控制方面提出解决措施有哪些	是	否	
八	如聘请过中介机构协助公司建立健全内部控制制度,在与该中介机构沟通的过程中,独立董事是否知悉公司内部控制存在的问题	是	否	
序号	独立董事对公司内部控制评价勤勉尽责关注要点	是	否	
一	内控制度建设情况			
1	公司是否已经建立财务报告内部控制制度并形成书面文件			
二	内部控制评价职能部门报告情况			
1	内部控制评价职能部门是否定期直接向董事会或其下设审计委员会等专业委员会报告内部控制检查、监督和评价工作情况	是	否	
2	本年度内部控制评价职能部门发现的问题有哪些			
3	内部控制评价职能部门对发现的问题是否提出过解决建议	是	否	
三	内控改进			
1	截至评价报告编报之日,公司对内部控制评价职能部门发现的问题已采取的更正或改进措施有哪些			
四	公司是否聘请过中介机构协助本公司建立健全内部控制制度	是	否	
五	董事会在自我评价过程中发现的问题	是	否	
1	本年度,是否发现公司财务报告或相关信息存在不真实、不准确或不完整的情况	是	否	
2	本年度是否发生被相关部门或监管机构(如工商、税务、环保部门等)处罚的情况	是	否	
3	本年度公司是否发生因内控缺失而造成的重大资产损失	是	否	
4	公司是否存在由于高管舞弊而导致内部控制失效的情况	是	否	
5	董事会是否了解监事会在审议年度监事会工作报告中对公司内部控制的意见或建议	是	否	
6	董事会在自我评价过程中发现的其他问题			
六	对公司财务报告相关内部控制的总体评价意见			
七	在评价过程中,发现公司的非财务报告内部控制缺陷有哪些			

独立董事签名:　　　　日期:　　　　年　　月　　日

二、内部控制评价报告

内部控制评价报告是内部控制评价工作的主要组成部分,内部控制评价报告是董事会或类似权力机构以报告的形式对内部控制评价状况出具评价意见,并提供给相关信息使用者的一种书面文件。企业应当根据《企业内部控制基本规范》及其配套指引,设计内部控制评价报告的种类、格式和内容，按照规定的权限报经批准后对外报出。

评价指引专门对内部控制评价报告进行规范，要求企业在评价报告中至少披露以下内容。

(1) 董事会对内部控制报告真实性的声明，实质就是董事会全体成员对内部控制有效性负责。

(2) 内部控制评价工作的总体情况，即概要说明。

(3) 内部控制评价的依据，一般指基本规范、评价指引及企业在此基础上制定的评价办法。

(4) 内部控制评价的范围，描述内部控制评价所涵盖的被评价单位，以及纳入评价范围的业务事项。

(5) 内部控制评价的程序和方法。

(6) 内部控制缺陷及其认定情况，主要描述适用本企业的内部控制缺陷具体认定标准，并声明与以前年度保持一致，同时，根据内部控制缺陷认定标准，确定评价期末存在的重大缺陷、重要缺陷和一般缺陷。

(7) 内部控制缺陷的整改情况及对重大缺陷拟采取的整改措施。

(8) 内部控制有效性的结论，对不存在重大缺陷的情形，出具评价期末内部控制有效结论，对存在重大缺陷的情形，不得作出内部控制有效的结论，并需描述该重大缺陷的成因、表现形式及其对实现相关控制目标的重要程度。

企业应尽量按照统一的格式编制内部控制评价报告，以满足外部信息使用者对内控信息可比性的要求。内部控制评价报告的格式如下。

××股份有限公司20××年度内部控制评价报告

××股份有限公司全体股东：

××公司董事会(以下简称董事会)对建立和维护充分的财务报告相关内部控制制度负责。

财务报告相关内部控制的目标是保证财务报告信息真实完整和可靠、防范重大错报风险。由于内部控制存在固有局限性，因此仅能对上述目标提供合理保证。

董事会已按照《企业内部控制基本规范》要求对财务报告相关内部控制进行了评价，并认为其在20××年12月31日(基准日)有效，或在以下方面存在重大缺陷：对重大缺陷的说明。公司已对该缺陷采取(或拟对该缺陷采取)如下整改措施：

[整改措施]

我公司在内部控制自我评价过程中发现的(或未发现与非财务报告相关的内部控制缺陷)与非财务报告相关的内部控制缺陷情况包括[具体缺陷情况]。

我公司聘请的[会计师事务所名称]已对公司财务报告相关内部控制的有效性进行了审计，出具了[审计意见](如适用)。

董事长：(签名)

××股份有限公司

[日期]

新华制药[1] 2011年度内部控制评价报告

山东新华制药股份有限公司全体股东：

根据《企业内部控制基本规范》等法律法规的要求，我们对本公司（以下简称公司）内部控制的有效性进行了自我评价。

一、董事会声明

公司董事会及全体董事保证本报告内容不存在任何虚假记载、误导性陈述或重大遗漏，并对报告内容的真实性、准确性和完整性承担个别及连带责任。

建立健全并有效实施内部控制是公司董事会的责任；监事会对董事会建立与实施内部控制进行监督；经理层负责组织领导公司内部控制的日常运行。

公司内部控制的目标是：合理保证经营合法合规、资产安全、财务报告及相关信息真实完整，提高经营效率和效果，促进实现发展战略。由于内部控制存在固有局限性，故仅能对达到上述目标提供合理保证。内部控制的有效性亦可能随公司内、外部环境及经营情况的改变而改变，本公司内部控制设有检查监督机制，内控缺陷一经识别，本公司将立即采取整改措施。

二、内部控制评价工作的总体情况

2011年，公司成立了内部控制规范领导小组和工作小组，公司董事会授权公司审计部作为内控规范的牵头部门，负责内部控制评价的具体组织实施工作，联合本公司各部门、各子公司组织实施内部控制评价工作。内部控制评价工作组成员由内审部门和相关职能部门的业务骨干组成。

公司审计部制订评价工作方案，评价工作组根据工作方案，围绕内部环境、风险评估、控制活动、信息与沟通、内部监督等要素，对公司内部控制设计与运行情况进行全面评价，包括组织实施自我评价、汇总评价结果、编制评价报告等。

在评价过程中，评价工作组及时向领导小组汇报评价工作的进展情况，并对评价的初步结果进行沟通讨论。评价工作组编制的内部控制评价报告经审核后提交董事会。公司内部控制评价报告经董事会会议审议通过后对外披露。

公司聘请信永中和会计师事务所对公司内部控制有效性进行独立审计。

三、内部控制评价的依据

本评价报告旨在根据中华人民共和国财政部等五部委联合发布的《企业内部控制基本规范》《企业内部控制应用指引》及《企业内部控制评价指引》的要求，结合本公司内部控制制度和评价办法，在内部控制日常监督和专项监督的基础上，对公司截至2011年12月31日内部控制的设计与运行的有效性进行评价。

四、内部控制评价的范围

内部控制评价的范围涵盖了公司及其所属单位的各种业务和事项，包括组织架构、发

---

① 中国第一份否定意见内控审计报告的公司。

展战略、人力资源、社会责任、企业文化、资金活动、采购业务、资产管理、销售业务、研究与开发、工程项目、担保业务、业务外包、财务报告、全面预算、合同管理、内部信息传递、信息系统、关联交易、对子公司控制。上述业务和事项的内部控制涵盖了公司经营管理的主要方面，不存在重大遗漏。在自我评价中，我们重点关注公司的国际出口销售业务、国内销售业务、采购业务、资金活动、全面预算及资产管理等高风险领域。

五、内部控制评价的程序和方法

公司内部控制评价工作严格遵循《企业内部控制评价指引》的要求，在分析经营管理过程中的高风险领域和重要业务事项后，制订科学合理的评价工作方案，确定评价方法，并严格执行。

公司内部控制评价程序主要包括制订评价工作方案、组成评价工作组、实施现场测试、认定控制缺陷、汇总评价结果、编报评价报告等环节。

在评价过程中，评价工作组综合运用个别访谈、问卷调查、专题讨论、抽样检查、实地查验和比较分析等方法和手段，充分收集公司内部控制设计和运行的有效证据，如实填写评价工作底稿，分析、识别内部控制缺陷。对内部控制设计及运行情况进行定性和定量评价，按照缺陷认定标准，确认评价结果，汇总评价结果后，出具评价结论，编制评价报告。

六、内部控制缺陷及其认定

判断内部控制是否存在缺陷的标准不是仅仅看控制系统是否存在缺点或不足，而是看这种缺点或不足是否阻碍其为控制目标的实现提供合理保证。

根据《企业内部控制基本规范》《企业内部控制评价指引》对重大缺陷、重要缺陷和一般缺陷的认定要求，结合公司实际的情况，公司研究确定了具体的内部控制缺陷认定标准详见表 8-3。

表 8-3　内部控制缺陷认定标准

分类	认定方式	指标	一般缺陷	重要缺陷	重大缺陷
财务报告缺陷	定量方法	错报金额占资产金额的百分比	几乎不可能发生或导致的错报金额占资产总额的 0.5%以下	具备合理可能性或导致的错报金额占资产总额的 0.5%～1%	具备合理可能性或导致的错报金额占资产总额的 1%以上
非财务报告缺陷	定量方法	企业财务报告损失占资产总额的百分比	几乎不可能发生或导致的财物损失金额占资产总额的 0.5%以下	具备合理可能性或导致的财物损失金额占资产总额的 0.5%～1%	具备合理可能性或导致的财物损失金额占资产总额的 1%以上
	定性方法	企业日常运行	几乎不可能发生或导致公司个别业务经营活动运转不畅，不会危及公司其他业务活动，不会影响经营目标	具备合理可能性及导致公司多项业务经营活动运转不畅，但不会危及公司持续经营	具备合理可能性及导致公司部分业务能力丧失，危及公司持续经营
		财务损失	几乎不可能发生或导致轻微的财物损失	具备合理可能性及导致中等的财物损失	具备合理可能性及导致重大的财物损失
		企业声誉	几乎不可能发生或导致负面消息在当地局部流传，对企业声誉造成轻微损害	具备合理可能性及导致负面消息在某区域流传，对企业声誉造成中等损害	具备合理可能性及导致负面消息在全国各地流传，对企业声誉造成重大损害

根据表8-3认定标准,结合日常监督和专项监督情况,评价中发现报告期内存在一项重大缺陷,是子公司山东新华医药贸易有限公司(以下简称医贸公司)对客户授信额度过大导致较大经济损失。

(1) 医贸公司内部控制制度缺少多头授信的明确规定,在实际执行中,医贸公司的鲁中分公司、工业销售部门、商业销售部门分别向同一客户授信,造成授信额度过大。

(2) 医贸公司内部控制制度规定对客户授信额度不大于客户注册资本,但实际业务中对部分客户授信却超出其注册资本。同时,医贸公司也存在未授信的发货情况。

上述重大缺陷使得公司对山东欣康祺医药有限公司(以下简称欣康祺公司)及其关联公司形成大额应收款项6 073万元,同时,因欣康祺公司经营出现异常,资金链断裂,可能使公司遭受较大的经济损失。

七、内部控制缺陷的整改情况

针对报告期内发现的内部控制缺陷,公司通过建立完善相关制度、增大检查力度等相应措施进行了整改。

对子公司控制方面,针对子公司内控制度中缺少多头授信的规定及内控制度执行不严导致对客户授信额度过大造成损失的问题,公司修订印发了《山东新华制药股份有限公司营销信用风险管理办法》,对多头授信作出明确规定,并加大了监督检查力度,以防形成新的因授信额度过大导致的信用风险。

八、内部控制有效性的结论

报告期内,公司未能按照《企业内部控制基本规范》和相关规定在所有重大方面保持有效的财务报告内部控制。

自内部控制评价报告基准日至内部控制评价报告发出日之间,公司的内部控制未发生对评价结论产生实质性影响的重大变化。

我们注意到,内部控制应当与公司经营规模、业务范围、竞争状况和风险水平等相适应,并随着情况的变化及时加以调整。因此,下一步公司将致力于以下工作。

(1) 加强对子公司的管控,强化风险管理,加大销售过程的风险防控力度,严格执行内部控制制度。

(2) 加强全面预算管理,强化预算的执行与考核。

(3) 及时根据相关法律法规的变化和公司发展的需要,修订和完善公司内部控制制度,优化业务流程,持续改进内部控制体系。

(4) 加强对内部控制制度落实情况的检查和监督,持续规范运作,对发现的缺陷及时进行整改。

(5) 加强内控规范及制度的学习和培训,提高执行力,进一步防范和控制风险,保障公司持续、健康发展。

未来期间,公司将继续完善内部控制制度,规范内部控制制度执行,强化内部控制监督检查,促进公司健康、可持续发展。

山东新华制药股份有限公司

2012年3月23日

练　习　题

1. 建立健全和有效实施内部控制,评价内部控制的有效性的责任人是(　　)。

A. 企业股东大会　　B. 企业监事会

C. 企业董事会　　D. 注册会计师

2. 下列有关内部控制制度评价的说法中错误的是(　　)。

A. 企业实施内部控制评价,仅包括对内部控制设计有效性的评价,不包括运行有效性的评价

B. 内部控制有效性是企业建立与实施内部控制能够为控制目标的实现提供合理的保证

C. 内部控制缺陷一般可分为设计缺陷和运行缺陷

D. 企业应当按照制定评价方案、实施评价活动、编制评价报告等程序开展内部控制评价

3. 内部控制评价报告应当报经(　　)批准后对外披露或报送相关部门。

A. 股东大会或类似权力机构　　B. 董事会或类似权力机构

C. 监事会或类似权力机构　　D. 管理层

4. 企业年度内部控制评价报告的基准日是(　　)。

A. 1月1日　　B. 12月31日　　C. 3月31日　　D. 6月30日

5. 主板上市公司开展内部控制评价的频率为(　　)。

A. 至少每两年一次　　B. 至少每年一次

C. 至少每季度一次　　D. 至少每月一次

6. 根据《企业内部控制评价指引》,内部控制的有效性包括(　　)。

A. 设计的有效性　　B. 体制的有效性

C. 运行的有效性　　D. 机制的有效性

7. 内部控制评价工作组应当对被评价单位进行现场测试,运用的方法通常包括(　　)。

A. 个别访谈　　B. 实地查验　　C. 函证确认　　D. 调查问卷

8. 内部控制评价报告一般应当包括(　　)。

A. 评价范围和程序的说明

B. 发现的内部控制缺陷及原因分析

C. 对重大缺陷的说明及其不利影响的分析

D. 针对内部控制缺陷提出的补救措施

9. 企业在内部控制评价实际操作中,评价结果的客观性往往受到现实各方面因素的影响,表现在(　　)。

A. 高管层对工作重视不够,有意回避存在的问题

B. 评价人员业务能力不强,缺乏科学的评价手段,对存在的风险识别不足

C. 内部控制、审计、专业部门沟通不够,信息无法共享

D. 内部控制评价独立性不强,评价过程中受下属单位管理层干涉

10. 公开发行证券的公司在年度报告中应披露的财务报告内部控制信息包括(　　)。

A. 公司财务报告内部控制的建立健全及其运行情况的说明

B. 董事会对评价基准日财务报告内部控制的自我评价报告

C. 注册会计师对公司财务报告内部控制的审计报告

D. 年度财务报告内部控制审计费用情况

11. 关于内部控制评价范围,下列说法错误的有(　　)。

A. 运用重要性原则判断应当纳入评估范围的重要业务单位,应以企业整体合并层面的重要性水平为衡量标准

B. 对于纳入内部控制评估范围的下属子公司,其所有的业务流程都应当进行内部控制评估

C. 纳入内部控制评估范围的业务流程应与内部控制应用指引所规定的业务流程保持一致

D. 各年度内部控制评估的范围应保持一致,如果评估范围出现变化,应经过公司董事会或授权机构的审批

12. 企业开展内部控制评价工作,可以采取的组织形式有(　　)。

A. 授权内部审计机构具体实施内部控制有效性的定期评价工作

B. 成立专门的内部控制机构组织实施内部控制评价工作,其工作直接向董事会或类似权力机构负责

C. 根据自身特点,成立内部控制评价工作的非常设机构,抽调内部审计、内部控制等相关机构的人员组成内部控制评价小组,具体组织实施内部控制评价工作

D. 委托中介机构实施内部控制评价

13. 关于企业内部控制评价中的内部控制缺陷标准认定,下列说法中正确的有(　　)。

A. 重大缺陷,是指一个或多个控制缺陷的组合,可能导致企业严重偏离控制目标

B. 重要缺陷,是指一个或多个控制缺陷的组合,其严重程度和经济后果低于重大缺陷,但仍有可能导致企业偏离控制目标

C. 一般缺陷,是指除重大缺陷、重要缺陷之外的其他缺陷

D. 企业内部控制缺陷的认定标准由外部审计师确定

第九章

企业内部控制审计

- 掌握内部控制报告审计的类型；
- 掌握内部控制报告审计的内容；
- 熟悉内部控制审计组织实施；
- 了解内部控制审计与财务报告审计的联系；
- 了解内部控制审计与财务报告审计的区别。

第一节 内部控制审计概述

内部控制审计是指会计师事务所接受委托，对特定基准日内部控制设计与运行的有效性进行审计。建立健全和有效实施内部控制，评价内部控制的有效性是企业董事会的责任。按照《企业内部控制审计指引》的要求，在实施审计工作的基础上对内部控制的有效性发表审计意见，是注册会计师的责任。注册会计师执行内部控制审计工作，应当获取充分、适当的证据，为发表内部控制审计意见提供合理保证。注册会计师应当对财务报告内部控制的有效性发表审计意见，并对内部控制审计过程中注意到的非财务报告内部控制的重大缺陷，在内部控制审计报告中增加"非财务报告内部控制重大缺陷描述段"予以披露。注册会计师可以单独进行内部控制审计，也可将内部控制审计与财务报表审计整合进行（以下简称整合审计）。在整合审计中，注册会计师应当对内部控制设计与运行的有效性进行测试，以同时实现下列目标。

(1) 获取充分、适当的证据，支持其在内部控制审计中对内部控制有效性发表的意见。

(2) 获取充分、适当的证据，支持其在财务报表审计中对控制风险的评估结果。

1. 内部控制审计与财务报告审计的联系

企业内部控制的了解和测试，及其有效性评估是制定财务报告审计策略、实施进一步审计程序的基础和前提。因此，内部控制审计和财务报告审计存在着多方面联系，主要体现在以下 5 个方面。

(1) 两者的最终目的一致，虽然二者各有侧重，但最终目的均为提高财务信息质量，提高财务报告的可靠性，为利益相关者提供高质量的信息。

(2) 两者都采取风险导向审计模式，注册会计师首先实施风险评估程序，识别和评估重大缺陷(或错报)存在的风险。在此基础上,有针对性地采取应对措施,实施相应的审计程序。

(3) 两者都要了解和测试内部控制,并且对内部控制有效性的定义和评价方法相同,都可能用到询问、检查、观察、穿行测试、重新执行等方法和程序。

(4) 两者均要识别重点账户、重要交易类别等重点审计领域。注册会计师在财务报告审计中,需要评价这些重点账户和重要交易类别是否存在重大错报;在内部控制审计中,需要评价这些重点账户和重要交易是否被内部控制所覆盖。

(5) 两者确定的重要性水平相同。注册会计师在财务报告审计中确定重要性水平,旨在检查财务报告中是否存在重大错报;在财务报告内部控制审计中确定重要性水平,旨在检查财务报告内部控制是否存在重大缺陷。由于审计对象、判断标准相同,因此二者在审计中确定的重要性水平亦相同。

2. 内部控制审计与财务报告审计的区别

尽管内部控制审计与财务报告审计存在多方面的联系,但它们之间也有明显的区别,具体如下。

(1) 审计目标不同。财务报告审计目标是对财务报表是否符合企业会计准则,是否公允反映被审计单位的财务状况和经营成果发表意见。内部控制审计目标是对财务报告内部控制的有效性发表审计意见,并对内部控制审计过程中注意到的非财务报告内部控制的重大缺陷,在内部控制审计报告中增加"非财务报告内部控制重大缺陷描述段"予以披露。

(2) 了解和测试内部控制的目的不同。财务报告审计按风险导向审计模式进行,了解内部控制是为了评估重大错报风险,测试内部控制是为了进一步指明了解内部控制时得出的初步结论,财务报告审计了解和测试内部控制的最终目的是服务于对财务报表发表的审计意见。内部控制审计了解和测试内部控制的直接目的是对内部控制设计和运行的有效性发表意见。

(3) 测试范围不同。在财务报告审计过程中,只有在以下两种情况下才强制要求对内部控制进行测试。

① 在评估认定存在重大错报风险时,预期控制的运行是有效的(在确定实质性程序的性质、时间安排和范围时,注册会计师拟信赖控制运行的有效性)。

② 仅实施实质性程序并不能够提供认定存在充分、适当的审计依据。

其他情况下,注册会计师可以不测试内部控制。内部控制审计是对所有重要账户、各类交易和列报的相关认定,都要了解和测试相关的内部控制。

(4) 测试时间不同。财务报告审计一旦确定需要测试,则需要测试内部控制在整个审计期间的运行有效性。内部控制审计对特定基准日内部控制的有效性发表意见,不需要测试整个会计期间,但要测试足够长的期间。

(5) 测试样本量不同。财务报告审计对结论可靠性的要求取决于计划从控制测试中得到的保证程度(或减少实质性程序工作量的程度),因此测试样本量相对小。内部控制审计对结论可靠性的要求高,测试的样本量相对大。

(6) 报告结果不同。财务报告审计通常不对外披露内部控制情况,除非是内部控制影响到对财务报表发表的审计意见，财务报告审计结果可以以管理建议书的方式向管理层或治理层报告财务报告审计过程中发现的内部控制重大缺陷，但注册会计师没有义务专门实施审计程序，以发现和报告内部控制重大缺陷。内部控制审计是需要对外披露的，同时还需要以正面、积极的方式对内部控制是否有效发表审计意见。

第二节 内部控制审计组织实施

内部控制审计以风险评估为基础，采用自上而下的方法进行测试。自上而下的方法是注册会计师识别风险、选择拟测试控制的基本思路。内部控制审计包括计划审计工作、实施审计工作和完成审计工作 3 个阶段。

1. 内部控制审计计划

我国《企业内部控制审计指引》指出，计划审计工作的内容主要包括注册会计师如何评估舞弊风险、调整审计工作、应对舞弊风险、利用其他相关人员的工作、确定重要性水平和对利用服务机构的考虑。注册会计师应当恰当地计划内部控制审计工作，配备具有专业胜任能力的项目组，并对助理人员进行适当的督导。

1) 调查内部控制基本情况

在制订审计计划时，注册会计师应当评价下列事项对企业财务报表和内部控制是否具有重要影响，以及对审计程序的影响。

(1) 与企业相关的风险。

(2) 相关法律法规和行业概况。

(3) 企业组织结构、经营特点和资本结构等相关重要事项。

(4) 企业内部控制最近发生变化的程度。

(5) 与企业沟通过的内部控制缺陷。

(6) 重要性、风险等与确定内部控制重大缺陷相关的因素。

(7) 对内部控制有效性的初步判断。

(8) 可获取的、与内部控制有效性相关的证据的类型和范围。

2) 评估内部控制风险

注册会计师应当充分认识风险评估在内部控制审计中的作用，在调查内部控制基本情况的基础上，应当初步评估内部控制风险，根据风险评估结果，确定重要的账户、列报和相关认定，选择拟进行测试的控制，以及确定针对特定控制所需收集的证据。在评价特定内部控制风险时，注册会计师应当考虑以下因素。

(1) 交易数量和性质是否发生变化，以致对特定内部控制的设计和执行产生不利影响。

(2) 内部控制是否发生变化。

(3) 特定内部控制对其他内部控制有效性的依赖程度。

(4) 执行或监控内部控制的关键人员是否发生变动。

(5) 特定内部控制的执行是依赖人工还是电子设备。

(6) 特定内部控制的复杂程度。

(7) 特定控制目标的实现是否依赖于多项内部控制。

3) 计划内部控制测试的性质、时间和范围

注册会计师根据内部控制风险初步评估的结果,计划安排内部控制测试的性质、时间和范围。

内部控制测试的性质是指内部控制内容,包括以下几个方面。

(1) 了解内部控制设计。

(2) 测试内部控制设计有效性。

(3) 测试内部控制运行有效性。

注册会计师对(1)、(2)和(3)这三方面内容的工作量及其比例关系作出计划安排。

内部控制测试的时间是指在期末接近基准日测试,还是期中对内部控制运行过程进行测试,注册会计师结合内部控制风险和自身具体情况作出安排。

内部控制测试的范围是指内部控制测试的样本量,内部控制风险越大,选择样本量越大,内部控制重要程度越高,选择样本量越多。

4) 对其他工作人员的利用

对于后续年度审计,注册会计师在确定测试的性质、时间和范围时,应当考虑以前执行内部控制审计所了解的情况。下列因素可能影响后续审计中与某项控制相关的风险。

(1) 以前年度审计中所实施程序的性质、时间和范围。

(2) 以前年度内部控制测试的结果。

(3) 上次审计之后,内部控制或其运行流程是否发生变化。

2. 实施内部控制审计工作

注册会计师应当根据审计计划,测试内部控制设计和运行的有效性。对企业内部控制有效性的测试可分为企业层面控制测试和业务层面控制测试。

1) 企业层面控制测试

注册会计师测试企业层面控制,应当把握重要性原则,至少应当关注以下几点。

(1) 与内部环境相关的控制。

(2) 针对董事会、经理层凌驾于控制之上的风险而设计的控制。

(3) 企业的风险评估过程。

(4) 对内部信息传递和财务报告流程的控制。

(5) 对控制有效性的内部监督和自我评价。

2) 业务层面控制测试

业务层面控制的测试表现为识别采购业务、销售业务、研究与开发、工程项目、担保业务等内部控制活动相关的重大账户、列报及相关认定。注册会计师测试业务层面控制,应当把握重要性原则,结合企业实际、企业内部控制各项应用指引的要求和企业层面控制的测试情况,重点对企业生产经营活动中的重要业务与事项的控制进行测试。注册会计师可根据在特定的重大账户或列报中错报发生的领域和原因,确定潜在错报的可能来源。当一家企业有多个经营场所或经营单位时,注册会计师应当在合并财务报表的基础上识别重要的账户、列报及相关认定。

3. **内部控制审计意见及其处理**

注册会计师应当评价获取的证据,进行内部控制缺陷认定,从而形成对内部控制有效性的意见。注册会计师应当评价管理层按照有关政府部门和监管机构的要求在企业年度报告中对内部控制的披露是否适当。

1) 内部控制缺陷认定

注册会计师根据内部控制审计过程所获得的证据,认定内部控制缺陷。内部控制缺陷认定标准与企业内部控制自我评价的标准相同。

由于只对财务报告内部控制发表意见,对于注册会计师来说,可能表明企业内部控制存在重大缺陷的情况如下。

(1) 发现高级管理人员舞弊。

(2) 重述财务报表,以反映重大错报的更正情况。

(3) 注册会计师识别出当期财务报表存在重大错报,而该错报不可能由企业内部控制发现。

(4) 审计委员会对财务报告和内部控制的监督无效。

2) 与被审计单位沟通

注册会计师应当就内部控制责任和内部控制缺陷与被审计单位沟通。

(1) 管理层的声明。在出具审计报告前,注册会计师应当向管理层获取书面声明,界定内部控制责任。书面声明应当包括下列内容:企业董事会认可其对建立健全和有效实施内部控制负责;企业已对内部控制的有效性作出自我评价,并说明评价时采用的标准以及得出的结论;企业没有利用注册会计师执行的审计程序及其结果作为自我评价的基础;企业已向注册会计师披露识别出的所有内部控制缺陷,并单独披露其中的重大缺陷和重要缺陷;企业对于注册会计师在以前年度审计中识别的重大缺陷和重要缺陷,是否已经采取措施予以解决;企业在内部控制自我评价基准日后,内部控制是否发生重大变化,或者存在对内部控制具有重要影响的其他因素。

如果未能获得管理层的书面声明,包括管理层拒绝提供书面声明,注册会计师应当将其视为审计范围受到限制,并解除业务约定或出具无法表示意见的审计报告。

(2) 沟通内部控制缺陷。在注册会计师出具内部控制审计报告之前,注册会计师应当以书面形式与管理层和审计委员会沟通审计过程中识别的所有重大缺陷。注册会计师认为审计委员会和内部审计机构对内部控制监督无效的,应当就此以书面形式直接与董事会和经理层沟通。

3) 出具审计报告

注册会计师根据已查出的内部控制缺陷的等级和审计工作范围是否受限决定审计报告的类型。

(1) 对于内部控制一般缺陷,不影响内部控制审计意见,注册会计师就此可以不与被审计单位沟通。内部控制审计不能保证注册会计师发现严重程度小于重大缺陷的所有控制缺陷。注册会计师不应在审计报告中声明,在审计中没有发现严重程度小于重大缺陷的控制缺陷。

(2) 对于内部控制重要缺陷，虽然不影响内部控制审计意见，但注册会计师须就此与被审计单位沟通。注册会计师不需要在内部控制审计报告中说明内部控制重要缺陷的内容。

(3) 对于内部控制重大缺陷，影响内部控制审计意见。被审计单位内部控制存在重大缺陷，审计报告发表除无保留意见外的其他审计意见。

4. 内部控制审计工作底稿

内部控制审计工作底稿，是注册会计师对制订的审计计划、实施的审计程序、获取的相关审计证据，以及得出的审计结论作出的记录。注册会计师编制审计工作底稿可以为审计工作提供充分、适当的记录，作为出具审计报告的基础；同时，也为注册会计师证明其按照指引的规定执行了审计工作提供证据。注册会计师应当就下列内容形成审计工作记录：

(1) 内部控制审计计划及重大修改情况。

(2) 相关风险评估和选择拟测试的内部控制的主要过程及结果。

(3) 测试内部控制设计与运行有效性的程序及结果。

(4) 对识别的控制缺陷的评价。

(5) 对识别的重大事项的处理。

(6) 形成的审计结论和意见。

(7) 其他重要事项。

知网下载

(1) 上市公司内部控制缺陷与审计意见——中国证券市场上第一份否定意见的内控审计案例研究；

(2) 内部控制审计案例分析——新华制药被出具否定意见；

(3) 审计委员会的功能缺失与公司财务报告违规——基于五粮液的案例研究；

(4) 关联方交易舞弊风险内部控制与审计——基于紫鑫药业案例的研究；

(5) 财务报表重述与财务报告内部控制评价——基于戴尔公司案例的分析；

(6) 上市公司内部审计制度的评价与思考——基于湖北中航精机科技股份有限公司的案例研究。

第三节　内部控制审计报告

注册会计师在完成内部控制审计后，应当单独对内部控制出具审计报告，并将已经审计的管理层对内部控制的评估报告附于审计报告之后。注册会计师应在审计报告中清楚地表达对财务报告内部控制的意见，并对出具的审计报告负责。

一、标准内部控制审计报告的基本内容

一项标准的内部审计报告至少应有如下内容。

(1) 标题。

（2）收件人。

（3）引言段。

（4）企业对内部控制的责任段。

（5）注册会计师的责任段。

（6）内部控制固有局限性的说明段。

（7）财务报告内部控制审计意见段。

（8）非财务报告内部控制重大缺陷描述段。

（9）注册会计师的签名和盖章。

（10）会计师事务所的名称、地址及盖章。

（11）报告日期。

二、内部控制审计报告的撰写

1. 内部控制审计报告格式

鉴于内部控制审计报告的预期使用者对报告信息的需求程度，采用独立的、书面的、样式的报告格式更能体现内部控制审计报告的目标。目前，注册会计师出具的内部控制审计报告采用独立的书面短式报告格式。

2. 编制内部控制审计报告的具体规则

（1）格式和内容要规范。

（2）责任界限要分明。

（3）关键重点要突出。

（4）措辞文字要准确。

（5）意见和建议要具体。

（6）报告使用要恰当。

三、内部控制审计报告的类型

注册会计师根据已获取的证据认定内部控制缺陷，以此表达对财务报告内部控制有效性的意见。内部控制审计有无保留意见、带强调事项说明段的无保留意见、否定意见、无法表示意见四种意见类型。

1. 标准无保留意见的内部控制审计报告

如果符合下列所有条件，注册会计师应当出具无保留意见的审计报告。

（1）企业于特定日期按照适当的控制标准的要求，在所有重大方面保持了有效的内部控制（不存在重大缺陷）。

（2）注册会计师已经按照《企业内部控制审计指引》的规定计划和实施审计工作，在工作过程中审计范围未受到限制。

在出具无保留意见的审计报告时，注册会计师应当以“我们认为”作为意见段的开头，并使用“在所有重大方面”“保持了有效的内部控制”等术语。

无保留意见的内部控制审计报告参考格式如下。

内部控制审计报告

××股份有限公司全体股东:

按照《企业内部控制审计指引》及《中国注册会计师执业准则》的相关要求,我们审计了××股份有限公司(以下简称××公司)××年×月×日的财务报告内部控制的有效性。

按照《企业内部控制基本规范》《企业内部控制应用指引》《企业内部控制评价指引》的规定,建立健全和有效实施内部控制,并评价其有效性是企业董事会的责任。【企业对内部控制的责任】

我们的责任是在实施审计工作的基础上,对财务报告内部控制的有效性发表审计意见,并对注意到的非财务报告内部控制的重大缺陷进行披露。【注册会计师的责任】

内部控制具有固有局限性,存在不能防止和发现错报的可能性。此外,由于情况的变化可能导致内部控制变得不恰当,或对控制政策和程序遵循的程度降低,根据内部控制审计结果推测未来内部控制的有效性具有一定风险。【内部控制的固有局限性】

我们认为,××公司按照《企业内部控制基本规范》和相关规定在所有重大方面保持了有效的财务报告内部控制。【财务报告内部控制审计意见】

在内部控制审计过程中,我们注意到××公司的非财务报告内部控制存在重大缺陷[描述该缺陷的性质及其对实现相关控制目标的影响程度]。由于存在上述重大缺陷,我们提醒本报告使用者注意相关风险。需要指出的是,我们并不对××公司的非财务报告内部控制发表意见或提供保证。本段内容不影响对财务报告内部控制有效性发表的审计意见。【非财务报告内部控制的重大缺陷】

××会计师事务所　　中国注册会计师:×××(签名并盖章)
(盖章)　　中国注册会计师:×××(签名并盖章)
中国××市　　××年×月×日

2. 带强调事项说明段的无保留意见内部控制审计报告

注册会计师认为,财务报告内部控制虽不存在重大缺陷,审计范围也未受到限制,但仍有一项或者多项重大事项需要提请内部控制审计报告使用人注意的,注册会计师则需要在内部控制无保留意见审计报告中增加强调事项段予以说明。

注册会计师需要在强调事项段中指明,该段内容仅用于提醒内部控制审计报告使用者关注,并不影响对财务报告内部控制发表的审计意见。

带强调事项说明段的无保留意见内部控制审计报告参考格式如下。

内部控制审计报告

××股份有限公司全体股东:

按照《企业内部控制审计指引》及《中国注册会计师执业准则》的相关要求,我们审计了××股份有限公司(以下简称××公司)××年×月×日的财务报告内部控制的有效性。

["一、企业对内部控制的责任"至"五、非财务报告内部控制的重大缺陷"参见标准内部控制审计报告相关段落表述。]

我们提醒内部控制审计报告使用者关注,(描述强调事项的性质及其对内部控制的重

大影响)。本段内容不影响已对财务报告内部控制发表的审计意见。【强调事项】

××会计师事务所　　　　　　中国注册会计师:×××(签名并盖章)

(盖章)　　　　　　　　　　中国注册会计师:×××(签名并盖章)

中国××市　　　　　　　　　××年×月×日

3. 否定意见内部控制审计报告

注册会计师认为,财务报告内部控制存在一项或多项重大缺陷,除非审计范围受限,需要对财务报告内部控制发表否定意见。注册会计师出具否定意见的内部控制审计报告,还需要包括重大缺陷的定义、重大缺陷的性质及其对财务报告内部控制的影响程度。

否定意见内部控制审计报告参考格式如下。

内部控制审计报告

××股份有限公司全体股东:

按照《企业内部控制审计指引》及《中国注册会计师执业准则》的相关要求,我们审计了××股份有限公司(以下简称××公司)××年×月×日的财务报告内部控制的有效性。

["一、企业对内部控制的责任"至"三、内部控制的固有局限性"参见标准内部控制审计报告相关段落表述。]

重大缺陷,是指一个或多个控制缺陷的组合,可能导致企业严重偏离控制目标。

[指出注册会计师已识别出的重大缺陷,并说明重大缺陷的性质及其对财务报告内部控制的影响程度。]

有效的内部控制能够为财务报告及相关信息的真实完整提供合理保证,而上述重大缺陷使××公司内部控制失去这一功能。【导致否定意见的事项】

我们认为,由于存在上述重大缺陷及其对实现控制目标的影响,××公司未能按照《企业内部控制基本规范》和相关规定在所有重大方面保持有效的财务报告内部控制。【财务报告内部控制审计意见】

[参见标准内部控制审计报告相关段落表述。]【非财务报告内部控制的重大缺陷】

××会计师事务所　　　　　　中国注册会计师:×××(签名并盖章)

(盖章)　　　　　　　　　　中国注册会计师:×××(签名并盖章)

中国××市　　　　　　　　　××年×月×日

4. 无法表示意见内部控制审计报告

当因审计范围受到限制而无法表示意见时,注册会计师应当在审计报告中说明工作范围不足以为发表意见提供保证,并用单独的一段或几段说明无法表示意见的实质性理由。注册会计师不应指明所执行的程序,也不应描述内部控制审计的特征,否则可能造成审计报告使用者对无法表示意见的误解。注册会计师在已执行的有限程序中发现财务报告内部控制存在重大缺陷的,需要在内部控制审计报告中对重大缺陷作出详细说明。

注册会计师只有实施了必要的审计程序,才能对内部控制的有效性发表意见。注册会计师审计范围受到限制的,需要解除业务约定或出具无法表示意见的内部控制审计报告,并就审计范围受到限制的情况,以书面形式与董事会进行沟通。

无法表示意见内部控制审计报告参考格式如下。

内部控制审计报告

××股份有限公司全体股东：

我们接受委托，对××股份有限公司(以下简称××公司)××年×月×日的财务报告内部控制进行审计。

[删除注册会计师的责任段，"一、企业对内部控制的责任"和"二、内部控制的固有局限性"参见标准内部控制审计报告相关段落表述。]

[描述审计范围受到限制的具体情况。]【导致无法表示意见的事项】

由于审计范围受到上述限制，我们未能实施必要的审计程序以获取发表意见所需的充分、适当证据，因此，我们无法对××公司财务报告内部控制的有效性发表意见。【财务报告内部控制审计意见】

重大缺陷，是指一个或多个控制缺陷的组合，可能导致企业严重偏离控制目标。尽管我们无法对××公司财务报告内部控制的有效性发表意见，但在我们实施的有限程序的过程中，发现了以下重大缺陷：

[指出注册会计师已识别出的重大缺陷，并说明重大缺陷的性质及其对财务报告内部控制的影响程度。]

有效的内部控制能够为财务报告及相关信息的真实完整提供合理保证，而上述重大缺陷使××公司内部控制失去这一功能。【识别的财务报告内部控制重大缺陷(如在审计范围受到限制前，执行有限程序未能识别出重大缺陷，则应删除本段)】

[参见标准内部控制审计报告相关段落表述。]【非财务报告内部控制的重大缺陷】

××会计师事务所　　　　　　　　中国注册会计师：×××(签名并盖章)

(盖章)　　　　　　　　　　　　　中国注册会计师：×××(签名并盖章)

中国××市　　　　　　　　　　　　　　　　　××年×月×日

新华制药2011年度内部控制审计报告(XYZH/2011A1052)

山东新华制药股份有限公司全体股东：

按照《企业内部控制审计指引》及《中国注册会计师执业准则》的相关要求，我们审计了山东新华制药股份有限公司(以下简称新华制药)2011年12月31日财务报告内部控制的有效性。

一、企业对内部控制的责任

按照《企业内部控制基本规范》《企业内部控制应用指引》《企业内部控制评价指引》的规定，建立健全和有效实施内部控制，并评价其有效性是新华制药董事会的责任。

二、注册会计师的责任

我们的责任是在实施审计工作的基础上，对财务报告内部控制的有效性发表审计意见，并对注意到的非财务报告内部控制的重大缺陷进行披露。

三、内部控制的固有局限性

内部控制具有固有局限性，存在不能防止和发现错报的可能性。此外，由于情况的变化可能导致内部控制变得不恰当，或对控制政策和程序遵循的程度降低，根据内部控制审计结果推测未来内部控制的有效性具有一定风险。

四、导致否定意见的事项

重大缺陷是内部控制中存在的、可能导致不能及时防止或发现并纠正财务报表出现重大错报的一项控制缺陷或多项控制缺陷的组合。

新华制药内部控制存在如下重大缺陷：

(1) 新华制药下属子公司山东新华医药贸易有限公司(以下简称医贸公司)内部控制制度对多头授信无明确规定，在实际执行中，医贸公司的鲁中分公司、工业销售部门、商业销售部门三个部门分别向同一客户授信，使得授信额度过大。

(2) 新华制药下属子公司医贸公司内部控制制度规定对客户授信额度不大于客户注册资本，但医贸公司在实际执行中，对部分客户超出客户注册资本授信，使得授信额度过大，同时医贸公司也存在未授信的发货情况。

上述重大缺陷使得新华制药对山东欣康祺医药有限公司(以下简称欣康祺医药)及与其存在担保关系方形成大额应收款项 60 731 千元，同时，因欣康祺医药经营出现异常，资金链断裂，可能使新华制药遭受较大的经济损失。2011 年度，新华制药对应收欣康祺医药及与其存在担保关系方货款计提了 48 585 千元坏账准备。

有效的内部控制能够为财务报告及相关信息的真实完整提供合理保证，而上述重大缺陷使新华制药内部控制失去这一功能。

新华制药管理层已识别出上述重大缺陷，并将其包含在企业内部控制评价报告中，上述缺陷在所有重大方面得到公允反映。在新华制药 2011 年财务报表审计中，我们已经考虑了上述重大缺陷对审计程序的性质、时间安排和范围的影响。本报告并未对我们在 2012 年 3 月 23 日对新华制药 2011 年财务报表出具的审计报告产生影响。

五、财务报告内部控制审计意见

我们认为，由于存在上述重大缺陷及其对实现控制目标的影响，新华制药于 2011 年 12 月 31 日未能按照《企业内部控制基本规范》和相关规定在所有重大方面保持有效的财务报告内部控制。

信永中和会计师事务所有限责任公司　　　　中国注册会计师：唐炫
中国注册会计师：薛更磊

中国北京二〇一二年三月二十三日

练　习　题

1. 注册会计师应当发表有效性审计意见的是(　　)。

A. 业务层面的内部控制　　B. 公司层面的内部控制
C. 全面内部控制　　D. 财务报告

2. 下列有关内部控制制度评价的说法中错误的是( )。

A. 企业实施内部控制评价,仅包括对内部控制设计有效性的评价,不包括运行有效性的评价

B. 内部控制有效性是企业建立与实施内部控制能够为控制目标的实现提供合理的保证

C. 内部控制缺陷一般可分为设计缺陷和运行缺陷

D. 企业应当按照制订评价方案、实施评价活动、编制评价报告等程序开展内部控制评价

3. 内部控制审计的对象有( )。

A. 特定基准日财务报告内部控制设计与运行的有效性

B. 整个期间财务报告内部控制设计与运行的有效性

C. 被审计单位编制的内部控制评价报告

D. 被审计单位的财务报告

4. 关于注册会计师测试控制运行有效性的审计程序,下列说法正确的有( )。

A. 测试程序的性质在很大程度上取决于拟测试控制的性质

B. 注册会计师应当综合运用询问适当人员、观察控制的执行、检查相关文件以及重新执行等程序

C. 针对同一被审计单位同一控制,每年的测试程序应当相同

D. 与检查相比,重新执行提供的审计证据的效力更高

5. 在财务报告内部控制审计过程中,注册会计师应当向被审计单位获取书面声明。书面声明的内容应当包括( )。

A. 被审计单位将足额支付审计费用

B. 被审计单位已向注册会计师披露识别出的所有内部控制缺陷

C. 被审计单位董事会认可其对建立健全和有效实施内部控制负责

D. 被审计单位已向注册会计师披露导致财务报表发生重大错报的所有舞弊,以及其他不会导致财务报表发生重大错报,但涉及管理层和其他在内部控制中具有重要作用的员工的所有舞弊

6. 在注册会计师选择拟测试的控制时,下列说法正确的有( )。

A. 注册会计师应当针对每一相关认定获取控制有效性的审计证据

B. 针对每一相关认定,注册会计师应当测试与其相关的所有控制

C. 对被审计单位在财务报告内部控制评价中测试的控制,注册会计师均应当予以测试

D. 在确定是否测试某项控制时,注册会计师应当考虑该项控制单独或连同其他控制,是否足以应对评估的某项相关认定的错报风险

7. 在财务报表审计与财务报告内部控制审计中,注册会计师均需评价内部控制。下列说法正确的有( )。

A. 财务报表审计中对内部控制的了解和测试工作,足以支持对财务报告内部控制审计发表审计意见,不需执行额外的工作

B. 两者评价内部控制可以选用的审计程序相同，都可能用到询问、观察、检查、重新执行等程序

C. 两者评价内部控制的目的不同，前者是为了支持注册会计师对控制风险的评估结果，进而确定实质性程序的性质、时间安排和范围；后者是为了支持对内部控制有效性发表的意见

D. 两者对控制缺陷的评价要求不同，后者要求比前者更严

8. 企业财务报告内部控制审计报告的审计意见类型应包括(　　)。

A. 无保留意见　B. 保留意见　C. 否定意见　D. 无法表示意见

9. 在测试控制的有效性时，注册会计师应当根据与控制相关的风险，确定所需获取的审计证据。下列各项因素中，影响与某项控制相关的风险包括(　　)。

A. 相关账户或列报是否曾经出现错报

B. 该项控制在运行中依赖判断的程度

C. 该项控制是人工控制还是自动化控制

D. 企业层面控制的有效性

10. 针对内部控制审计业务，下列有关企业层面控制的说法中，正确的有(　　)。

A. 如果一项企业层面控制足以应对已评估的错报风险，注册会计师就不必测试与该风险相关的其他控制

B. 对某项业务层面的控制而言，与该项控制相关的风险受企业层面的控制影响

C. 注册会计师在评价内部控制时，通常应当首先评价业务层面控制，然后评价企业层面控制

D. 注册会计师应当识别、了解和测试对内部控制有重要影响的企业层面控制

11. 关于同一企业的内部控制审计和财务报表审计的审计意见之间的关系，下列说法正确的是(　　)。

A. 如果注册会计师对企业的财务报表审计出具了否定意见的财务报表审计报告，对于该企业的内部控制审计，通常应当出具否定意见的内部控制审计报告

B. 如果注册会计师对企业的内部控制审计出具了否定意见的内部控制审计报告，对于该企业的财务报表审计，应当出具否定意见的财务报表审计报告

C. 如果注册会计师对企业的财务报表审计出具了否定意见的财务报表审计报告，对于该企业的内部控制审计，应当出具无法表示意见的内部控制审计报告

D. 如果注册会计师对企业的内部控制审计出具了否定意见的内部控制审计报告，对于该企业的财务报表审计，可能出具无保留意见的财务报表审计报告

12. 关于注册会计师对非财务报告内部控制重大缺陷的责任，下列说法错误的是(　　)。

A. 注册会计师没有任何责任发现和报告非财务报告内部控制存在的重大缺陷

B. 对财务报告内部控制审计过程中注意到的非财务报告内部控制重大缺陷，注册会计师应当在内部控制审计报告中增加“非财务报告内部控制重大缺陷

段”予以披露

C. 注册会计师应当对非财务报告内部控制是否存在重大缺陷提供合理保证

D. 注册会计师应当实施有限的审计程序以识别非财务报告内部控制存在的重大缺陷

13. 下列情形中,注册会计师应当视为被审计单位财务报告内部控制存在重大缺陷的迹象的有(　　)。

A. 注册会计师发现涉及被审计单位总经理的小额舞弊行为

B. 被审计单位重述以前公布的财务报表,以更正由于错误导致的重大错报

C. 在审计过程中,注册会计师发现当期财务报表存在重大错报,而被审计单位的内部控制在运行过程中未能发现该错报

D. 被审计单位的审计委员会对内部控制的监督无效

补充阅读

最新文件

一、企业内部控制规范体系实施中相关问题解释第1号

根据财政部等五部委的要求，《企业内部控制基本规范》(以下简称《基本规范》)(财会〔2008〕7号)及其配套指引已于2011年1月1日起在境内外同时上市的69家公司实施。同时，财政部、证监会又选择了200多家在境内主板上市的公司进行试点。实施一年总体进展顺利，但也存在一定问题。为推动《企业内部控制基本规范》及其配套指引的顺利实施，现对有关问题解释如下：

1. 如何把握企业内部控制规范体系的强制性与指导性的关系?

答：在实施试点中，一些企业反映，《企业内部控制基本规范》及其配套指引的规定是否需要逐条执行。

《企业内部控制基本规范》是内部控制建设与实施应该遵循的基本原则和总体要求，具有强制性，纳入实施范围的企业应当遵照执行。《企业内部控制配套指引》(财会〔2010〕11号，包括18个应用指引、1个评价指引和1个审计指引)是对《企业内部控制基本规范》相关规定的进一步补充和说明，具有指导性和示范性，纳入实施范围的企业可以结合所在行业要求和企业自身特点，参照配套指引的规定开展内部控制建设与实施工作。

2. 已经完全按照境外监管机构要求建设与实施内部控制的境内外同时上市的公司，是否需要执行我国的企业内部控制规范体系?

答：目前，许多国家和地区对公众公司内部控制都有相关的规定和要求。我国企业内部控制规范体系在充分借鉴国际上先进经验和做法的同时，更多地适应了我国国情，尤其是充分考虑了我国目前法律法规体系、公司治理结构、企业管理体制、风险管控实务等具体情况，提出了内部控制的目标、原则、要素等，且不局限于财务报告内部控制，更多突出全面内部控制的要求。因此，境内外同时上市的公司应当在满足境外监管机构要求的基础上，对照我国企业内部控制规范体系，特别是应当围绕《企业内部控制基本规范》提出的内部控制五目标，对相关控制措施进行适当调整或补充完善。

3. 企业按照企业内部控制规范体系建设与实施内部控制，是否还需要遵守我国行业主管部门和市场监管部门对内部控制的有关要求?

答：《企业内部控制基本规范》及其配套指引是对不同行业、各类企业提出的一般性要求，具有普适性。行业主管或监管部门对所辖企业的内部控制管理规定，是不同行业内

部控制的特殊要求,也是《企业内部控制基本规范》的重要补充。企业应当按照《企业内部控制基本规范》及其配套指引规定和行业管理、市场监管的要求,建设与实施内部控制。

4. 如何协调好内部控制与风险管理的关系?

答:《企业内部控制基本规范》及其配套指引,充分吸收了全面风险管理的理念和方法,强调了内部控制与风险管理的统一。内部控制的目标就是防范和控制风险,促进企业实现发展战略,风险管理的目标也是促进企业实现发展战略,二者都要求将风险控制在可承受范围之内。因此,内部控制与风险管理二者不是对立的,而是协调统一的整体。

在实际工作中,一些企业的内部控制和风险管理工作由不同机构负责。对此,企业可以对有关机构和业务进行整合,从工作内容、目标、要求以及具体工作执行的方法、程序等方面,将内部控制建设和风险管理工作有机结合起来,避免职能交叉、资源浪费、重复劳动,降低企业管理成本,提高工作效率和效果。

5. 对于《企业内部控制配套指引》尚未规范的领域,应如何处理?

答:由于企业所面临的客观环境和自身的经营管理活动比较复杂,目前的《企业内部控制配套指引》仅对企业常见的、一般性生产经营过程的主要方面和环节进行了规范。在建设与实施内部控制的过程中,对于《企业内部控制配套指引》尚未规范的业务领域,企业应当遵循《企业内部控制基本规范》的原则和要求,按照内部控制建设与实施的基本原理和一般方法,从企业经营目标出发,识别和评估相关风险,梳理关键业务流程,根据风险评估的结果,制定和执行相应控制措施。

6. 如何权衡内部控制的实施成本与预期效益?

答:企业按照《企业内部控制基本规范》及其配套指引的要求建设与实施内部控制,必然需要支付一定的成本,可能会发生内部控制制度和流程的设计与实施费用、聘请专业机构提供咨询服务费用、建立融入内部控制要求的信息系统费用、聘请会计师事务所开展内部控制审计费用,等等。建设与实施内部控制应当从提高企业长期效益出发,从促进企业可持续发展出发,将内部控制作为一项常规性工作,贯穿于企业管理之中,加大投入。同时,应当按照重要性原则,关注重要业务事项和高风险领域,抓住关键风险控制点。集团性企业可以采取分类试点、逐步推广的方式,选择下属不同类型的企业试点,形成范本,减少重复建设。

聘请会计师事务所开展内部控制审计是建设与实施内部控制的重要环节,是检验内部控制有效性的重要手段和有力保证。内部控制审计费用是企业实施内部控制规范体系应当承担的成本,企业应安排相应经费确保审计工作的及时、有效开展。内部控制审计是一项区别于财务报告审计的独立业务,企业应就该项业务与会计师事务所签订单独的业务约定书。同时,企业也应权衡审计成本与审计效益,在业务约定书中明确有关费用标准,并对会计师事务所审计资源的投入和审计质量提出明确要求。

7. 如何协调好内部控制与其他管理体系的关系?

答:内部控制贯穿于整个企业管理,与其他管理体系相辅相成、密不可分,是企业管理的重要组成部分。企业现有管理体系的设计、运行以及审核认证需要遵循已经发布的国家标准或行业标准。这些标准与企业内部控制规范体系的原则和要求并不矛盾。在实际工作中,个别企业的内部控制体系建设与管理体系运行发生冲突,原因可能是企业采用的方式方法出现了偏差，如简单照搬内部控制应用指引的规定，没有考虑企业的实际情况，为控制而控制，导致控制设计不合理，出现控制过度或控制冗余；也可能是企业经营管理部门对内部控制的重要性认识不足，不愿意受到更多的牵制和监督，从而以影响经营效率和目标为借口，拒绝必要的内部控制，等等。对此，企业应当立足管理现状，全面梳理各项管理制度和管理体系，从管理体制、机制以及落实各级权利责任等方面，将内部控制的要求融入各项管理体系中，形成内部控制的长效机制，使内部控制真正为经营管理服务；应当从总体目标出发，通过培训教育提高企业经营管理人员对内部控制的理解和认识，将内部控制的要求纳入绩效考核体系以加强执行；可以利用信息技术固化业务流程，提高业务处理效率和信息共享水平，从而尽可能减少内部控制与其他经营管理体系的冲突。

8. 企业如何确定内部控制缺陷的认定标准？

答：查找并纠正企业内部控制设计和运行中的缺陷，是开展企业内部控制评价的一项重要工作，是不断完善企业内部控制的重要手段。由于企业所处行业、经营规模、发展阶段、风险偏好等存在差异，《企业内部控制基本规范》及其配套指引没有对内部控制缺陷的认定标准进行统一规定。企业可以根据《企业内部控制基本规范》及其配套指引，结合企业规模、行业特征、风险水平等因素，研究确定适合本企业的内部控制重大缺陷、重要缺陷和一般缺陷的具体认定标准。企业确定的内部控制缺陷标准应当从定性和定量的角度综合考虑，并保持相对稳定。通过不断的实践，总结经验，形成一套行之有效的内部控制缺陷认定方法。

企业在开展内部控制监督检查中，对发现的内部控制缺陷，应当及时分析缺陷性质和产生原因，并提出整改方案，采取适当形式向董事会、监事会或者管理层报告。对于重大缺陷，企业应当在内部控制评价报告中进行披露。

财政部将会同证监会、审计署、银监会、保监会等有关部门，根据首次执行和试点情况，分行业、分类型总结企业的内部控制缺陷认定标准，供参考。

9. 实施《企业内部控制基本规范》及其配套指引的企业，是否需要设置专门的内部控制机构？

答：根据《企业内部控制基本规范》的规定，企业董事会负责内部控制的建立健全和有效实施。为便于董事会履行好企业内部控制规范体系的设计、建立、运行与改进方面的职责，董事会应当指定专门委员会负责指导内部控制建设与实施工作。一般情况下企业应当成立专门机构负责组织协调内部控制的建立实施及日常工作。

对于少数企业受制于岗位编制、专业人员等条件限制，目前尚不具备成立专门的内部控制管理机构的，可暂将内部控制管理职能划归现有机构。随着企业内部控制建设的持续深入和相关条件的不断成熟，企业应考虑成立专门机构，保证有足够的资源支持和协调内部控制工作的开展，确保内部控制工作的相对独立性。

10. 如何编制和披露企业内部控制评价报告？

企业内部控制评价是企业董事会对内部控制有效性进行全面评价、形成评价结论、出具评价报告的过程。开展内部控制评价，可以及时发现和纠正企业内部控制建设与实施中存在的问题，并持续自我完善。企业可以独立开展内部控制评价工作，也可以委托不承担本企业内部控制审计的中介机构协助开展内部控制评价工作。

根据《企业内部控制基本规范》、《企业内部控制评价指引》的要求,我们制定了企业内部控制评价报告的格式,供企业编制评价报告时参考,企业也可以根据实际情况对具体的报告方式作适当调整,但有关内容原则上应体现在年度报告中。

二、企业内部控制规范体系实施中相关问题解释第2号

企业内部控制规范体系正式实施一年以后,总体平稳,但在具体实施过程中,部分企业还存在理解认识上的不到位和实际执行上的偏差。为了稳步推进企业内部控制规范体系贯彻实施,经研究,现就有关问题解释如下:

1. 企业应如何正确把握内部控制的组织实施工作?

答:企业在开始实施内部控制时,应当按照《企业内部控制基本规范》(财会〔2008〕7号)(以下简称基本规范)确定的内部控制目标、要素、原则和具体要求开展工作,强化组织领导,夯实内部控制基础。董事会负责内部控制的建立健全和有效实施,监事会对董事会建立与实施内部控制进行监督,经理层负责组织领导企业内部控制的日常运行,全体员工广泛参与内部控制的具体实施。企业的内部控制部门应结合实际,制定内部控制体系建设的分阶段目标,围绕内部控制的五个要素扎实开展工作,深入宣传、认真执行、严格监督、严肃考核,保证企业经营管理合法合规、资产安全、财务报告及相关信息真实完整,提高经营效率和效果,规避生产经营风险。随着实施工作的不断深入,企业应当加强内部控制全员、全面、全过程管理,进一步推动管理创新,不断提升管理水平,有效防控经营风险,保证实现价值目标,最终促进企业实现发展战略。

企业应当结合所在行业要求和自身特点,按照基本规范的要求,参照《企业内部控制配套指引》(财会〔2010〕11号)(以下简称配套指引)的规定开展内部控制实施工作。目前配套指引针对企业一般性的业务和重点环节制定了原则性的要求,未涵盖行业特点突出的具体业务。在实施过程中,企业应当全面执行基本规范,以配套指引为参考,结合行业管理要求,从自身经营管理的实际出发,识别和评估相关风险,加强对关键和重点业务的控制,保持信息沟通的顺畅,对实施效果做好监督评价,努力构建一套符合实际、业务规范、控制合理、管理有效的内部控制体系。

2. 不同的企业应如何把握好内部控制实施工作的进度和重点?

答:对于即将启动或刚刚启动内部控制实施工作的上市公司、国有企业和集团企业,应按照相关业务主管部门、监管部门等的要求加快推动,并根据企业实际全面实施;对于已经在部分下属分公司和子公司建立了较为完善的内部控制体系的企业,应当总结和借鉴已经开展内部控制建设的分公司和子公司的经验和做法,将其推广至全公司范围;对于已经在全公司范围内建立起覆盖全过程、各层级内部控制体系的企业,应将工作重心放在内部控制的持续改进上,充分运用内部控制自我评价的方法和手段,按照有关要求对实施情况进行常规、持续的监督检查,查找实施中的缺陷与不足,促进内部控制的持续改进和不断优化。

对于非上市的企业或企业集团,应从实际情况出发,根据下属公司的经营性质、业务规模等特点制定切实可行的内部控制实施方案,分类分步推进,全面启动内部控制建设与实施工作。企业集团也可以根据业务板块、管理特点等,先在部分企业建立起较为完善的

内部控制体系，再逐步建立覆盖企业集团的内部控制体系，体现集团管控的要求。

3. 企业应如何改善内部控制专业人才缺乏的状况？

答：为改善企业内部控制专业人才紧缺状况，企业可以抽调财会、审计和生产管理等业务骨干开展内部控制管理工作，同时应当有计划地培养内部控制专业人才。一是通过参加政府部门、中介机构、企业内部举办的培训学习等，促使内控人员掌握相关知识；二是让从事内部控制的专业人员，在工作实践中不断探索学习，以内部控制基础理论、基本规范及配套指引为指针，借鉴其他企业的经验，结合实际，自我学习，自我积累，探索创新，不断提升个人的业务能力和企业的内控管理水平；三是在聘请中介机构开展内部控制咨询、审计服务时，充分利用中介机构的专业力量，通过业务沟通交流和参与实际运作来锻炼培养企业专业人才队伍。

企业领导要高度重视内部控制专业人才队伍建设，在强调全员参与内部控制的基础上，采取多种措施，建立激励机制，鼓励从事内部控制的专业人员岗位成才。对于为企业内部控制建设作出贡献的专业人员应当给予奖励，以调动内部控制专业人才队伍的工作积极性。

4. 集团性企业应如何确定内部控制评价的范围？

答：集团性企业在确认内部控制评价范围时，应当遵循全面性、重要性、客观性原则，在对集团总部及下属不同业务类型、不同规模的企业进行全面、客观评价的基础上，关注重要业务单位、重大事项和高风险业务。

重要业务单位一般以资产、收入、利润等作为判定标准。包括集团总部、资产占合并资产总额比例较高的分公司和子公司，营业收入占合并营业收入比例较高的分公司和子公司以及利润占合并利润比例较高的分公司和子公司等。

重大事项一般是指重大投资决策项目，兼并重组、资产调整、产权转让项目，期权、期货等金融衍生业务，融资、担保项目，重大的生产经营安排，重要设备和技术引进，采购大宗物资和购买服务，重大工程建设项目，年度预算内大额度资金调动和使用，以及其他大额度资金运作事项等。

高风险业务一般是指经过风险评估后确定为较高或高风险的业务，也包括特殊行业及特殊业务，国家法律法规有特殊管制或监管要求的业务等。

5. 企业在选择中介机构协助开展内部控制体系建设与实施工作时，应重点考虑哪些因素？

答：企业建设与实施内部控制，应当按照基本规范及配套指引的要求，原则上要立足于行业特点和企业实际，倡导自上而下、自主开展内部控制建设与实施工作。

如果企业确有需要选择中介机构协助开展工作，可重点考虑以下几个因素：一是中介机构的专业性，如内控咨询团队的专业知识及项目管理经验等；二是服务内容与企业需求的匹配程度，如实施方案是否符合企业的实际情况等；三是团队的配置水平，如人员数量是否适当、团队的整体知识结构、过去的成功案例情况及客户评价等；四是服务报价合理性等，企业对收费明显偏离合理性的中介机构，应防范服务质量风险。

企业在聘请中介机构协助开展内部控制体系建设与实施工作中，应当采取有效的方式保护企业核心商业秘密和国家机密，防范泄密风险。

6. 企业应采用何种组织形式开展内部控制评价工作?

答:内部控制评价是指企业董事会或类似权力机构对内部控制的有效性进行全面评价、形成评价结论、出具评价报告的过程。同时也是企业内部涉及业务面广、专业性强的工作,包括日常检查评价和专项检查评价。

企业可以授权内部审计机构具体实施内部控制有效性的定期评价工作。由于内部审计机构在企业内部处于相对独立的地位,该机构的工作内容、性质和人员的业务专长与内部控制评价工作有着密切的关联,因此内部审计机构可以负责内部控制评价的具体实施工作。

成立了专门的内部控制机构的企业,由内部控制机构负责组织协调内部控制的建立实施及日常管理工作,其工作直接向董事会或类似权力机构负责。企业的内部控制机构可以组织实施内部控制评价工作。内部控制机构可以组织审计、财务、生产管理等专业人员,对内部控制全面或某一方面进行日常和专项检查评价,也可以对认定的重大风险进行专项监督,定期出具内部控制评价报告,报董事会或类似权力机构审核。

企业也可以根据自身特点,成立内部控制评价工作的非常设机构,比如,抽调内部审计、内部控制等相关机构的人员组成内部控制评价小组,具体组织实施内部控制评价工作。

此外,企业可以委托中介机构实施内部控制评价。

7. 企业应如何对待内部控制评价中发现的缺陷?

答:内部控制缺陷按照成因分为设计缺陷和运行缺陷。对于设计缺陷,应从企业内部的管理制度入手查找原因,需要更新、调整、废止的制度要及时进行处理,并同时改进内部控制体系的设计,弥补设计缺陷的漏洞。对于运行缺陷,则应分析出现的原因,查清责任人,并有针对性地进行整改。

内部控制缺陷按照影响程度分为重大缺陷、重要缺陷和一般缺陷。对于重大缺陷,应当由董事会予以最终认定,企业要及时采取应对策略,切实将风险控制在可承受度之内。对于重要缺陷和一般缺陷,企业应当及时采取措施,避免发生损失。

企业应当编制内部控制缺陷认定汇总表,结合实际情况对内部控制缺陷的成因、表现形式和影响程度进行综合分析和全面复核,提出认定意见和改进建议,确保整改到位,并以适当形式向董事会、监事会或者经理层报告。

对于因内部控制缺陷造成经济损失的,企业应当查明原因,追究相关部门和人员的责任。

8. 如果会计师事务所将其内部控制咨询业务和内部控制审计业务进行分离后,是否可以为同一企业提供内部控制审计和咨询服务?

答:基本规范及配套指引的发布实施,拓宽了会计师事务所的业务领域。随着2012年国内主板上市公司分类分批实施,内部控制咨询、内部控制评价、内部控制审计的需求会很大。当前,我国会计师事务所在内部控制咨询和内部控制审计方面的专业人才和技术力量有限。据了解,很多会计师事务所为了执行基本规范第十条的规定,主动开展了内部体制机制整合。

会计师事务所在受聘为企业提供有关内部控制咨询或审计服务时,应坚持独立性原则，严格遵守《中国注册会计师职业道德守则》要求，不得与具有网络关系的中介机构同时为同一企业提供内部控制咨询和审计服务。

有的会计师事务所采取内部隔离方式，即在内部成立咨询部门和审计部门，两个部门之间相互独立，人员不交叉使用，在形式上建立了内部的"防火墙"。这种方式难以有效地将内部控制咨询和内部控制审计业务进行分离，不符合独立性要求。

也有会计师事务所新设立了具有法人资格的咨询机构。如果新设立的咨询机构与原事务所构成网络关系，则违反独立性原则，也不能同时为同一家企业提供内控咨询和审计服务。

9. 注册会计师在开展内部控制审计时应如何安排时间？

答：按照配套指引中《企业内部控制审计指引》的要求，注册会计师在确定测试的时间安排时，应当尽量在接近企业内部控制自我评价基准日实施测试，实施的测试需要涵盖足够长的时间。

企业应按照要求及时委托会计师事务所开展内部控制审计业务，保证按期对外披露或报送内部控制审计报告。首次进行内部控制审计时，企业和注册会计师应当在当期会计年度的上半年即开始准备该年度的内部控制审计工作，从而保证整改后的控制运行有足够长的时间。对于认定为缺陷的业务，如果企业在基准日前对其进行了整改，但整改后的业务控制尚没有运行足够长的时间，注册会计师应当将其认定为内部控制在审计基准日存在缺陷。注册会计师在接受或开展内部控制审计业务时，应当尽早与企业沟通内部控制审计计划，并合理安排内部控制测试的时间。

在连续进行内部控制审计的过程中，注册会计师应当考虑以前年度执行内部控制审计时所了解的情况以及当年企业发生的相关变化，在此基础上确定适当的内部控制审计工作方案和时间安排。

10. 与大、中型企业相比，小型企业在实施内部控制时应有哪些特殊的考虑？

答：小型企业通常是指具有业务比较单一、所有权和管理权集中、管理层级较少、部门设置简单等特征的企业。小型企业根据基本规范及配套指引实施内部控制时，在保证有效性的基础上，可结合企业特点进行适当调整。

小型企业的管理层级一般较少，所有权、决策权和管理权较为集中，治理层通常密切参与公司日常经营及管理活动，使企业的控制力和执行力得到了提高，但也容易导致决策失误或舞弊风险，因此要提高董事会的集体决策能力，加强企业决策过程的控制。

小型企业应明确内部控制目标，准确评估经营风险，建立健全各项制度，将决策过程和各项业务流程制度化、规范化；明确不同层级部门和人员的权限和职责，强化岗位制衡，做到适度授权和分权；重点关注与企业资金、资产、资本、财务报告等关键业务有关的风险的控制。

小型企业应提高财务、会计和审计人员的素质，培养和聘用内部控制专业人才，加强对财务会计工作和财务报告的重视程度。小型企业的机构设置简单，管理资源易于整合，可以根据企业所面临的主要风险和相关控制的效果，适当简化内部控制体系建设，灵活设计、选择控制流程和控制活动，达到有效控制风险和防范舞弊的目的。

基于效率的考虑，小型企业应当提高信息技术的应用，结合业务风险和信息系统风险评估,加强信息系统控制的应用,采取手工控制与自动控制相结合的方式,将风险控制在可承受度之内。

小型企业应建立健全内部控制的监督机制,持续监控和定期评价内部控制的有效性,尤其要对会计信息、资金运转、资产安全、采购及销售等方面加强监控,及时发现和纠正缺陷,确保内部控制在企业不同成长阶段、不同环境下的持续有效改进。

三、行政事业单位内部控制规范(试行)

第一章 总则

第一条 为了进一步提高行政事业单位内部管理水平,规范内部控制,加强廉政风险防控机制建设,根据《中华人民共和国会计法》、《中华人民共和国预算法》等法律法规和相关规定,制定本规范。

第二条 本规范适用于各级党的机关、人大机关、行政机关、政协机关、审判机关、检察机关、各民主党派机关、人民团体和事业单位(以下统称单位)经济活动的内部控制。

第三条 本规范所称内部控制,是指单位为实现控制目标,通过制定制度、实施措施和执行程序,对经济活动的风险进行防范和管控。

第四条 单位内部控制的目标主要包括:合理保证单位经济活动合法合规、资产安全和使用有效、财务信息真实完整,有效防范舞弊和预防腐败,提高公共服务的效率和效果。

第五条 单位建立与实施内部控制,应当遵循下列原则:

(一)全面性原则。内部控制应当贯穿单位经济活动的决策、执行和监督全过程,实现对经济活动的全面控制。

(二)重要性原则。在全面控制的基础上,内部控制应当关注单位重要经济活动和经济活动的重大风险。

(三)制衡性原则。内部控制应当在单位内部的部门管理、职责分工、业务流程等方面形成相互制约和相互监督。

(四)适应性原则。内部控制应当符合国家有关规定和单位的实际情况,并随着外部环境的变化、单位经济活动的调整和管理要求的提高,不断修订和完善。

第六条 单位负责人对本单位内部控制的建立健全和有效实施负责。

第七条 单位应当根据本规范建立适合本单位实际情况的内部控制体系,并组织实施。具体工作包括梳理单位各类经济活动的业务流程,明确业务环节,系统分析经济活动风险,确定风险点,选择风险应对策略,在此基础上根据国家有关规定建立健全单位各项内部管理制度并督促相关工作人员认真执行。

第二章 风险评估和控制方法

第八条 单位应当建立经济活动风险定期评估机制,对经济活动存在的风险进行全面、系统和客观评估。

经济活动风险评估至少每年进行一次;外部环境、经济活动或管理要求等发生重大变化的，应及时对经济活动风险进行重估。

第九条　单位开展经济活动风险评估应当成立风险评估工作小组，单位领导担任组长。

经济活动风险评估结果应当形成书面报告并及时提交单位领导班子，作为完善内部控制的依据。

第十条　单位进行单位层面的风险评估时，应当重点关注以下方面：

（一）内部控制工作的组织情况。包括是否确定内部控制职能部门或牵头部门；是否建立单位各部门在内部控制中的沟通协调和联动机制。

（二）内部控制机制的建设情况。包括经济活动的决策、执行、监督是否实现有效分离；权责是否对等；是否建立健全议事决策机制、岗位责任制、内部监督等机制。

（三）内部管理制度的完善情况。包括内部管理制度是否健全；执行是否有效。

（四）内部控制关键岗位工作人员的管理情况。包括是否建立工作人员的培训、评价、轮岗等机制；工作人员是否具备相应的资格和能力。

（五）财务信息的编报情况。包括是否按照国家统一的会计制度对经济业务事项进行账务处理；是否按照国家统一的会计制度编制财务会计报告。

（六）其他情况。

第十一条　单位进行经济活动业务层面的风险评估时，应当重点关注以下方面：

（一）预算管理情况。包括在预算编制过程中单位内部各部门间沟通协调是否充分，预算编制与资产配置是否相结合、与具体工作是否相对应；是否按照批复的额度和开支范围执行预算，进度是否合理，是否存在无预算、超预算支出等问题；决算编报是否真实、完整、准确、及时。

（二）收支管理情况。包括收入是否实现归口管理，是否按照规定及时向财会部门提供收入的有关凭据，是否按照规定保管和使用印章和票据等；发生支出事项时是否按照规定审核各类凭据的真实性、合法性，是否存在使用虚假票据套取资金的情形。

（三）政府采购管理情况。包括是否按照预算和计划组织政府采购业务；是否按照规定组织政府采购活动和执行验收程序；是否按照规定保存政府采购业务相关档案。

（四）资产管理情况。包括是否实现资产归口管理并明确使用责任；是否定期对资产进行清查盘点，对账实不符的情况及时进行处理；是否按照规定处置资产。

（五）建设项目管理情况。包括是否按照概算投资；是否严格履行审核审批程序；是否建立有效的招投标控制机制；是否存在截留、挤占、挪用、套取建设项目资金的情形；是否按照规定保存建设项目相关档案并及时办理移交手续。

（六）合同管理情况。包括是否实现合同归口管理；是否明确应签订合同的经济活动范围和条件；是否有效监控合同履行情况；是否建立合同纠纷协调机制。

（七）其他情况。

第十二条　单位内部控制的控制方法一般包括：

（一）不相容岗位相互分离。合理设置内部控制关键岗位，明确划分职责权限，实施相应的分离措施，形成相互制约、相互监督的工作机制。

（二）内部授权审批控制。明确各岗位办理业务和事项的权限范围、审批程序和相关责任,建立重大事项集体决策和会签制度。相关工作人员应当在授权范围内行使职权、办理业务。

(三)归口管理。根据本单位实际情况,按照权责对等的原则,采取成立联合工作小组并确定牵头部门或牵头人员等方式,对有关经济活动实行统一管理。

(四)预算控制。强化对经济活动的预算约束,使预算管理贯穿于单位经济活动的全过程。

(五)财产保护控制。建立资产日常管理制度和定期清查机制,采取资产记录、实物保管、定期盘点、账实核对等措施,确保资产安全完整。

(六)会计控制。建立健全本单位财会管理制度,加强会计机构建设,提高会计人员业务水平,强化会计人员岗位责任制,规范会计基础工作,加强会计档案管理,明确会计凭证、会计账簿和财务会计报告处理程序。

(七)单据控制。要求单位根据国家有关规定和单位的经济活动业务流程,在内部管理制度中明确界定各项经济活动所涉及的表单和票据,要求相关工作人员按照规定填制、审核、归档、保管单据。

(八)信息内部公开。建立健全经济活动相关信息内部公开制度,根据国家有关规定和单位的实际情况,确定信息内部公开的内容、范围、方式和程序。

第三章　单位层面内部控制

第十三条　单位应当单独设置内部控制职能部门或者确定内部控制牵头部门,负责组织协调内部控制工作。同时,应当充分发挥财会、内部审计、纪检监察、政府采购、基建、资产管理等部门或岗位在内部控制中的作用。

第十四条　单位经济活动的决策、执行和监督应当相互分离。

单位应当建立健全集体研究、专家论证和技术咨询相结合的议事决策机制。

重大经济事项的内部决策,应当由单位领导班子集体研究决定。重大经济事项的认定标准应当根据有关规定和本单位实际情况确定,一经确定,不得随意变更。

第十五条　单位应当建立健全内部控制关键岗位责任制,明确岗位职责及分工,确保不相容岗位相互分离、相互制约和相互监督。

单位应当实行内部控制关键岗位工作人员的轮岗制度,明确轮岗周期。不具备轮岗条件的单位应当采取专项审计等控制措施。

内部控制关键岗位主要包括预算业务管理、收支业务管理、政府采购业务管理、资产管理、建设项目管理、合同管理以及内部监督等经济活动的关键岗位。

第十六条　内部控制关键岗位工作人员应当具备与其工作岗位相适应的资格和能力。

单位应当加强内部控制关键岗位工作人员业务培训和职业道德教育,不断提升其业务水平和综合素质。

第十七条　单位应当根据《中华人民共和国会计法》的规定建立会计机构,配备具有相应资格和能力的会计人员。

单位应当根据实际发生的经济业务事项按照国家统一的会计制度及时进行账务处

理、编制财务会计报告,确保财务信息真实、完整。

第十八条 单位应当充分运用现代科学技术手段加强内部控制。

对信息系统建设实施归口管理,将经济活动及其内部控制流程嵌入单位信息系统中,减少或消除人为操纵因素,保护信息安全。

第四章 业务层面内部控制

第一节 预算业务控制

第十九条 单位应当建立健全预算编制、审批、执行、决算与评价等预算内部管理制度。

单位应当合理设置岗位,明确相关岗位的职责权限,确保预算编制、审批、执行、评价等不相容岗位相互分离。

第二十条 单位的预算编制应当做到程序规范、方法科学、编制及时、内容完整、项目细化、数据准确。

(一)单位应当正确把握预算编制有关政策,确保预算编制相关人员及时全面掌握相关规定。

(二)单位应当建立内部预算编制、预算执行、资产管理、基建管理、人事管理等部门或岗位的沟通协调机制,按照规定进行项目评审,确保预算编制部门及时取得和有效运用与预算编制相关的信息,根据工作计划细化预算编制,提高预算编制的科学性。

第二十一条 单位应当根据内设部门的职责和分工,对按照法定程序批复的预算在单位内部进行指标分解、审批下达,规范内部预算追加调整程序,发挥预算对经济活动的管控作用。

第二十二条 单位应当根据批复的预算安排各项收支,确保预算严格有效执行。单位应当建立预算执行分析机制。定期通报各部门预算执行情况,召开预算执行分析会议,研究解决预算执行中存在的问题,提出改进措施,提高预算执行的有效性。

第二十三条 单位应当加强决算管理,确保决算真实、完整、准确、及时,加强决算分析工作,强化决算分析结果运用,建立健全单位预算与决算相互反映、相互促进的机制。

第二十四条 单位应当加强预算绩效管理,建立"预算编制有目标、预算执行有监控、预算完成有评价、评价结果有反馈、反馈结果有应用"的全过程预算绩效管理机制。

第二节 收支业务控制

第二十五条 单位应当建立健全收入内部管理制度。

单位应当合理设置岗位,明确相关岗位的职责权限,确保收款、会计核算等不相容岗位相互分离。

第二十六条 单位的各项收入应当由财会部门归口管理并进行会计核算,严禁设立账外账。

业务部门应当在涉及收入的合同协议签订后及时将合同等有关材料提交财会部门作为账务处理依据,确保各项收入应收尽收,及时入账。财会部门应当定期检查收入金额是否与合同约定相符;对应收未收项目应当查明情况,明确责任主体,落实催收责任。

第二十七条 有政府非税收入收缴职能的单位,应当按照规定项目和标准征收政府非税收入,按照规定开具财政票据,做到收缴分离、票款一致,并及时、足额上缴国库或财政专户,不得以任何形式截留、挪用或者私分。

第二十八条　单位应当建立健全票据管理制度。财政票据、发票等各类票据的申领、启用、核销、销毁均应履行规定手续。单位应当按照规定设置票据专管员,建立票据台账,做好票据的保管和序时登记工作。票据应当按照顺序号使用,不得拆本使用,做好废旧票据管理。负责保管票据的人员要配置单独的保险柜等保管设备,并做到人走柜锁。

单位不得违反规定转让、出借、代开、买卖财政票据、发票等票据,不得擅自扩大票据适用范围。

第二十九条　单位应当建立健全支出内部管理制度,确定单位经济活动的各项支出标准,明确支出报销流程,按照规定办理支出事项。

单位应当合理设置岗位,明确相关岗位的职责权限,确保支出申请和内部审批、付款审批和付款执行、业务经办和会计核算等不相容岗位相互分离。

第三十条　单位应当按照支出业务的类型,明确内部审批、审核、支付、核算和归档等支出各关键岗位的职责权限。实行国库集中支付的,应当严格按照财政国库管理制度有关规定执行。

(一) 加强支出审批控制。明确支出的内部审批权限、程序、责任和相关控制措施。审批人应当在授权范围内审批,不得越权审批。

(二) 加强支出审核控制。全面审核各类单据。重点审核单据来源是否合法,内容是否真实、完整,使用是否准确,是否符合预算,审批手续是否齐全。支出凭证应当附反映支出明细内容的原始单据,并由经办人员签字或盖章,超出规定标准的支出事项应由经办人员说明原因并附审批依据,确保与经济业务事项相符。

(三) 加强支付控制。明确报销业务流程,按照规定办理资金支付手续。签发的支付凭证应当进行登记。使用公务卡结算的,应当按照公务卡使用和管理有关规定办理业务。

(四) 加强支出的核算和归档控制。由财会部门根据支出凭证及时准确登记账簿;与支出业务相关的合同等材料应当提交财会部门作为账务处理的依据。

第三十一条　根据国家规定可以举借债务的单位应当建立健全债务内部管理制度,明确债务管理岗位的职责权限,不得由一人办理债务业务的全过程。大额债务的举借和偿还属于重大经济事项,应当进行充分论证,并由单位领导班子集体研究决定。

单位应当做好债务的会计核算和档案保管工作。加强债务的对账和检查控制,定期与债权人核对债务余额,进行债务清理,防范和控制财务风险。

第三节　政府采购业务控制

第三十二条　单位应当建立健全政府采购预算与计划管理、政府采购活动管理、验收管理等政府采购内部管理制度。

第三十三条　单位应当明确相关岗位的职责权限,确保政府采购需求制定与内部审批、招标文件准备与复核、合同签订与验收、验收与保管等不相容岗位相互分离。

第三十四条　单位应当加强对政府采购业务预算与计划的管理。建立预算编制、政府采购和资产管理等部门或岗位之间的沟通协调机制。根据本单位实际需求和相关标准编制政府采购预算,按照已批复的预算安排政府采购计划。

第三十五条 单位应当加强对政府采购活动的管理。对政府采购活动实施归口管理,在政府采购活动中建立政府采购、资产管理、财会、内部审计、纪检监察等部门或岗位相互协调、相互制约的机制。

单位应当加强对政府采购申请的内部审核,按照规定选择政府采购方式、发布政府采购信息。对政府采购进口产品、变更政府采购方式等事项应当加强内部审核,严格履行审批手续。

第三十六条 单位应当加强对政府采购项目验收的管理。根据规定的验收制度和政府采购文件,由指定部门或专人对所购物品的品种、规格、数量、质量和其他相关内容进行验收,并出具验收证明。

第三十七条 单位应当加强对政府采购业务质疑投诉答复的管理。指定牵头部门负责、相关部门参加,按照国家有关规定做好政府采购业务质疑投诉答复工作。

第三十八条 单位应当加强对政府采购业务的记录控制。妥善保管政府采购预算与计划、各类批复文件、招标文件、投标文件、评标文件、合同文本、验收证明等政府采购业务相关资料。定期对政府采购业务信息进行分类统计,并在内部进行通报。

第三十九条 单位应当加强对涉密政府采购项目安全保密的管理。对于涉密政府采购项目,单位应当与相关供应商或采购中介机构签订保密协议或者在合同中设定保密条款。

第四节 资产控制

第四十条 单位应当对资产实行分类管理,建立健全资产内部管理制度。

单位应当合理设置岗位,明确相关岗位的职责权限,确保资产安全和有效使用。

第四十一条 单位应当建立健全货币资金管理岗位责任制,合理设置岗位,不得由一人办理货币资金业务的全过程,确保不相容岗位相互分离。

(一)出纳不得兼管稽核、会计档案保管和收入、支出、债权债务账目的登记工作。

(二)严禁一人保管收付款项所需的全部印章。财务专用章应当由专人保管,个人名章应当由本人或其授权人员保管。负责保管印章的人员要配置单独的保管设备,并做到人走柜锁。

(三)按照规定应当由有关负责人签字或盖章的,应当严格履行签字或盖章手续。

第四十二条 单位应当加强对银行账户的管理,严格按照规定的审批权限和程序开立、变更和撤销银行账户。

第四十三条 单位应当加强货币资金的核查控制。指定不办理货币资金业务的会计人员定期和不定期抽查盘点库存现金,核对银行存款余额,抽查银行对账单、银行日记账及银行存款余额调节表,核对是否账实相符、账账相符。对调节不符、可能存在重大问题的未达账项应当及时查明原因,并按照相关规定处理。

第四十四条 单位应当加强对实物资产和无形资产的管理,明确相关部门和岗位的职责权限,强化对配置、使用和处置等关键环节的管控。

(一)对资产实施归口管理。明确资产使用和保管责任人,落实资产使用人在资产管理中的责任。贵重资产、危险资产、有保密等特殊要求的资产,应当指定专人保管、专人使用,并规定严格的接触限制条件和审批程序。

(二)按照国有资产管理相关规定,明确资产的调剂、租借、对外投资、处置的程序、审批权限和责任。

(三)建立资产台账,加强资产的实物管理。单位应当定期清查盘点资产,确保账实相符。财会、资产管理、资产使用等部门或岗位应当定期对账,发现不符的,应当及时查明原因,并按照相关规定处理。

(四)建立资产信息管理系统,做好资产的统计、报告、分析工作,实现对资产的动态管理。

第四十五条 单位应当根据国家有关规定加强对对外投资的管理。

(一)合理设置岗位,明确相关岗位的职责权限,确保对外投资的可行性研究与评估、对外投资决策与执行、对外投资处置的审批与执行等不相容岗位相互分离。

(二)单位对外投资,应当由单位领导班子集体研究决定。

(三)加强对投资项目的追踪管理,及时、全面、准确地记录对外投资的价值变动和投资收益情况。

(四)建立责任追究制度。对在对外投资中出现重大决策失误、未履行集体决策程序和不按规定执行对外投资业务的部门及人员,应当追究相应的责任。

第五节 建设项目控制

第四十六条 单位应当建立健全建设项目内部管理制度。

单位应当合理设置岗位,明确内部相关部门和岗位的职责权限,确保项目建议和可行性研究与项目决策、概预算编制与审核、项目实施与价款支付、竣工决算与竣工审计等不相容岗位相互分离。

第四十七条 单位应当建立与建设项目相关的议事决策机制,严禁任何个人单独决策或者擅自改变集体决策意见。决策过程及各方面意见应当形成书面文件,与相关资料一同妥善归档保管。

第四十八条 单位应当建立与建设项目相关的审核机制。项目建议书、可行性研究报告、概预算、竣工决算报告等应当由单位内部的规划、技术、财会、法律等相关工作人员或者根据国家有关规定委托具有相应资质的中介机构进行审核,出具评审意见。

第四十九条 单位应当依据国家有关规定组织建设项目招标工作,并接受有关部门的监督。

单位应当采取签订保密协议、限制接触等必要措施,确保标底编制、评标等工作在严格保密的情况下进行。

第五十条 单位应当按照审批单位下达的投资计划和预算对建设项目资金实行专款专用,严禁截留、挪用和超批复内容使用资金。

财会部门应当加强与建设项目承建单位的沟通,准确掌握建设进度,加强价款支付审核,按照规定办理价款结算。实行国库集中支付的建设项目,单位应当按照财政国库管理制度相关规定支付资金。

第五十一条 单位应当加强对建设项目档案的管理。做好相关文件、材料的收集、整理、归档和保管工作。

第五十二条 经批准的投资概算是工程投资的最高限额,如有调整,应当按照国家有关规定报经批准。

单位建设项目工程洽商和设计变更应当按照有关规定履行相应的审批程序。

第五十三条　建设项目竣工后，单位应当按照规定的时限及时办理竣工决算，组织竣工决算审计，并根据批复的竣工决算和有关规定办理建设项目档案和资产移交等工作。

建设项目已实际投入使用但超时限未办理竣工决算的，单位应当根据对建设项目的实际投资暂估入账，转作相关资产管理。

第六节　合同控制

第五十四条　单位应当建立健全合同内部管理制度。

单位应当合理设置岗位，明确合同的授权审批和签署权限，妥善保管和使用合同专用章，严禁未经授权擅自以单位名义对外签订合同，严禁违规签订担保、投资和借贷合同。

单位应当对合同实施归口管理，建立财会部门与合同归口管理部门的沟通协调机制，实现合同管理与预算管理、收支管理相结合。

第五十五条　单位应当加强对合同订立的管理，明确合同订立的范围和条件。对于影响重大、涉及较高专业技术或法律关系复杂的合同，应当组织法律、技术、财会等工作人员参与谈判，必要时可聘请外部专家参与相关工作。谈判过程中的重要事项和参与谈判人员的主要意见，应当予以记录并妥善保管。

第五十六条　单位应当对合同履行情况实施有效监控。合同履行过程中，因对方或单位自身原因导致可能无法按时履行的，应当及时采取应对措施。

单位应当建立合同履行监督审查制度。对合同履行中签订补充合同，或变更、解除合同等应当按照国家有关规定进行审查。

第五十七条　财会部门应当根据合同履行情况办理价款结算和进行账务处理。未按照合同条款履约的，财会部门应当在付款之前向单位有关负责人报告。

第五十八条　合同归口管理部门应当加强对合同登记的管理，定期对合同进行统计、分类和归档，详细登记合同的订立、履行和变更情况，实行对合同的全过程管理。与单位经济活动相关的合同应当同时提交财会部门作为账务处理的依据。

单位应当加强合同信息安全保密工作，未经批准，不得以任何形式泄露合同订立与履行过程中涉及的国家秘密、工作秘密或商业秘密。

第五十九条　单位应当加强对合同纠纷的管理。合同发生纠纷的，单位应当在规定时效内与对方协商谈判。合同纠纷协商一致的，双方应当签订书面协议；合同纠纷经协商无法解决的，经办人员应向单位有关负责人报告，并根据合同约定选择仲裁或诉讼方式解决。

第五章　评价与监督

第六十条　单位应当建立健全内部监督制度，明确各相关部门或岗位在内部监督中的职责权限，规定内部监督的程序和要求，对内部控制建立与实施情况进行内部监督检查和自我评价。

内部监督应当与内部控制的建立和实施保持相对独立。

第六十一条　内部审计部门或岗位应当定期或不定期检查单位内部管理制度和机制

的建立与执行情况,以及内部控制关键岗位及人员的设置情况等,及时发现内部控制存在的问题并提出改进建议。

第六十二条 单位应当根据本单位实际情况确定内部监督检查的方法、范围和频率。

第六十三条 单位负责人应当指定专门部门或专人负责对单位内部控制的有效性进行评价并出具单位内部控制自我评价报告。

第六十四条 国务院财政部门及其派出机构和县级以上地方各级人民政府财政部门应当对单位内部控制的建立和实施情况进行监督检查,有针对性地提出检查意见和建议,并督促单位进行整改。

国务院审计机关及其派出机构和县级以上地方各级人民政府审计机关对单位进行审计时,应当调查了解单位内部控制建立和实施的有效性,揭示相关内部控制的缺陷,有针对性地提出审计处理意见和建议,并督促单位进行整改。

第六章 附则

第六十五条 本规范自2014年1月1日起施行。

百度选读

一、厦大EMBA:企业内部控制,不只是一种管理时尚

陈汉文

陈汉文——你不懂,是因为你选择不懂。对于陈汉文教授来说,内部控制并非是让人无法破解的神秘理论,更非单纯的管理时尚,而是企业可以实实在在做到的风险控制过程。陈汉文教授是我国审计领域的权威专家、牛津大学访问学者,现任厦门大学学术委员会秘书长、厦门大学研究生院副院长,兼任财政部会计准则委员会咨询专家、中国注册会计师协会职业道德委员会委员、中国金融会计学会专家委员会委员兼副秘书长、中国会计学会财务成本分会副会长、全国审计专业硕士学位研究生教育指导委员会委员等职。

当CEO的鹦鹉:内部控制是一种权力制衡的机制

一个人去买鹦鹉,走进鹦鹉店时看到了一只毛色光鲜、非常漂亮的鹦鹉,标价200美元,会说两国语言。他继续走,然后发现了一只更漂亮的鹦鹉,会说四国语言,标价400美元。最后这个人来到了一只毛色枯黄、长相丑陋的鹦鹉面前,发现竟然标价800美元。他感到很诧异,于是问老板,“难道这只鹦鹉会讲八门语言?”老板说:“没有,它只会讲闽南语。”“那为什么卖800美元呢?”“因为前面两只鹦鹉都叫它CEO。”

在学员们的一片笑声中,陈教授引出了课程的主题:“我们说这个CEO长相不如他的手下,又没有能说会道,他凭什么管理这两个漂亮又有才华的手下呢?这就涉及一种机制。这套机制就是我们所要讲的内部控制。从理论上来讲,可以用四个字来表述内部控制:权力制衡。”对于国家来说,如果建立起权力制衡的机制,就可以有效地防治贪污腐败;对于企业来说,则可以防治风险,提高效率。

内部控制的最高境界:铁打的营盘,流水的兵

“大家知道内部控制做得最好的组织是什么吗?”陈教授抛出了第二个问题。

“黑社会。”

“教会。”

“海盗。”……“没错，内控做得最好的组织就是黑社会。《教父》大家都看过吧，里面的内控手段非常值得我们研究。在教父营救他儿子的过程中，内部控制非常关键，因为一旦哪个环节的风险没有控制好，营救计划就会失败。如果是你们，你们会怎么做?”在学员们回答的基础上，陈教授总结了营救过程中内部控制的关键点。首先找可靠的人去替他儿子顶罪，其次将营救计划的相关信息传递给他儿子，再次为法庭上的书面与口头辩论做好准备，最后买通法官。

“这几步涉及诚信机制、信息系统的构建、沟通系统的设计、内部控制环境的营造等，可谓环环相扣、滴水不漏。这些恰恰都是内部控制系统的关键要素。”

“中国企业内部控制规范是由 1 个基本规范、18 个应用指引以及评价指引、鉴证指引构成的。”在了解内部控制的含义和最高境界后，陈教授为学员们介绍了内部控制的理论。

“企业内部控制基本规范就像 555 牌香烟，因为它是由五大目标、五大原则、五大要素构成的。”陈教授风趣地做了个比喻。

五大目标：合理保证企业经营合法、资产安全、财务报告及相关信息真实完整、经营效率和效果以及促进企业发展战略。

五大原则：全面性，重要性，制衡性，适应性，成本效益。

五大要素：内部环境、风险评估、控制活动、信息与沟通和监督。

内部控制的“北斗七星”为企业发展保驾护航。

这颗“北斗七星”由七个部分组成，即投融资管控、现金管控、销售管控、工程项目管控、对子公司的控制、MBO 过程控制以及危机控制，可以分别对应北斗七星中的天枢星、天璇星、天玑星、天权星、玉衡星、开阳星和摇光星。

天枢星：投融资内部控制

当当网于 2010 年 12 月 8 日在纽约证券交易所上市，由于其 CEO 李国庆不满投行定价，在微博上开骂，引来自称是其承销商摩根士丹利的员工的反击，导致一场持续一个多月的网络对骂。

“对此，我们能从融资内控的过程角度分析拟上市公司赴美 IPO 的问题吗?”陈教授带领大家分析了当当网近 4 年的财务报表及发展战略，认为我国拟境外上市的公司应该加强 IPO 融资内控，理性对待上市过程中各方的利益，审慎地选择承销商，并加强企业融资方面的背景知识，以更好地保护自身的利益，必要的时候我们还可以考虑借助本土权威咨询机构的力量。

天璇星：现金管控

货币资金是企业维系正常生产经营的重要资产，具有高度流动性和可变现性，经常成为犯罪分子窥视的对象，是内部控制的关键控制点。货币资金业务常见的弊端有以下几种：截留各种资金收入、挪用货币资金、出借银行账号、现金超额存放、白条抵库以及非法违规出借资金等。

那么如何进行现金管控呢?“在现金管控的过程中，我们要管住七点：货币资金支出点、现金流入点、银行开户点、现金盘存点、银行与客户的对账点、票据及印章保管点、监督检查点以及财务人员任用点。”

天玑星：对子公司的控制

陈教授认为，母公司可以通过三方面对子公司进行内部控制。第一是组织架构的控制，包括公司章程的制定、董事长的委派、财务总监的委派、经理的任选以及考核与薪酬，都要进行控制；第二是业务流程的控制，包括子公司发展计划与预算，重大投资及筹资行为、重大合同及重大资产收购行为、对外担保、互保、捐赠行为以及出售及处置都要留意；最后是对财务报告的控制，保证子公司财务报告的真实性。

天权星：工程项目控制

“‘5·12’汶川地震中，为什么唯独刘汉希望小学能经受住地震呢？大家都来说说，工程项目内部控制的关键点有哪些？”陈教授带领学员们对案例进行思考。

“预决算。”

“人、机、料。即人员、机器、材料。”

“关系链。”……最后陈教授将大家的答案进行了总结，得出工程项目的关键控制点有九点的结论，这九点分别是项目决策、勘察设计、预算控制、招投标、合同控制、施工过程、竣工验收、决算控制、监督检查。

玉衡星：销售与收款业务的风险管控

销售与收款业务的常见弊端包括虚记销售收入，调节利润；销售成本结转不实，调节利润；收款方式选用不当，造成坏账；销售费用支出失控，成本增大；销售凭证保管不严，造成资产损失。针对这些常见弊端，陈教授认为内部控制的关键点包括销售定价、合同签订、记录、收款票据、退回和折让以及监控。

开阳星：管理层收购(MBO)过程与控制

MBO主要是通过借贷融资来完成的，通过MBO，可以实现管理者向经营者的转变。张裕集团通过设立烟台裕华投资公司这个壳公司，首先向烟台裕华公司转让部分股份，接着分拆其余股份向外资转让，最终成功实现了曲线MBO。对于该案例，陈教授认为，张裕集团在MBO的过程存在一些问题：“股份转让价格应该不得低于净资产，并且不能将有关费用从净资产中扣除作为转让价格，这是其一；应该接受相关部门的监督，履行信息披露义务，这是其二；由于运作顺序的安排，造成监管无效，这是其三。”

摇光星：危机控制

2004年11月30日，创维数码在香港被停牌，该公司董事局主席黄宏生及多名公司高管被捕，创维面临危机。2004年12月，创维集团销售收入16亿元，创历史新高，顺利渡过危机。

创维危机管理的秘诀在哪里？“面对危机时，首先，创维迅速行动，成立危机小组，从而掌控信息传播的主动权；其次，组织媒体沟通会，传递正面信息；再次，展开行业公关沟通，保护市场完整；最后，启动政府银行公关，保证资金安全。”然而，创维的危机管理并没有就此结束。“成功的危机管理必定是化危机为契机。”紧接着，创维又启动大项投资并进行大量的促销，最终成功渡过危机。

“我们再来看看雀巢的危机管理。雀巢‘碘超标事件’发生以后，在媒体的追踪下，其发言人仓促应对，而且面对质疑答非所问，甚至试图逃避采访等。相对于创维，雀巢的危机管理是失败的。"通过两个企业危机管理的对比，学员们对正确的危机管理有了更直观而深刻的认识。

二、食堂老板给北大教授上的MBA课

黄铁鹰　梁钧平

经营食堂应该是最简单的小生意，假设你是一名食堂的小老板，那么你怎样才能有效地防范食堂采购中的贪污问题呢？这可是一道难住管理者的综合题，因为任何商品的标准都不如粮油、青菜、油盐酱醋、鸡鸭鱼肉复杂，任何商品的质量都不如每天需要变换口味的饭菜难以衡量，任何商品的价格都不如员工顿顿吃的东西敏感。不信你试试看，你能否管好一个食堂？

1. 食堂管理难题

有人可能会说，如果我是一名食堂的老板，食堂采购就是我要管理的重点。必要的话，可以采取如下措施：

(1)"我、我老婆或者我的亲信亲自去买。"

可是这样一来你不就成个体户了吗？你的食堂还能发展扩大吗？如果再有第二个、第三个食堂你怎么管？另外，人是这个世界上最高级，也是最易变的动物。在缺乏监督和约束的环境中，亲信也变得不可信。某个深圳制衣厂老板曾自嘲地说："自从我丈母娘管了食堂后，我小姨子和小舅子家里就不用再买菜了。"所以说仅靠亲情来管理企业是行不通的。

(2)"那我就派两个人去买，一个买，一个监督。"

管过企业的人都知道，在现金交易、无发票，并且质量和价钱每天都变化的菜市场中，采购者抵御诱惑的能力很差，靠"人盯人"是不可靠的，因为两个人可以很快达成攻守同盟。还有的公司甚至用3个人去买菜，两人负责买，一个人复秤。结果怎么样？除了整天吵架之外，仍然解决不了问题。更关键的是：千万别忘了，你经营的可不是什么暴利生意，一个人能干的活，3个人一起干，你成本不就高了吗？

(3)"那我就采取轮班制，每次去买的两个人都不同。"

有这种想法的人一看就是不懂食堂生意。千万别小看油盐酱醋、青菜土豆、鸡鸭鱼肉这些人人都知道的东西，它们的采购可是很专业的。一个不懂菜市行情的人往往会让小贩骗秤和欺价。如果为了防止贪污，买的东西质次价高，你的食堂生意还有竞争力吗？

(4)"那就采购的人固定，监督的人轮换。"

采用这种方法问题的关键是一个不懂行的人怎么可以有效地监督一个天天采购的人？他可以非常容易地同供应商表演完美的双簧，让监督的人成为聋子耳朵。不仅如此，犯罪心理学证明：监督越严厉，人的犯罪心理越强，监狱就是最好的证明。每天被不同的人盯着，这对采购者实际上是双重人格侮辱，因为它的假设是：一你不仅会贪污；二你还会拉别人一起贪污。如果你被这样假设了，不贪污都对不起自己了！还谈什么发挥主观能动性，同小贩斗智斗勇买便宜的青菜、茄子、猪肉、粉条？

(5)"那我就公开招标选总供应商。"

这又是外行话。的确，一些大餐馆或饭店对饮料烟酒和粮油等商品采购用总供应商

独家采购制度。这是因为这些商品是标准产品,而青菜土豆、鸡鸭鱼肉是非标准产品,质量和价钱每天都可能变,你怎么制订标书?谁能预测,8月猪肉上涨10%,9月山东黄瓜大丰收每斤只卖0.1元?因此,即使你有总供应商,还是要有人知道行情,因为这些青菜副食是食堂成本的大头。

看到此,我估计很多人开始纳闷:这么简单的食堂生意,管理起来竟然如此复杂?

这就对了,因为你是外行。如果一个真正管过食堂,而且成功管理过食堂的人,这个问题对他来说就是"小菜一碟"。这就是管理永远是具体的道理,即外行不能管内行。

2. 开源节流

一次偶然的机会,让我碰到一位管理过食堂的老板,他的一席话让我茅塞顿开。

我问他:"你的食堂采购由谁负责?"

他说:"看买什么。需要每天买的青菜副食由大师傅负责,不需要天天买的粮油酱醋招标采购,清洁用品等杂项由食堂经理买,炉灶器具、锅碗瓢盆等固定资产(他的定义)由我亲自负责。"

我又问:"大师傅去买菜有人监督吗?"

"没有,我们只监督买回来的东西是不是短斤少两,因为很多东西是大师傅去市场订,供应商送;送来的东西由厨房小工复秤记录。"他说。

"不怕大师傅吃回扣吗?"我问。

他说:"不怕。这个食堂是物业公司的,每人每天只有7元钱的伙食定额,扣掉主食和其他费用,每人每天副食只有4元钱。大师傅要用4元钱,买回能做四菜一汤的材料已很不容易了,哪里还有吃回扣的份儿?另外,我自己偶尔也去逛菜市场,市价比较清楚。再说,他能不能吃回扣,根本不是我管理的重点。"

我很奇怪,问:"为什么?"

他说:"我做生意先讲开源,后讲节流。因为一个生意得先有营业额,后才能有利润。我的重点是如何让吃饭的人满意,他们满意了,他们的公司才跟我续约。他们满意了,我同公司谈伙食承包费、水电费和客人招待费才容易。"

"怎么才能让他们满意呢?"我继续问。

"这些保安都是从农村来的小伙子,饭量大得很,要让他们满意首先得保证他们能吃饱。可是每人每天就这么点伙食费,怎么才能让他们吃饱?因此,必须精打细算。比如,不要买刚下来的新鲜菜,尽量买过季菜、处理菜;不要买里脊肉,要买肥肉……这些东西可不是一般人能买到的,必须是做菜的大师傅。大师傅在菜摊看到便宜菜和肉时,脑袋里马上就能想到做什么菜,因此在讨价还价时,他可以立即作决定。否则买菜一个人,做菜一个人,天天得吵架。做餐饮的人都不知道,凡是有人投诉饭菜质量,大师傅一定会先找原材料质量不好的原因。所以我必须把这个权力交给大师傅,让他能用一点点的钱变着法让大家尽可能吃好。要让大师傅做到这一点,必须鼓励他才行。怎么鼓励呢?食堂就餐者每个月对饭菜质量有评分,评分越高,大师傅奖金就越高。"

3. 目标管理:将军赶路,不追小兔

听了这位食堂老板的一番话,我靠在沙发上的身子不由自主地直了起来,这个不修边幅的小老板开始让我肃然起敬。我继续请教:"可是我的经验是,吃饭的人个个都是'陈世美’,新厨师做的饭菜,刚开始都挺好吃,可是吃着吃着就烦了,评分也就低了。”

“那你要分析,就餐者对什么最在意?在这个食堂吃饭的小伙子们对饭菜不满意,主要是分量上。我刚接手这个食堂时,他们是半自助餐。一般而言,凡是吃自助餐的人,都是眼大肚子小;尽量多要,吃不了,不是硬撑,就是偷着倒。食堂员工怕后边的人不够,就尽量少给,结果总吵架。做食堂的人都知道,合餐一定比分餐省;可是分餐卫生、方便和时髦,所以一般公司食堂大都采用分餐。可是你得研究你的食客是哪些人。如果是白领当然要分餐了,人得先吃饱后才吃好。于是,我终于说服物业公司把分餐制改成合餐制。我的条件如下:八人一桌、四菜一汤、公筷分菜、凑齐再吃。结果满意度一下子上升了10个百分点。

“不仅如此,要想少花钱吃饱饭,只有一招——多吃饭少吃菜。我和大师傅在制定菜式时就想方设法,让中午和晚间每顿饭都必须有一个口味重、能下饭的菜。比如,梅菜扣肉、红烧鱼、腌菜炒大肠、麻婆豆腐等。

“你看这才是我抓的重点。这个公司换过3个食堂外包,对我们是最满意的。现在他们总经理也经常在食堂里吃饭,这几个月物价高涨,他还主动问我需不需要加钱。”

我目不转睛地看着他,心想:管理者都懂目标管理,可是几个目标一打架,往往就把大目标忘了——很多企业为了防止员工吃回扣,把员工的积极性也搞没了。这个食堂老板显然是个能“将军赶路,不追小兔”的高手。

4. 管理客户期望

食堂老板见我真心请教,有些自豪,他继续说:“做餐饮的人其实不怕投诉,因为顾客投诉的都是一些能看得见的毛病,这些毛病都好改,难就难在食客的口味上。黄老师,你说得对,经常吃这几个菜谁都烦了。这就是为什么餐馆不断换厨师和推新菜式的原因。可是我们做食堂比较惨,因为大部分员工没有选择,只能在这里吃。于是他们往往把对饭菜的厌烦通过别的事情爆发出来,比如,饭菜质量问题和服务态度不好。其实,每个人都有家,你妈也就能做那几样菜,你怎么不烦?在外面跑来跑去,回到家一吃,还是你妈做的饭菜可口。所以我做食堂跟别人不一样,别人都希望职工每天都来食堂吃饭,因为多吃一天,做食堂的人就多赚一天钱。我承包任何公司食堂,都要求公司同意食堂每周停业一天,因为我的员工也要休息。其实还有一个原因是,我想让那些整天在食堂吃饭的员工自己做一做,或者到外面饭馆换换口味,对比一下价钱,这样他们就知道我的饭菜物有所值。我有100%的把握,他们用7元钱在任何地方,包括自己做,绝不可能比在我这里吃得好。”

我真的遇到高人了,不知哪个管理大师说的:“营销的第一准则是管理客户期望,而不是仅仅满足客户。”看来这个只有中学文化的食堂老板是个无师自通的大师。

5. 顺应人性和自然规律

我继续问:“很多食堂采购都让老板费脑筋,往往用很多方法去控制。他们的担心也是有道理的,每个人的菜金再低,几百人加到一起,一年下来细水长流也是一笔不小的数目。你为什么对你的大师傅那么信任,他是你的亲戚吗?”

食堂老板笑了:“我在深圳经营4个食堂,我哪里有那么多能做饭的亲戚?其实菜市场采购吃回扣的事,都是那些公司自己办食堂的人做的事,为什么?管食堂的人不懂行,再加上管食堂的人往往是什么行政部经理,他们还有很多别的事要管,不可能在食堂上下那么多功夫。这些大公司以为靠什么复杂的程序、制度和'人盯人'监督就能解决回扣问题,那是瞎掰。同样是菜心,有的是今天刚从地里摘的;有的是前天摘的,淋上水都是新鲜的,你怎么监督?一副猪下水上午卖30元钱,到晚间5点以后就10元钱了。如果采购的人想给你省钱,他会跟摊主说,有剩下来的下水给我送来;如果他照章办事或心情不顺,你就要花30元。再说了,逢年过节供应商送他一条烟,下来的新鲜水果送他一篓,这些事你能管得住吗?更关键的是你需要管吗?所以管不来的事,就不能硬管;要换着方式管才行。我能管的是每人4元钱的菜金,你给我做出让吃饭人满意的四菜一汤;如果在这个前提下,你还能吃到回扣,那就是你的本事;如果你真有这个本事,你小子就不需要当大师傅了,你可以当食堂老板。为什么?因为你能管好大师傅。"

大多数人只知道"治大国如烹小鲜",而不知道这只是半句话,其实老子的意思是管理者如果能顺应人性和自然规律,治大国就如炒一碟小菜那样容易了。这名食堂老板显然是知道老子整句话的人。

6. 让所有人都有点小权

我又问:"粮油酱醋不是也会影响饭菜质量吗?为什么不归大师傅一起采购?"

食堂老板狡黠地看了我一眼,说:"这就是我的特殊管理方法。别的公司采购都统一,我就要分散。我认为一个人过手的金额越少,贪污的可能性也越小,不信你看那些大贪污犯都是权力大的人。为什么?过手金额太大,掉一点小渣对人诱惑就很大。我不知道为什么有些公司非要把所有东西都集中起来采购。不仅如此,其实很多东西,买的人不如用的人懂行。

"所以我把采购权分开。把需要采购的东西,首先按性质分。是标准产品不管金额大小,能招标的就不独立采购,比如,粮油招投标,盐味精酱油醋这些东西虽然金额小,也招投标。这叫什么?尽可能不诱人犯罪。现在买10瓶啤酒都可以讲价,所以要尽可能把漏洞堵上。不能招标采购的,比如副食青菜,不论金额多大,都直接交给最懂行的大师傅。为什么?除了上面说的原因,我现在经营4个食堂,最高的伙食标准是每人每天20元,最低是7元,4个食堂用的原材料都不一样,放到一起采购只能顾此失彼。拖把、抹布、员工制服这些杂品由每个食堂经理购买。这样人人负责一部分,不仅能买到最合适的东西,每人买的品种少、金额小,稍稍吃点差价,就容易暴露出来,比如,别的食堂拖把5元钱,你买的拖把10元钱,你能不心虚吗?

"人这种东西,别人怎么管都不如自己管自己。我这样做还有一个原因,谁都知道买东西是个好活,被人家敬烟敬酒还请吃饭,还有可能拿回扣。可是好事就要尽可能大家都有份,不能我整天烟熏火燎,你整天在外面风光,否则就会引起嫉妒和流言蜚语。如果把权力分散开来,大家都可以沾光还可以互相监督。当然我也不是为了分散而分散,该集中的我还是要集中,比如,我把粮油酱醋的招标权下放到一个食堂经理那里,由他代替其他几个食堂采购。当然招标是轮流坐庄,下一年由另外一个食堂的经理负责。

"别人的老板都说:员工都想少干活多拿钱。我看不是,我觉得员工是想少干不好的活,比如洗菜、擦地这些脏活和累活。如果让洗菜的小工监督过秤,不给钱他们都高兴干。这是为什么呢?因为他们不仅能到厨房外面凉快凉快,喘口气抽口烟,掌握秤杆子,还能受到别人尊敬呀。他不仅需要复秤，还要记录；短秤了，还要找大师傅对证。是人，哪个不想有点权力？所以我的原则就是让所有人都有点小权。

"人有权无责、有权无法都容易乱来。洗菜小工抽别人几根烟是小事，上万斤米面的采购就容易出大事。所以我虽然把米面的招标权力交给食堂经理，但是招标必须按我制定的方法招。我们的招标结果，事先任何人，包括评标者都不可能知道。因为我们做的是吃的生意，入嘴的东西不能只斗价钱低，否则斗来斗去，什么毒米就混进来了。因此我的招标方法永远是：第一，至少有4家无关联的供应商投标；第二，必须有1家新的供应商；第三，中标者是最接近4家平均价钱的投标者。任何人违反这个规则，就等于犯了法，你必须交代清楚。"

食堂老板越说越兴奋，我也越来越觉得他管理能力很强。我问他："你以前做什么的？你这些招都是自己想出来的？"

他说："我今年45岁了，年轻时当过兵，后来到政府机关开车。再后来到深圳打工，打来打去也打不出头，就自己做生意，没有大本钱，就在工厂区开了间小饭馆，结果就开成了食堂。我都是一点点悟出来的，控制吃回扣，靠人管人不管用，要从源头控制，要把大权化成小权控制，要用规则法律控制，要让人自己控制自己。"

三、一个小公司老板的日常管理

我比较惭愧，从未在大公司待过，也未系统地接受过管理培训。刚毕业时虽进入大部委工作两年，可惜职务太低，没学到真谛。一说起管理，总感觉别人讲得头头是道，就好像武侠小说里的名门正派，而自己则是街头打群架的小混混儿出身，没有理论，只有教训。我目前的公司，有员工100人左右，成立10多年，年销售额几千万元，但问题有几百个。现将日常管理中遇到的问题和处理方法写出来与大家一起探讨。

1. 小公司如何留住骨干

这些年物价上涨，费用上涨，公司利润却未涨多少。每个员工都希望工资大幅增加，但估计90%以上的小公司无法做到这点。有时我这当老板的恨不得将公司门一关，自己拿着资金炒股或炒房，图个清静。虽说近几年由于给每个员工上五险一金，人均费用每月增加几百元，但员工并不领情，员工只算每月到手多少钱，至于公司的支出与己无关。

既然无法让所有人都满意，我就只满足公司20%的骨干。首先发展骨干员工入股：我将公司股份买一送一，半价销售给骨干员工，5年内退股只退还本金，5年以上退股我3倍赎回。每年拿出利润的60%分红。反正有钱大家赚，但股东一旦做了对不起公司的事，加倍惩罚，由股金中扣除。这招还真好使，在近5年里没有一个股东离职，而且公司重点岗位都有股东，省了我不少精力。

为什么不白送骨干员工股份？其实我并不是在乎钱，主要是白给的东西别人不珍惜，而且入股的钱又可作为押金，以防股东做出格的事。再说员工入股的钱不出5年即可通过分红收回，不投入哪来的产出啊。

2. 关于授权

记得公司刚有十几个人的时候，全公司我最忙，经常同时接两三个销售电话，还得安排送货、结账、进货，每天来得最早，走得最晚。一次我弟弟到公司，看了半天，发表感慨说："哥我怎么觉得你在养活公司所有人呀？"我当时还挺自豪。结果公司四五年也发展不大,一直十几个人,而且公司员工感觉备受压抑,无发展空间。后来终于明白该放权就得放权,哪怕员工只能做到你的70%。有时候真着急啊,明明能谈下的客户,销售人员就是差那么一点谈不下来,恨不得立刻自己冲上去。该忍还得忍,要不手下员工如何进步。

小公司发展过程中15人是个坎,50人是个坎,200人又是个坎,管理方法不改进,一般无法进一步发展。老板事事亲力亲为的公司,很难过15人。一个人能力强,可直接管理七八个人;能力一般,则只能直接领导四五个人。各个国家效率最高的部门就是军队,看看军队的组织结构:一个班十一二个人,除班长外还有一个副班长,三个班一个排,三个排一个连,以此类推。团长管1 000多人,可能只认识其中百十来人。团长看见某个士兵有问题,绝对不会骂士兵,他只会骂士兵所在营的营长,营长则再骂连长,一级管理一级,最后班长把该士兵剥皮了事。所以军队尽管有千军万马,依然能做到令行禁止。

现在客户找我买东西,我经常说:"哎呀,真对不起,价格我不知道,我给您介绍个销售人员,我让他跟您联系吧。"

3. 有的钱不能省

刚创业时也就一两个人,自己销售,进货,维修,跑银行。当时没有注册资金,借朋友的营业执照。自己到外面学习了几个月会计就开始瞎做报表。月底到税务局报税,报表一交,专管员看了两眼,开始问问题。问的问题我根本不明白,更别说回答了。专管员一脸不高兴,问:"你懂不懂?"我赔着笑脸:"不懂,不懂。""不懂你来干吗,换个懂的来。""好,好,下次一定换个懂的来。"下个月我又瞎做了张报表去税务局报税。专管员显然对我有印象:"怎么又你来了?"我只好顺嘴胡编:"会计怀孕来不了,只好我来!"第二天我就找了个会计公司,一月500元钱,以后再不自己跑税务局了。一直到公司十几个人,我仍然让会计公司做账,公司只有一个出纳,没有专职会计和库管。随后几年业务开展得不错,没少挣钱,可年底公司账上资金却没增多少。后来我发现公司只要一过10个人,老板一人根本看不过来,整个公司就像个筛子一样,到处都是洞,能剩下钱才怪。指望公司员工都是焦裕禄和雷锋,门都没有,哪怕提成给员工70%,他还会惦记剩下的30%,傻瓜才不贪污。只有制度健全,让心术不正的人无懈可击,才能管好公司。感谢我现在的会计,工作极为负责。下辈子再办公司,公司一定要有4个人,一定是一个老板、一个会计、一个出纳、一个库管,打死再不省那点钱了。

4. 隔行不挣钱

这句话放在90%的公司身上是对的,当然,如果您觉得自己是那剩下的10%,也不妨一试。

一般公司只要能坚持个三五年,挣了点钱,老板就开始琢磨再干点什么。大部分人总觉得自己的行业不如别人的行业挣钱,很不幸,我就是其中一个(我觉得自己的经历整个可编个小企业错误大全)。20世纪末,脑袋一热,开了个饭馆,从此厄运开始了。当初我觉得自己销售方面颇有天赋,开饭馆肯定没问题。谁知这该死的饭馆光有销售根本不行,做得不好吃别人最多只来一次。我不好吃喝,也没耐心和大厨琢磨新菜。而且开饭馆不光进货结账,卫生防疫、工商公共安全专家样样要跟上,起早贪黑累得要死,跟开公司不一个路数,我实在没耐心,找了个公司部门经理去负责,管得一塌糊涂,半年赔了几十万,关门了事。现在谁再跟我提开饭馆我跟谁急,去饭馆吃饭行,别的一概免谈。

如各位有兴趣开饭馆，一定要先想明白以下几点：

A：你是否能起早贪黑吃得了苦？

B：如果是接别人转让的饭馆的话，一定要先搞明白上家为何转让（不可只听一面之词，一定要在该饭馆蹲两天）。

C：饭馆租金、人员开销等费用核到每天每张桌子是多少钱？饭馆定位，面向什么层次顾客？一天能翻几次台？平均每桌消费多少？毛利率多少？是否能赚回来（一定要掰着手指头算好，否则赔死你）？

D：附近的工商、卫生、公共安全专家、地痞流氓你是否搞得定？

E：停车问题。

F：找大厨。找着后如何管理？是后厨承包还是流水提成？

G：你老婆是否愿意做采购或找个像你老婆一样对你忠心的人做采购。

H：饭馆服务员可得管吃管住，而且工资近期增长很快，预算要留出富余。计算不好你就只能剥削你自己外加你爸你妈和你老婆。

I：……

还有N多问题自己想吧。

据我的经验，饭馆和美容美发都不好干，只要看看报纸上的转让信息就知道，基本就这两个行业。另外，我的副业还曾有过服装、节电设备等，都没挣到钱。

5. 关于招聘

这些年没少招聘，几年前最多时我一个下午面试五六十人。刚开始没有经验，每回招人都找最好的，工资1 000多的售后服务岗位经常招名牌大学本科生，英语过四级。后来发现，招来的人根本留不住。本来简单工作的岗位，中专生完全能够胜任，找个本科生双方都不合适，只是在写公司简介时方便吹牛。另外，面试时应聘人员说的话不可全信，有时对方刚失去工作后比较失落，为得到新工作，他们什么都敢承诺。某次公司招聘商务，岗位工资定为2 000元左右，一个女孩投简历面试，本科学历，3年工作经验，上份工作工资在2 500元，我问她这次工资比上份工作工资低，能否接受。她毫不犹豫地表示没问题。由于她比较适合商务职位，我就录用了她。半个月后，前任商务和她交接完离职后第二天她也离职，理由居然是工资低，搞得公司非常被动。再次招聘我招了个原工资1 500元的女孩，现在还在该岗位，不但干得好，而且对工资也很满意。大部分人对待新工作职位及待遇都是只能上不能下，能上能下的人太少了。

招人的经验是："宁可漏过一千，不可错招一个。"据我的经验，公司招聘如低一档用人、高一档发工资效果比较好（也就是招三流的人才，干二流的工作，发一流的工资。当然，以上一流、三流都是相对的）。招聘时应不嫌麻烦，仔细核对应聘人员身份。去年我公司连续发生两起新员工携款潜逃事件，打电话找人时对方有恃无恐：反正我应聘时的身份证、学历证、家庭住址都是假的，几千块钱警察都不管。别说，警察还真不管。现在招聘，本地人公司都一一核实，外地人一律要有本地人担保，弄虚作假者一概不要。从此再无类似情况发生。

对于下岗职工我个人有一定偏见。大部分下岗职工，特别是岁数稍大的国有单位下岗职工基本上牢骚满腹，觉得社会对他不公，而且把不满情绪及原单位的种种不良习气都带到新公司,觉得公司给他什么福利都是应该的,别人都欠他的,很难融入新公司,踏实肯干的占少部分。大概私营企业不适合下岗职工吧。此外,亲戚朋友能少用就少用,这个话题以后我还将涉及。

6. 老板尽量唱红脸

每天公司里总有很多事发生,有的应该表扬,有的应该批评。批评和表扬到底该由谁来执行呢?刚干公司时,找不着当老板的感觉,平时又最烦管人,所以员工有什么问题我很少说。结果公司员工自由散漫,谁也不服谁,工作无法开展。后来觉得这样下去实在不行,于是开始板起脸管人。这下新的问题又出来了,公司里几乎所有的矛盾都集中到我和公司员工之间,经常有员工当面与我理论是非曲直。这老板当得真郁闷,而我又实在不想当一个声色俱厉的管理者。后来与日本企业接触多了,发现不少奥秘。日本公司总经理很少骂公司普通员工,对公司底层员工可和蔼了,但他经常当着员工的面训斥公司中层干部,而普通员工犯错误则由该员工的直接领导负责处理,当然月底发工资时总经理心里可不含糊,这样公司不仅管理得井井有条,而且员工心理也比较平衡。

"他山之石,可以攻玉",说干就干,咱公司不大,好歹也有几个主管。于是开会明确职责,谁的手下出问题谁自己处理,别什么问题都往我这推。平常我一般只表扬好人好事,鼓励为主,而主管自身犯错时我也很少当众批评,通常是私下交流。时间不长,公司管理顺畅了,我在公司里的形象也大为改观,员工更尊敬我了。

有时觉得,老板对于公司有点像古代皇帝对于国家。如果皇帝很贤明而大臣很昏庸,老百姓通常觉得国家还是有希望的,大不了清君侧,换个大臣了事。而如果皇帝很昏庸,则老百姓通常觉得这个国家没希望了,开始琢磨造反改朝换代。咱当老板总不能让公司员工揭竿而起或用脚表态一走了之吧,既然主管和部门经理享受着公司岗位津贴,当然应该为老板分忧,该唱黑脸做恶人时就应当仁不让。而老板一般应保持一个超然的态度,置身于事件之外,旁观者清嘛。不过部门经理需要支持时,只要不是原则性错误,我通常态度鲜明予以支持。

7. 公司里的亲戚

这个问题我只有教训,没有经验。还好,老婆工作单位一直不错,世界500强,对我的小公司没什么兴趣,因此公司刚成立时,我根据平时耳濡目染的各类情况,决定尽量不用亲戚朋友。后来公司到一定规模时,外地一个长辈打来电话,说她儿子(也就是我表弟)毕业一年,在当地我们这个行业的一个小公司当业务员,收入不是很高,希望来北京发展。我这个亲戚家庭比较困难,其中一个孩子因为特殊情况无法上班,而要来北京的这个表弟我原来见过,现在十八九岁,相当聪明,当时想公司正缺人,用谁不是用,因此我爽快地同意了。

表弟刚来北京时,吃住都在我父母家,年轻人和老年人生活习惯不同,搞得我妈经常找我抱怨。过了一段时间,我将其安排到公司宿舍,算是解决了问题。表弟人很机灵,又会来事,几个月时间就完全适应公司环境,而且在部门里业务完成得很好,提成总在前几名。后来我发现,表弟经常在公司里表白自己的特殊身份,对同事吆五喝六,公司其他员工反响很大。为此我找他谈过几回,他都表示一定改正,不过收效不大。转眼一年过去,表弟在这个行业里已经如鱼得水、挥洒自如。这时,表弟找我说他在老家有几个同学,又聪明又可靠，希望带过来一起在公司发展。我想这是好事啊，来吧，照单全收。可是麻烦也开始了。

表弟和他的几个同学吃住都在一起，相互之间只说家乡话，公司里除了我谁也听不懂。而且他们虽在不同部门，但被部门主管察觉他们相互勾结挣黑钱。表弟非常聪明，他散布说公司股东之间有矛盾，他是我这一派的，让他的直接主管不要站错队，否则后患无穷。公司不少员工真被他唬住了，过了一段时间，问题才反映到我这来。公司对待此类问题一向是第一次罚款警告，第二次开除。我和表弟谈了一回，他拍胸脯表示绝不再犯类似错误。没过一个月，又有部门主管向我反映表弟的小团伙在干黑活，而且不但不避讳其他员工，甚至鼓励其他人一起干。我真的很为难，再不管该养虎为患了，我还指望公司做强做大，让一起创业的股东老有所依。长痛不如短痛，一咬牙，我将表弟和他的小团伙陆续请出了公司，公司业务为此震荡半年。表弟靠着从公司带走的客户，现在还在这个行业做，每年也挣不少钱，还买了车。

亲戚朋友能不用还是不用的好，否则最后亲戚朋友也没得做了。

曾经听过其他公司老总讲他在公司做大后如何对待亲戚。他的五六个亲戚在他创业时不计得失地帮他干，做大后亲戚跟不上公司发展步调，且占据高位不好管理。这时，他采取牺牲钱财保全亲情的方法：岁数大的给一笔钱帮其另外创业，岁数小的公司出钱送到国外留学并负担所有开销，读成 MBA 后帮其再找工作，从而顺利解决了这一棘手问题，高！

8. 当老板和开车

去年回老家，坐一个亲戚开的车。亲戚刚拿驾照没多久，属于实习司机。一道上马路又宽又直，司机的手却在不停地动，左一下，右一下，车也在画龙，我坐在副座上，心里很紧张，系上安全带，嘴里话也少了，脚下直使劲，旁边车道上的车不停地在按喇叭，还好，最后终于安全到达。回想 10 年前自己刚拿驾照时，已是老司机的弟弟坐我的车也提过同样的问题，当时自己信心很足，根本不理解坐车的人怎么会有这种感觉，现在方才明白。

总结自己开公司，也经常犯类似的错。政策朝令夕改，看见别的公司有什么新章程常常一拍脑门拿来就用，过段时间发现效果不好又推倒重来，弄得公司员工无所适从。原有的提成奖励方法有的已经很好，经过实践检验较为合理，员工也认可，偏偏听完什么专家讲座或看完某本管理书后，不经过深思熟虑并结合公司实际情况进行改造照搬照抄，立刻重新制定政策，结果会计抱怨不好操作，员工抱怨政策不合理，一通折腾后又改回原样。

现在常想，办公司和开车很像，老板就好比驾驶员，车在路上跑，只要在本车道的两条白线内就 OK，不必时刻调整方向盘，否则司机累，乘客累，车还画龙易出危险，费力不讨好。同样，办公司只要公司运营在可控范围内不犯大错，政策就应稳定执行，保持连贯性，让员工心里有底。小公司老板权力集于一身，缺乏监督，制定政策更应该小心谨慎，不然公司总在调整，员工缺乏稳定感，不跑光才怪呢。想想当初邓小平为什么承诺香港回归后体制 50 年不变。

9. 按时发工资

其实这一条是当老板最基本的素质。估计每一个老板都不会反对这一点，但实际情况是很多公司做不到这一点。

公司在日常运营时,会经常遇到资金紧张的情况,比如月底或年底压一批货从厂家拿个高额折扣,做工程甲方押着工程款未能及时支付,银行贷款到期需立即归还,等等,所有这一切对于老板来说都是未能及时发工资的充分理由。老板一般想:又不是不发工资,只不过稍微晚几天,公司资金紧张,员工应该理解。真实情况是:无论任何理由,对于不按时足额发工资,员工都无法理解。员工的工资不是老板赏赐的,而是他辛苦所得,没准他正等着到日子拿工资交房租、还月供或支付孩子的学费呢。未能及时领到工资,员工可能马上就会面临生存问题。正常情况下,老板兜里的钱总比员工灵活些,所以老板不能经常想当然地认为员工晚拿几天工资没关系。

那么如果碰到资金紧张时该怎么办?一般情况下,做生意量力而行,有多少本挣多少利,不行就找银行贷款。如果银行贷不到款,也可公司内部或亲戚朋友之间集资,讲明用钱的地方,谈好借款期及利息,大部分员工对于公司有把握的业务还是愿意参与的。到月底实在发不出工资,如果公司还想继续做下去,老板还是先从自己做起,把私房钱拿出来吧,还不够把房子、车子先典当了,资金周转过来再赎回。

拖欠工资这事有点像吸毒一样,有第一回就会有第二回,只要资金一紧张老板就会用拖欠员工工资来缓解,结果员工对公司和老板的信任荡然无存。调查表明,员工对于公司最无法容忍的就是拖欠工资,这也经常是某些企业人员流动的最主要因素。

10. 学会说"不"

中国人好面子,"不"字很难说出口,而老板又是公司的最后一道关口,有时不得不拉下脸说"不"。我们公司有规定,公司的钱一律不借给个人,当然,特殊情况员工可以预支部分工资。前两年,公司一个骨干员工找我聊天,他问:"如果公司里一个员工,对公司贡献是其他人的好几倍,公司会不会借钱给他?"对这个问题我真的很犹豫,想了半天,我说:"公司有规定,公司的钱一律不借给个人。"他还不甘心,又问:"对骨干员工也这样?"我说:"对所有人公司一视同仁,骨干员工工资奖金可以多发,可以优惠条件入股,但对于这项规定谁也不能例外。"随后我问他是不是自己要借钱,他承认说要买房子想借30万元。我很奇怪,买房可找银行贷款呀,这个员工说找银行贷款要付利息和手续费,想着找公司借钱可以不付利息了。后来我了解到他已经有一套住房想着再买一套住房等升值挣钱呢。一年后,该员工因为其他原因离职了,想想当初要是借钱给他,此时还真不好要回来。回绝过一回,以后类似情况就好处理了。这些年,公司包括我在内的所有股东买房钱不够都是找银行贷款,没人借用公司流动资金。想想公司再有钱又怎能代替银行的功能。

有时公司的不少规定都有特殊情况,但在原则问题上老板一定要站稳立场,规定面前人人平等,所谓不患寡而患不公就是这个道理。没有不透风的墙,只要开了先例,以后其他员工就不好管了。近些年,媒体上不是一直嚷嚷要法治不要人治,一定有它的道理。当老板该说"不"时就说"不",无论对谁,虽然当时被人骂难受一下,总比公司歇菜难受一辈子的强,有很多公司就因为老板磨不开面子盲目给别人担保或随意借款给人,最后自己公司倒闭了。当老板应对自己的公司负责,别人是不会为你着想的。

11. 不要在公司内部奢望交朋友

刚当老板时不习惯管人,总觉得公司里应该人人平等,大家都是朋友,有什么事好商量。干了一段时间后,感觉公司里比较混乱,制度形同虚设,犯错误成本非常低,大家日常基本是想干啥就干啥，月底工资还谁也不能少发。

一天，一个在大公司工作的朋友到我这待了半天，走时深有感触地对我说：你这管理要加强啊，在公司半天都看不出谁是老板，员工既不怕你也不听你的呀。我听后觉得很有道理，但具体怎么做也搞不明白，后来问题终于集中爆发了，公司里贪污现象严重，效率低下，员工觉得没有奔头，几个骨干自己一合计单挑一摊，十几个人的公司跑了七八个并带走了一半客户。好在此时我还有另外一个较小的分公司，新招了几个业务员，毕竟我是白手起家，心理承受能力足够强，一咬牙重新开始。这次吸取教训，制定严格的规章制度并认真执行，业务很快有了起色，一年后人员又恢复到十几个，利润也超过以前。

想想还是自己当初心态不对，认为自己的公司应像国有企业一样，人人都有主人翁精神，人人都平等，大家自觉把事干好，纯粹是胡扯。公司内部大家利益不同，岗位不同，哪来什么绝对平等。虽然大家人格上是平等的，但岗位职权、工资奖金上怎么可能平等呢？为什么除了垄断行业外，大部分国有企业都倒闭了？因为国有企业的经营观念、管理方法不符合目前的市场经济和社会环境。我觉得我们从小接受的教育从根本上不符合人的本性。《红灯记》里鸠山说"人不为己，天诛地灭"，一直被当作反面典型加以批判，其实我现在认为这话好像符合每个人自然的第一反应。世人熙熙皆为利来，世人攘攘皆为利往，连出家的和尚都明白这个道理。当老板就当老板吧，甘蔗没有两头甜，我不再奢望与公司员工做朋友，一切按规章制度来，只要管理好公司，让大家尽量拿到更多的工资奖金，人人都上保险，骨干员工入股共享公司发展成果，对得起自己的良心就行了。老板本来就是个孤独的职业，交朋友就在公司以外吧。

要说规章制度，每个稍具规模的公司都有一大本，但不同公司的管理水平相差可大了，关键还在于规章制度是否被认真执行，老板能不能自己认可规章制度并亲自或安排专人监督落实。规章制度执行好了，人员管理就水到渠成，一切按规矩来，老板也不用一天到晚训斥员工。其实，从办公司到现在，我没有骂过任何一个员工，有几次公司员工离职后又回来，原因竟然都是无法忍受新公司老板发脾气骂人。呵呵，不过我感觉现在我在公司还挺有威信，至少朋友来公司不会说看不出谁是老板了。

12. 避免当场作决定

影视作品、报纸广播里经常有这样的场景：领导干部现场办公或下基层走访，有人民群众扶老携幼、涕泪滂沱地反映当地官员久拖不决的某些问题，领导同志大手一挥，无比激动地斥责那些不作为的贪官污吏，该免职的免职，该法办的法办，几年解决不了的问题5分钟之内现场解决。真是大快人心，爽！

当老板没多久，公司人员渐渐多起来，我的领导欲望也逐渐膨胀，常常脑袋一热手一挥解决问题。有一回，甲业务员向我投诉，乙业务员恶性竞争，抢他的顾客，同一单生意故意报低价致使用户未从甲业务员处购买，公司也在利润上受到损失。我一听，非常生气，这种极端自私的行为如何能够容忍，于是贴出通知：此单生意，乙业务员不仅没有提成，而且通报批评，所有提成奖励归甲业务员。后来乙业务员反应激烈地找到我说该用户他已经跟了半年多，价格型号都基本谈妥。前些天有次他外出拜访其他用户时，该用户打电话到公司落实细节问题，结果甲业务员接了电话，之后甲业务员不仅未转告乙业务员，而且还让用户直接找甲业务员，并许诺更多优惠，差点将生意搅黄。我听完后非常诧异，怎么与甲业务员说的完全不一样啊。后又找其他几个业务员核实,乙业务员说的基本属实。唉,通告已经张贴了,这可如何是好?于是一通补救并制定相应规章制度避免以后类似情况发生。过后反思:当初为什么不调查一下再作决定呢?如果乙业务员性格内向些没准不找我申辩直接开路走人了,这对公司损失更大,而且公司其他员工又会有何想法?再回想最近经常快速作出一些鲁莽的决定,非常后悔,看来官僚的口头禅:这个问题要考虑考虑、研究研究确有其道理。过去的皇帝金口玉言,说的话不能随便改,今天的公司老板也不能不过脑子,不全面调查随口做决定,否则天天朝令夕改、威信尽失。

现在员工找我解决问题我一般都说:行,我知道了,等我查一下,几天之内给你回复。这样类似错误就很少发生了。看来做事不能只图一时痛快,要全面考虑,职位越高,越应避免当场作出决定。要不怎么很多人感觉大公司办事反应慢,估计如果大公司反应都像个体户一样快的话,很快大公司也就变成个体户了。

13. 政策的制定

经过几年的努力,公司终于拿到某著名品牌在北京的代理权,我非常高兴。为完成该品牌在北京全年的销售任务,公司召开销售会议。在会上,我详细给销售部每个员工布置了任务,订好全年的销售目标。

3个月过去了,公司代理品牌的销量未能达到年初制订的季度销售目标,什么原因呢?公司整体销售不错呀,只是所销售产品品牌比较分散,难道是业务员不擅长销售主打产品?销售培训没跟上?

偶尔听到业务员之间的对话让我解开了谜团。

下班后,我正准备走,听到门外两个业务员在聊天。甲业务员:“今天你卖得不错呀,一单就走了5万多元。哎,你为什么不推咱主打产品呀?”

乙业务员:“顾客用惯了另一个牌子,再说卖那一个牌子利润多500元,我的提成不也能多100多元吗。”

原来如此。按说乙业务员不仅是公司骨干而且还是公司小股东,他尚且如此,更别说其他业务员了。

我反省了半天,错误还在我。卖主打产品虽说有时眼前利润可能稍小,但如果考虑售后服务成本及完成任务后厂家的各种促销支持还是利大于弊的,关键是这些员工并不关心,他们只关心自己的收益,毕竟人的本性是自私的,还是公司的销售政策没定好。

第二天,我重新制定了销售奖励政策,向主打产品倾斜,凡销售主打产品,不光有利润提成,还有流水提成,而且每季度如完不成主打产品流水任务,将影响该季度的季度奖。政策一改,立竿见影,当年第二季度主打产品销量顺利完成。

一般来说,公司员工的利益与公司老板的利益是不一致的,二者之间经常会有冲突。指望公司员工牺牲个人利益去成全公司利益,基本上是天方夜谭。但老板有老板的优势,老板是公司政策的制定者,他可以利用人趋利避害的本性制定政策,将公司员工利益尽量与公司利益统一起来,让二者一荣俱荣、一损俱损。这样根本不需要做思想工作,员工自己就朝着老板希望的方向使劲了。就像古代大禹治水一样,疏导为主,堵塞为辅。一个明智的政策必须符合人的本性,所有那些假大空的言论都应该被摒弃。有些领导在台上给员工作报告,大道理一套一套,说的话有时自己都不信,现在谁比谁傻呀,无利可图,政策不对头，讲再多大道理也没用。20世纪农村实行土地承包制改革，一包就灵，归根到底还是政策终于符合了人的本性。

14. 矬子里拔将军

公司销售部很长一段时间没有主管，十几个业务员都由我来管。不是我不想设立主管，而是觉得部门里几个骨干能力差不多，没有特别突出的。并且由于行业的限制及所制定的销售政策决定了每个业务员基本上都是单打独斗，相互之间合作很少，日子长了大家都变得比较自私。而其他员工能力与骨干员工比差得比较多，流动性也比较大，因此销售部没有主管。

于是每天我除了与其他几个部门经理沟通外，还得对销售部十来个人事无巨细地进行管理，烦死我了。销售部有事与其他部门协调时由于本部门无主管，其他部门经理经常不买账。地位不对等呀，于是又来找我，唉。

实在难以忍受，矬子里拔将军也得提拔一个销售部主管。

于是制定提拔标准，再根据业绩、能力、与其他同事相处是否融洽等考核，终于选出了一个主管，虽然不是很理想，一边干一边培养吧。

一年过去了，主管并不十分出彩，但日常事务倒也管得井井有条。原来公司到货时需要卸车，销售部公共区域卫生需要打扫，节假日值班安排等头疼的事都需要我去指派，有时还得又唱红脸又唱黑脸。现在好了，有主管了，既然每月多拿几百元岗位津贴，当然就得承担更多责任，食君俸禄为君分忧嘛，我只要找到销售主管，让他安排就行了。此外，如联系厂家、安排新产品培训、与其他部门协调等工作，我都交给销售主管去做，一年也未出什么大错。看来有个平凡的主管也比没有强。人的能力不是天生的，就像蜜蜂一样，刚出生时大家都一样，只要从小喂它蜂王浆，按蜂王培养，它就能成长为蜂王。

15. 有些事情越透明越好

但凡老板，公布各种销售政策时基本都会对商品的实际成本有所保留，无论是对公司员工，还是合作伙伴或下级经销商，老板一般都不交实底。

两年前，我们因业务发展需要在北京周边的一个城市设立了分公司，分公司是采取收购当地一个合作伙伴的部分股份，我公司派驻骨干员工的形式开办的，当地合作伙伴公司的老板马总继续当总经理，负责日常经营。由于对方是一个成熟的盈利企业，所以不用担心新开公司第一、二年会赔本的问题。当初合作时大家商定：分公司作为我公司所代理某项产品在当地唯一经销商，享受我公司从厂家进货相同底价及同样的各类促销政策，接受总公司各类业务指导，年底分公司利润双方按股份比例分红。

一切走上正轨之后，我将与分公司合作的各项业务交由公司管理渠道的副总经理老何负责，直到年底，相安无事。

第二年，矛盾出现了。由于分公司从总公司进货需要开增值税票，而且每次都需总公司派车将货物从厂家库房提出送到货运站再发至分公司所在城市，这就会产生很大一笔物流和税务方面的费用。老何考虑到费用没地方出，于是在新的一年给分公司发产品报价及厂家政策时暗自留了2%。没有不透风的墙，分公司马总在这行经营多年，与全国各地经销商都有联系，不到一个月，就看出了老何所提供的销售政策有问题。在一次厂家的销售会议上，马总找老何对质，老何当然极力掩饰，两人几乎翻脸。

马总对老何彻底失去信任,直接找到我,提出这个问题如不解决,双方无法继续合作。我好言安抚,将与厂家签订的本年度代理协议原件和盘托出,同时将从厂家库房提货及发货的费用、资金占用费用、仓储费、开发票所需交的税等详细列了个清单逐一计算,计算结果大致为流水的2%。马总看完后心里顺了气,坦言只要在厂家销售底价及政策上对他不加隐瞒,这2%的费用他完全能够理解并接受。我接着承诺利用双方合作销量大的优势向厂家申请争取更多的销售支持,一定让分公司享受到比自己做更优惠的价格及政策。马总满意而归,一场纠纷烟消云散。我想:其实合作伙伴所要求的只是一个知情权,一个平等了解厂家真实销售政策的权利。

在通信极其发达的今天,几乎很难保守什么秘密。那种城南布头便宜两毛,城北半个月不知道的情况再也不会出现了。只要不涉及个人隐私,不影响公司根本利益,我公司各项事务基本都是透明的。商品的底价向所有业务员公开,只是事先向他们说明物流仓储税金等各项费用的计算摊销方法,规定销售最低价,其他一概由业务员自己做主,这样不仅增强了员工与公司双方之间的相互信任,而且简化了很多销售中间环节,提高了反应速度。

16. 发劳保用品

刚成立公司时,习惯了国有单位那一套,时不时在过节时发点劳保用品,饮料、食用油之类,每回公司派车采购回来,乱哄哄一阵忙,员工每人拿到手后有的用自行车驮,有的打车,还有的零打碎敲往家拿。后来公司人逐渐增多,业务也忙了,就逐渐停止发劳保用品了。

去年春节前去一个朋友公司,正赶上他们过节前发东西,每个员工两大捆卫生纸、一小桶食用油、几大桶可乐、一箱芦柑。十几个员工每人前面一小堆,不少人正发愁怎样往家拿,打个车吧不值,坐公共汽车吧又拿不了。

我进了朋友办公室,他正在算账。见我进来嘿嘿一乐,对我说:"看我们公司热闹吧,正发过节的东西呢。"

我问他:"发那些东西干吗,又不好拿。"

朋友故作高深地对我说:"这你就不明白了吧,我过节发这些东西让员工拿回家,员工家属一看就觉得咱公司福利待遇好,员工多有面子啊,这些东西摊到每人头上才100多元,看起来又一大堆,多合算呀。"

我又问他:"你公司员工不一直嚷嚷要上劳动保险吗?有钱你还不如把保险给员工上了。"

"谁上那个呀,每人每月公司要多负担好几百元。"

节后,朋友公司的业务骨干走了不少。

3月份我公司招聘,应聘人员中就有一个曾经在朋友公司干过。我问他:"你为什么离职呀,原来公司不是挺好的,过节还发东西呢。"

他不屑一顾:"就那点东西,加起来也就百十来块,蒙谁呀。劳动保险不给上,年底奖金不兑现,老板算得也太精了。"

听了这话,我不禁汗颜,早几年发劳保用品时我内心深处也想着能省点奖金什么的,那时员工私下不定怎么发牢骚呢。

现在这社会，谁比谁傻呀，老板知道卫生纸不值钱员工一样也知道，商品供过于求，超市要啥有啥，明码标价。当老板的作决定时最好还是站在员工角度考虑考虑，这样才能尽量少犯低级错误。否则老觉得自己比别人聪明，早晚要摔跟头。

17. 财务制度之签字与凭证

几年前的一天，我正在办公室改广告稿，忽听到财务室传来争吵的声音。不一会儿，出纳小丽与业务员小马脸红脖子粗地走到我跟前。小马说："上周五我把一张3 000元的支票交给小丽，今天会计又让我交货款，我说交给小丽了，可小丽不承认。"

小丽委屈得直掉眼泪："我根本就没收到那张支票，我刚翻遍了所有的票夹，又查了银行对账单，根本就没有。"

小马说："我明明放到小丽桌上，怎么会没有呢！"

小丽说："经理您可以问问财务室的人，他们都能证明我绝对没收过小马的支票。"

一场糊涂官司，吵得我头都大了。

我说："再去财务室仔细找找，墙角、柜子后面、桌子底下都翻翻。"

10分钟后，财务室传来一阵欢呼，支票从两张桌子的夹缝中找到了。

这件事对我触动很大，财物流程还有漏洞，万一这张支票找不到，算谁的责任？真让我判断，我也无法决定。一直以来，公司对现金的管理比较严格，凡业务员交回现金，都由当班出纳现场收好并验明真伪，然后开具现金收据交给业务员，收据上写明金额、交款人、客户名称、日期，并由交款人签字确认。业务员将收据的一联交给会计做账，会计每天根据现金收据对公司现金结存进行盘点。现金方面这些年从未出过差错。但对支票的管理相对松懈，一般就是由业务员交给当班出纳完事。

在这件事发生以后，公司立刻修改流程，规定凡当班出纳收到业务员交回的支票后，必须在业务员工作单上签字确认，而业务员事先也须在工作单上注明所交支票的支票号及金额，如有纠纷，随时备查。这样一环套一环，责任明确了，就很难再发生类似纠纷了。

总结这些年的教训，我觉得办公司，财务制度一定要健全并被严格执行，公司大了，人员素质参差不齐，如果财务制度上有漏洞，难免有人会加以利用并非法得利，这样不仅公司利益受到损失，而且起了一个坏的带头作用，其他员工会觉得自己不利用公司财务漏洞相对来说就是吃亏，如此下去，公司风气越来越坏，老板到时哭都来不及了。千里长堤溃于蚁穴，任何小的财务漏洞都应予以弥补。同时，原始凭证亦极为重要，好脑子不如烂笔头，谁也不可能记住半年或一年前的每一笔花销的细节，而一张规范的原始凭证正好可以弥补这一点。财务制度及规范自有它的道理，有时看起来连老板的自由也限制了，但财务人员是否配齐，财务制度是否健全正是做企业和干个体户的重要区别之一，当我们从单干或夫妻店发展到三五个人的时候，这一环节是无论如何也绕不过去的。可惜当初我比较愚笨不懂这些，也没有过来人给我指点迷津，所以创业之初我走了不少弯路，要不早发财了。

18. 关于股份制，分红与年终奖

各公司搞股份制方法是不一样的。上市公司的股价怎样计算、怎样转让我也不太明白，估计大家都得考虑公司固定资产、流动资金、年盈利能力、无形资产、市盈率、负债率等几方面吧。

我公司员工入股，什么无形资产、市盈率等都未计算在内，老板让利，员工实实在在得到实惠，我们只算公司的净资产。每年年底会计出张报表，列清楚公司的固定资产、流动资金、应收应付、待摊折旧、当年利润、费用税金等，明明白白，对于希望入股的骨干员工全部公开。因为平常员工对我十分信任，大部分人连报表看都不看，只要明白公司净资产值多少钱，投资入股后每年大概的分红比例和增值比例就满意了。当然正规的方法应该让第三方会计师事务所进行资产评估并出具报告，但员工都认为没必要我也就乐得省事。员工入股后，公司给每个人一张收据，写清楚该员工出资金额，再与每个股东签订一份入股协议，写清楚员工实际出资金额、占公司总股份百分比、每年分红方案、双方权益责任、退股方法等等，双方签字盖章，各留一份，一切OK。至于5年后如员工想要退股，我们定的是或者按当时公司净资产计算股价赎回，或者按员工实际投资额的3倍赎回。现在公司第一批股东入股时间早已超过5年了，由于公司发展不错，还未发生退股现象。

入股时我发现一个现象：销售部员工入股最积极，财务部员工入股最消极。这大概与两个部门员工日常工作性质与看问题方法有关吧。销售人员做事总是比较积极冲动，容易只注意事情有利的一面，忽视不利的一面。财务人员做事比较谨慎，看问题容易忽视积极的一面，只看到消极的一面。所以在公司作重大决定时我经常同时听取这两个部门的意见，并在不同意见当中权衡协调。

蒙牛老板牛根生说得好："财聚人散，财散人聚。"将公司股份分一部分给员工不仅留住了人才，而且还能激励员工更好地为公司工作，因为给员工股份的同时也赋予了员工相应的责任，当老板将公司50%以上股份分给公司员工时他一定感觉到肩上的担子轻了不止50%，每年他就能踏踏实实地陪家人放松度假去了。其实公司老板控股并不一定要占公司50%以上股份，如果其他小股东每人所占公司股份比例都不到5%，那老板股份只要占到公司总股份的20%～30%就已经是公司绝对大股东了，当老板总不至于当到公司所有小股东都团结起来反对你吧。

头些年我每年将公司当年盈利的30%用于分红，虽然总数不少，但对于小股东来说，有些不痛不痒。近两年听取高人建议，一方面公司自有资金目前足够支撑日常运转；另一方面最近通货膨胀率太高，我索性将年底分红的比例提高到当年净利润的60%，消息一公布，公司小股东乐得嘴都合不拢了，一些原来犹豫的员工也纷纷向我打听入股的事。

年终奖从前一向是我亲自分配，现在公司人多了，我不可能了解公司每个员工在这一年里的工作细节。因此，公司就根据当年效益定个年终奖总数，我再根据年终奖总数及各部门贡献和部门人数按比例分配到各个部门，让各部门经理与人力资源经理参照考核标准分配到每个员工，最后我只要根据每个部门这一年的工作业绩评定部门经理的年终奖就可以了。

以前年底分红与年终奖财务上都是作为费用在第二年按月摊销，方法不甚科学，现改为当年按月计提，每月在利润中将这部分费用预留出来，这样年底发奖金时就能做到心中有数，每部门在计算年终奖总数时也有依据了。

19. 关于涨工资

想起这个问题我就头疼，这两年物价上涨厉害，通货膨胀率很高，垄断行业及国家公务员纷纷大张旗鼓地涨工资，公司员工也不时议论纷纷，经常问我："老板，咱们什么时候涨工资呀?”

我也想给大家涨工资,但我们所在行业销售的产品偏偏每年都在不停地降价,利润空间越来越薄。而且由于需要给每个员工上五险一金,公司的用人成本每人每年比几年前增加了近万元,只不过增加的部分没发到员工手里,一般员工看不见而已。唉,地主家里也没有余粮啊。

管理书上经常说:要给员工树立远大理想,创造发展空间,制订个人职业规划,分析公司现状及长远规划,激励团队精神,激发员工士气。通过这些年的实践,我发现要完美做到以上几点真的很难,我自己就不善言辞,给员工作报告更不是我的长项。再说光有精神力量缺乏物质奖励,管得了一时,管不了一世。涨工资的问题不可回避。

除股东外的大部分普通员工对于公司的经营困境并不感兴趣,员工认为公司经营不好是老板没本事,我的工资该涨还得涨,如果涨不到我满意的程度,那么我就用脚投票,只要找到比现在收入高的职位就拜拜走人。

既然这个问题回避不了,就得想法解决。根据“二八法则”,公司80%的利润都是由20%的骨干员工创造的,因此公司的首要问题就是留住这20%的骨干员工。给20%的员工涨工资公司还是负担得起。另外80%的普通员工工资根据工作年限适当调整,多做思想工作,如果还不行就一切随缘吧。通过近几年的情况看,85%的骨干员工比较稳定,公司经营没有产生大的波折。

公司有一个部门,一共有3名员工:张师傅,王师傅,李师傅。来公司前3人全是国有单位的下岗职工,其中张师傅来公司六七年了,比较踏实肯干;王师傅来公司四五年,中规中矩;李师傅来公司两年,工作中有时爱偷懒,经常发牢骚。这天,李师傅找我说:“经理,我们部门工资好久没涨了,师傅们平常工作都很辛苦,您看是不是意思意思,工资往上涨涨,要不会影响工作积极性了。我跟几位师傅合计了一下,想找个时间和您一块儿开个会讨论一下。”

我一听,明白了,这李师傅私下准做好了部门其他人工作,想要一起向我发难呢。此风不可长,否则公司人人都学他岂不乱套了,再说该部门平均工资在同行业里已高于平均水平。于是我回答道:“这两天我很忙,要不后天下班咱们开个会吧。”

“好嘞。”李师傅笑了。

第二天,我找了个机会将张师傅叫进办公室,先聊了聊家常,对他的日常工作予以肯定,然后对他说鉴于他工作一向比较努力,从下月起每季度给他单独增发一部分季度奖,但这额外奖励只有他一人有,希望他保密,最后问他对该部门现有工资的看法。他说:“经理,其实我觉得现有工资也差不多了,当然对于工龄长的老员工稍微有点低,您给我涨了季度奖后我就很满足了。我保证好好干!”

下午快下班时,我又将王师傅叫进了办公室。同样,先聊了会家常,然后我对王师傅说:“今年公司盈利方面比较困难,可能暂时无法都涨工资。由于业务量下降,你们部门估计很快需要精简一个人,另外两个人会比较忙一些,公司在年终奖上会有所考虑,对留下的二人适当增加。你对此有什么好的建议?”

王师傅考虑了下说:“经理,我明白了。我觉得目前的工资还行,涨工资的事等公司利润增加时您自然会考虑。我没得说,该怎么干还怎么干。”

第三天下班时,会议如期举行。

李师傅先发言:“经理,我们三个师傅商量了下,都觉得目前的工资水平比较低,公司是不是考虑给涨涨,要不会影响大家工作积极性,这对公司也不好。”

我说:“目前你们部门的工资在同行业里已经算比较高的,今年市场环境不好,公司正在调整,又上了新的项目,估计利润会比去年少一些,希望大家克服一下,等公司利润增加后大家工资都会增加。”

李师傅很不高兴:“经理,公司利润的事是公司经理考虑的事,跟我们没关系。公司利润下降是老板没本事,员工工资不应受影响,该涨还得涨。再说我们出来打工不就图个挣钱,发多少钱我们就干多少活,是不是二位师傅?”李师傅转头问其他人。

张师傅和王师傅什么表情也没有,一言不发。

会议又进行了20分钟,基本是我解释几句,李师傅慷慨激昂几句。突然,张师傅说:“经理,我想起来了,还有一个活今天必须干完,我得马上走。”

“行,辛苦了,您去吧。”我回答。

“经理,”王师傅趁机也说,“我闹肚子,得去上个厕所。”

“去吧,去吧,上厕所能不批吗?”我说道。

一瞬间,除我之外,只剩下目瞪口呆的李师傅坐在会议桌前。

20. 充分运用科技手段进行管理

现代科技日新月异,解决了不少管理上的难题。

公司刚成立时,上下班考勤是靠考勤员来记录的,但这存在很多问题:首先,无法保证考勤员自己每天按时上下班;其次,考勤员请假时公司没人接替负责记录考勤,再者考勤员与公司其他员工关系有近有远,谁也不能保证考勤员一年365日天天公正无私。

20世纪90年代后期,打卡钟逐渐普及,公司也购买了一个打卡钟,放在公司门口,员工上班或下班时拿自己的考勤卡在打卡钟上打印个时间,月底人事部一统计一目了然。可随后马上出现了代打卡现象,关系好的员工互相帮忙代打卡,虽然公司每回抓着代打卡的都会重罚,但仍屡禁不止。

进入新世纪,指纹技术渐渐成熟,公司只花几百元买了一个指纹考勤机就彻底解决了以上问题。到目前为止,公司还未发生员工互相借手指头帮忙输入指纹的现象。

随着公司销售网点逐渐增多,办公地点越来越分散,管理起来也日渐麻烦。有时某种商品甲门市积压半年卖不出去,乙门市接着用户订单又重新进货,门市之间信息相互沟通不畅。

四五年前,公司花重金购买了网络版财务软件,使公司各门市,北京总公司与外地分公司之间做到了实时沟通。公司所有库存商品一目了然,每个业务员的每笔业务随时可查,应收应付账款明明白白,各类报表随要随有,我再也不用老问会计:现在库存多少?账上还剩多少钱?×××这月销售额多少了?只要有台能上网的电脑,无论何时何地,动动手指头,我所需要的数据立即就会出现在眼前。

最近为了提高售后服务部门接电话的质量,减少与客户的纠纷,公司在集团电话上加装了录音卡,每天所有的呼入呼出电话全部录音,售后服务部门的客服人员定期开会听电话录音,分析每人接电话的优缺点,大家一起讨论提高。过了一段时间,我发现不仅客服人员接电话水平有所提高，而且公司电话费也节省不少，大概电话一录音，员工不好意思再用公司电话打私人电话了吧，真是一举两得。

运用科技手段管理公司，不仅效率大为提高，而且能尽量避免各种人为因素所引起的偏差。现在人工成本越来越高，购买先进设备代替人来完成工作对公司来说是个节省成本的好方法。

21. 从结果管理到过程管理

一直以来，公司基本上采用的都是结果管理，每年年初定好这一年的各项任务指标，然后再根据公司总的年任务向下分配到各个部门，部门继续向下分配到每个人，每个人将一年的任务参考上一年的历史情况细分到新一年的每个月，公司依据每人每月的任务制定考核标准。每月月初财务部汇总算出上月各员工的实际完成任务情况，将报表交到部门经理和总经理处，经理研究完上月报表再制定新的政策并对未完成任务员工进行个别辅导或调整。以上传统方法按部就班，比较可行，但由于目前竞争越来越激烈，市场变化加快，公司原有的管理方法有点跟不上竞争对手的节奏。如果问题在本月初出现，下月初才能反映到报表上，经理根据报表修改销售政策再开会布置下去，40 天已经过去了，有时候 40 天足以把小问题拖成大问题。

前一段时间了解了戴尔对销售部的管理方法，戴尔刚开始也是对销售人员一月一考核，后改为一周一考核，最后改为一日一考核。每天晚上，销售主管将销售人员的当日销售报表收上来后分析总结，完成任务的 OK，完不成任务的挨个留下来单独辅导，分析失败原因，制订新的行动方案，规划第二天的任务，第二天晚上再对前一天制订的方案进行总结考核并重新制订下一天的方案。这样改进之后，戴尔销售部的业绩大为提高，当然，销售人员也快被逼疯了，据说很少有人能在戴尔销售部门忍受 3 年以上。

"他山之石，可以攻玉。"虽然目前我公司要做到一天一考核还有点不现实，但做到每周一考核还是可以的。于是我们将业务部门的报表改为一周一汇总，每周一必须将上周每人的业务开展情况及任务实际完成情况总结并核实，对于异常现象立刻采取措施，对于任务完成较差的员工马上单独交流，弄清原因，及时解决问题。新措施实行了一段时间后，我感觉公司对市场反应速度大大提高了，对业务方面的实际情况各级经理也基本做到心里有底，当月问题不必积压到下月初才被发现解决了。

我一直在琢磨，是否非业务部门也可采取过程管理呢？这样公司整体反应速度将大为提高，各种问题就会被及时反映出来并得到解决，执行力也会大为加强。不过，非业务部门由于没有具体数字硬指标考核，要想达到过程管理的要求估计比较费时费力。

四、三个和尚吃水的故事

一个和尚挑水吃，两个和尚抬水吃，三个和尚没水吃。总寺的方丈得知情况后，就派来了一名住持和一名书记，共同负责解决这一问题。住持上任后，发现问题的关键是管理不到位，于是就招聘一些和尚成立了寺庙管理部来制定分工流程。为了更好地借鉴国外的先进经验，寺庙选派唐僧等领导干部出国学习取经；此外，他们还专门花钱请了天主教堂、基督教会的神父传授 MBA 课程。外国的神父待了不久就走了，他们临走时留下两个新课题：一个是 BPR，一个是 ERP。

书记也没闲着，他认为问题的关键在于人才没有充分利用、寺庙文化没有建设好，于是他就成立了人力资源部和寺庙工会等,并认认真真地走起了竞聘上岗和定岗定编的过场。

几天后成效出来了,三个和尚开始拼命地挑水,可问题是怎么挑也不够寺里的和尚喝。不仅如此,小和尚都忙着挑水,寺庙里没人念经了,日子一长,来烧香的客人越来越少,香火钱也变得拮据起来。为了解决收入问题,寺庙管理部、人力资源部等连续召开了几天的会,最后决定,成立专门的挑水部负责后勤和专门的烧香部负责市场前台。同时,为了更好地开展工作,寺庙提拔了十几名和尚分别担任副住持、住持助理,并在每个部门任命了部门小住持、副小住持、小住持助理。

问题终于得到缓解,可新的问题又跟着来了。前台负责念经的和尚总抱怨口渴水不够喝,后台挑水的和尚也抱怨人手不足、水的需求量太大而且没个准儿,不好伺候。为了更好地解决这一矛盾,经开会研究决定,成立一个新的部门:喝水响应部,专门负责协调前后台矛盾。

为了便于沟通、协调,每个部门都设立了对口的联系和尚。协调虽然有了,但效果却不理想,仔细一研究,原来是由于水的需求量不准、水井数量不足等原因造成的。于是各部门又召开了几次会议,决定加强前台念经和尚对饮用水的预测和念经和尚对挑水和尚满意度测评等,让前后台签署协议、相互打分,健全考核机制。为了便于打分考核,寺院特意购买了几个计算机系统,包括挑水统计系统、烧香统计系统、普通香客捐款分析系统、大香客捐款分析系统、"挨上必死"系统(简称IBS系统)、"马上就死"系统(简称MS系统)等,同时成立香火钱管理部、香火钱出账部、打井策略研究部、打井建设部、打井维护部等。由于各个系统出来的数总不准确、都不一致,于是又成立了技术开发中心,负责各个系统的维护、二次开发。由于部门太多、办公场地不足,寺院专门成立了综合部来解决这一问题,最后决定把整个寺院变成办公区,香客烧香只许在山门外烧。

部门多、当官的多,文件和会议自然就多,为了减少文山会海,综合办牵头召开了N次关于减少开会的会议,并下达了"关于减少文件的文件"。同时,为了精简机构、提高效率,寺院还成立了精简机构办公室、机构改革研究部等部门。

一切似乎都合情合理,但香火钱和喝水的问题还是迟迟不能解决。问题在哪儿呢?有的和尚提出每月应该开一次分析会,于是经营分析部就应运而生了。分析需要很多数据和报表,可系统总是做不到,于是每个部门都指派了一些和尚手工统计、填写报表、给系统打工。

寺院空前地热闹起来,有的和尚在拼命挑水,有的和尚在拼命念经,有的和尚在拼命协调,有的和尚在拼命分析……忙来忙去,水还是不够喝,香火钱还是不够用。什么原因呢?这个和尚说流程不顺,那个和尚说任务分解不合理;这个和尚说部门界面不清;那个和尚说考核力度不够。其实只有3个人最清楚问题之关键所在,那3个人就是最早的那三个和尚。说来说去,就是寺里闲人太多。他们说:"整天瞎分析,什么流程问题、职责问题、界面问题、考核问题,明明就是机构臃肿问题!早知今日,还不如当初咱们仨自觉自律一点算了!如今倒好,招来了这么一大帮人,一个个不干正经事。"

又过了一年,寺院黄了,和尚们也都死了。人们在水井边发现了几具尸体,是累死的;在寺院里发现了几千具尸体,是渴死的。

五、天堂的门票

有一对孪生兄弟，同时进入高考考场。结果，哥哥收到了大学录取通知书，弟弟则以两分之差名落孙山。兄弟俩长相酷似，性格各异。哥哥忠诚敦厚，弟弟活泼机灵；哥哥拙于言辞，弟弟口若悬河。哥哥拿着大学录取通知书，面对贫病交加的父母默默无语。弟弟关在房里不吃不喝，长吁短叹"天公无眼识良才"。

愁眉不展的老爸默思了两通宵，终于眨巴着眼睛向大儿子开口了："让给弟弟去读书吧，他天生是个读书的料。"哥哥把大学录取通知书送到弟弟手中，并在弟弟身旁说了这么一句话："这不是走进天堂的门票，别把太多的希望放在它的上面。"弟弟不解，问："那你说这是什么？"哥哥答："一张吸水纸，专吸汗水的纸！"弟弟摇着头，笑哥哥尽说傻话。

开学了，弟弟背着行囊走进了大都市的高等学府。哥哥则让体弱多病的老爸从镇办水泥厂回家养病，自己顶上，站在碎石机旁，拿起了沉重的钢钎……碎石机上，有斑斑血迹。这台机子上，曾有多名工人轧断了手指。哥哥打走上这个岗位的第一天起，就在做一个美丽的梦。他花了3个月的时间，对机身进行了技术改造，既提高了碎石质量，又提高了安全系数。厂长把他调进了烧成车间。烧成车间灰雾弥天，不少人得了硅肺病。他同几个技术骨干一起，殚精竭虑，苦心钻研，改善了车间的环保设施。厂长把他调进了科研实验室。在实验室，他博览群书，多次到各厂求经问道，反复实验。经过一次又一次的创新实验，使水泥质量大大提高，为厂里打出了新的品牌产品，水泥畅销华南几省。再之后，他便成为全市建材工业界的名人……

弟弟进入了大学后，第一年还像读书的样子，也写过几封信问老爸的病。第二年，认识了一个大款的女儿，就双双坠入爱河，那女孩成了他取之不尽、用之不竭的钱包。整整两年他没向家中要过一分钱，却通身脱土变洋，"帅呆""酷毙"了。进入大四后，那女孩跟他"拜拜"了，他便整个儿陷入了"青春苦闷期"。

泡吧，上网，无心读书，考试靠作弊混得了大学毕业文凭。

他像一只苍蝇，飞了一个圈子，又回到家乡所在城市求职。他还有那么一点羞耻感，不愿在落魄的时候回家见父母。经市人才中心介绍，他到一家响当当的建材制品公司应聘。好不容易闯过了三关，最后是在公司老总的办公室里答辩。轮到他答辩时，老总迟迟不露面。最后秘书来了，告诉他："你已被录用，不过必须先到烧成车间当工人。"他感到委屈，要求一定要见老总，秘书递给他一张纸条。他展开一看，上书八个大字："欲上天堂，先下地狱。"他一抬头，猛见哥哥走了进来，端坐在老总的椅子上。他的脸，顿时烧灼得发痛。

即使我们走在通往天堂的路，也不代表我们就一定会到达天堂。不要总是幻想可以轻易地实现自己的梦想，因为很多时候梦想都像天堂那样遥不可及。任何走进梦想天堂的路，都是我们在地狱般的苦难中磨炼成的。

六、卸磨杀驴

它死的那天，我跑到现场。看它躺在磨旁，骨瘦如柴，毛色杂乱，瞪大眼睛。死相十分凄惨，唯独一条腿还使劲前驱。我知道它死时，仍是要拼命拉磨。因为昨天晚上，它说马上过节了，要最后努努力，把剩的400斤豆子磨完，完成任务，然后再回家好好休息。只是没想到,它还是死在了磨上。

我刚刚认识它的时候,它还是驴中的劳模,青年才俊,前途不可限量。我见过它磨面,步伐稳健均匀,面又白又细,没有一点杂质,而且一直勤恳,任劳任怨,年年得到主人的称赞。我听它说,磨面一开始也并不那么紧张,每天按时上磨,然后卸磨回窝。可后来事情突然起了变化。主人决定改革毛驴磨面机制,谁磨的面,谁要负责,还成立很多的监管部门。这样一来,原本干活的50头驴,硬生生地被分成了不同的种类。有宣传驴,负责高喊生产口号,宣传驴的先进事迹。有监工驴,负责监督驴干活。研究驴负责研究先进的磨面方法。还有计划驴,负责制订工作计划与任务。当然还有一些驴级别更高,负责管理其他的毛驴。最后剩下的才是一线驴,等改革完毕,它一数才发现真正拉磨的一线驴,已经不到40%了。

从那之后,驴就明显感觉累了,原本50头驴磨的面,现在要20头驴去磨。加强管理后,驴的种类不断增加,一线驴的数量急转直下。很多驴不拉磨了,跑去干别的了,有的驴写生产计划,有的驴搞调查研究,有的驴还去搞文艺节目。于是驴的种类越来越多,干活的驴越来越少,活多驴少的问题,日益突出。

驴分了这么多类,每个类别都得具体干点工作。磨面的工作也要求不断地推陈出新,来配合宣传工作。原来老老实实拉磨围着磨转圈不行了,不符合时代的潮流。于是先向大马学习,借鉴马拉车的先进经验,大步拉磨,后来知道驴马差异太大搁置了。又学习牛耕地的方式直线拉磨,发现技术上做不到,也失败了。很多驴没办法了,就只能变着花样拉磨。有的跳着拉磨,有的爬着拉磨,有的跪着拉磨,有的打滚拉磨,折腾一天,腿都要断了。折腾一圈,很多毛驴怨声载道,干劲不足。主人为了激励毛驴拉磨,就制定了一个计算工作量的办法。将驴每天拉磨的数量,磨面的数量、质量,都进行指标化管理,年底考核谁磨面多,就有奖励。奖励多的就可以积分,然后晋升为管理驴,不用再拉磨了。我当时就提醒它,不要再相信主人了,他曾经在驴面前放过一根胡萝卜骗你们。

可它不听,还是拼了命地干活,连续3年都是第一。它自己戴上大红花的时候,都觉得要熬出头了。可后来,主人却提拔了另外一头驴,原因竟然是那头驴会唱歌,是稀缺的驴才,给主人挣了面子。从那时起,它的信心受到了摧毁性的打击,慢慢地开始心灰意冷。我看它意志消沉,无心磨面,也曾劝过它离开,找一份轻松点有前途的工作。很多毛驴出去拉车、载客,一样可以过得很好。可它自己坚持认为,磨了这么多年的面,什么都不会了。年纪大了,拉车载客都不容易,已经学不会了。拉车自己没有那么大力气了,载客弄不好会伤到客人。现在虽然不如意,但总算安稳,就这么混着吧。

可就算混日子,也还有那么多的活要干。我看它每天依然上磨磨面,下磨回圈。转磨的时候没精打采,脚步散乱,磨出来的面有粗有细,有的还带着土,精气神完全不复当年。终于有一天,毛驴还是倒在了磨边,就像主人号召的"好毛驴就要死在磨边"。主人来的时候,我在旁边看着,哭了半天,一滴眼泪没有。只是说起来它曾经多么优秀的毛驴,把一辈子献给了磨面事业,号召活着的毛驴们向它学习。

等围观哀悼的毛驴散开之后,我看主人走进厨房,吩咐厨子,把驴杀了,肉炖了,皮熬成阿胶,给太太补补身体。

七、智能手机和当年的鸦片一样，正在侵蚀我们这个国家

近日，一名印度工程师所写的《令人忧虑，不阅读的中国人》红遍网络。他说，或许不应过分苛责。但我只是忧虑，如果就此疏远了灵魂，未来的中国可能会为此付出代价。文如下：我在飞往上海的飞机上。正是长途飞行中的睡眠时间，机舱已熄灯，我吃惊地发现，不睡觉玩 iPad 的基本上都是中国人，而且他们基本上都是在打游戏或看电影，没见有人读书。这一幕情景一直停留在我的脑海里。其实在法兰克福机场候机时，我就注意到，德国乘客大部分是在安静地阅读或工作。中国乘客大部分要么在穿梭购物，要么在大声谈笑和比较价格。

现在的中国人似乎有些不耐烦坐下来安静地读一本书。一次我和一位法国朋友一起在虹桥火车站候车，这位第一次来中国的朋友突然问我："为什么中国人都在打电话或玩手机，没有人看书？"我一看，确实如此。人们都在打电话（大声谈话）、低头发短信、刷微博或打游戏。或喧嚣地忙碌，或孤独地忙碌，唯独缺少一种满足的安宁。据媒体报道，中国人年均读书 0.7 本，与韩国的人均 7 本、日本的 40 本、俄罗斯的 55 本相比，中国人的阅读量少得可怜。在中国各地中小城镇最繁荣的娱乐业就算麻将馆和网吧了，一万多人的小镇，有几十个麻将馆、五六家网吧是常事。中老年人参与到麻将，青年人上网，少年儿童看电视。中国人的娱乐生活几乎就浓缩为麻将、上网和看电视。不管是在网吧，还是在大学的电脑室，我们可以看到，大多数人都在玩游戏，少部分在聊天。在网上和图书馆查阅资料或读书的学生少之又少。再看看各部门领导，一天忙于应付各种检查、应酬、饭局。读书已经变成了学者的专利，也许很多学者也不看书了。这确实让人担忧。

中国人不爱读书有四个方面的原因：一是国民文化素质偏低；二是从小没有养成阅读的良好习惯；三是应试教育，让孩子们没有时间和精力去读课外书；四是好书越来越少。日本管理大师大前研一的著作《低智商社会》意外地触动了中国人的敏感神经。他在书中说：在中国旅行时发现，城市遍街都是按摩店，而书店却寥寥无几，中国人均每天读书不足 15 分钟，人均阅读量只有日本的几十分之一，中国是"低智商国家"，未来毫无希望成为发达国家！在这个世界上有两个国家的人最爱读书，一个是以色列，另一个是匈牙利。以色列人均每年读书 64 本。当孩子稍稍懂事时，几乎每个母亲都会严肃地告诉他：书里藏着的是智慧，这要比钱和钻石贵重得多，而智慧是任何人都抢不走的。犹太人是世界上唯一一个没有文盲的民族，就连犹太人的乞丐也是离不开书的。在犹太人眼里，爱好读书看报不仅是一种习惯，更是人所具有的一种美德。这里说一个典型的例子，在"安息日"，所有的犹太人都要停止所有商业和娱乐活动，商店、饭店、娱乐等场所都得关门停业，公共汽车要停运，就连航空公司的班机都要停飞，人们只能待在家中"安息"祈祷。但有一件事是特许的，那就是全国所有的书店都可以开门营业。而这一天光顾书店的人也最多，大家都在这里静悄悄地读书。另一个国家匈牙利，它的国土面积和人口都不足中国的 1%，但却拥有近两万家图书馆，平均每 500 人就有一座图书馆，而我国平均 15.9 万人才拥有一座图书馆。匈牙利也是世界上读书风气最浓的国家，常年读书的人数达 500 万以上，占人口的 1/4 还多。知识就是力量，知识就是财富。一个崇尚读书学习的国家，当然会得到丰厚的回报。以色列人口

稀少,但人才济济。建国虽短,但诺贝尔奖获得者就有8个。以色列环境恶劣,国土大部分是沙漠,而以色列却把自己的国土变成了绿洲,生产的粮食不但自己吃不完,还源源不断地出口到其他国家。而匈牙利,诺贝尔奖得主就有14位,涉及物理、化学、医学、经济、文学、和平等众多领域,若按人口比例计算,匈牙利是当之无愧的"诺奖大国"。它们的发明也非常多,可谓数不胜数,有小物件,也有尖端产品。一个区区小国,因爱读书而获得智慧和力量,靠着智慧和力量,将自己变成了让人不得不服的"大国"。

记得有一位学者说过:一个人的精神发育史,应该是一个人的阅读史,而一个民族的精神境界,在很大程度上取决于全民族的阅读水平;一个社会到底是向上提升还是向下沉沦,就看阅读能植根多深,一个国家谁在看书,看哪些书,就决定了这个国家的未来。读书不仅仅影响到个人,还影响到整个民族、整个社会。要知道:一个不爱读书的民族,是可怕的民族;一个不爱读书的民族,是没有希望的民族。

八、秦王朝在建立之始就已经埋下了灭亡之因

中国从秦开始,到清结束,2 000多年各个朝代你方唱罢,我方登场。真是应了那句其兴也勃焉其亡也忽焉。各种史书文献对于各个朝代的兴盛与灭亡都有过自己的注解。

秦国没有煮海为盐的齐国富有,没有楚国的疆域广阔,没有三晋赵魏韩的丰厚家底,也没有燕国超脱的地理位置,没有中原五国的文化底蕴。但是,秦国有"打击贵族势力,扩大君主权益"这一思想流传在每一代秦国君主执政理念之中。战国其他六国贵族力量日渐强大的同时,秦国却在悄悄地削弱贵族力量,代代累积,终于在始皇帝嬴政的手中完成质的飞跃:彻底消灭本国贵族力量!秦国贵族毁灭之时便是始皇帝一统天下之时。

一个诸侯国里的贵族力量是对君主的最大威胁,而且贵族与贵族的跨国联姻数不胜数,几乎整个战国各国的贵族基本上都是姻亲,而且某国一个贵族,他其实同时也兼任着另外一国的贵族之位。大家别觉得这个不可能,这个在战国中实在太普遍了。所以六国永远都不会想着灭亡另外的国家,攻城占地也永远都是某个贵族想扩充自己的领地,根本就不是为国家为君主考虑。中世纪的欧洲有句话叫作我的领主的领主不是我的领主,我附庸的附庸不是我的附庸。虽然中世纪的欧洲和战国的中国不完全一样,但其实也差不多,六国的君主根本就没有实力完全控制自己国家的所有资源。那么,秦国到了始皇帝嬴政这代,在各代君主的共同努力下,贵族势力已经比其他国家弱得多,剩下的秦国还有哪些贵族势力呢?

成蟜和成蟜母亲代表的韩国势力,成蟜是嬴政的弟弟,成蟜母亲是韩国君主的妹妹韩夫人。历史上对成蟜的记载很少,只有几件事件,其一,嬴政还没有登基之时,嬴政、成蟜还在争夺秦王之位的时候,成蟜出使韩国,成功让韩国退回侵占的100里土地。为什么韩国会退回100里土地?因为韩国君主就是成蟜的外公啊!外公当然会为了支持自己的外孙当上秦王,退回100里土地就是为了让成蟜争夺王位加分而已。

丞相吕不韦、太后赵姬、长信侯嫪毐代表的赵国势力。大家千万不要把演义的历史人物和真实的历史人物混在一起。演义的嫪毐和吕不韦是情敌,嫪毐是太后面首,这些我们看看就好。韩国势力的成蟜韩夫人其实是被赵国势力的吕不韦赵姬打败的。当然赶尽杀绝是嬴政干的。为什么长平之战后赵国这么虚弱,两国又深仇大恨,却能保持这么久的和

平？答案就是这段时间是赵国势力吕不韦当政。秦国贵族毁灭之时便是始皇帝一统天下之始。

秦国崛起的原因，也恰恰是它灭亡的原因。当秦国统一了全部可知的世界之后，它第一想到的是把自己秦国过去实行的郡县制推广到整个秦朝疆域，秦国想的是依赖自己的官僚去直接统治帝国的每一个地方，而不是依赖贵族去统治地方。这个时候就带来了一个问题，秦朝中央派出去的基层官员，到任六国故地之后，他的统治力根本就不高，所以秦末六国故地的秦朝基层官员基本上就两个结局，一种是轻易地被当地势力取代，另一种就是同流合污，秦末大量基层官员加入推翻秦朝的队伍之中。2 000 多年前那个时代，基础条件并不能满足秦始皇直接控制帝国的每一个资源，这个帝国还是必须依赖贵族来统治地方。

秦从秦国升级到秦朝之后，它的体格突增好多倍。但是秦还是简单粗暴地把原来用在秦国的制度复制粘贴到秦朝的六国故地。比方说，秦国还不是秦朝的时候，有一个法规，就是某个臣民如果不能在规定的一个月内赶到某地去服劳役，就会被杀头。这个法规在秦国实施，没有人会有意见，因为在秦国的疆域里，从一个地方赶到另外一个地方，一个月时间也够了。但是当两个楚国人陈胜吴广也被规定从旧楚故地一个月时间赶到北方，他们怎么可能赶得到，陈胜吴广能有不反的道理吗？所以，秦朝简单粗暴地把秦国制度复制粘贴到六国故地也对它的灭亡起到了推波助澜的作用。

九、论“成麻”中蕴含的行政管理理念

“成麻”是指采用四川省各地区流行的麻将打法，尤其是成都及周边比较盛行的打法。在麻将牌中去掉“中、发、白”的字牌，去掉“东、南、西、北”的风牌，只剩下筒、条、万，三色牌一共 108 张。“成麻”的打法按照当前流行的十三张打法，核心是打缺门，刮风下雨，成都计番，流局查卫生(查花猪)。“成麻”作为一种在川渝地区广为流传的麻将打法，为活跃广大群众业余文化生活、促进经济流通、带动相关服务产业(麻将设备制造业、餐饮、茶楼等)发挥了重要的作用，同时其规则中蕴含了深刻的行政管理理念，也可以为当前我国深化政治体制改革、提高行政机关效率提供有益的参考。

1. 要建立健全有效的激励机制

当前行政管理中存在的一个重要问题就是“激励机制缺失，干多干少一个样，干好干差一个样”，而“成麻”在这个问题上较之其他麻将打法有革命性的进步。众所周知“成麻”的核心在于用规则激励参与者做大胡，在底金的基础上以几何级数翻倍，做大牌的收入相比平胡十分可观，在不限制翻倍数的情况下更是如此。在“成麻”中牌型有大牌相却胡平胡的常被嘲讽“没追求”，正是这个道理。在行政管理中也是如此，要对工作取得显著成绩的人员实行高额奖励，从而使得人人产生“做大牌、求高产”的冲动。另外，对于在日常工作之外作出特殊贡献的人员要实施专项奖励，正如“成麻”中在和牌奖金之外针对开杠专门设置奖金。

2. 行政管理要做到权责明确

当前行政管理体制中普遍存在职能职责交叉重叠、权责不明，部门间相互推诿扯皮现象严重，正如“十个大盖帽管不了一个破草帽”。“成麻”中责任明晰，正所谓一人做事一人当，点炮一家负责、自摸关三家自不必说，杠上花体现尤为明显。点杠杠上花由点杠者一

人负责,巴杠及暗杠杠上花均人人有份,这其中就体现出责任明确的理念。行政管理中也要对广大干部明确责任,工作中由于自身履职不到位出现失误造成后果的要严格按照相关制度追究责任。

3. 要不断加大制度创新能力

当前行政管理体制僵化,创新能力不足已是不争的事实,部门官员思维陈旧、按部就班,不能适应新的形势变化,严重制约广大人员工作积极性的发挥。"成麻"的产生本身就是一种创新,其核心价值理念对比其他大同小异的麻将打法已经有革命性的变化,在其产生后也经历着不断自我创新发展的过程。从最开始的常规打法逐步发展为打定张、传三张等,不断根据广大人民群众的需求对自身进行调整改进是"成麻"生命力长盛不衰的根本。

4. 要建立奖勤罚懒、不进则退的考核机制,杜绝无为无咎思想的蔓延

目前行政管理体制中最核心的弊端在于考核体制的形式化,广大行政人员普遍存在懒政思维。工作是否干出成绩不重要,不犯错误、不背责任才是王道。"多做多犯错、少做少犯错、不做不犯错"的思想在体制内广为流传。要提高行政效率就必须从改革考核机制着手。"成麻"在这方面就有值得借鉴的地方,如果怕放炮、怕点杠、出牌保守当然可能保持一时的安全稳妥,但若最后不能下叫则一样要赔叫,得不偿失。其他一些麻将打法,如倒倒和往往是和牌无望的一方将别人需要的好牌全部扣在手中不打,最后黄牌后还能保证不输。因此我们在行政管理中也要借鉴"成麻"不进则退的思想,要让那些自己不思进取还阻碍他人开展工作的保守分子"赔叫"。

5. 行政管理中要做到以德为先,把是否具有良好的品行作为考察干部的先决条件

"成麻"中最大的和是什么和,对了,是诈和。各地"成麻"打法不尽相同,但有一点规定是一致的,那就是诈和赔满原则。之前很多麻将流派中对诈和的处理都没有作出明确规定,虽然诈和出现后当事人也往往以看错了等理由搪塞,但是也不排除有的人利用牌友间的信任或者打到后期专注度下降等时机有意为之,诈和的出现会对牌友间的相互信任以及牌桌气氛造成很不利的负面影响。"成麻"中对此明确规定不论是否主观故意均实行诈和赔满,有的地方还实行接下的人利益均沾,这就从制度上为诈和这种不诚信的行为上了一道"紧箍咒",使得牌友在和牌过程中集中精力。行政管理中也要做到以德为先,对品行存在问题的干部不管能力多大都不能重用。对于那些存在贪污受贿等问题的干部一定要坚决查处、绝不手软。

6. 行政管理中要力求简化程序、提高效率,切实改进工作作风

当前行政管理中普遍存在机构臃肿、办事程序繁杂、文山会海、接来送往等官僚主义作风。"成麻"相对比国内流行的其他如台湾麻将、广东麻将等种类程序大为简化、"机构"也大为精简,不但没有台湾麻将的春夏秋冬、梅竹兰菊,也没有广东麻将中的东南西北,甚至连倒倒和中的中发白也省掉,更有甚者一些"成麻"分支中已经只打两门牌了。笔者曾经玩过广东麻将,开局初期中发白都要打半天才能进入正题,比较而言"成麻"摒弃了拖沓的步骤,直奔主题、节奏明快,提高了做牌效率。行政管理也应如此,"习八条"中关于轻车简从、切实改进文风、会风的相关规定就对此作了很好的诠释,值得广大干部认真领会学习。

7. 行政管理不能"一刀切",要做到因人而异、因地制宜,同时要充分调查研究听取广大干部意见

行政管理要从之前的单一硬性管理向更加柔性管理过渡,还要将管理与服务相结合,探索出适合当地、广大干部支持认可的管理路子。宏观来说,直截了当的"成麻"更加适应成渝地区人民群众比较直爽的性格,正如相对复杂的台湾麻将适合台湾人民群众较为细腻矫情的特质一样。微观来说,虽然现阶段"成麻"风靡大江南北,但并非一成不变,根据各地的需求又有一些微调,比如渝东南一带流行血流成河打法,有的地方呼叫转移而有的地方没有这样的规定,不一而足。每新到一个地方打"成麻"开始的几把基本上都是一个磨合期,最常听到的一句话就是"规矩都是兴的"。这句话对于行政管理者而言也值得借鉴,规矩都是兴的,那行政管理的相关制度也要充分尊重当地广大干部的意见,让大家来"兴规矩",才能真正做到人性化管理。

8. 行政管理中实行人性化管理的前提是要守住底线

国家干部的权力是人民赋予的,理应做到权为民所用、情为民所系、利为民所谋。然而,时下官民冲突不断、腐败案件层出的现象表明,目前干部队伍中有相当一部分人不清楚自己的底线在哪里,或者即便是清楚但不愿意尊崇自己的职业道德底线。没有底线,就可以为所欲为、私欲膨胀,但带来的恶果,却是对政府形象的损害、对和谐社会建设的掣肘。"成麻"的底线在哪里,"成麻"的底线就是"不做花猪"。正如前文所述,"成麻"对做大牌的有高额奖励,对下叫的可以让你不输,对无叫的惩罚赔叫,但这都不是"成麻"的底线,在手中的牌没法做大、下叫胡不了甚至没叫的情况下,请至少保持住不做花猪的底线。当前行政管理中也是如此,要给广大干部设置一个底线。部分干部由于文化水平等历史原因导致工作能力不强、创新能力不够,甚至出了一些可以理解的差错,但是只要能做到兢兢业业、克己奉公,每天按时上下班,做好自己分内工作,耕作好自己的一亩三分地,我相信广大人民群众应该能够理解。但是如果像目前一些干部一样不但工作差强人意,心思还不在工作上,上班时间打游戏、炒股票,下班吃喝玩乐,不时还整个"艳照门",估计人民群众也不会容忍干部队伍中有这样的"花猪"。

最后奉劝大家:小赌怡情、大赌伤身。"成麻"虽好,可不要贪摸哦!同学们呢,要学会不断学习,不断总结。

十、中央八项规定精确打击这80项行为,务必不要进入雷区!

(一)经费管理

1. 严禁以各种名义突击花钱和滥发津贴、补贴、奖金、实物。

2. 严禁用公款购买、印制、邮寄、赠送贺年卡、明信片、年历等物品。

3. 严禁用公款购买赠送烟花爆竹、烟酒、花卉、食品等年货节礼(慰问困难群众职工不在此限)。

4. 依法取得的各项收入必须纳入符合规定的单位账簿核算,严禁违规转移到机关所属工会、培训中心、服务中心等单位账户使用。

5. 严禁超预算或无预算安排支出,严禁虚列支出、转移或者套取预算资金。

6. 严格控制国内差旅费、因公临时出国费、公务接待费、公务用车购置及运行费、会议费、培训费等支出,年度预算执行中不予追加。

7. 严格开支范围和标准,严格支出报销审核,不得报销任何超范围、超标准以及与相关公务活动无关的费用。

8. 政府采购严格执行经费预算和资产配置标准,合理确定采购需求,不得超标准采购,不得超出办公需要采购服务。

9. 严格执行政府采购程序,不得违反规定以任何方式和理由指定或者变相指定品牌、型号、产地。

(二) 公务接待

10. 严禁用公款大吃大喝或安排与公务无关的宴请;严禁用公款安排旅游、健身和高消费娱乐活动。

11. 禁止异地部门间没有特别需要的一般性学习交流、考察调研,禁止违反规定到风景名胜区举办会议和活动。

12. 对无公函的公务活动不予接待,严禁将非公务活动纳入接待范围。

13. 不得用公款报销或者支付应由个人负担的费用;不得要求将休假、探亲、旅游等活动纳入国内公务接待范围。

14. 不得在机场、车站、码头和辖区边界组织迎送活动,不得跨地区迎送,不得张贴悬挂标语横幅,不得安排群众迎送,不得铺设迎宾地毯。

15. 住宿用房以标准间为主,接待省部级干部可以安排普通套间,不得额外配发洗漱用品。

16. 接待对象应当按照规定标准自行用餐,接待单位可以安排工作餐一次。接待对象在10人以内的,陪餐人数不得超过3人;超过10人的,不得超过接待对象人数的三分之一。

17. 工作餐应当供应家常菜,不得提供鱼翅、燕窝等高档菜肴和用野生保护动物制作的菜肴,不得提供香烟和高档酒水,不得使用私人会所、高消费餐饮场所。

18. 国内公务接待的出行活动应当安排集中乘车,合理使用车型,严格控制随行车辆。

19. 公务接待费用应当全部纳入预算管理,单独列示。

20. 禁止在接待费中列支应当由接待对象承担的差旅、会议、培训等费用,禁止以举办会议、培训为名列支、转移、隐匿接待费开支;禁止向下级单位及其他单位、企业、个人转嫁接待费用,禁止在非税收入中坐支接待费用;禁止借公务接待名义列支其他支出。

21. 接待单位不得超标准接待;县级以上地方党委、政府按照当地会议用餐标准制定公务接待工作餐开支标准。

22. 接待单位不得组织旅游和与公务活动无关的参观,不得组织到营业性娱乐、健身场所活动,不得安排专场文艺演出,不得以任何名义赠送礼金、有价证券、纪念品和土特产品等。

23. 公务活动结束后,接待单位应当如实填写接待清单。接待清单包括接待对象的单位、姓名、职务和公务活动项目、时间、场所、费用等内容。

24. 接待费报销凭证应当包括财务票据、派出单位公函和接待清单。

（三）会议活动

25. 会议费预算要细化到具体会议项目，执行中不得突破。会议费应纳入部门预算，并单独列示。

26. 二、三、四类会议会期均不得超过2天；传达、布置类会议会期不得超过1天。会议报到和离开时间，一、二、三类会议合计不得超过2天，四类会议合计不得超过1天。

27. 二类会议参会人员不得超过300人，其中，工作人员控制在会议代表人数的15%以内；三类会议参会人员不得超过150人，其中，工作人员控制在会议代表人数的10%以内；四类会议参会人员视内容而定，一般不得超过50人。

28. 各单位会议应当到定点饭店召开，按照协议价格结算费用。未纳入定点范围，价格低于会议综合定额标准的单位内部会议室、礼堂、宾馆、招待所、培训中心，可优先作为本单位或本系统会议场所。

29. 会议费开支范围包括会议住宿费、伙食费、会议室租金、交通费、文件印刷费、医药费等。

30. 会议费由会议召开单位承担，不得向参会人员收取，不得以任何方式向下属机构、企事业单位、地方转嫁或摊派。

31. 会议费报销时应当提供会议审批文件、会议通知及实际参会人员签到表、定点饭店等会议服务单位提供的费用原始明细单据、电子结算单等凭证。

32. 严禁各单位借会议名义组织会餐或安排宴请；严禁套取会议费设立"小金库"；严禁在会议费中列支公务接待费。

33. 各单位应严格执行会议用房标准，不得安排高档套房；会议用餐严格控制菜品种类、数量和分量，安排自助餐，严禁提供高档菜肴，不安排宴请，不上烟酒；会议会场一律不摆花草，不制作背景板，不提供水果。

34. 不得使用会议费购置电脑、复印机、打印机、传真机等固定资产以及开支与本次会议无关的其他费用；不得组织会议代表旅游和与会议无关的参观；严禁组织高消费娱乐、健身活动；严禁以任何名义发放纪念品；不得额外配发洗漱用品。

35. 未经批准，党政机关不得举办各类节会、庆典活动，不得举办论坛、博览会、展会活动。

36. 严禁使用财政性资金举办营业性文艺晚会。

37. 严格控制和规范各类评比达标表彰活动，实行中央和省两级审批制度。

38. 各级党政机关一律不得到八达岭—十三陵、承德避暑山庄外八庙、五台山、太湖、普陀山、黄山、九华山、武夷山、庐山、泰山、嵩山、武当山、武陵源（张家界）、白云山、桂林漓江、三亚热带海滨、峨眉山—乐山大佛、九寨沟—黄龙、黄果树、西双版纳、华山21个风景名胜区召开会议。

39. 地方各级党政机关的会议一律在本行政区域内召开，不得到其他地区召开；因工作需要确需跨行政区域召开会议的，必须报同级党委、政府批准。

40. 严禁超出规定时限为参会人员提供食宿，严禁组织与会议无关的参观、考察等活动。

41. 严禁在会议费、培训费、接待费中列支风景名胜区等各类旅游景点门票费、导游费、景区内设施使用费、往返景区交通费等应由个人承担的费用。

（四）公务出差

42. 出差人员应当按规定等级乘坐交通工具。未按规定等级乘坐交通工具的，超支部分由个人自理。

43. 出差人员应当在职务级别对应的住宿费标准限额内，选择安全、经济、便捷的宾馆住宿。

44. 伙食补助费按出差自然(日历)天数计算，按规定标准包干使用。

45. 出差人员应当自行用餐。凡由接待单位统一安排用餐的，应当向接待单位交纳伙食费。

46. 市内交通费按出差自然(日历)天数计算，每人每天80元包干使用。

47. 出差人员由接待单位或其他单位提供交通工具的，应向接待单位或其他单位交纳相关费用。

48. 出差人员应当严格按规定开支差旅费，费用由所在单位承担，不得向下级单位、企业或其他单位转嫁。

49. 实际发生住宿而无住宿费发票的，不得报销住宿费以及城市间交通费、伙食补助费和市内交通费。

50. 出差人员不得向接待单位提出正常公务活动以外的要求，不得在出差期间接受违反规定用公款支付的宴请、游览和非工作需要的参观，不得接受礼品、礼金和土特产品等。

（五）临时出国

51. 不得超预算或无预算安排出访团组。确有特殊需要的，按规定程序报批。

52. 不得因人找事，不得安排照顾性和无实质内容的一般性出访，不得安排考察性出访。

53. 严禁接受或变相接受企事业单位资助，严禁向同级机关、下级机关、下属单位、企业、驻外机构等摊派或转嫁出访费用。

54. 出国人员应当优先选择由我国航空公司运营的国际航线，不得以任何理由绕道旅行，或以过境名义变相增加出访国家和时间。

55. 按照经济适用的原则，通过政府采购等方式，选择优惠票价，并尽可能购买往返机票。

56. 因公临时出国购买机票，须经本单位外事和财务部门审批同意。机票款由本单位通过公务卡、银行转账方式支付，不得以现金支付。

57. 出国人员应当严格按照规定安排交通工具，不得乘坐民航包机或私人、企业和外国航空公司包机。

58. 出国人员根据出访任务需要在一个国家城市间往来，应当事先在出国计划中列明，并报本单位外事和财务部门批准。

59. 出国人员应当严格按照规定安排住宿，省部级人员可安排普通套房，住宿费据实报销；厅局级及以下人员安排标准间，在规定的住宿费标准之内予以报销。

60. 参加国际会议等的出国人员，如对方组织单位指定或推荐酒店，应通过询价方式从紧安排，超出费用标准的，须事先报经本单位外事和财务部门批准。

61. 外方以现金或实物形式提供伙食费和公杂费接待我代表团组的，出国人员不再领取伙食费和公杂费。

62. 出访用餐应当勤俭节约，不上高档菜肴和酒水，自助餐也要注意节俭。

63. 出访团组对外原则上不搞宴请，确需宴请的，应当连同出国计划一并报批，宴请标准按照所在国家一人一天的伙食费标准掌握。

64. 出访团组与我国驻外使领馆等外交机构和其他中资机构、企业之间一律不得用公款相互宴请。

65. 出访团组原则上不对外赠送礼品。

66. 出访团组与我国驻外使领馆等外交机构和其他中资机构、企业之间一律不得以任何名义、任何方式互赠礼品或纪念品。

（六）公务用车改革

67. 党政机关公务用车处置收入，扣除有关税费后全部上缴国库。

68. 执法执勤用车配备应当严格限制在一线执法执勤岗位，机关内部管理和后勤岗位以及机关所属事业单位一律不得配备。

69. 除涉及国家安全、侦查办案等有保密要求的特殊工作用车外，执法执勤用车应当喷涂明显的统一标识。

70. 各单位按照在编在岗公务员数量和职级核定补贴数额，严格公务交通补贴发放，不得擅自扩大补贴范围、提高补贴标准。

71. 党政机关不得以特殊用途等理由变相超编制、超标准配备公务用车，不得以任何方式换用、借用、占用下属单位或其他单位和个人的车辆，不得接受企事业单位和个人赠送的车辆，不得以任何理由违反用途使用或固定给个人使用执法执勤、机要通信等公务用车，不得以公务交通补贴名义变相发放福利。

（七）停建和清理办公用房

72. 各级党政机关自2013年7月23日起5年内一律不得以任何形式和理由新建楼堂馆所。已批准但尚未开工建设的楼堂馆所项目，一律停建。

73. 各级党政机关不得以任何名义新建、改建、扩建内部接待场所，不得对机关内部接待场所进行超标准装修或者装饰、超标准配置家具和电器。

74. 维修改造项目要以消除安全隐患、恢复和完善使用功能为重点，严格履行审批程序，严格执行维修改造标准，严禁豪华装修。

75. 各级党政机关不得以任何理由安排财政资金用于包括培训中心在内的各类具有住宿、会议、餐饮等接待功能的设施或场所的维修改造。

76. 超过《党政机关办公用房建设标准》规定的面积标准占有、使用办公用房的，应予以腾退。

77. 已经出租、出借的办公用房到期应予收回，租赁合同未到期的，租金收入严格按照收支两条线规定管理，到期后不得续租。

78. 领导干部在不同部门同时任职的，应在主要工作部门安排一处办公用房，其他任职部门不再安排办公用房。

79. 领导干部工作调动的,由调入部门安排办公用房,原单位的办公用房不再保留。
80. 领导干部已办理离退休手续的,原单位的办公用房应及时腾退。

十一、常见的152个内部控制问题及产生原因对照表

序号	不当之处	项目	原因
1	将实现企业经济效益最大化作为内部控制体系建设的唯一目标	目标	内部控制的目标包括合规、资产安全、报告、经营和战略目标
2	某公司经理:将内部控制作为任期内第一目标	目标	合理保证企业经营管理合法合规、资产安全、财务报告及相关信息完整,提高经营效率和效果,促进企业实现发展战略
3	内部控制目标定位于保证经营管理合法合规、资产安全的观点	目标	内部控制目标不仅包括合理保证经营合法合规、资产安全,还包括财务报告及相关信息真实完整目标、经营效率和效果目标、促进实现发展战略的目标
4	内部控制可以杜绝财务欺诈、串通舞弊、违法违纪等现象发生	内控作用	内部控制由于其固有的局限性以及出于成本效益的考虑,只能合理保证有关目标的实现,不能杜绝上述现象的发生
5	财务部经理兼任内审部经理	管理层	内审部应对企业内控进行监督,应保持相对独立性,财务部兼,使内控执行与监督混为一体,失去独立性
6	财务总监管辖内审机构,并对总经理负责	管理层	为提高审计机构的独立性,最好由董事会下设的审计委员会管理
7	董事会下设审计委员会主席由总会计师兼任	管理层	审计委员会主席应当由独立董事担任,独立性
8	集团董事长兼任子公司董事长	管理层	身兼数职,治理结构形同虚设,缺乏科学决策良性运行机制和执行力,会导致经营失败,难以实现发展战略
9	建议内控机构直接对集团总经理负责	管理层	内控机构,应对董事会或审计委员会负责
10	经理层对内部控制有效性负全责	管理层	董事会对建立健全和有效实施内部控制负责
11	内部审计部门负责人由公司首席执行官任命,并负责向管理层直接定期报告	管理层	公司内部审计部门的主管应由公司审计委员会批准,同时,内部审计师或内部审计的管理者应直接且定期向董事会报告
12	审计部经理兼任审计委员会主席	管理层	审计委员会主席应当由独立董事担任
13	审计部审定内部控制重大缺陷	管理层	董事会负责审定内部控制重大缺陷
14	总工程师任总会计师	管理层	从事会计工作必须有会计证,会计机构负责人应具备会计师以上专业技术资格
15	总会计师全权负责建立健全和有效实施集团内控	管理层	董事会负责内控的建立健全和有效实施

续表

序号	不当之处	项目	原因
16	总经理建议设立战略委员会,由其任领导	管理层	董事会下设战略委员会
17	董事长关于请总经理组织起草修改公司章程议案,报董事会审议通过后实施	审批	根据《公司法》有关规定,由股东大会(或:股东会;或:股东)修改公司章程
18	发展战略建议经董事会批准实施	审批	应有董事会审议发展战略委员会提交的战略建议方案,报股东大会批准实施
19	各类业务事项均应提交董事会或股东大会审核批准	审批	各类业务事项应按规定的权限和程序进行审核批准,对于重大业务事项才需要提交董事会审核批准
20	建议简化投资审批程序,重大投资项目经投资部门论证并直接报董事长审批后即可实施	审批	重大投资项目,应当按照规定的权限和程序实行集体决策或联签制度
21	信息系统建设和升级整体规划经本公司信息网络中心批准后实施	审批	该项工作应当按照规定权限和程序进行审核批准
22	子公司的重大事项决策、重要项目安排、重要人事任免及大额资金支付等,均由公司董事会集体统一决策	审批	子公司是一级法人,具有独立的决策权
23	技术性强的岗位不用轮岗	控制活动	关键岗位轮岗是一项内控措施,可发现和揭露关键岗位的舞弊行为,轮岗前应培训员工使其水平能够胜任
24	将全体员工实施内控情况作为绩效考评的参考指标	控制活动	将全体员工实施内控情况作为绩效考评的依据
25	内部审计部门发现问题不能向审计委员会、董事会报告	控制活动	内部审计机构应当结合内部审计监督,对内部控制的有效性进行监督检查,内部审计机构对监督检查中发现的内部控制缺陷,应当按照企业内部审计工作程序进行报告;对监督检查中发现的内部控制重大缺陷,有权直接向董事会及其审计委员会、监事会报告
26	内审人员参与制定企业各项管理规章制度	控制活动	根据责任分工,内审人员的职责是监督内控的实施,对内控有效性进行评价
27	所有不相容岗位或职务严格分离	控制活动	不符合成本效益原则、适应性原则
28	由审计委员会聘请会计师事务所进行审计	控制活动	公司聘用承办公司审计业务的会计师事务所,依照公司章程的规定,由股东大会或董事会决定
29	子公司设立内部审计结构对总经理负责	控制活动	内控机构,应对董事会或审计委员会负责,不能由经营者直接负责,应保持独立性
30	子公司总经理、总会计师由集团统一任命,对集团董事会负责	控制活动	应由子公司董事会任命并对其负责,接受集团董事会监督

续表

序号	不当之处	项目	原因
31	对验收过程中发现的异常情况,负责验收的部门或人员应当立即查明原因,及时处理	采购	不正确,对验收过程中发现的异常情况,负责验收的部门或人员应当立即向有关部门报告;有关部门应当查明原因,及时处理
32	由各子公司技术部全权办理固定资产采购业务	采购	违背了不相容职务相互分离的要求
33	负责人因得到某种好处就直接指定丙公司为供应商	采购与付款	企业应当建立科学的供应商准入制度,对于大宗采购应当采用招标方式
34	会计部门根据附发票的付款凭证登记原材料及应付账款	采购与付款	会计部门应同时核对验收单、订购单,核查材料采购真实性
35	突发较大金额采购,由总经理单独审批或采购经理预批准,总经理补批	采购与付款	对于例外情况下的突发采购业务,可以制定特殊采购处理程序,但不能由总经理一人审批或在业务后总经理补批。易出现虚假采购或不恰当采购行为
36	未对采购设备进行实地考察和技术测试	采购与付款	设备是否符合质量和规格要求,需要考察人员进行实地考察,并采用技术测试的方式对设备的运行情况进行了解
37	由采购部某人员进行询价并确定供应商	采购与付款	不相容职务,应分离
38	资产验收控制存在缺陷,未组织独立的验收部门或指定专人对所购设备进行验收	采购与付款	企业应当建立严格的采购验收制度,确定检验方式,由专门的验收机构或验收人员对购买的物资进行验收,出具验收证明
39	出纳付款登记现金银行账并编制银行存款余额调节表	出纳与付款	不相容职务,应分离
40	出纳人员不得兼任财务登记等工作	出纳与付款	按照内部控制制度的要求,出纳人员只是不得兼任收入、支出、费用、债权债务账目的登记工作,但可以兼任现金日记账等账目登记工作
41	出纳人员可以同时从事银行对账单的获取、银行存款余额调节表的编制等工作	出纳与付款	不正确,出纳人员一般不得同时从事银行对账单的获取、银行存款余额调节表的编制等工作
42	会计兼出纳	出纳与付款	会计和出纳岗位属于不相容的岗位,由一人兼任会计和出纳工作不符合内部控制有关“不相容职务相互分离控制”的要求
43	仓库保管员负责保管存货,并有处理破损商品的权限	存货控制	保管和处置存货是不相容岗位,分离
44	重要资产没有特别管理	存货控制	对关键部件应额外控制,确保保管调用转移经过批准;同环节两人或以上经办
45	担保企业应当建立担保事项明细账,详细记录担保对象、金额、期限、用于抵押和质押的物品、权利和其他有关事项	担保	不正确,担保事项台账

续表

序号	不当之处	项目	原因
46	甲公司未对乙公司的资产质量、财务状况、经营情况等进行必要的评估	担保	甲公司未对乙公司的资产质量、财务状况、经营情况等进行必要的评估,对不符合国家法律法规和本企业担保政策的,不应当提供担保
47	亲属关系,为乙公司提供担保	担保	企业应当制定担保政策,明确担保的对象、范围、方式、条件、程序、担保限额和禁止担保的事项,甲公司董事长与乙公司总经理是亲属关系,不应为乙公司提供担保
48	由B一人办理担保业务的全过程	担保	不符合不相容岗位互相分离的要求
49	由不熟悉担保业务的李某负责办理担保业务	担保	不符合控制环境中有关员工胜任能力的要求
50	财会部在明知没有签订投资合同的情况下仍支付对外投资资金	对外投资	资产投出环节的控制存在缺陷,财会部在明知没有签订投资合同的情况下仍支付对外投资资金,把关不严
51	采购部全权负责投资项目	对外投资	对外投资不相容岗位包括:项目可行与评估;决策与执行;处置审批与执行;绩效评估与执行。员工全权负责未分离决策与执行
52	投资处置审批由股东大会决定,具体执行由董事会执行	对外投资	授权不当,股东大会、董事会为决策机构不应过多介入业务执行,容易缺乏监督
53	投资决策与执行由董事会完成	对外投资	职责分工与授权批准控制不清楚,投资决策和执行不相容
54	投资项目可行性研究与评估由总经理及财务总监完成	对外投资	职责分工与授权批准控制不清楚,可行性研究和评估不相容
55	投资业务审批人的授权由公司股东大会作出	对外投资	对于内控人员授权,属于公司内控的日常运行,应由管理层负责,并不属于股东大会职责范围。建立健全和完善内控是董事会的责任;管理层负责领导企业内控的日常运行;股东大会享有的是依法行使企业经营方针、筹资、投资、利润分配等重大事项的表决权
56	为实现内部控制牵制目的,增加投资部门人员	对外投资	应考虑成本效益,不能一味地追求内部牵制,而无限制地提高内控成本
57	未对重大项目做充分可行性研究就轻易决策	对外投资	应加强对外投资可行性研究、投资与决策的控制,作出明确规定,确保对外投资合法、科学、合理
58	发展战略的实施要注重内外结合,加大社会舆论宣传	发展战略	发展战略的实现靠本企业全体员工,企业应重视发展战略的宣传工作,通过内部各层级会议和教育培训等有效方式,将发展战略及其分解落实情况传递到内部各管理层级和全体员工
59	建议重点转向与业务无关的房地产	发展战略	发展战略过于激进,贸然进入非主营业业务风险较大的房地产可能导致过度扩张经营失败
60	对于风险事项应采取一切措施予以回避	风险	风险策略的选择包括风险规避/承受/降低/分担,根据风险评估结果、风险承受和成本效益选择

续表

序号	不当之处	项目	原因
61	经营风险控制中,对客户一律现款交易不得赊销	风险	企业应当对销售中的风险进行评估,针对不同客户坏账风险的大小,分别采用不同的销售策略,而不能一律回避赊销
62	外部风险不是内部控制问题	风险	内部控制所称风险识别不仅包括内部风险,还包括外部风险
63	在财务风险控制上,原则上不进行外部融资	风险	外部融资是企业资金的一个重要来源,应根据外部融资的风险分析结果,结合风险承受度,权衡风险与收益,确定风险应对策略,采用外部融资与自有资金相结合,充分利用财务杠杆,保证企业资金需要
64	主要采取风险规避策略应对风险	风险	企业应当综合运用风险规避、风险降低、风险分担、风险承受等应对策略
65	出售—售后服务	风险分担	
66	工程检测、验收	风险分担	是风险分担中的业务分包方法
67	公司计划采用购买保险来回避风险	风险分担	购买保险为分担风险,不是回避风险
68	公司计划采用联营和增发新股来回避风险	风险分担	风险策略的选择包括风险规避/承受/降低/分担,联营增发为分担风险,不是回避风险
69	签合同转移、承担损失	风险分担	属于风险分担中转移责任条款应对策略
70	坚决不为任何往来单位提供担保,降低风险	风险规避	风险策略的选择包括风险规避/承受/降低/分担,不提供任何担保为规避风险,不是降低风险
71	坚决不与有技术差的单位合作,降低风险	风险规避	风险策略的选择包括风险规避/承受/降低/分担,不提供合作为规避风险,不是降低风险
72	对设备检修	风险降低	是风险降低中的风险预防方法
73	公司计划采用多种经营来回避风险	风险降低	多种经营为降低风险,不是回避风险
74	原则上不开发新产品,只采用引进	风险—开发	新产品开发是企业持续发展的保证,是企业核心竞争力之所在。企业应当根据本企业的风险控制目标和资金实力,将自行开发与引进相结合,不断提高企业产品竞争能力
75	不惜一切代价消除评估的风险	风险评估	要考虑成本效益原则,以适当成本实现有效控制,风险不可能消除,但可以降低
76	单纯采用定性分析方法进行风险评估	风险评估	开展风险分析,应采用定性与定量相结合的分析方法
77	对外部风险忽略不计、重点识别和分析内部风险	风险评估	企业在开展风险评估时,应准确识别与实现控制目标相关的内部风险和外部风险

续表

序号	不当之处	项目	原因
78	对外捐助属于履行社会责任，不需要评估风险	风险评估	公司应当对赞助和捐赠事项履行风险评估程序
79	风险评估内容	风险评估	目标设定、风险识别、风险分析、风险应对
80	风险评估是建立和实施内部控制的基础	风险评估	内部环境是建立和实施内部控制的基础
81	梳理流程、完善制度主要围绕风险评估和控制活动展开	风险五要素	仅围绕风险评估和控制活动展开不符合全面性原则的要求
82	内部控制的制定，可以回避和避免一切风险存在	风险—作用	有效内部控制的制定和执行可以有效的控制风险，但是并不能够回避和避免一切风险
83	确保公司经营管理过程不存在任何风险	风险—作用	内部控制的任务是将风险控制在可承受度范围内，提供的是合理保证而非绝对保证
84	工程变更追加预算由张某一人签字批准	工程	工程变更追加预算应经过董事会等决策机构的批准，不能仅由张某一人签字批准
85	工会主席私自决定施工单位	工程	工会主席私自决定施工单位，表明该公司授权批准程序存在缺陷
86	公司董事会授权工会主席张某全权负责工程项目实施和工程价款支付的审批	工程	公司董事会授权工会主席张某全权负责工程项目实施和工程价款支付的审批，属于授权批准不当
87	竣工验收仅由工会人员进行竣工验收	工程	竣工验收控制不严，不应仅由工会人员进行竣工验收
88	由工会有关人员进行可行性研究	工程	工程项目的可行性研究存在缺陷，不应仅由工会有关人员进行可行性研究
89	对于影响重大、涉及较高专业技术或法律关系复杂的合同，应当组织法律、技术、财会等专业人员参与谈判，必要时可聘请外部专家参与相关工作	合同	正确
90	所有对外发生的经济行为均须签订书面合同	合同	不符合成本效益原则，零星或即时清结等交易行为可不签订合同
91	没有百分之百把握不要签订合同	合同—风险	在生产经营中处处充满风险，对于风险，企业应进行目标设定、风险识别、分析、应对，对无法承受的风险，实行风险回避，不签订合同；对可以承受但风险较大的事项，应采取风险降低、风险分担等方法，将风险降低到可承受范围内，而不是百分之百有把握才签订合同
92	将员工实施内部控制的情况仅作为绩效考评的参考指标	绩效考核	企业应将员工实施内部控制的情况纳入绩效考评体系，作为绩效考评的考核指标
93	把开展专项监督摆在首要位置	监督	内部监督包括日常监督和专项监督，二者应统筹兼顾、综合应用

续表

序号	不当之处	项目	原因
94	内部监督本身不作为评价对象	监督	内部监督是内控五要素之一,应该作为评价对象,从是否建立内部监督制度等内容上进行评价
95	缺乏监督检查制度	监督	建立健全内部监督检查机制,发现问题应报告相关部门并由该部门处理
96	审计委员会和内部审计机构全权负责内部控制监督检查	监督	董事会负责内部控制的建立和有效实施;除内部审计机构之外,经理层及公司其他内部机构在内部监督中也须承担相应的职责
97	由财会部对本公司及下属分、子公司的会计资料进行审计	监督	内部审计应当有相对独立性,由财会部对本公司及下属分、子公司的会计资料进行审计有违这一原则
98	主要将与财务会计工作密切相关的业务环节和控制流程纳入监督范围	监督	内部监督应当将企业所有重要业务事项和高风险领域纳入监督范围
99	建立反舞弊机制,及时传达至中层以上人员	监督—举报	举报投诉制度和举报人保护制度应传达至公司全体员工
100	企业应当建立逾期应收账款催收制度,会计部门应当负责应收账款的催收	监督—资金	不正确,销售部门应当负责应收账款的催收
101	授权财务部负责内部控制体系建立与实施的全部工作	建设培训	内部控制建设是一项系统工程,需要企业董事会、监事会、经理层及内部各职能部门共同参与(或:需要企业全体员工共同参与)并承担相应职责,而非仅仅一个财务部就能完成此项工作
102	中层以上干部必须完成内控培训,基层员工没必要	建设培训	内部控制是全员参与的过程,只有全体员工都掌握内控知识和理念才能真正促进内部控制有效实施,只有××介入是不可能的
103	董事会同意不将与该系统有关的内部控制纳入2011年度内部控制有效性评价的范围	评价	内部控制评价应当体现全面性原则
104	对于重大缺陷、重要缺陷和一般缺陷的具体认定标准,由企业根据规范要求自行确定	评价	
105	对于重大缺陷及其整改情况,只进行内部通报,不对外披露	评价	对重大缺陷及其整改情况,必须对外披露
106	会计师事务所的内部控制审计重点审计该公司内部控制评价的范围、内容、程序和方法等	评价	内部控制审计不是对内部控制评价进行审计,而是对特定基准日内部控制设计与运行的有效性进行审计
107	会计师事务所在审计过程中发现的非财务报告内部控制重大缺陷,不在审计报告中披露	评价	会计师事务所在审计过程中发现的非财务报告内部控制重大缺陷,应当在审计报告中增加描述段,对重大缺陷的性质及其对实现控制目标的影响程度进行披露

续表

序号	不当之处	项目	原因
108	会计师事务所在审计过程中发现的非财务报告内部控制重大缺陷,应当在审计报告中增加描述段,对重大缺陷的性质及其对实现控制目标的影响程度进行披露	评价	注册会计师知悉对企业会计师事务所在审计过程中发现的非财务报告内部控制重大缺陷,应当在审计报告中增加描述段,对重大缺陷的性质及其对实现控制目标的影响程度进行披露,内部控制评价基准日财务报告内部控制有效性有重大负面影响的期后事项的,应对财务报告内部控制发表否定意见。注册会计师不能确定期后事项对内部控制有效性的影响程度的,应当出具无法表示意见的审计报告
109	检查工作仅限于内部控制制度的运行情况	评价	内部控制自我评价应当综合评价内部控制的设计与运行情况
110	经理层应出具内部控制自我评价报告	评价	董事会应当定期对内部控制的有效性进行全面评价、形成评价结论、出具内部控制评价报告,而非由经理层出具内部控制评价报告
111	内部控制评价方案应报总经理办公室批准后实施	评价	内部控制评价方案应报董事会批准后方可实施
112	审计部审定内部控制重大缺陷	评价	董事会负责审定内部控制重大缺陷
113	为了减轻评价工作对正常经营活动的影响,在本次内部控制评价中,仅采用调查问卷法和专题讨论法实施测试和评价	评价	评价过程中应按照有利于收集内部控制设计、运行是否有效的证据的原则、充分考虑所收集证据的适当性与充分性,综合运用评价方法
114	现场评价报告无须和被评价单位沟通	评价	现场评价报告应向被评价单位通报(或:与被评价单位沟通)
115	现场评价报告只需评价工作组负责人审核、签字确认后报审计部	评价	现场评价报告经评价工作组负责人审核、签字确认后,应由被评价单位相关责任人签字确认后,再提交审计部(或:内部控制评价部门)
116	在实施业务层面评价时,主要评价上海证券交易所重点关注的对外担保,关联交易和信息披露等业务	评价	业务层面的评价应当涵盖公司各种业务和事项(或:体现全面性原则)。而不能仅限于证券交易所关注的少数重点业务事项来展开评价
117	组织架构相关内容不纳入公司层面评价范围	评价	组织架构是内部环境的重要组成部分,直接影响内部控制的建立健全和有效实施、应当纳入公司层面评价范围
118	出纳人员为财务主管的女儿	亲属	会计机构负责人的直系亲属不得担任本单位出纳人员
119	董事会委托A会计师事务所对内部控制评价报告进行修改完善,并支付咨询费用	事务所	为企业提供内部控制审计的会计师事务所,不得同时为同一家企业提供内部控制评价服务
120	会计师事务所应当对发表的内部控制审计意见负责,但签字的从业人员不对发表的内部控制审计意见负责	事务所	不正确,会计师事务所及其签字的从业人员均应当对发表的内部控制审计意见负责

续表

序号	不当之处	项目	原因
121	将内部控制咨询和审计工作一并委托会计师事务所完成	事务所	为企业提供内部控制审计服务的会计师事务所，不得同时为同一企业提供内部控制咨询服务
122	审计的重点是审计该公司内部控制评价的范围、内容、程序和方法等	事务所	内部控制审计不是对内部控制评价进行审计，而是对特定基准日内部控制设计与运行的有效性进行审计
123	同时聘请B会计师事务所从事内部控制咨询和内部控制审计	事务所	为企业提供内部控制咨询服务的会计师事务所，不得同时为同一企业提供内部控制审计
124	同时聘请会计师事务所开展内部控制审计	事务所	内部控制咨询服务与内部控制审计不相容
125	为企业内部控制提供审计的会计师事务所，不得同时为同一企业提供内部控制审计服务	事务所	不正确，为企业内部控制提供咨询的会计师事务所，不得同时为同一企业提供内部控制审计服务
126	相关人员工作的利用可以减轻注册会计师对审计意见的责任	事务所	注册会计师对发表的审计意见独立承担责任，其责任不因为利用企业内部审计人员、内部控制评价人员和其他相关人员的工作而减轻
127	上市公司的内部控制评价报告不向社会披露	事务所—评价	上市公司为接受社会监督，为投资者和社会公众决策提供依据，其内部控制评价报告必须向社会披露。基准日后4个月内报出
128	投资绩效评估和执行委托提供报表审计事务所完成	事务所—投资	不能为同一家，影响独立性
129	董事、监事、经理及其他高级管理人员应当在企业文化建设中发挥全面负责的作用	文化	不正确，董事、监事、经理及其他高级管理人员应当在企业文化建设中发挥主导作用
130	企业文化方面不必投入太多的人力物力	文化	企业文化是内控环境因素的重要组成部分，良好的企业文化可以促进内控机制的有效运作
131	企业文化是无形的，难以量化，且已制定并计划宣传贯彻《员工行为守则》，说明文化有效	文化	企业文化贯彻落实的有效性应当获取充分的证据支持
132	树立企业利益最大化的价值观	文化	企业文化应树立积极向上的价值观，以使全体员工对企业核心价值观的认同
133	一般员工不参加脱产培训	文化	提高专业技能、保持良好的职业道德是全体员工的事，每个员工都有权利有必要参加各种形式的学习培训，包括脱产
134	以专业胜任能力作为选人用人的标准	文化	应将职业道德修养和专业胜任能力作为选拔和聘用员工的重要标准
135	A公司授予分公司销售定价的制定权和对外投资的制定权	销售—监督	分公司属于非独立法人，A公司授予其销售定价权和对外投资权，属于授权不当，不符合“授权批准控制”的有关要求
136	由销售部负责办理销售业务的全过程	销售—监督	办理销售、发货、收款三项业务的部门应分别设立，由销售部负责办理销售业务的全过程，违背了“不相容职务相互分离控制”的要求

续表

序号	不当之处	项目	原因
137	销售人员可以直接收取货款,公司审计部门应当定期或不定期进行核查	销售—特定销售	虽然特定商品的销售和收款未完全分离,但公司采取了必要的补偿性控制措施,符合适应性原则和成本效益原则的要求
138	认为运用信息技术、实现自动控制就能杜绝错误和舞弊	信息	内部控制只能为实现控制目标提供合理保证,信息系统本身也存在风险,需要加强控制
139	信息系统建设和升级整体规划经本公司信息网络中心批准后实施	信息	该项工作应当按照规定权限和程序进行审核批准
140	信息交流是信息系统的一部分,是组织中的沟通。沟通是组织结构的核心,是组织存在的基础,没有沟通就没有组织。因此信息的沟通是组织稳定的基础,对一个组织的发展具有重要作用	信息系统	不正确,沟通是信息系统的一部分,是组织中的信息交流。信息交流是组织结构的核心,是组织存在的基础,没有信息交流就没有组织。因此信息的沟通是组织稳定的基础,对一个组织的发展具有重要作用
141	信息系统是最有效的信息传递系统,传递速度快	信息系统	正确
142	所有风险信息均经由总经理向董事会报告	信息与沟通	重大信息应及时传递给董事会、监事会和管理层
143	对外包承包商选择是外包决策顺利实施的重要保证,该环节的缺失是众多外包案例失败的重要原因	业务外包	不正确,对外包活动进行监督和控制是外包决策顺利实施的重要保证,该环节的缺失是众多外包案例失败的重要原因
144	为降低成本,提高竞争力,企业应当将核心业务实施外包	业务外包	不正确,综合考虑成本效益原则,避免将核心业务外包
145	法定代表人不在期间,由财务主管代为保管印章	印章	严禁一人保管支付款项所需的全部印章
146	由总会计师统一保管银行预留印鉴	印章	规定由总会计师统一保管银行预留印鉴等不符合货币资金控制有关“银行预留印鉴管理”的要求
147	对超预算的支出一律不予批准	预算控制	特殊情况下,根据业务工作需要,经履行审批手续后,可以调整工程项目预算
148	将各类业务事项均纳入预算控制	预算控制	预算控制措施不适用于不能量化的业务事项
149	18项应用指引没有涵盖的业务不纳入公司内部控制体系建设范畴	原则	不符合全面性和重要性原则
150	对公司经营面临的所有风险和所有业务单位、经济事项进行全面测试和评价	原则	不符合重要性原则、成本效益原则

续表

序号	不当之处	项目	原因
151	建立健全内部控制可以消除、杜绝欺诈、舞弊等现象	原则	内部控制由于其特有的局限性和出于成本效益考虑,只能合理保证有关目标,不能消除舞弊,杜绝全部风险
152	内部控制制度不可更改	原则	根据适应性原则,内控是一个不断发展变化完善的过程,应随着企业情况变化加以调整,使管理更加完善

参考文献

[1] 陈维青，胡本源．企业内部控制学[M]．2版．大连：东北财经大学出版社，2016.

[2] 程新生．企业内部控制[M]．北京．高等教育出版社，2008.

[3] 池国华．内部控制习题与案例[M]．3版．大连：东北财经大学出版社，2017.

[4] 方红星，池国华．内部控制[M]．2版．大连：东北财经大学出版社，2014.

[5] 胡为民．内部控制与企业风险管理：实务操作指南[M]．2版．北京．电子工业出版社，2009.

[6] 姜涛，孟庆宇．企业内部控制规范手册[M]．2版．北京．人民邮电出版社，2012.

[7] 李敏．企业内部控制规范[M]．2版．上海：上海财经大学出版社，2016.

[8] 李荣梅，姚树中．企业内部控制[M]．2版．大连：东北财经大学出版社，2015.

[9] 李晓慧．何玉润．内部控制与风险管理：理论、实务与案例[M]．2版．北京：中国人民大学出版社，2016.

[10] 梁晟耀．《企业内部控制基本规范》合规实务指南[M]．2版．北京．电子工业出版社，2013.

[11] 刘华．内部控制案例研究[M]．上海：上海财经大学出版社，2012.

[12] 刘玉廷．企业内部控制规范论[M]．上海：立信会计出版社，2012.

[13] 罗胜强．企业内部控制：主要风险点、关键控制点与案例解析[M]．上海：立信会计出版社，2012.

[14] 罗勇．企业内部控制规范解读及案例精析[M]．上海：立信会计出版社，2009.

[15] 潘琰．内部控制[M]．2版．北京：高等教育出版社，2018.

[16] 普华永道．《企业内部控制基本规范》管理层实务操作指南[M]．北京：中国财政经济出版社，2013.

[17] 企业内部控制编审委员会．企业内部控制基本规范及配套指引案例讲解(2017年版)[M]．上海：立信会计出版社，2017.

[18] 企业内部控制编审委员会．企业内部控制：主要风险点、关键控制点与案例解析(2017年版)[M]．上海：立信会计出版社，2017.

[19] 盛永志，唐秋玲．企业内部控制审计[M]．2版．北京：清华大学出版社，2017.

[20] 宋德亮．企业内部控制规范实施技术与案例研究[M]．北京：经济科学出版社，2012.

[21] 王生根，东奥会计在线．企业内部控制基本规范及配套指引解读[M]．北京：北京大学出版社，2011.

[22] 徐凤菊，赵新娥，夏喆．企业内部控制与风险管理[M]．2版．大连：东北财经大学出版社，2018.

[23] 徐玉德．企业内部控制设计与实务[M]．北京：经济科学出版社，2009.

[24] 杨有红．企业内部控制系统：构建·运行·评价[M]．北京：北京大学出版社，2013.

[25] 于玉林．企业内部会计控制标准化指南[M]．上海：上海财经大学出版社，2011.

[26] 张继德．企业内部控制基本规范实施与操作[M]．北京：经济科学出版社，2009.

[27] 郑洪涛，张颖．企业内部控制学[M]．大连：东北财经大学出版社，2009.

[28] 张远录．企业内部控制与制度设计[M]．北京：中国人民大学出版社，2013.

[29] 张俊民．内部控制理论与实务[M]．2版．大连：东北财经大学出版社，2016.

[30] 中华人民共和国财政部，等．企业内部控制规范2014[M]．北京：中国财政经济出版社，2014.

[31] 中华人民共和国财政部会计司．企业内部控制规范讲解2014[M]．北京：经济科学出版社，2014.

[32] 朱荣恩．企业内部控制规范与案例[M]．北京：中国时代经济出版社，2009.

教学支持说明

▶▶课件申请

尊敬的老师：

您好！感谢您选用清华大学出版社的教材！为更好地服务教学，我们为采用本书作为教材的老师提供教学辅助资源。该部分资源仅提供给授课教师使用，请您直接用手机扫描下方二维码完成认证及申请。

任课教师扫描二维码
可获取教学辅助资源

▶▶样书申请

为方便教师选用教材，我们为您提供免费赠送样书服务。授课教师扫描下方二维码即可获取清华大学出版社教材电子书目。在线填写个人信息，经审核认证后即可获取所选教材。我们会第一时间为您寄送样书。

任课教师扫描二维码
可获取教材电子书目

清华大学出版社

E-mail: tupfuwu@163.com
电话：8610-83470332/83470142
地址：北京市海淀区双清路学研大厦B座509室
网址：http://www.tup.com.cn/
传真：8610-83470107
邮编：100084